传承与发展：婚嫁礼仪文化与婚俗改革研究

王云斌　著

中国社会出版社

国家一级出版社·全国百佳图书出版单位

北京·BEIJING

图书在版编目（CIP）数据

传承与发展 ：婚嫁礼仪文化与婚俗改革研究 ／ 王云
斌著． -- 北京 ：中国社会出版社 ，2025．5． -- ISBN
978-7-5087-7189-2

Ⅰ．K892.22

中国国家版本馆 CIP 数据核字第 2025Q2M801 号

传承与发展：婚嫁礼仪文化与婚俗改革研究

责任编辑：卢光花

责任校对：秦　健

装帧设计：时　捷

出版发行：中国社会出版社

　　　　　（北京市西城区二龙路甲 33 号　邮编 100032）

印刷装订：北京九州迅驰传媒文化有限公司

版　　次：2025 年 5 月第 1 版

印　　次：2025 年 5 月第 1 次印刷

开　　本：170mm×240mm　1/16

字　　数：328 千字

印　　张：21.25

定　　价：88.00 元

目 录

第二部分　新时代婚俗改革的理论与实践

第三部分　中华婚俗文化的发展与未来

引　言

一、研究的目的和意义

中华婚嫁礼仪文化是中华民族优秀传统文化的重要组成部分，体现了对婚姻、家庭和社会伦理的高度重视。其内容丰富、形式多样，既反映了古代社会的价值观念和风俗习惯，也折射出对家庭和谐与社会安定的追求。中华婚嫁礼仪中的礼节和仪式，不仅是婚姻的外在形式，更承载着深刻的伦理道德内涵，体现了对婚姻忠诚、家庭责任、夫妻和睦的推崇。

随着时代的发展，特别是社会现代化进程的加快，婚姻观念、婚俗礼仪发生了显著变化。新时代的婚俗改革是基于对传统婚嫁礼仪的反思与现代社会需求的结合，旨在简化烦琐的旧礼，提倡文明、理性、健康的婚姻文化。通过婚俗改革，新时代的婚姻文化更加关注婚姻的内在质量和幸福感，为社会和谐与文化传承注入了新的动力。

（一）研究的目的

本研究旨在深入探讨中华优秀婚嫁礼仪文化的内涵及其在新时代背景下的适应与变革。具体目标主要体现在以下几个方面。

第一，梳理中华优秀婚嫁礼仪文化的传统内涵。中华优秀婚嫁礼仪文化作为中华民族传统文化的重要组成部分，具有深厚的历史渊源和独特的文化特征。据传说，中华传统婚嫁礼仪的历史可追溯至伏羲定嫁娶、女娲立媒约，具体的历史发展经历了多个阶段。从原始社会的"娶妻"与"迎亲"风俗，到周朝的"六礼"礼制确立，以及历代王朝的婚俗演变，婚嫁礼仪不仅反映了当时社会的经济基础和文化特征，也逐渐融入了儒家、道家和佛教等思想，形成了相对完整的礼仪体系。这些礼仪不仅是个人婚姻的规范，更是家族和社会的象征，承载着丰富的历史记忆和文化价值。通过对传统婚嫁礼仪的系统分析，探讨其历史发展、文化内涵及其在社会生活中的多重功能，可以揭示其在促进家庭和谐、维系社会关系及传承文化价值方面的重要作用。

第二，分析新时代背景下婚俗变迁的动力机制。婚俗的演变不仅反映了社会结构和文化价值的变化，也揭示了个体与集体之间的复杂关系。当代婚俗的变迁成为社会学、文化人类学等领域的重要研究主题。首先，全球化进程促进不同文化之间的交流与融合，为社会观念的发展提供了多元化视角和相互借鉴的机会。其次，经济条件的变化对婚俗的变迁产生了深远影响。最后，科技的发展，尤其是信息技术的进步，为婚俗的创新提供了新的可能性。本研究将探讨影响当代婚俗变革的多重因素，包括社会观念的转变、经济条件的变化及科技发展的影响，并分析这些因素如何重塑传统婚嫁礼仪的实践。

第三，评估新时代婚俗改革的现状与挑战。在新时代背景下，婚俗改革作为社会变革的重要组成部分，面临着诸多挑战与机遇。本研究通过实证研究与案例分析，尝试评估当前婚俗改革的实施效果，识别在保持传统文化精髓与适应现代社会需求之间存在的矛盾与挑战。例如，婚俗改革的实施效果在不同地区与文化背景中呈现出显著差异，许多年轻人在追求婚姻自由与个人幸福的同时，往往忽视家族与社会对婚俗的期待。这种现象使社会对婚俗变迁的接受度下降。因此，如何在传承与创新中寻求平衡，促进传统文化与现代社会需求的有机融合，成为当前婚俗改革面临的重要课题。

第四，提出婚嫁礼仪文化发展的对策与建议。本研究将通过对中华优秀婚嫁礼仪文化的深入理解及对新时代婚俗变革的分析，提出制定相关政策保护与推广优秀婚嫁礼仪文化，倡导家庭与社会共同参与婚嫁礼仪的传承。同时，利用现代科技手段助力婚嫁礼仪文化的传播与创新，提出一系列切实可行的建议和实践指导，从而推动婚嫁礼仪文化的传承与创新，增强其在当代社会中的生命力与影响力，为当代社会婚俗注入更加深厚的文化内涵。

第五，促进社会对婚嫁礼仪文化的认知与重视。在全球化与现代化进程加快的背景下，加强对婚嫁礼仪文化的系统性与针对性研究，深入探讨中华婚嫁礼仪的历史渊源、文化内涵与社会功能，对提升社会各界对中华优秀婚嫁礼仪文化的认知与重视显得尤为重要。通过合法授权的多元化传播平台，传播与推广研究成果，确保内容的版权合法性，可以有效加深公众对这一传统文化的理解，增强社会对婚嫁礼仪文化的认知与重视，进而增强文化自信，促进其在新时代背景下的繁荣与发展。

（二）研究的意义

本研究对中华优秀婚嫁礼仪文化与新时代婚俗改革的探讨具有重要的理论和实践价值，具体意义如下。

其一，从文化传承与创新的视角来看，本研究将有助于系统梳理中华婚嫁礼仪文化的历史发展脉络和核心价值观，进一步深化对传统婚姻文化内涵的理解。这不仅能够促进中华优秀文化的有效传承，也为传统文化在新时代背景下的创新性发展提供了理论依据。通过对婚嫁礼仪文化的深入分析，可以为当代婚姻文化建设注入新的活力，推动传统婚姻文化与现代社会需求的深度融合。

其二，从认识与解决问题的视角来看，研究新时代婚俗改革的实践状况与存在挑战，能够为当前社会的婚姻制度改革提供科学参考与指导。在当代社会中，随着婚姻观念和社会结构的变迁，传统婚俗在许多方面已无法完全适应现代社会的发展要求。本研究通过探索婚俗改革的理论基础和现实需求，提出合理的改革建议，有助于推动婚姻礼俗的简约化与合理化，进而促进社会的和谐与稳定。

其三，从增强文化认同的角度来看，本研究对婚嫁礼仪文化进行系统阐释，有助于提高社会对这一传统文化的认知与认可程度，增强社会成员对中华文化的认同感与归属感。婚嫁礼仪作为社会伦理与家庭和谐的重要载体，其研究能够为当代婚姻家庭观念的塑造提供文化支持，进而推动社会主义精神文明建设，促进家庭和社会的共同进步。

其四，从文化输出与交流的视角来看，通过展示中华婚嫁礼仪文化的独特价值，可以扩大中华婚俗礼仪文化在国际文化领域的影响力，提升中华文化的全球认同度与软实力。在全球化背景下，中华文化的传播与交流不仅能够促进文化多样性，还为世界文化宝库增添了新的内容与智慧。本研究能够为中华婚嫁礼仪文化的国际传播与跨文化交流提供实践路径与理论支持。

二、研究的现状与展望

（一）中华婚嫁礼仪文化的研究现状

中华婚嫁礼仪文化源远流长，具有深厚的历史积淀和丰富的文化内涵，作为中国传统文化的重要组成部分，近年来引起了学界的广泛关注。已有的研究主要集中在以下几个方面。

1. 历史沿革与礼仪规范

学者们对中华婚嫁礼仪的起源、发展及演变进行了深入的研究与探讨。通过梳理古代典籍与礼仪文献，探讨从周代"六礼"制度到明清时期婚礼形式的演变，从而揭示了婚嫁礼仪在不同历史阶段的社会功能与文化象征意义。

2. 区域特色与多样性

在区域文化研究中，学者们关注到中国各地的婚嫁礼仪呈现出的丰富多样性和地方特色。其中，部分研究对不同地区的婚礼习俗进行了详细描绘，展现了中华民族多元文化背景下婚嫁礼仪的异彩纷呈。

3. 婚嫁礼仪的文化价值

在文化价值研究中，许多学者关注到，婚嫁礼仪作为社会生活的重要仪式，承担着巩固家庭、维护社会秩序和传承道德观念的功能。

（二）新时代婚俗改革的研究现状

随着社会经济的发展和婚姻观念的变化，新时代的婚俗改革逐渐成为社会各界关注的热点议题。在相关研究中，学者们对当前婚俗改革的必要性、改革实践的现状与成效以及改革面临的挑战与困境进行了多维度的探讨，主要集中在以下几个方面。

1. 婚俗改革的必要性

学者们普遍认为，随着社会的现代化进程，传统婚嫁礼仪中的某些过时、烦琐和奢华的习俗已不再适应现代社会的发展需求，甚至在部分地区引发了社会问题，如天价彩礼、铺张浪费等现象。

2. 改革实践的现状与成效

近年来，婚俗改革在各地陆续开展，各地因地制宜推出了不同的改革措施。例如，部分地方政府出台了婚俗新风倡议，提倡节俭婚礼、反对高额彩礼,并鼓励举行绿色婚礼与公益婚礼。

3. 改革面临的挑战与困境

尽管婚俗改革在某些地区取得了一定的进展,但学者们也指出,婚俗改革依然面临诸多挑战。一方面,传统观念根深蒂固,部分地区尤其是农村地区对高额彩礼等陋习的依赖仍然存在,改革阻力较大;另一方面,由于缺乏法律层面的有力支持,改革措施难以得到有效执行和推广。

(三) 研究的不足与未来展望

现有研究为理解中华婚嫁礼仪文化与新时代婚俗改革提供了丰富的理论基础与实践经验,但不足之处也很明显。第一,已有学术成果对中华婚嫁礼仪文化的内涵及其社会功能作出了较为详尽的解读,但系统梳理与全面探讨的研究仍然较为有限,特别是在跨历史时期对婚嫁礼仪演变进行纵向比较的研究和优秀传统礼仪文化的传承方面的研究相对匮乏。第二,婚嫁礼仪现有研究较多侧重于个别地区或特定历史时期,缺乏跨地区、跨文化的综合性研究。第三,关于新时代婚俗改革的研究仍停留在现象描述、案例展示与政策倡议的层面,缺乏理论探讨与优秀婚俗文化传承的具体路径,特别是在新时代背景下,如何在全球化进程中推广和传播中华婚嫁礼仪文化,提升国际影响力,是一个相对薄弱的研究课题。第四,中华优秀婚嫁礼仪文化和新时代婚俗改革的关系研究仍然是一个空白领域,这一空白制约了婚俗改革的深入发展。在新时代背景下,婚俗改革的推进常常面临如何平衡传统文化与现代社会需求的难题,若缺乏对中华优秀婚嫁礼仪文化的系统研究和梳理,可能会忽视传统文化的深层次内涵,导致改革过程中的文化割裂或对传统礼仪的过度"简化"。

三、研究的基本思路与方法

(一) 基本思路

本研究将以系统梳理中华优秀婚嫁礼仪文化为出发点,探讨其在不同历史时期的演变与核心内涵,结合当代社会的需求和婚姻观念的变化,分析新时代婚俗改革的实践现状和问题,并提出适应新时代要求的婚俗改革路径。研究的总体思路包括以下几个方面。

1. 理论与实践相结合

从中华婚嫁礼仪的文化根源入手,结合新时代婚俗改革的现实需求,通过理论研究与实践调查相结合的方式，探讨婚礼文化传承与创新的关系。

2. 历史与现状相结合

通过梳理不同时期婚嫁礼仪的演变，探究其文化延续性与时代适应性，重点分析新时代背景下婚俗变迁与改革的双重需求。

3. 多学科视角融合

借助人类学、社会学、文化学等多学科的理论与方法，综合分析婚嫁礼仪文化的社会功能、伦理价值以及婚俗改革的理论基础和现实操作路径。

4. 跨文化比较与国际传播

在全球化背景下，探讨中华婚嫁礼仪文化的国际传播策略，并提升其文化交流的影响力。同时，通过比较跨文化的婚礼仪式，拓宽研究的国际视野。

（二）研究方法

为了实现研究目标，本研究采用多种研究方法，以全面、系统地探讨中华婚嫁礼仪文化与新时代婚俗改革的相关议题，确保研究的广度和深度。

1. 文献分析法

通过查阅相关的历史文献、典籍、学术论文和政策文件，对中华婚嫁礼仪的历史发展、礼仪规范及其文化内涵进行系统梳理与分析。文献分析将帮助研究者明确婚嫁礼仪文化在不同时期的演变路径，并提供婚俗改革的理论基础与历史借鉴。

2. 田野调查法

在典型地区开展田野调查，通过深度访谈和参与观察的方式，收集关于现代婚礼仪式与婚俗改革的第一手资料。田野调查有助于使研究者了解不同地域的婚俗现状、民众对婚俗改革的态度以及各地改革实践的实际成效，增强研究的现实针对性和科学性。

3. 比较分析法

通过横向和纵向的比较分析，对不同历史时期、不同地区的婚嫁礼仪及文化表现进行比较，揭示其异同点及其背后的文化逻辑。同时，对中华婚嫁礼仪文化与其他文化背景下的婚礼习俗进行跨文化比较，分析其全球适应性与国际传播潜力。

4. 实证研究法

基于田野调查的实地数据，采用定量和定性相结合的实证研究方法，对婚嫁礼仪文化的传承效果和新时代婚俗改革的实施路径进行分析。通过深度访谈、数据统计与案例分析，评估婚俗改革的实际效果，提出适应当代社会的婚俗创新方案。

5. 文化符号学分析法

运用文化符号学的分析框架，对婚嫁礼仪中的礼仪符号、仪式行为及其文化意义进行深入解读，探讨其社会象征功能和文化传承价值。这一方法能够更深刻地揭示婚嫁礼仪在不同文化背景下的社会功能，以及其价值观念的延续与变迁。

6. 政策分析法

通过分析国家和地方有关婚俗改革的政策文件，研究政策的实施路径及其对社会婚俗变化的影响，提出改进婚俗改革政策的建议。此方法有助于从宏观层面理解婚俗改革的制度环境，并为未来政策制定提供理论支持。

（三）研究步骤

1. 文献综述

首先对现有中华婚嫁礼仪文化及婚俗改革的研究进行系统的文献综述，梳理相关研究的成果与不足，明确研究的切入点与重点。

2. 田野调查与数据收集

在典型区域开展田野调查，通过访谈、观察和问卷调查的方式收集第一手资料，掌握婚俗改革的实践现状与民众的态度。

3. 数据分析与比较研究

对田野调查中收集的数据进行定量和定性分析，结合文献资料，进行历史与现实、区域与文化的比较分析，提出对策建议。

4. 政策分析与对策建议

基于前期研究成果，分析婚俗改革的政策环境及其实施效果，提出完善政策措施的建议，确保婚俗改革的可行性与可持续性。

通过上述思路与方法，本研究从历史、文化和社会的多维视角，全面探讨中华优秀婚嫁礼仪文化的传承与创新路径，以及新时代婚俗改革的具体实践与未来方向。

四、研究的主要观点和创新之处

（一）主要观点

1. 婚嫁礼仪文化传承的必要性

中华婚嫁礼仪文化不仅是婚姻制度的体现，更承载了丰富的伦理价值和文化内涵。它不仅强调家庭观念、宗族关系和社会秩序，还具有高度的仪式性与象征意义。婚嫁礼仪中的诸多元素，如"拜堂""三书六礼"等，不仅是婚姻的形式，更是传统伦理规范的传递和家庭责任的体现。这些礼仪通过代代传承，成为中华文化的重要组成部分，承载了中华民族的传统美德，如孝道、家族延续、忠诚与责任，其对传承民族精神、维护文化连续性是不可或缺的，在传递家庭伦理、增强文化认同感、促进社会稳定等方面发挥了重要作用。

2. 文化适应性与时代发展

在新时代婚俗改革的进程中，既要坚持传统婚嫁礼仪中的核心文化价值，也要根据当代社会的发展需求进行创新。在传承方面，婚俗改革应保留婚嫁礼仪中象征家庭团结、社会和谐的核心元素，如尊重父母的"拜堂礼"、夫妻相互承诺的仪式等。在创新方面，需要通过简化烦琐的礼仪流程，降低婚礼成本，并提倡绿色婚礼、公益婚礼等符合新时代婚姻观念的新形式。同时，倡导平等和谐的婚姻关系，打破封建宗法制下的性别不平等观念。另外，传统婚嫁礼仪需要与时俱进，与新时代的价值观和生活方式相适应。对传统婚嫁礼仪进行合理的简化和创新将更容易被现代社会接受。总之，这就需要找到一个平衡点，既能保持婚嫁礼仪的传统性，又能让其不脱离现代社会的价值观。

3. 从政府、社会和个人三个层面寻找传承与发展路径

政府层面包括政策制定、教育整合、文化保护、资金支持等路径；社会层面包括社区推广、非物质文化遗产的活化、企业参与、媒体宣传等路径；个人层面包括文化自觉、实践参与、文化传播等路径。通过这三个层面的共同努力，可以有效地传承和发展中华婚嫁礼仪文化，使之既保持传统的韵味，又能与现代社会相融合。

4. 婚俗改革和传承与发展优秀的中华婚嫁礼仪文化相辅相成

婚俗改革与传承、发展优秀的中华婚嫁礼仪文化是一个动态的双向过程。通过这样的过程，婚俗改革不仅能够摒弃不合时宜的旧俗，还能够为优秀传统文化的传承与发展注入新的活力，使之在保留独特文化韵味的同时，更加贴近现代社会的需求。这种动态平衡既满足了社会发展的需求，也保护和传播了宝贵的文化遗产。

5. 推动中华婚嫁礼仪的跨文化传播与全球影响

随着全球化进程的加快，中华优秀婚嫁礼仪文化在世界范围内的影响力日益提升。通过现代传媒和跨文化交流，中华婚嫁礼仪逐渐被国际社会了解与接受。尤其是传统中式婚礼仪式的庄重与典雅，成为一种文化符号，受到全球华人及非华裔群体的喜爱。因此，在新时代婚俗改革中，应注重中华婚嫁礼仪文化的国际传播与推广，增强文化自信与提升国际影响力。

（二）创新之处

1. 研究内容方面

迄今为止，从研究现状及分析可以看出，对中华优秀婚嫁礼仪文化进行分析或论述的文章与专著还没有出现。在这种情况下，本研究论述的观点就是一种创新。此外，在对中华优秀婚嫁礼仪文化进行剖析的基础上，对其传承与发展的路径和中华优秀婚嫁礼仪文化与新时代婚俗改革的关系进行探索，无疑也具有重要的创新意义。

2. 理论工具方面

应用跨学科研究方法，结合社会学、人类学、历史学、文化学、心理学等多个学科的理论和方法，对婚嫁礼仪文化进行全面分析。引入系统科学的理论工具，将婚嫁礼仪视为一个文化系统，探索其内部各元素之间的相互作用及其与外界环境的关系。同时，利用现代传媒理论和网络传播理论，研究如何通过现代传播渠道有效传播婚嫁礼仪文化，提升其影响力。

3. 研究目标方面

本研究旨在通过传承和发展婚嫁礼仪文化，增强文化自信，将传统文化的内涵与现代社会价值相结合，推动传统婚嫁礼仪文化在现代社会的广泛实践和创新发展，使其更贴近现代人的生活需求和审美趣味，进一步推进新时代婚俗改革的可持续发展。

五、文献综述

中华优秀婚嫁礼仪文化与新时代婚俗改革，既属于历史范畴，又属于社会范畴。这些礼仪文化积淀了数千年的历史，体现了中华民族的价值观、伦理观和社会规范，是历史记忆的重要组成部分。新时代婚俗改革的推进则反映了当代社会的发展需求和价值取向，是现实社会动态变化的具体表现。历史范畴中的婚嫁礼仪文化为婚俗改革提供了丰富的传统资源和文化基因；而社会范畴中的改革实践，则需要在继承传统的基础上适应现代社会的变迁与发展。二者的融合不仅有助于保持文化传承的连续性，还能推动婚俗文化的现代化、合理化和人性化发展。因此，在研究和实践中，应当兼顾历史与社会两个维度，寻找传统文化与现代需求的契合点，为新时代婚俗改革注入新的活力与内涵。

对中华优秀婚嫁礼仪文化与新时代婚俗改革进行研究，必须结合婚俗、仪礼、婚姻领域的相关研究成果。由于这一领域涉及的著述较少，故本研究在文献的使用上，除了借鉴契合主题的历史资料、研究成果，还充分利用了相关学科的研究成果。具体引用文献分为以下五类。

（一）关于婚俗、仪礼的历史典籍

我国关于婚俗、仪礼的历史典籍丰富且内容翔实，涵盖了不同时期、不同地区的婚丧嫁娶礼仪规范和习俗。这些典籍为研究中国婚俗史提供了重要的文献资料。先秦时期的《周礼》记载了周代的婚丧嫁娶等礼仪制度；《礼记》汇集了先秦时期关于礼仪的著作，其中《昏义》对婚嫁礼仪有详细论述；《仪礼》记述了春秋战国时期各种礼仪的具体程序和规范，其中《士昏礼》对婚嫁仪礼有详细记载。汉代班固的《白虎通义·嫁娶》和《后汉书·礼仪志》对汉代的婚丧礼仪有详细论述。唐代杜佑的《通典》是一部综合性的典籍，其中《礼典》部分对上起远古时期，下至唐代天宝末年的婚丧礼仪有细致的记载。《唐六典》《开元礼》《宋史》《文献通考》《元史》《大明会典》《明史》《大清会典》《清史稿》等典籍中均有关于婚嫁礼仪的详细记载。这些历史典籍从不同角度对中国的婚俗、仪礼进行了系统的记载和论述，为我们了解古代婚姻制度和礼仪习俗提供了丰富的素材，具有重要的学术价值和史料价值。

（二）关于婚俗改革的研究资料和研究成果

婚俗改革作为社会变革的重要组成部分，涵盖了婚姻制度、婚姻习俗、性别平等与家庭结构等多个层面。自20世纪以来，婚俗改革逐渐成为中国社会文化和法治发展的重要议题，尤其在近现代中国社会的快速变化中，婚俗改革不仅是社会进步的表现，也是性别平等与法治建设的关键环节。其中，王歌雅在其著作《中国近代的婚姻立法与婚俗改革》中详细梳理并研究了在太平天国、清末、北洋政府、南京国民政府等多个时期的婚姻立法内容和婚俗改革实践。于晓辉、王云斌主编的《新时代婚俗改革理论研究与实践探索》一书则通过2篇研究报告、9篇学术论文和5篇实验区的实践经验，论述了婚俗改革的内容、面临挑战、发展路径，并对天价彩礼的治理、推进婚姻家庭辅导等主题进行了探讨。同时，王晓玫、赵莲、王云斌等撰写的《我国新时代婚俗改革研究——以三门县民政局婚俗改革实践为例》在厘清婚俗的内涵、外延与社会功能的基础上，探究新时代我国婚俗改革的主要内容和条件，分析了当前存在的天价彩礼、婚嫁奢办等婚俗陋习及其产生和发展的历史根源与现实原因，提出了新时代婚俗改革的传承与创新路径。另外，赵莲的《当代中国婚俗改革历程的回顾与展望》在回顾与梳理新中国成立以来各个阶段婚俗改革的主要内容和历史经验的基础上，分析了婚俗改革的核心要旨，展望了婚俗改革的未来发展方向。以上这些研究成果不但提供了丰富的理论资源和实践经验，而且对理解中国婚俗改革的复杂性与多样性具有重要的学术价值。这些研究同时为未来婚俗改革的进一步深化提供了指导方向，尤其是在解决当前婚姻家庭问题时，如何平衡传统与现代、地方与国家、文化与法律的多重关系，仍然是一个亟待解决的重要课题。

（三）关于社会史、风俗史和婚姻习俗史的研究成果

自20世纪20年代起，我国学术界开始对风俗史和婚姻习俗史进行系统研究，相关领域逐渐形成了有影响力的学术成果。在这一时期，代表性著作有张亮采的《中国风俗史》和胡朴安的《中华全国风俗志》，它们深入探讨了中国传统风俗和婚姻习俗的演变与地域差异，为后续的婚俗改革和风俗研究提供了重要的理论支持。改革开放后，风俗史与婚姻习俗的研究逐渐得到学术界的重视，相关的研究成果不断增多，尤其是在中国传统习俗的变迁与现代社会的适应方面，学者们开展了大量的实证研究和理论

探讨。此时期的代表性著作包括徐珂编撰的《清稗类钞》，这部作品广泛记录了清代的风俗，为研究清代的社会习俗提供了丰富的第一手资料；孙燕京的《晚清社会风尚研究》深入分析了晚清时期社会风俗的变迁及其对婚姻习俗的影响；屈育德的《神话传说·民俗》则从民俗学的角度对中国的风俗和婚姻习惯进行了广泛的梳理。此外，梁景和的《近代中国陋俗文化嬗变研究》聚焦于中国近现代社会陋俗的变迁，分析了婚姻习俗中的一些不合理因素及其变革；李文海的《民国时期社会调查丛编》通过对民国时期社会风俗的调查，展示了这一时期婚姻习俗的逐步变化；陈华文等编著的《婚姻习俗与文化》对中国婚姻习俗的文化背景与历史演变做了系统分析；王庆淑的《中国传统习俗中的性别歧视》则重点探讨了性别歧视在传统婚姻习俗中的表现，并提出如何通过法律和社会文化的变革推动性别平等。这些著作为婚姻立法、婚俗改革和社会风俗变迁的研究提供了宝贵的学术资料，尤其是它们通过对历史的梳理和对传统习俗的分析，为我们理解中国社会的婚姻和风俗改革提供了坚实的理论依据。

（四）关于婚姻史和婚姻制度史的研究成果

20世纪20年代至40年代，我国学术界开始系统研究婚姻史和婚姻制度史，其间产生的代表性著作为该领域的深入探索奠定了坚实的基础。陈顾远的《中国婚姻史》与吕诚之的《中国婚姻制度史》是当时重要的学术成果，通过历史与社会学的视角对中国传统婚姻制度进行了细致梳理。与此同时，费孝通的《生育制度》和潘光旦的《中国之家庭问题》虽然深入探讨了家庭结构和社会问题，但较少涉及婚姻立法与婚俗的研究。新中国成立后，婚姻领域的研究逐步得到了重视，特别是在移风易俗和婚姻法治建设方面，虽然相关研究著作数量较少，但也为日后的研究提供了初步的理论支持。改革开放后，婚姻史和婚姻制度史的研究迎来了蓬勃发展的阶段，学术界逐步形成了专门的研究群体。此时，相关研究机构如中国婚姻问题研究会与中国婚姻家庭法学研究会相继成立，为这一领域的学术发展提供了更为坚实的基础。这一时期涌现出众多具有影响力的研究成果，它们在历史学和法学的交叉领域提供了深刻的理论见解，并为中国近现代婚姻立法与婚俗改革的研究提供了宝贵的资料。其中，具有代表性的著作包括史凤仪的《中国古代婚姻与家庭》、孙晓的《中国婚姻小史》、张树栋和李秀领的《中国婚姻家庭的嬗变》、李志敏的《比较家庭法》、陶毅和明欣的《中国婚姻家庭制度史》、王跃生的《十八世纪中国婚姻家庭研究》、郭松义的《伦理与生活——清代的婚姻关系》、许莉的《中华民国民法·亲属研究》、刘素萍的《婚姻法学参考资料》，以及张希坡的《中国婚姻立法史》。这些研究成果涉及婚姻史、婚姻制度、婚姻法学等多个维度，不仅从历史、文化和社会的角度阐述了中国婚姻制度的演变，还通过法学分析探讨了婚姻立法的历程及其对社会性别结构、家庭制度的深远影响，为中国婚姻法治改革、婚俗改革以及性别平等提供了丰富的理论资源。

（五）关于女性学、女性主义伦理学及女性主义法学的研究成果

近年来，我国学术界在女性学、女性主义伦理学及女性主义法学领域的研究持续深入，相关学术成果层出不穷。这些研究成果不仅推动了性别研究的理论发展，也为女性解放、女权主义与中国近现代立法及婚俗改革的关系提供了重要的学术支持。在女性学领域，诸如罗苏文的《女性与近代中国社会》、杨剑利的《女性与近代中国社会》以及陆德阳与王乃宁合著的《社会的又一层面——中国近代女佣》等作品，深入探讨了中国社会中女性的地位变迁和社会性别的构建。这些研究以历史和社会学的视角，探讨了女性在近现代中国社会中的多重角色及其影响，揭示了女性群体在不同历史时期面临的社会困境与变革。在女性主义伦理学方面，肖巍的《女性主义伦理学》为研究提供了坚实的理论基础，深入分析了性别与伦理的关系，阐明了女性主义伦理学的核心主张和实践意义。通过对伦理理论的再思考，肖巍为女性主义的伦理讨论提供了新的视角，强调了性别平等在伦理学层面的重要性。在女性主义法学的研究中，徐静莉的《民初女性权利变化研究——以大理院婚姻、继承司法判解为中心》为研究中国近代女性的法律地位与权利变化提供了详尽的案例分析，尤其关注了婚姻和继承法领域的改革与进展。此外，王政和陈雁主编的《百年中国女权思潮研究》、邱仁宗主编的《女性主义哲学与公共政策》等著作，从法学视角对中国女性主义的法治建设与公共政策进行了深入探讨，分析了女性在法治和政策中遭遇的挑战与发展路径。这些学术成果从女性学、女性主义伦理学与女性主义法学的交叉领域，为我们分析女性解放、女权主义以及中国近现代立法与婚俗改革的内在联系提供了丰富的理论与实践资料。它们不仅推动了中国性别研究的深入，也为婚俗改革、女性权利保障和社会性别的平等化奠定了学术基础。

绪　论

中华婚嫁礼仪文化是中国悠久历史和深厚文化积淀中的重要组成部分，凝聚着千百年来的婚姻观念、伦理道德和社会习俗，其规范和程序严谨，体现了古代社会对婚姻的高度重视，不但具有丰富的形式和深刻的象征意义，而且蕴含着丰富的伦理价值。

中华婚嫁礼仪注重仪式感和形式美。它不仅是一场家庭庆典，更是社会价值观和道德规范的体现，反映了中国人对婚姻生活的重视与敬畏。作为中华传统文化的重要象征之一，婚嫁礼仪不仅是男女双方结合的仪式，更是两个家族的联姻，是家庭社会地位的确认与延续。因此，中华婚嫁礼仪文化自古便与中国社会结构、伦理道德和宗族制度紧密相连，承载了家族荣誉、社会责任以及对幸福生活的期许。

在现代社会，虽然婚嫁形式发生了一些变化，但中华婚嫁礼仪文化的核心内涵依然被保留并传承下来。传统婚嫁礼仪与现代个性化元素的融合，使当代的婚礼更具多样性和时代感，既满足了年轻人对个性化婚礼的需求，又延续了家族传统与文化认同。中华婚嫁礼仪不仅是一种仪式，更是一种文化传承，展现了中国社会对家庭、婚姻与责任的独特理解。

第一节　中华优秀婚嫁礼仪文化的特征与传承

一、中华婚嫁礼仪文化和中华优秀婚嫁礼仪文化的关系

中华婚嫁礼仪文化是中华民族在婚姻活动中长期形成并传承下来的习俗、礼节、仪式和规范的总和，不仅涉及婚礼当天的仪式和庆典，还包括婚前准备、婚后生活等一系列习俗和行为规范，涵盖了婚姻的伦理价值观、家族责任、社会关系等方面。中华优秀婚嫁礼仪文化则是从这一广泛的文化体系中提炼出来的精华部分，具有积极的社会意义、伦理价值和文

化传承价值。

（一）包含与精选的关系

中华婚嫁礼仪文化是一个庞大且多样化的文化体系，包含不同历史时期、不同地区的婚俗传统，既有符合现代社会价值观的积极一面，也有不合时宜的一面。而中华优秀婚嫁礼仪文化则是从中精选出的那些符合时代发展、弘扬传统美德的礼仪习俗，强调对家庭和社会责任的承担、对婚姻的尊重以及婚礼的仪式感和庄重性。

（二）传承与发展的关系

中华婚嫁礼仪文化中包括一些古代延续下来的传统礼仪和观念，其中一些礼仪会随着时代的变迁逐渐失去实际意义或不再适应现代社会的价值观念。而中华优秀婚嫁礼仪文化则注重与时俱进，会将具有永恒价值的伦理观念、社会责任等核心文化传承下去，同时筛选和完善不适应当今社会的习俗，以适应现代婚姻的需求。

（三）精华与创新的关系

中华婚嫁礼仪文化作为中华文化的一部分，是民族文化认同的重要表达。而中华优秀婚嫁礼仪文化则强化了这种文化自信，代表了当代社会对传统文化的继承和发扬。在现代社会，优秀的婚嫁礼仪不仅体现了对婚姻的尊重，还在推动家庭和社会的和谐、促进优秀文化传承和社会稳定等方面发挥着积极作用。

中华优秀婚嫁礼仪文化是对整个婚嫁礼仪文化的精华提炼。它不仅继承了传统中有价值的部分，还随着时代的发展不断创新。例如，通过摒除过时的陋俗，如高额彩礼、炫耀性消费等，保留孝敬父母、尊重长辈、夫妻互敬互爱的核心内容，使婚嫁礼仪在现代社会焕发出新的活力。

二、中华优秀婚嫁礼仪文化的特征

中华优秀婚嫁礼仪文化的内涵贯穿于家庭、社会、伦理和文化等多个层面。它不仅强调对家庭责任、夫妻互敬、家族融合的重视，还通过仪式强化了对传统文化的认同和传承。在新时代背景下，这种文化不仅体现了对婚姻的尊重，也通过创新发展，使其在现代社会中继续发挥积极作用。这一文化内涵超越了形式上的礼节，更是一种深刻的价值传递，为构建和谐家庭与社会提供了重要的文化支撑。

界定中华婚嫁礼仪文化中的优秀部分,需综合考虑其在历史传承、伦理价值、社会影响等方面的作用。以下特征可以帮助我们确定中华婚嫁礼仪文化中的优秀部分。

(一) 体现核心伦理道德价值

优秀的婚嫁礼仪文化应当体现中华民族核心的伦理道德观念,如"孝""仁""礼""义"等。婚姻作为家庭生活的起点,必须符合伦理规范,强调对父母的孝敬、对婚姻忠诚的承诺、对家庭责任的承担等。在这一标准下,礼仪应体现对长辈的尊重及婚姻中夫妻平等、互相扶持的原则,婚礼中的礼节应注重表达这些伦理价值。

(二) 推动家庭和睦与社会和谐

中华婚嫁礼仪文化中的优秀部分应有助于促进家庭的和谐与社会的稳定。这意味着婚礼仪式中的习俗应更多关注情感交流与责任感的建立,避免过度强调物质性。而优秀的婚嫁礼仪应当引导新人建立相互理解、相互支持的婚姻关系,从而有助于婚姻的稳定与家庭的长久和睦。

(三) 符合时代发展需求

优秀的婚嫁礼仪文化不应是僵化的,而应能够随着时代的发展,摒除不合时宜的烦琐仪式或陋俗,进行适当调整。例如,天价彩礼、丑陋婚闹等不再适合现代社会的婚俗应予以改良或淘汰。优秀的婚嫁礼仪应当提倡适度、文明、简约而不失仪式感的婚礼形式,既体现传统文化的深厚内涵,又符合现代社会的价值观念。

(四) 注重仪式感与文化传承

中华婚嫁礼仪文化中的优秀部分应当具有仪式感,能够通过礼仪传达出对婚姻的庄重态度和对家庭的责任感。例如,传统婚礼中的敬茶、三拜礼等仪式,既表达了对父母和长辈的敬意,也传递了对婚姻的敬畏与慎重。这些仪式具有深刻的文化内涵,值得传承与发扬。

(五) 反映民族文化的认同感与凝聚力

优秀的婚嫁礼仪文化应能体现中华文化的独特性,帮助新婚夫妇和家庭成员在婚礼中体验民族文化并增强对民族文化的认同感。通过传承与创新,使婚礼不仅成为个人或家庭的庆典,更成为对中华民族文化认同的表达,从而增强家庭和社会成员的凝聚力。

（六）倡导平等与尊重

在现代社会，优秀的婚嫁礼仪应体现男女平等的理念。传统的婚礼中，有些仪式可能带有不平等的色彩，例如，过度强调女性的顺从与依附。这类习俗应当经过改革，以适应现代社会倡导的夫妻双方平等、尊重、相互支持的婚姻观念。因此，在中华婚嫁礼仪文化中的优秀部分应展现双方在婚姻中的平等地位与相互尊重。

（七）承担教育和社会引导功能

中华优秀的婚嫁礼仪不仅是一种个人庆典，更承担着教育和社会引导功能。通过婚礼仪式，可以引导年轻人正确对待婚姻和家庭责任，培养忠诚、责任和道德意识。这些仪式应具有教育意义，向全社会传递积极的婚姻家庭价值观，避免铺张浪费和不负责任的婚姻态度。

通过对以上特征的深入分析，我们可以更好地甄别出中华婚嫁礼仪文化中符合时代精神、促进家庭与社会和谐并具有深厚文化内涵的优秀部分，使其在新时代的婚俗改革中得到传承和创新。

三、中华优秀婚嫁礼仪文化的传承

中华优秀婚嫁礼仪文化的传承是指将传统的婚嫁礼仪、习俗、观念和相关文化内涵通过各种方式和渠道，向后代延续和传播。这一过程不仅涉及具体的仪式和习俗，还包括道德观念、伦理规范以及家庭和社会价值观的教育。中华优秀婚嫁礼仪文化传承，是一个延续民族价值观，巩固文化身份，以及促进社会和谐的多层次过程。理解这一文化传承的内涵，需从礼仪的历史性、规范性和动态性三个方面进行探讨。

（一）中华优秀婚嫁礼仪文化的历史传承与深远影响

婚嫁礼仪作为一种古老而庄严的社会仪式，深深根植于中国传统的社会结构与伦理体系之中，承载着中华民族几千年来的核心价值观，如孝道、忠诚、和谐等。这些价值观在婚嫁礼仪中通过具体的仪式流程和象征性行为得到延续，逐步发展为中华文化的重要符号，成为民族记忆的深刻组成部分。因此，婚嫁礼仪不仅是历史的复述，更是民族文化身份的认同与传承，推动着文化认同在代际之间的持续传递与发展。

（二）中华优秀婚嫁礼仪文化的规范性在传承中的关键作用

婚嫁礼仪文化通过精心设计的礼节、仪式和程序，构建了一套严谨而庄重的礼仪规范，使婚姻过程充满仪式感与神圣性。诸如"拜天地""敬长辈"等行为规范，不仅体现了对祖先和长辈的尊重，更蕴含了深刻的社会道德教化功能。这些规范通过仪式化的行为，向后代传递了基本的社会准则和伦理道德，成为一种世代相传的教育方式。礼仪的规范性不仅使婚嫁礼仪成为社会成员认知和实践文化的重要载体，还在代际传承中逐渐内化为个体行为的准则，从而促进了社会的稳定与和谐。

（三）理解中华优秀婚嫁礼仪文化的传承必须认识到其动态性

理解中华婚嫁礼仪文化的传承，必须认识到其动态性与时代的互动。作为一种传统文化形式，婚嫁礼仪并非一成不变，而是在社会发展的进程中不断调整和创新，以适应现代社会的需求。尽管现代婚礼形式与传统礼仪有所不同，但其中的核心价值观依然得到延续。在新的婚礼形式中，孝敬、忠诚、家庭和谐等传统价值观依旧被强调，体现了中华婚嫁礼仪文化的适应性与可持续性。这种传承不仅保留了传统的形式，更通过对内涵的创新性延续，使其在现代社会中焕发出新的生命力与活力。

第二节　新时代婚俗改革的背景与意义

新时代婚俗改革指的是对传统婚嫁习俗进行调整和改进，以适应当代社会发展需求，改变不符合时代要求的婚礼习惯、形式和观念。改革旨在推动婚俗的简化、文明化和个性化，避免奢侈浪费、攀比风气以及高额彩礼等现象。通过婚俗改革，可以促进婚姻文化的健康与文明，使婚礼更加符合现代价值观念。

一、新时代婚俗改革的背景

（一）社会经济变革

随着社会经济的快速发展，物质和文化生活水平显著提高，人们的生活方式和婚姻观念也发生了深刻变化。传统婚俗中烦琐的礼节和礼仪虽然承载着历史文化价值，但已难以适应现代生活的快节奏。年青一代在举办婚礼时，更倾向于追求简约、个性化的形式，而不是完全依循传统。与此同时，婚姻观念也从过去注重家庭责任与社会义务，逐渐转向强调个人自由与幸福。人们在选择伴侣和婚姻形式时，更关注情感基础和婚姻质量，婚礼不再是单纯的家庭和宗族大事，而成为两个人自我表达和个性展示的场合。因此，传统婚俗与现代婚姻观念的冲突呼唤婚俗改革，以便更加符合现代社会对婚姻的需求与期望。

（二）人口结构与婚姻模式的变化

近年来，中国经历了生育率的持续下降，出生人口逐年减少，同时人口老龄化问题逐渐加剧。这一变化导致了年轻人口的相对减少以及老龄群体的比例上升，从而对婚姻模式产生了深远影响。传统的多子多福的婚姻观念逐渐让位于小家庭、晚婚和不婚的趋势。年青一代由于生活压力、职业发展、个人价值观等因素，晚婚、不婚现象日益增多。另外，传统婚礼讲求规模和隆重，强调家庭的集体参与和社会责任的观念已无法完全适应新时代年轻人对婚姻的期许。如今，婚礼的个人化趋势明显，婚礼形式也越来越多样化，许多年轻人追求小型、个性化的婚礼，甚至选择不举办婚礼仪式。这种婚礼模式的转变，反映出传统婚礼形式与现代婚姻观念的脱节，促使婚俗改革以更灵活和包容的方式回应社会现实。

（三）传统婚俗的负面影响

传统婚俗作为文化习惯和社会规范的体现，在长时间的历史进程中发挥着稳定社会秩序、延续家庭观念的重要作用。然而，随着社会现代化的不断推进，传统婚俗带来的一些负面效应逐渐显现，对个体自由、婚姻质量以及性别平等产生了不容忽视的影响。这些负面影响不仅催生了对婚俗改革的强烈需求，也为婚姻观念和社会习俗的转型提供了推动力。例如，在一些地方，彩礼的数额已远远超出了普通家庭的经济承受范围，这不仅加重了年轻人的经济压力，也助长了婚姻市场中的不平等现象，导致一部分年轻人因负担过重而选择推迟或放弃婚姻。这种经济压力往往使婚姻成为一种"交易"行为，而非情感和生活共同体的结合，破坏了婚姻的本质。传统婚俗的负面影响是推动新时代婚俗改革的重要背景之一，改革的核心目标在于通过对婚俗的适应性调整，消解传统婚俗的局限性，促进婚姻关系的平等、自由和幸福，以满足新时代个体和社会的需求。

（四）国家政策的引导

近年来，国家在推动社会风尚改革方面，倡导简约、文明的婚嫁方式，提倡移风易俗，反对高价彩礼，推动婚俗改革成为社会文明进步的重要内容。2018—2019 年、2021—2024 年的中央一号文件都有关于移风易俗和改革婚俗的相关内容（详见表1）。政府通过政策宣传和倡导，鼓励新人减少婚礼中的奢侈浪费，抵制不合理的婚嫁习俗，营造婚姻中的平等与和谐氛围。国家层面的政策引导不仅帮助破除婚俗中的陋习，还为社会营造了婚俗改革的良好环境。在政策的推动下，更多人开始意识到婚俗改革的重要性，并逐步在实际生活中采取简朴、文明的婚礼形式，形成了更符合现代文明的婚姻新风尚，这不仅有助于家庭和社会的和谐发展，也推动了婚姻文化的现代化进程。

表1　2018—2019年、2021—2024年中央一号文件关于移风易俗和改革婚俗的内容①

年份	中央一号文件相关内容
2018年	开展移风易俗行动。遏制大操大办、厚葬薄养、人情攀比等陈规陋习
2019年	持续推进农村移风易俗工作，引导和鼓励农村基层群众性自治组织采取约束性强的措施，对婚丧陋习、天价彩礼、孝道式微、老无所养等不良社会风气进行治理
2021年	持续推进农村移风易俗，推广积分制、道德评议会、红白理事会等做法，加大高价彩礼、人情攀比、厚葬薄养、铺张浪费、封建迷信等不良风气治理，推动形成文明乡风、良好家风、淳朴民风
2022年	推广积分制等治理方式，有效发挥村规民约、家庭家教家风作用，推进农村婚俗改革试点和殡葬习俗改革，开展高价彩礼、大操大办等移风易俗重点领域突出问题专项治理
2023年	推动各地因地制宜制定移风易俗规范，强化村规民约约束作用，党员、干部带头示范，扎实开展高价彩礼、大操大办等重点领域突出问题专项治理
2024年	持续推进农村移风易俗。坚持疏堵结合、标本兼治，创新移风易俗抓手载体，发挥村民自治作用，强化村规民约激励约束功能，持续推进高额彩礼、大操大办、散埋乱葬等突出问题综合治理。鼓励各地利用乡村综合性服务场所，为农民婚丧嫁娶等提供普惠性社会服务，降低农村人情负担。完善婚事新办、丧事简办、孝老爱亲等约束性规范和倡导性标准。推动党员干部带头承诺践诺，发挥示范带动作用。强化正向引导激励，加强家庭家教家风建设，推广清单制、积分制等有效办法

① 根据2018年《中共中央　国务院关于实施乡村振兴战略的意见》、2019年《中共中央　国务院关于坚持农业农村优先发展做好"三农"工作的若干意见》、2021年《中共中央　国务院关于全面推进乡村振兴　加快农业农村现代化的意见》、2022年《中共中央　国务院关于做好2022年全面推进乡村振兴重点工作的意见》、2023年《中共中央　国务院关于做好2023年全面推进乡村振兴重点工作的意见》、2024年《中共中央　国务院关于学习运用"千村示范、万村整治"工程经验有力有效推进乡村全面振兴的意见》整理。

二、新时代婚俗改革的意义

（一）推进婚俗改革是构建新型婚育文化及促进人口长期均衡发展的迫切需求

人口发展关系到中华民族的整体发展，作为世界上人口最多的国家之一，我国的人口问题始终是一个全局性和战略性的重要议题。自1980年至2015年，计划生育政策实施以来，中国的出生率持续下降，2015年仅为12.07‰，创下历史新低。尽管2016年和2017年"全面两孩"政策的实施带来了短期的生育高峰，但自2018年起，由于首胎出生率的持续下降和二胎生育高峰的回落，总出生率出现了显著的下降趋势，2020年人口出生率首次跌破10‰，降至8.5‰。此外，老龄化问题日益突出，老龄化速度加快，中国正逐步迈向"深度老龄化社会"。

面对日益严峻的人口形势，自党的十八大以来，以习近平同志为核心的党中央高度重视人口问题，基于我国人口发展变化的实际情况，逐步调整和完善生育政策，促进人口长期均衡发展，先后实施了"单独两孩"及"全面两孩"政策。2021年6月，中共中央、国务院印发了《关于优化生育政策 促进人口长期均衡发展的决定》，实施三孩生育政策及相关配套支持措施，提倡适龄婚育、优生优育，鼓励夫妻共担育儿责任，破除高额彩礼等陈规陋习，构建新型婚育文化。

党的二十大报告中提出了"增进民生福祉，提高人民生活品质""优化人口发展战略，建立生育支持政策体系"以及"加强家庭家教家风建设"等要求。婚姻作为家庭生活的起点，是婚育政策体系的重要组成部分。因此，推进婚俗改革应当以人口问题这一"国之大者"为导向，尊重生育的社会价值，对婚嫁、生育、养育与教育进行综合考量，加强对适婚青年在婚恋观、家庭观和生育观方面的教育引导，治理婚姻领域的不良风气，大幅降低婚育成本，推动实现适度的生育水平，促进人口的长期均衡发展。这将为建设富强、民主、文明、和谐、美丽的社会主义现代化强国和实现中华民族伟大复兴的中国梦提供坚实的基础和持久的动力。

（二）推进婚俗改革是全面推进乡村振兴的必由之路

从中华民族伟大复兴战略全局出发，民族复兴必须依赖乡村振兴。

2021年4月，全国人大常委会通过了《中华人民共和国乡村振兴促进法》，明确规定要通过法律手段"推进移风易俗，破除大操大办、铺张浪费等陈规陋习……培育文明乡风、良好家风、淳朴民风，建设文明乡村"。

当前，部分农村地区仍存在婚事攀比、讲排场、奢华铺张、讲面子等不良风气，造成了巨大的社会资源浪费，婚礼已成为群众负担沉重的"面子工程"。此外，天价彩礼使部分家庭难以承受，名目繁多的人情礼金让农民背负沉重的债务，甚至因婚致贫、因婚返贫的现象屡见不鲜。与此同时，低俗婚闹、孝道式微、拜金主义等不良社会风气蔓延，严重影响了群众的精神面貌和乡风文明，已成为亟待解决的突出社会问题。推进婚俗改革就是将中央关于乡村振兴战略的要求转化为实际行动，切实解决群众的操心事、烦心事、揪心事。通过更加人性化、易于接受的方式，遏制天价彩礼等陋习，推动婚事简办、婚事新办，破除不良婚俗，形成崇尚勤俭节约、反对奢侈浪费的社会风尚，增强人民群众的获得感与幸福感，从而团结带领广大农民群众稳步向着实现全体人民共同富裕的目标迈进。

（三）推进婚俗改革是加强和创新基层社会治理的重要内容

党的二十大报告中，明确提出要完善社会治理体系，健全共建共治共享的社会治理制度，并提出了一系列新的思想和举措。当前，天价彩礼、铺张浪费、低俗婚闹、随礼攀比等不正之风，扭曲了人们的价值观，挑战了公序良俗，恶化了社会风气，导致了家庭矛盾的加剧，并对社会稳定造成了严重影响。这些现象凸显了基层社会治理的困境。同时，一部分人对婚姻缺乏责任感，忽视婚姻与家庭的社会意义，将婚姻视为儿戏，草率结婚、轻率离婚，导致婚姻家庭的不稳定，离婚率持续上升，进而引发了一系列社会和家庭问题。

推进婚俗改革的核心目标是健全婚俗领域的治理体系，丰富和完善婚育相关的公共服务产品，规范婚丧礼仪，建立健全社会行为规范。通过实现政府治理与社会调节、居民自治的良性互动，打造共建共治共享的现代社会治理格局，能够有效促进婚姻家庭和谐，保障人民安居乐业、社会安定有序，从而为基层社会治理提供更加坚实的保障。

（四）推进婚俗改革是优秀传统文化发展与传承的有力保障

中国的婚俗文化源远流长，承载了丰富的历史智慧和社会价值。然而，随着社会变迁和现代化进程的推进，传统婚俗在某些方面发生了扭曲和变异，尤其是在婚礼形式、彩礼数额、婚闹习俗等方面，出现了与现代社会价值观和文明进步相悖的现象。为了更好地传承和发扬中华优秀传统文化，婚俗改革显得尤为重要。

婚俗改革有助于清除婚俗中的陋习，恢复传统文化中的核心价值，促进传统美德的传承。

中国传统婚礼讲究的是尊重与和谐，而不是铺张浪费、攀比奢华。通过改革，可以摒弃大操大办、天价彩礼、低俗婚闹等破坏社会风气的陋习，回归婚姻本质，弘扬传统婚俗中"礼仪之邦"的文化内涵。婚俗改革不仅是对传统文化形式的修正，更是对其精神内涵的重塑，从而保护和传承了中华文化的精髓。中国传统婚俗注重家庭和睦、尊老爱幼、孝敬父母、夫妻相互扶持等美德，这些价值观是中华文化的基石。婚俗改革可以引导社会回归传统婚姻家庭的道德伦理，强化家庭作为社会基本细胞的功能，提升婚姻家庭的社会责任感和凝聚力。

（五）推进婚俗改革是实现中华民族伟大复兴的应有之义

家庭是社会的基本细胞，无论时代如何变化、经济社会如何发展，家庭在生活依托、社会功能和文明作用上的地位都不可替代。家庭和睦则社会安定，家庭幸福则社会祥和，家庭文明则社会文明。党的二十大报告深刻阐述了中国式现代化的中国特色和本质要求，明确指出中国式现代化是物质文明和精神文明相协调的现代化。[1]

家庭家教家风建设是婚俗改革的重要组成部分，也是社会主义精神文明建设的关键内容。中国有句古训，"家和万事兴"，这句话蕴含着深刻的哲理，揭示了家庭和睦对社会文明进步的重要性。夫妻和睦、老人赡养、子女教育、邻里关系等问题，既是家庭文明的问题，也是社会文明的问题。这些问题若处理不当，容易损害社会风气，败坏文明风尚，甚至危及社会的稳定与团结。

推进婚俗改革，加强家庭家教家风建设，不仅是促进家庭文明的必要举措，更是从根本上推动社会主义精神文明建设的关键环节。我们从培育家庭和谐、文明和责任意识的层面入手，不断提高社会的整体文明水平，

---

① 习近平. 高举中国特色社会主义伟大旗帜 为全面建设社会主义现代化国家而团结奋斗：在中国共产党第二十次全国代表大会上的报告 [EB/OL]. (2022 - 10 - 25) [2024 - 10 - 25]. https：//www.gov.cn/xinwen/2022-10/25/content_ 5721685. htm.

为现代化国家建设、为人民的美好生活提供坚实的道德支撑，进而为实现中华民族的伟大复兴提供强大的文明滋养与精神力量。

第三节　中华优秀婚嫁礼仪文化与新时代婚俗改革之间的关系

中华优秀婚嫁礼仪文化和新时代婚俗改革之间存在相互影响、协同发展的关系。婚嫁礼仪文化是中华传统文化的重要组成部分，其包含的礼仪、价值观和行为规范对婚姻家庭的建立和维系起到了重要作用。而新时代婚俗改革，则是在现代社会变迁和价值观多元化的背景下，顺应社会发展需求而进行的调整与创新。二者的关系既体现为对传统的传承，也表现为对文化的创新与提升。

一、以优秀传统婚嫁礼仪文化为基础，推动婚俗改革与现代社会相适应

中华优秀婚嫁礼仪文化作为中国传统文化的重要组成部分，包含丰富的历史积淀和伦理价值观。在新时代背景下，婚俗改革的首要任务是以传统婚俗文化为基础，结合现代社会的需求和价值观，进行适应性调整，使婚俗改革不仅能保留中华优秀婚嫁礼仪文化的精神内核，还能与现代社会的价值观念相融合，实现传统文化的现代化转型。

（一）保留传统婚嫁礼仪文化内核，简化烦琐礼节

传统婚嫁礼仪中蕴含的文化价值，如对长辈的尊重、对婚姻忠诚的承诺、对家庭责任的担当，仍然具有重要的社会意义。在婚俗改革的过程中，首先应当保留这些文化内核，并对传统婚礼中的部分烦琐、仪式化的程序进行简化。传统婚嫁礼仪的形式虽有所变化，但其背后蕴含的道德教化功能依然能够通过现代化的方式得到表达。例如，"三书六礼"作为传统婚礼的重要组成部分，强调婚姻的庄重性和仪式感，这种礼仪精神可以通过简化婚礼程序（但保留核心仪式）来实现，从而适应现代社会的快节奏生活和个性化婚礼的需求。

（二）结合现代婚姻观念，促进婚礼形式与内容的创新

现代婚姻观念更加注重个人平等、自由选择与个性表达，这与传统婚

俗文化中家庭为本、强调婚姻与家庭的社会责任存在一定的差异。因此，推动婚俗改革的现代适应性，必须结合现代婚姻观念进行适度调整。例如，传统婚嫁礼仪中男女双方的地位较为不对等，而现代社会倡导婚姻中的平等与尊重，婚俗改革可以在婚礼仪式中更突出双方平等的承诺，强化婚姻中的合作与共建关系。通过这种方式，传统婚俗文化得以在现代婚姻观念中继续发挥作用，并实现文化内容的创新与发展。

（三）去除不合时宜的陈旧婚俗，强化婚礼的文明与道德引导功能

一些传统婚俗中的陈旧习惯，诸如高额彩礼、铺张浪费、攀比风气等，已经不符合现代社会文明发展的要求。在婚俗改革中，去除这些不合时宜的传统习俗，提倡婚礼的简约、文明和责任意识，是提高传统婚俗现代适应性的必要步骤。例如，近年来政府和社会积极倡导的反对天价彩礼、提倡文明婚礼的运动，正是对传统婚嫁礼仪中不符合现代社会伦理的部分进行的有益修正。这种改革不仅能净化婚俗文化，还能推动社会婚姻家庭文明建设的进步。

（四）融入现代科技手段，丰富婚嫁礼仪的表现形式

现代科技的发展为婚嫁礼仪文化的传承和表达提供了全新的工具与手段。通过融入现代科技手段，可以在保留传统婚俗文化精髓的同时，使婚礼形式更加生动和具有吸引力。例如，电子请柬、婚礼直播、数字化婚礼策划等现代科技的广泛应用，不仅简化了传统婚礼中烦琐的仪式流程，也让传统婚嫁礼仪的文化内容通过新的媒介形式得到更广泛的传播与展示。通过这种创新性的手段，传统婚俗文化在新时代背景下不仅能够适应社会的变化，还能够借助科技手段实现广泛传播和文化复兴。

二、以婚俗改革为契机，传承与发展中华优秀婚嫁礼仪文化

婚俗改革是推动社会文明进步的重要手段，也是传承与弘扬中华优秀婚嫁礼仪文化的绝佳契机。通过婚俗改革，既可以去除不合时宜的陋习，又可以重塑并强化婚姻文化中的核心价值。中华优秀婚嫁礼仪文化在数千年的历史发展中沉淀了丰富的伦理观念与社会规范，包含对婚姻、家庭及人际关系的深刻认知。新时代背景下，婚俗改革为这一文化的传承与弘扬提供了契机，使其在适应现代社会的过程中焕发新的生机，并成为提升公民文明素质的重要力量。

（一）对传统婚俗文化去芜存菁

新时代婚俗改革在中华优秀婚嫁礼仪文化的传承与发展过程中，发挥了积极的去芜存菁作用。具体而言，婚俗改革帮助剔除了传统婚礼中与封建迷信、低俗不堪相关的习俗，起到文化净化和提升作用。在婚嫁礼仪文化中，虽然某些旧有习俗承载了丰富的文化内涵，但其中夹杂着与现代社会价值观相悖的内容，如高额彩礼、重男轻女等陋习。这些不符合当代社会文明进程的婚俗因素，在新时代婚俗改革的推动下得到了有效清理，使中华优秀婚嫁礼仪文化的核心得以更清晰地呈现，传统婚俗文化的价值精髓也得到了更好的发扬。去芜存菁的过程不仅是对旧有文化的清理，更是为传统婚俗文化注入时代精神，使其能够在新时代继续发挥其社会功能和文化价值。

（二）提高文化认同感增强社会凝聚力

婚俗改革为提升中华优秀婚嫁礼仪文化在现代社会的认同感提供了契机。婚礼作为人生的重要仪式，其文化意义不仅体现在个人与家庭之间的关系上，还反映了整个社会的文化认同与价值取向。创新婚礼仪式和推广简约文明的婚俗风尚，可以在全社会营造出尊重传统文化的良好氛围。去除攀比铺张、迷信陋习等现象，将婚礼变为展示传统文化精髓和传递社会价值观的重要场合，可以有效提高社会对中华优秀婚嫁礼仪文化的认同感，并进一步增强社会凝聚力。例如，在婚礼中融入中华优秀传统文化元素，如中式婚服、传统音乐和礼仪程序，不仅能增强仪式感，还能使中华文化的美学价值、伦理观念通过婚俗得到展示与传播。通过这些创新措施，中华优秀婚嫁礼仪文化得以在社会生活中扎根，并成为增强社会凝聚力的重要文化纽带。

（三）推动社会文明风尚建设

婚俗改革不仅关乎婚礼形式的改变，更是社会文明风尚建设的重要组成部分。通过婚俗改革的引导，能够有效倡导文明婚礼的风气，推动社会风尚的进步。例如，近年来一些地方政府通过出台政策，倡导婚礼简约、杜绝高额彩礼、反对奢华浪费，这不仅是婚俗改革的体现，也是在社会层面上推动文明风尚建设的具体举措。这种改革通过婚礼仪式的简化、文化内涵的强化，使婚姻庆典从奢华攀比的物质展示回归到家庭伦理与社会责任的核心，真正发挥婚礼仪式在社会文明建设中的重要作用。同时，婚俗改革还可以通过婚姻文化节、婚礼博览会等活动，将中华优秀婚嫁礼仪文化与现代婚礼习俗相结合，使广大民众能够在参与中感受婚俗文化的魅力，并自觉成为文明婚俗的践行者，不仅能提升社会的文化素养，还能为新时代的婚姻家庭文明建设奠定坚实的基础。

（四）促进文化传承与创新并行

婚俗改革为中华优秀婚嫁礼仪文化的传承与创新提供了广阔的空间。改革过程中，不仅要保留传统婚俗的核心价值，还应鼓励创新，通过现代化的手段和形式，丰富婚俗文化的表现力。例如，借助婚礼直播、数字化婚礼策划等现代科技手段，能够使婚礼仪式更加生动，进一步扩大中华优秀婚嫁礼仪文化的传播范围，让更多人感受到这一文化的魅力。婚俗改革让中华优秀婚嫁礼仪文化在现代社会中继续传承，并不断创新，在满足当代社会多样化需求的同时，还可以通过文化创意产业的发展，将中华优秀婚嫁礼仪文化与旅游、文创产品等相结合，使其不仅限于婚礼仪式的场合，还能够通过多种文化产品和形式深入社会生活，从而弘扬中华优秀婚嫁礼仪文化，推动文化产业的创新发展，促进文化与经济的双向互动。

三、传承与发展：推动婚姻家庭文明建设与社会和谐

中华优秀婚嫁礼仪文化是中华民族几千年婚姻家庭观念与社会价值的积淀，它涵盖了深厚的伦理道德内涵和丰富的仪式程序，是社会稳定、家庭和睦的重要文化基础。新时代的婚俗改革则是适应现代社会需求、倡导简约文明的新风尚，将中华优秀婚嫁礼仪文化与新时代婚俗改革有机结合，能够为婚姻家庭文明建设注入新的动力，推动社会的进步与发展。

（一）文化传承融合时代需求，增强婚姻家庭文明意识

中华优秀婚嫁礼仪文化中的许多核心价值，如尊重家庭、忠诚婚姻、尊敬长辈，在当代依然具有重要的伦理和社会意义。通过婚俗改革，将这些文化价值与现代婚姻观念相结合，可以提高社会对婚姻和家庭责任的认知水平，强化婚姻中的伦理意识。例如，传统婚嫁礼仪中"六礼"中的纳采、问名、纳吉等程序，虽然在形式上已不适应现代社会，但其蕴含的慎重对待婚姻、尊重长辈的思想，可以通过现代简化的婚礼程序得到体现。婚俗改革将这些礼仪内涵提炼出来并融入现代婚礼中，有助于培养新婚夫妇的家庭责任感，增强婚姻家庭文明意识。通过倡导婚礼中的家庭责任感

表达，例如让新人在婚礼上公开宣誓承诺彼此的忠诚、共同承担家庭责任，不仅可以让婚礼更加具有仪式感，还可以帮助新人更加深刻地理解婚姻的意义，从而有利于婚姻的长期稳定。这种文化传承与时代需求的融合，为社会婚姻家庭文明建设提供了精神支持。

（二）简化形式保留内核，倡导简约文明婚礼风尚

在新时代的背景下，婚礼过度铺张浪费、攀比的现象已经成为社会问题，甚至影响了婚姻家庭的和谐。因此，在婚俗改革中，提倡简约文明的婚礼风尚，去除烦琐礼仪，保留传统文化的核心价值，能够有效地引导社会形成良好的婚俗风尚。中华优秀婚嫁礼仪文化中的"和为贵""礼为先"的精神，可以通过简化婚礼形式、降低婚礼成本加以体现。通过推广简约大方的婚礼模式，不仅可以避免攀比、浪费现象，还可以丰富婚礼的文化内涵，使婚礼成为展示家庭和社会价值的场合。例如，传统婚礼中的彩礼问题，已成为一些地区婚姻的沉重负担。通过婚俗改革，反对天价彩礼，倡导夫妻双方平等对待婚姻关系，使婚礼回归到家庭伦理和社会责任的本质。婚俗改革在推动简约婚礼的同时，也在社会中树立了新的婚姻价值观念，即婚姻的本质在于家庭责任与社会承诺，而不是物质层面的比拼。

（三）创新婚俗文化形式，增强婚礼仪式的时代感与文化认同

中华优秀婚嫁礼仪文化具有丰富的仪式感，通过婚俗改革可以将这些仪式与现代婚礼文化相结合，增强婚礼的时代感与文化认同。例如，传统的中式婚礼具有强烈的文化特色，可以通过引入现代元素，进行创新性的婚礼设计，既保留传统婚礼中的文化符号，又体现现代社会的个性化需求。通过在婚礼中引入现代科技手段，如婚礼直播、电子请柬、数字化婚礼策划等方式，既可以提升婚礼的参与感与现代感，又可以让婚礼中的文化内涵得到更好的传播和传承。在婚俗改革中，通过婚礼文化节、婚俗展览等活动，可以让更多的人接触并了解中华优秀婚嫁礼仪文化，从而增强人们对婚姻与家庭文化的认同感。在这种文化认同的基础上，婚俗改革不仅能推动婚姻家庭文明建设，还能增强社会成员对中华文化的自信心。

（四）婚俗改革推动婚姻家庭辅导，助力社会和谐发展

婚俗改革在倡导婚礼仪式创新的同时，还应注重推进婚姻家庭辅导。通过婚俗改革向全社会传递正确的婚姻观、家庭观和社会责任意识，有效地推动婚姻家庭文明建设。例如，在婚前辅导中，专业人士向新婚夫妇讲解婚姻家庭责任、婚姻沟通技巧等内容，能够帮助新人更好地应对未来婚姻中的挑战，促进婚姻的稳定与和谐。这种婚姻家庭辅导不仅仅是针对新婚夫妇，还可以通过社区、学校等多种渠道向社会广泛传播，有效减少婚姻中的矛盾与冲突。因此，婚俗改革作为推动婚姻家庭文明建设的重要举措，为社会提供了一个增强公民婚姻责任感和家庭责任意识的平台。

第一部分

中华优秀婚嫁礼仪文化的
传承与变革

第一章 中华婚嫁礼仪的起源与发展

中华婚嫁礼仪的起源与发展经历了数千年的演变，每个历史阶段都在其文化背景和社会制度下赋予婚嫁礼仪不同的意义和形式。笔者将中华婚嫁礼仪的历史发展划分为三个阶段，即中华婚嫁礼仪初步形成阶段（先秦时期）、中华婚嫁礼仪规范化与成熟阶段（秦汉至明清）和中华婚嫁礼仪变迁与现代化阶段（近现代），以展示其礼制的形成、演变和文化意涵的丰富过程。通过这三个阶段的划分，可以清晰地看到中华婚嫁礼仪从初步形成到高度成熟，再到现代化变迁中的演化与传承过程。中华婚嫁礼仪在历史演进中形成的礼教思想，不仅影响了婚姻观念的传承，还渗透到了社会生活的方方面面，成为整个儒家文化的重要组成部分；不仅是个人生活的仪式，更是反映社会结构与伦理道德的重要文化符号，对中国传统文化的形成与发展起到了不可或缺的作用。

第一节 中华婚嫁礼仪初步形成阶段
（先秦时期[①]）

中华婚嫁礼仪作为一种承载伦理规范与社会秩序的仪式性文化，其早期形成可追溯至上古时代[②]，并在周代得到进一步规范和制度化。在这一过程中，婚嫁礼仪从最初的繁衍功能逐步发展为体现宗族结构与社会等级的文化仪式，成为维系宗族关系与社会秩序的重要纽带。上古的婚嫁礼仪的演变不仅奠定了中国传统婚俗的基本结构，也对后世礼教思想产生了深远影响。

---

① 先秦是指秦朝建立之前的历史时期，广义的先秦指自远古至公元前 221 年秦始皇统一六国。

② 上古时代，指较早的古代，在我国历史分期上多指夏商周秦汉这一时代。

一、上古时代的婚嫁制度：婚嫁礼仪起源

中国的上古时代涵盖了从三皇五帝到夏朝建立之前的时期，这一时期是中国历史和文化发展的基础。农业和城市的兴起、冶金技术的发展以及文字的出现，标志着中国文明的初步形成，为后来的历史进程奠定了重要基础。许多文化、社会制度和技术的起源都可以追溯到这一时期。它不仅是人类文明的开端，也为后续的历史演变提供了丰富的背景和素材。

关于先秦时期婚姻礼俗的起源，唐代学者杜佑在《通典》中提出了颇具影响力的看法，书中写道："遂皇氏始有夫妇之道。伏牺氏制嫁娶以俪皮为礼。五帝驭时，娶妻必告父母。夏氏亲迎于庭。殷迎于堂。"[1]

"遂皇氏始有夫妇之道"是说在"遂皇"这个氏族时期，开始形成了夫妇之间的关系和婚姻的基本观念。"伏牺氏制嫁娶以俪皮为礼"是讲伏牺氏制定了婚姻的礼仪。在这里提到的"俪皮"是指用成双的鹿皮作为婚礼或订婚的礼物，反映了当时的婚姻习俗和礼仪。"五帝驭时，娶妻必告父母"是说五帝[2]时期，结婚时需要向父母报告，体现了对家庭和父母的尊重。这也反映了传统社会中父母在子女婚姻选择中的重要作用。"夏氏亲迎于庭。殷迎于堂"是对不同朝代婚礼迎娶方式的描述。"夏氏"指的是夏朝，婚礼时新郎在庭院中迎接新娘；而"殷"指的是商朝，婚礼时则是在堂上迎接新娘。这里显示了不同朝代在婚礼仪式上的差异，以及对婚姻的重视。

上述文献涉及了与婚姻家庭相关的四个问题，反映了中国古代婚姻制度的演变，从氏族社会的早期形态发展到有明确礼仪和父母参与的婚姻制度，展现了当时社会的伦理观念和家族观念。首先，婚姻家庭的起源可以

---

① 杜佑. 通典：卷第五十八 [M]. 王文锦，等点校. 北京：中华书局，2018：1617。
② 五帝说法众说纷纭。例如，《大戴礼记》记载的"五帝"为黄帝、颛顼、帝喾、尧、舜；《吕氏春秋》记载的"五帝"为太昊、炎帝、黄帝、少昊、颛顼；《尚书序》记载的"五帝"为少昊、颛顼、帝喾、尧、舜，以其经书地位之尊，以后史籍皆承用此说。

追溯到传说中的燧人氏①时期；其次，伏羲氏②时期开始确立婚姻制度，并出现了聘礼的概念；再次，五帝时代的人们在结婚时必须征询父母的意见；最后，夏商时期存在两种不同的迎亲仪式场所：一是夏朝的庭院迎亲，二是商朝的堂上迎亲。这些观点为理解古代婚姻礼俗的形成与发展提供了重要的线索。

由此可见，中国自上古时代的燧人氏、伏羲氏就形成了调节两性关系的婚姻制度，以及男方向女方表达结婚意愿的聘礼。可以说，在上古时代已形成婚姻礼俗的雏形，为夏商周时期的婚姻习俗奠定了基础。

二、周代（西周至春秋战国）：礼制化初步形成

婚礼的演变经历了由简到繁的过程。最初，婚礼的形式较为简单，受限于当时的经济和文化水平，通常只需交换一些象征性的礼物。随着社会的发展和文明的进步，婚姻的地位和意义逐渐凸显，人们对婚姻的重视程度不断提升，普遍认为婚姻是人生中的一件重要事情。婚姻的缔结不仅关乎个人的情感，还涉及整个家庭的利益，并且融入了社会、经济和政治等多种因素。

在中国古代，律令发生以前，礼独负法的作用，婚姻的缔结，须依礼而行。"婚姻仪注之最要者，实为六礼。"③ 周朝结束了商朝的统治，新的统治者周人非常重视礼仪制度，致力于通过礼制巩固统治和社会秩序。在这一背景下，婚姻作为社会基础的重要组成部分，被纳入礼仪体系进行规范。周公旦（周武王的弟弟）在周初将婚嫁礼仪作为礼制中的重要部分进行了大规模的系统化和规范化的改革，形成了较为完整的婚嫁礼仪流程。这一过程中，吸收了前朝（商朝）和同时代其他文化的精华，结合周人的社会实际，逐步形成"六礼"制度，成为周代贵族及社会各阶层普遍遵循的婚嫁礼仪规范。通过贵族、士大夫阶层的执行和推广，"六礼"制度逐

---

① 燧人氏（遂皇氏），上古三皇之一，钻木取火，成为中国古代人工取火的发明者，教人熟食，结束了远古人类茹毛饮血的历史，开创了中国火文明，被后世奉为"火祖"。神话传说燧人氏为有巢氏与缁衣氏之子，妻华胥氏，生伏羲氏、女娲氏。

② 伏羲氏（伏牺氏），上古三皇之一，中华民族人文始祖，是中国最早的有文献记载的创世神，亦称牺皇、皇羲，《史记》中称伏牺，在后世与太昊、青帝等诸神合并，称"太昊伏羲氏"，亦有青帝太昊伏羲（东方上帝）一说。所处时代约为旧石器时代中晚期。

③ 徐朝阳. 中国亲属法溯源［M］. 北京：商务印书馆，1930：112.

渐深入民间，成为社会普遍认可和尊崇的婚嫁礼仪流程。"六礼"不仅在周代统治者中间得到严格执行，也在普通民众中产生了深远影响。

《礼记·昏义》开篇就写道："昏礼者，将合二姓之好，上以事宗庙，而下以继后世也，故君子重之。是以昏礼纳采、问名、纳吉、纳征、请期，皆主人筵几于庙，而拜迎于门外，入，揖让而升，听命于庙，所以敬慎重正昏礼也。……敬慎重正而后亲之，礼之大体，而所以成男女之别而立夫妇之义也。男女有别而后夫妇有义，夫妇有义而后父子有亲，父子有亲而后君臣有正。故曰：'昏礼者，礼之本也。'"①昏礼是指婚礼，其目的在于结合两个姓氏的关系，形成新的家庭。婚礼不仅是个人之间的结合，还与宗庙祭祀及后代传承有关。因此，君子（有德之人）非常重视婚礼，这些仪式在家中和宗庙前进行，表明婚礼的神圣和庄重，婚礼前的拜迎仪式在门外进行，显示对婚礼的尊重。进入婚礼场所时，参与者需要行揖礼（鞠躬），表现出谦恭和尊重，同时在宗庙前表示听从宗庙的教诲。所有这些仪式的设计都是为了确保婚礼的庄重、谨慎和规范。只有在尊重、谨慎和正当的基础上，才能建立亲密关系，这就是礼的本质。通过婚礼，明确了男女的区别与夫妇之间的义务和责任。男女的区别确立了夫妇的义务，夫妇之间的义务又导致父子之间的亲密关系，最终形成君臣之间的正当关系。因此，婚礼被视为礼仪的基础，它在家庭和社会中扮演着重要的角色。总体来看，这段文字强调了婚礼作为一种重要的社会礼仪，它不仅是个人和情感的结合，更是家族、社会和国家之间关系的体现，反映了古人对家庭和婚姻的深刻理解与重视。

《礼记·昏义》详细记载了周代婚姻的"六礼"，即纳采、问名、纳吉、纳征、请期和亲迎。这一系列礼仪不仅体现了婚姻的庄重和神圣，也反映了对家族关系和社会秩序的重视。纳采是指男方请媒人到女方家提亲；问名是指男方询问女方的名字以占卜婚姻是否合适；纳吉是指占卜结果吉利后，男方正式向女方家提亲；纳征是指男方送聘礼到女方家；请期是指商议婚期；亲迎则是指婚礼当天，男方亲自到女方家迎娶新娘。"六礼"的实施，不仅规范了婚姻程序，也加强了家庭和家族之间的联系。

周朝婚姻"六礼"制度在规范婚姻程序、巩固社会等级秩序和维系宗

---

① 王文锦．礼记译解［M］．北京：中华书局，2016：820-821.

族关系方面发挥了重要作用。作为礼治社会的重要组成部分，"六礼"细化了婚姻的仪式过程，确保了婚姻的合法性和社会认可度，强化了家族间的联姻关系，并在一定程度上减少了婚姻纠纷，维护了社会秩序的稳定。"六礼"不仅体现了周代对礼仪和道德规范的高度重视，也为后世婚嫁礼仪的演变提供了范式。

第二节　中华婚嫁礼仪规范化与成熟阶段（秦汉至明清）

中华婚嫁礼仪从秦汉至明清经历了规范化与成熟的演变过程，体现了礼制文化在不同历史时期的继承与发展。秦汉时期，婚嫁礼仪在继承周礼基础上进一步规范，逐渐形成了系统化的礼仪程序，如《礼记注》①对婚礼细节就有详细记载，这一时期婚嫁礼仪的规范化为后世奠定了基础。唐宋时期，随着礼制文化的繁荣，婚嫁礼仪变得更加精细化和制度化，《唐六典》及《宋会要辑稿》等文献对婚礼的各个环节进行了详细规定，反映出了礼仪在社会生活中的重要地位。直到明清时期，婚嫁礼仪达到了高度成熟与规范化的阶段，《大明会典》及《大清会典》对婚礼程序做了全面详尽的规定，婚嫁礼仪不但在贵族和士大夫阶层严格执行，而且在普通民众中产生了极大的影响，形成了具有广泛社会基础和认同的婚礼文化。从秦汉至明清，中华婚嫁礼仪在规范化与成熟过程中，逐步实现了礼仪程序的系统化、细致化和广泛社会化，体现了中华文化对婚姻家庭关系的高度重视和礼仪规范的持续传承。

一、秦汉至南北朝：规范化与普及

秦汉至南北朝时期是中国古代婚嫁礼仪规范化与普及的重要阶段。婚嫁礼仪不仅在法律和制度层面得到了进一步的规范，还通过社会实践得到了广泛的普及和推广，为后世婚嫁礼仪的发展奠定了坚实的基础。

（一）秦汉时期

以"六礼"为核心的周代婚嫁礼仪体系，不仅规范了婚姻的程序和礼

---

① 《礼记注》是由东汉郑玄所著的《礼记》重要注疏之一，包含《小戴记》49 篇，玄精《三礼》。

节，还体现了当时社会的伦理观念和宗法制度。作为中华文化的重要继承者，婚嫁礼仪在秦汉时期很大程度上延续了这一传统。先秦时期，由于"礼不下庶人"①，婚姻"六礼"主要适用于士族及以上的社会阶层，对庶民而言，婚嫁习俗并不需要严格遵循"六礼"的规范。然而，到了两汉时期，儒家思想开始强调无论是士族还是庶民，在嫁娶时都应遵循"六礼"的原则。在汉儒的积极倡导下，"六礼"的影响逐渐渗透至庶民社会，推动了这一仪式的普及与规范化。此一变化不仅反映了社会结构的变迁，也体现了儒家对婚姻伦理的重视，从而使"六礼"成为更广泛的社会规范。

尽管秦汉时期延续了周代的"六礼"传统，这一时期的社会结构的变化和新的社会规范的出现依然对婚嫁礼仪产生了重要影响。首先，秦汉时期中央集权的强化和法律体系的完善，使婚姻制度受到了更为严格的法律约束。《秦律》及《汉律》对婚姻的合法性、婚礼程序、婚姻关系的解除等方面作出了明确规定，这些法律条文在很大程度上规范了婚嫁礼仪的具体操作。其次，儒家伦理的普及和强化对婚嫁礼仪产生了重要影响。儒家思想强调孝道、礼仪和家庭伦理，这些观念在婚嫁礼仪中得到了充分体现。婚礼仪式中对父母的尊重和孝敬成为重要内容，新人需要在婚礼上向父母行礼，表达对父母养育之恩的感激。最后，汉代的社会风尚逐渐趋向奢华，这一变化在婚嫁习俗中尤为明显。汉代的婚嫁以纳征的奢侈、嫁妆的丰厚、迎娶场面的豪华、婚宴的狂欢而迥然有别于先秦的婚礼。甚至皇帝专门下诏鼓励："夫婚姻之礼，人伦之大者也；酒食之会，所以行礼乐也。今郡国二千石或擅为苛禁，禁民嫁娶不得具酒食相贺召。由是废乡党之礼，令民亡所乐，非所以导民也。"②诏中批评一些地方的官员（如二千石的地方官）随意设立苛刻的禁令，禁止民众在婚嫁时准备酒食和举行庆祝活动。这种做法被认为是对传统礼仪的废弃，损害了乡里的风俗和人们的欢乐。

（二）魏晋南北朝时期

魏晋南北朝时期，中国社会经历了剧烈的政治动荡与文化变革。这一时期的婚嫁礼仪呈现出多样化与复杂化的特征，既有对传统礼制的延续，

---

① 郑玄. 礼记正义：全三册 [M]. 孔颖达，正义. 吕友仁，整理. 上海：上海古籍出版社，2008：101.

② 班固. 汉书 [M]. 北京：中华书局，1962：265.

也受到新兴思想与文化潮流的影响，反映了社会结构的变迁与家族观念的演变。

在魏晋南北朝时期，士族阶层依然遵循较为严格的婚嫁礼制，而在庶民阶层，婚嫁礼仪逐渐向简单化、灵活化发展。士族的婚嫁礼仪依然遵循较为复杂的程序，强调家庭背景、身份地位与礼仪的规范。在这一时期，婚姻不仅是个人情感的结合，更是家族利益与社会地位的体现。在士族中，纳采与问名环节尤为重要，家族通过这些仪式确认婚姻的合法性与吉祥性。此外，士族对婚姻的选择也常常受到家族长辈的影响，婚姻的自主性较低。相较于士族，庶民的婚嫁礼仪则逐渐简化，许多传统的礼节被省略，更多地体现了个人情感与实际需求的结合。尽管庶民的婚嫁礼仪不受"六礼"的严格约束，但许多地方习俗与简化的仪式仍然保留。例如，在某些地区，庶民的婚礼可能仅通过简单的相约与交换礼物来完成，反映了社会经济条件与文化认同的变化。

社会动荡和民族融合对魏晋时期婚嫁礼仪产生了深远影响。贵族门阀制度的兴起，使婚姻在政治联姻和家族利益方面的作用更加突出，婚嫁礼仪中注重门第和家族背景的现象更加明显。南北朝时期，北方民族的大规模南迁和民族融合使汉族传统婚嫁礼仪与少数民族婚俗相互影响和融合，形成了具有地方特色的婚嫁礼仪。例如，北魏时期，由于鲜卑族的影响，婚嫁礼仪在形式上更加简化，但仍保留了传统的基本程序和伦理内涵。在这一时期，婚嫁礼仪的发展不仅反映了社会政治结构和文化观念的变化，也在一定程度上促进了社会的整合和文化的融合。婚姻作为一种重要的社会制度，通过礼仪的形式体现了伦理规范和社会秩序，同时适应了时代变迁和社会发展的需要。

二、隋唐至宋元：制度化和多样化

隋唐至宋元时期是中国历史上社会制度和文化多样化迅速发展的阶段，婚嫁礼仪在制度化与多样化两个维度上呈现出了复杂的发展特征。这一过程不仅体现了社会结构和文化观念的变迁，还反映了礼仪制度与社会实践之间的互动。随着社会阶层的分化与地域文化的多样化，婚嫁礼仪逐步形成了系统化的规范，也在不同阶层与地区中展示了丰富的变异性。

（一）隋唐时期

隋唐时期，中国封建国家在礼仪制度上的建设达到了一个新的高度，不仅延续了先秦至汉代的婚礼传统，更因政治、文化的繁荣与融合形成了独特的婚嫁礼仪体系。在这一时期，婚嫁礼仪首先表现出明显的制度化趋势。

1. 礼制规范高度统一

隋朝统一天下后，国家对礼仪制度进行了系统整合和规范，婚嫁礼仪在这一过程中得到了明确的制度化规定。隋文帝杨坚颁布的《开皇律》对婚嫁礼仪作出了详细规定，强调婚姻必须按照正式礼仪进行，禁止私下成婚，体现了隋朝对婚姻关系的重视和对礼仪制度的严格要求。

唐代在隋代礼仪制度的基础上，进一步规范和完善了婚嫁礼仪。唐太宗时期编纂的《贞观礼》详细记载了婚嫁礼仪的各个环节，体现了礼仪的严格制度化。《唐律疏议》对婚姻制度的法律规范进行了详细解释，明确规定了婚姻的合法程序和违礼行为的处罚。例如，《唐律疏议·户婚》"许嫁女报婚书"条有规定："若更许他人者，杖一百；已成者，徒一年半。后娶者知情，减一等。"[①] 其核心意思是，若女方在接受聘礼后又将女儿许配给他人，女方家长应受到杖责一百的惩罚。如果女方已经结婚，那么其家长将受到一年半的徒刑惩罚。后娶这女子的男方家如果是明知女方之前已经许嫁给别人而仍去迎娶的，也要处比女方家长减一等的责罚。这表明唐律对故意违反婚约或接受聘礼后再嫁的行为设定了明确的惩罚措施，这些规定有助于维护婚姻的秩序与稳定。唐代婚姻缔结程序中不仅延续了传统的"六礼"礼俗，更在此基础上以唐律加以保障。由此可以看出，唐代立法者试图从伦理秩序规范与法律约束两个方面来规制唐代婚姻缔结程序，以保障唐代社会婚姻程序的有序进行。

隋唐时期，婚嫁礼仪的"六礼"制度不仅在皇室和贵族中严格遵行，也在广大的中下层社会中得到普及。《新唐书·礼仪志》中详细记载了"六礼"的具体操作，如纳采时需择吉日，问名时需合婚，纳吉时需占卜等。这些程序在形式上非常规范，体现了制度化的特点。唐皇室婚礼作为典范，对全国上下具有示范作用。唐太宗李世民的婚礼被详细记录在《旧

---

① 曹漫之. 唐律疏议译注 ［M］. 吉林：吉林人民出版社，1989：499.

唐书》和《新唐书》中，其礼仪之繁复、仪式之庄重，为各阶层所效仿。例如，唐太宗的婚礼中有"迎亲"仪式，即皇帝亲自到太子府迎接太子妃，这一仪式后来在贵族和富裕家庭的婚礼中得到流行。

2. 崇尚祥瑞与华美

隋唐时期，社会繁荣，经济发达，婚礼不仅是家族仪式，更成为展示财富、地位和文化的场合。祥瑞与华美，充分体现在婚礼的仪式、服饰、装饰等各个方面。在唐代，女子的婚服不是红色的，而是青绿色，反倒是新郎穿绛红色的礼服。男服绯红，女服青绿，这种"红男绿女"婚礼服饰既融合了先前的庄重神圣，又结合了热烈喜庆的气氛，显示出雍容华贵的大唐气象。隋唐婚礼重视华丽服饰的展示，甚至加入珍珠、翡翠等饰物，以彰显家族的尊贵地位。服饰的繁复与精致，不仅体现出婚礼的庄重，更展示了隋唐时期社会对美学的推崇与追求。另外，婚宴的排场与礼堂的布置也极尽奢华。婚礼场地通常装饰大量丝绸、绸缎，场地以红、金为主色调，体现出祥瑞和尊贵的氛围。婚宴中更会设置雕刻精美的酒器、摆设，同时由专业乐师演奏婚礼乐章，以增强婚礼的仪式感。高门大户的婚宴排场往往带有明显的奢华气息，不仅是对新婚美满的祝愿，更是彰显家族力量与地位的重要方式。

在婚礼流程中，祥瑞的意涵贯穿始终。拜天地、拜高堂等礼仪象征对天地祖先的感恩与敬畏，合卺礼象征夫妻的和合美满。此外，婚礼前新娘入门前常需跨过火盆，寓意驱邪避凶，祈求婚后生活平安、和睦。新娘佩戴的各种珠宝饰品、礼桌上的供品、婚礼中的合卺酒、装饰花卉等细节，均意在吉祥祝福，渗透出隋唐社会对祥瑞之意的崇尚。

3. 世俗化趋势明显

唐朝婚嫁礼仪在繁复华美中逐渐表现出明显的世俗化趋势。这种世俗化主要体现在婚礼的形式、价值观、仪式内容和社会风尚等方面。唐朝社会风气开放，婚礼逐渐出现简化与娱乐化的趋势。例如，婚礼中增加了宴饮、歌舞表演和各类娱乐项目，不仅为婚礼增添了热闹氛围，也吸引了更多的社会关注。值得一提的是，在唐朝婚礼和婚姻关系中，女性获得了更多的自主权，许多家庭在安排婚礼时开始尊重女性的意愿，女性有了更多对婚姻选择的发言权。例如，《太平广记》中记载着唐代女子自主择偶的许多佳话。这种婚礼中的女性的角色变化反映了世俗化的趋势，使婚姻不再完全是家庭的工具，而是开始关注个人幸福和个体权利。另外，在唐朝的文学作品和社会风尚中，爱情作为婚姻基础的观念逐渐凸显。唐诗中出现了许多描写爱情的诗句，表达了人们对自由恋爱的向往与追求，婚姻逐渐从单纯的家族纽带转向关注情感。许多青年男女在婚姻中不仅考虑家族利益，也开始注重感情的契合。例如，唐代诗人白居易在《长恨歌》中对唐明皇和杨贵妃的感情故事的描绘，正是这种世俗化婚姻观的象征。爱情逐渐成为婚姻的重要基础，世俗化的趋势打破了过去"父母之命、媒妁之言"的绝对性。

（二）宋元时期

宋元时期，随着社会经济的发展和文化的多元化，婚嫁礼仪在制度化的基础上，逐渐呈现出多样化的特征。这一时期的婚嫁礼仪既有严格遵循礼制的一面，也有因地域、民族、宗教和社会阶层不同而展现出的多样性。

1. 地域差异显现

宋元时期，中国的婚嫁礼仪在保持传统礼制的基础上，呈现出多样化发展的趋势，在地域差异上表现得尤为显著。这一时期的婚礼仪式不仅反映了社会经济文化的变化，也体现了各地风俗习惯的独特性。

中原地区作为北宋政治、经济、文化的中心，依然严格遵循传统的"六礼"制度。南方地区由于地理环境和文化的多样性，其婚嫁礼仪相对灵活且富有地方特色。其中，南方婚礼中还普遍存在"过门三日"之俗，即新娘在婚礼后三天内不得出门，以示对夫家的尊重和适应新环境的过程。南方地区婚嫁仪式的丰富性和多样性，反映了当地民俗文化对婚嫁礼仪的影响。而北方地区的婚嫁礼仪则受游牧文化的影响较大，礼仪从简，无繁文缛节，重实质而轻形式，表现出简洁实用的特点，体现了北方游牧民族重实用、轻形式的生活方式对婚嫁礼仪的影响。此外，北方地区的婚礼中常有"射柳""赛马"等活动，表现出浓厚的草原文化特色。

2. 民族文化融合

随着北宋灭亡、南宋建立以及元朝统一中国，各民族间的频繁接触和融合，使婚嫁礼仪在形式和内容上呈现出显著的多样化特征。在北宋至南宋时期，北方的少数民族政权，如辽、金的统治，对中原地区汉族婚礼习俗产生了深远影响。例如，契丹族和女真族在婚礼中强调的马匹、皮毛等礼物，逐渐融入汉族的婚嫁礼仪中。这种文化交流在《辽史》和《金史》中均有记载，显示了汉族与契丹、女真族在婚嫁礼仪上的相互借鉴与融合。

元朝时期，蒙古族的统治进一步加深了各民族间的文化交流。蒙古族的婚礼习俗，如帐篷婚礼、共饮马奶酒，逐渐被汉族接受和改造。在《元史》中，可以看到元代贵族婚礼中既有传统汉族的"六礼"，也融入了蒙古族的特色仪式。这种文化融合不仅体现在上层贵族的婚礼中，也影响了普通民众的婚姻习俗。中亚、西域等地的少数民族通过元朝的丝绸之路和海上贸易，与中原地区形成了密切的文化联系。例如，畏兀儿（回鹘）人和波斯人的婚礼习俗，如彩礼的种类和婚宴的形式，逐渐影响了中原地区的婚嫁礼仪。这种影响既体现在物质文化（如使用异域香料和装饰品）上，也体现在精神文化（如婚礼中的祈福仪式）上。

3. 宗教文化影响

宋元时期，佛教、道教与本土儒家思想的交融对婚嫁礼仪产生了深远影响。儒家思想依然占据主导地位，强调婚姻的礼仪性和家庭伦理。这种思想体现在婚礼的"六礼"中，强调婚姻必须经过严格的礼仪程序，以确保家庭和社会秩序的稳定。然而，佛教和道教在这一时期的广泛传播与兴盛，也使婚礼仪式中逐渐融入了相关宗教的元素。

佛教对宋元婚嫁礼仪的影响主要体现在婚礼的仪式和观念上。佛教强调因果报应和慈悲精神，因此在婚礼中常见僧侣诵经祈福的仪式，以求夫妻和睦、家庭幸福。这种风俗在宋代的贵族和富裕家庭尤为盛行，他们常邀请高僧大德参与婚礼，诵经祈福，以增加婚礼的神圣性和庄重感。

道教则通过其独特的宗教仪式和符箓文化，影响了婚嫁礼仪的具体实践。道教强调阴阳调和、天人合一，这在婚礼中表现为对良辰吉日的选择，以及道士主持的祈福仪式。道教婚礼仪式中常见的祭天地、拜祖先等环节，体现了道教对自然和祖先的崇拜。例如，北宋时期，道教大师陈抟的弟子们经常在婚礼上主持祭祀仪式，以求天地佑护、新婚幸福。

在元朝，随着多民族文化的融合，伊斯兰教等外来宗教也对婚嫁礼仪产生了影响。元朝时期，大量的中亚和西亚穆斯林移民定居中国，他们的婚礼习俗也随之传入并与本土文化相互融合。伊斯兰教婚礼强调简单庄重和宗教仪式的重要性，例如在婚礼上诵读《古兰经》、宣读婚约、祈求真主的祝福等。这些习俗在元代的回族婚礼中得到了体现，并对当地社会产生了深远影响。

藏传佛教在元代的传播也影响了藏族地区的婚嫁礼仪。藏传佛教婚礼仪式复杂，通常包括诵经、祈福和祭拜等环节。在藏族婚礼中，喇嘛的参与是必不可少的，他们通过诵经祝福新人的婚姻生活，祈求佛祖的庇佑。这种宗教仪式不仅增强了婚礼的神圣感，也凸显了宗教在社会生活中的地位。

4. 社会阶层的多样性

宋元时期，不同社会阶层在具体实施"六礼"时，表现出显著的差异。这些差异主要体现在礼仪的规模、形式以及礼品的种类和数量上。在传统婚礼中，"六礼"的固定形式，在皇族、贵族阶层往往较为严格，北宋末年制定的《政和五礼新仪》中，对传统婚俗"六礼"做了简化，"并问名于纳采，并请期于纳成"，使"六礼"成为"四礼"。到了南宋时期，著名经学家朱熹在编写《朱子家礼》时，对古"六礼"进行进一步的简化，只余纳采、纳征、亲迎"三礼"。在宋朝，皇室和贵族的婚礼极其豪华，常常伴随着盛大的宴会和复杂的仪式。史书记载，宋朝皇帝的婚礼仪式耗资巨大，礼品包括大量的金银珠宝、丝绸和珍贵器物。例如，宋徽宗时期的皇室婚礼，不仅邀请了大量的宾客，还举行了盛大的庆典活动，彰显了皇权的威严和富庶。与此形成鲜明对比的是，士大夫阶层的婚礼虽然也讲究礼仪，但更加注重文化和礼教的体现。士大夫家庭在婚礼中，往往强调诗文唱和、礼仪规范，以展示家族的文化素养和社会地位。例如，南宋时期的著名文人陆游在其诗文中多次提到婚礼场景，细致描述了婚礼的礼仪过程和文化氛围，反映了士大夫阶层对婚嫁礼仪的重视与讲究。平民阶层的婚礼则相对简朴，但仍严格遵循基本的礼仪程序。平民家庭在婚礼中，礼品以实用为主，如粮食、布匹和生活用具。这些礼品虽然价值不高，但在礼仪过程中同样承载了深厚的情感和社会意义。宋元时期，平民婚礼中的一些简化仪式，如"简礼"，逐渐为社会各阶层所接受，反映了礼仪的普及和社会风尚的变化。

元朝时期，社会阶层的多样性更加显著。元朝的统治阶层以蒙古贵族为主，他们的婚礼习俗深受蒙古传统文化的影响。例如，蒙古贵族的婚礼中常见的"抢婚"仪式和大型宴会，反映了蒙古文化的豪放和热情。元朝皇帝的婚礼更是集中了蒙古族和汉族的双重特色，既有传统的"六礼"，也包括蒙古族特有的礼仪形式。与蒙古贵族形成鲜明对比的是，汉族士大夫和商人的婚礼更加注重礼仪的规范和经济实力的展示。元朝的汉族士大夫在婚礼中仍保留了宋代的文化传统，而商人阶层则通过奢华的婚礼展示其经济实力和社会地位。例如，元代商人的婚礼中，常见大量的金银珠宝、丝绸和珍贵礼品，反映了商业经济的繁荣和商人阶层的崛起。

宋元时期的婚嫁礼仪在多样化发展的过程中，深刻体现了社会阶层的多样性。这种多样性不仅体现在婚礼仪式的具体形式和内容上，也反映在不同社会阶层对礼仪的理解和执行上。通过对不同社会阶层婚嫁礼仪的探讨，可以更全面地理解宋元时期中国社会的复杂性和多元文化的交织。

三、明清时期：简约化与象征性

明清时期，特别是在明初，许多家庭难以承受婚嫁所需的高昂费用，减轻家庭经济负担、简化婚嫁礼仪成为一种必要的选择。这个时期的婚嫁礼仪以其细致入微的仪式和富有寓意的习俗，象征着婚姻的神圣性和家庭的和谐。在这些礼仪中，每一个环节、每一个物件都被赋予了特定的象征意义，以期为新人带来幸福和安康。

（一）明朝时期

1. "三礼"呈普遍化趋势

明朝初年，明太祖朱元璋发起一场对礼制风俗的改革运动，以去蒙古化、恢复汉族传统、践行儒家礼仪为核心内容，包含服饰、婚俗、日常杂礼等各个方面。朱元璋认为烦琐的婚礼仪式不仅浪费人力物力，也易导致社会混乱，因此提倡简化婚礼的程序，减去不必要的礼节，大力推广《朱子家礼》，以便普通百姓能够更容易地遵循。在明清时期，婚姻礼俗普遍以"三礼"进行，许多地方的婚礼仪式开始灵活调整，允许新郎新娘根据自身情况和家庭意愿进行适当修改，这种简化不仅降低了婚礼的复杂性，也使更多家庭能够负担得起婚礼费用。

2. 婚嫁服饰影响深远

明代婚服多采用红色作为主色，象征吉祥和喜庆，同时采用质地上乘的丝绸面料，饰以龙凤、祥云等象征婚姻幸福和繁荣的纹样。新娘婚服多为红色的宽袖长袍，外加大袖衫，象征端庄典雅。而新郎的婚礼服饰多为红色绸袍，搭配长袍、乌纱帽等，体现出身份和地位的区分。服饰的色彩和款式不仅彰显了明代对礼仪的庄重要求，也成为后世婚服的参照范式。另外，新娘的头饰多为"凤冠霞帔"，这一风格在唐宋以来逐渐成形，至明朝得到普及和规范。新娘头饰上镶嵌珠玉，搭配绸缎及其他珍贵装饰材料，凤冠上的凤鸟形象象征对婚姻幸福的祝愿。头饰的设计细腻且富有象征性，标志着新娘身份的转变，也成为婚嫁礼仪中不可或缺的组成部分。明朝对头饰的统一规范反映了婚嫁礼仪中的等级性和仪式性。

3. 礼仪程序和细节进一步完善

明朝婚嫁礼仪在传统"六礼"基础上进行了进一步的细化。例如，增加了婚礼前的"相亲""议婚"等环节，使婚姻建立在互相了解和选择的基础上。明朝对婚姻的程序化和合理化调整，使婚嫁礼仪更加符合实际生活的需求，展现了明代婚礼制度的进一步发展和完善。婚礼中讲究"盈门""跨火盆"等习俗，以期避邪除煞、纳福迎祥。例如，在新娘进门时，需由兄弟背入，寓意"姊妹情深"，并由丈夫为新娘掀盖头，象征新生活的开始。这些细节不仅为婚礼增添了仪式感，也蕴含了深厚的寓意，使婚嫁礼仪富有象征性和独特的文化内涵。

4. 地方风俗的吸纳与演变

明代婚嫁礼仪也吸纳了地方性的婚俗，形成了各地特色的婚礼风格。例如，江南地区保留了祭祖环节，并在婚礼中加入了江南传统的红灯笼、红绸缎等布置，以求吉祥；北方则加入了"闹洞房"等习俗，增加了婚礼的娱乐性。地方风俗的吸纳体现了明代婚礼的包容性和多样性，为婚嫁礼仪增添了地域文化特色。

5. 受儒家礼教影响的深化

明朝建立后，为了巩固统治，明太祖朱元璋强调儒家伦理道德的重要性，并将其融入法律和社会习俗中。婚嫁礼仪作为家庭伦理的重要组成部分，得到了特别的重视和发展。因此，婚嫁礼仪在很大程度上体现了儒家伦理观念的具体实践。例如，婚礼中的三书六礼、三媒六证[①]等环节，强调了婚姻的正当性和合法性，体现了对社会规范和道德准则的遵从。婚礼

---

① 三媒六证，言婚约之郑重。出自元武汉臣《生金阁》。三媒是指男方聘请的媒人、女方聘请的媒人以及给双方牵线搭桥的中间媒人。六证是指在天地桌上摆放一个斗、一把尺、一杆秤、一把剪子、一面镜子、一个算盘。

仪式中增加了许多敬重长辈的内容，进一步强化了婚姻的伦理性。新娘在婚礼过程中始终保持端庄姿态，向长辈请安、敬茶，充分体现了对父权和家族权威的尊重。这种礼教影响下的婚礼演变，使婚嫁礼仪不仅限于家庭成员的结合，更成为明代家庭伦理的制度化表达。

（二）清朝时期

清朝婚嫁礼仪在满汉文化的相互影响下形成了独特的范式。满汉婚嫁礼仪既吸收了汉族传统的繁复礼仪，也融入了满族特有的简洁风俗，体现出文化交融和民族共存的特征。清朝婚嫁礼仪的形成和演变，不仅是民族文化适应与融合的过程，更是在婚嫁礼仪层面展现了满汉统治阶层的文化互融。

1. 礼仪程序的满汉互融

汉族传统婚礼的繁复礼节和满族讲究效率的礼仪风格结合，使清朝婚礼形式兼具传统性和实用性。例如，汉族的纳采、问名和纳吉环节在清朝的婚礼中被简化和合并，体现了满汉文化在婚嫁礼仪程序上的妥协与融合。满汉文化的交融在亲迎环节尤为明显。其中，汉族传统婚礼多注重仪式上的庄重，亲迎过程则常常在吉时举行，仪仗华丽，而满族婚礼的亲迎强调骑马迎娶的形式，寓意着满族崇尚的骑射精神和男子气概。清朝婚礼的亲迎礼仪在汉族仪式的规范下融入了满族骑马迎亲的传统，使整个仪式既保留了汉族的隆重感，也带有满族的独特文化色彩，成为满汉礼仪相互渗透的象征。

2. 仪式装束的满汉混合

清朝的婚礼服饰明显受到了满族旗装的影响。满族旗装设计简洁，讲究直领、窄袖和长袍，而汉族婚服则偏向繁复的凤冠霞帔。清朝新娘的礼服在汉族婚礼传统的红色基调基础上，采用满族旗袍的款式，饰以精致刺绣和传统图案。这种融合既符合汉族婚礼的礼仪色彩要求，又保持了满族旗装的简洁庄重，充分体现出满汉礼仪装束的融合性。

满族头饰的特色在清朝婚礼中也得到广泛应用。传统汉族新娘头饰注重"凤冠"形式，而满族新娘则佩戴装饰有金银饰物的"喜字头"或"二龙戏珠"样式。清朝婚礼在头饰设计上吸纳了满族的立体造型，赋予汉族头饰新的风貌。这种头饰融合既延续了汉族对婚礼的华丽装饰的追求，又赋予其满族的质朴与气势，使婚礼装束更加多样化。

3. 婚礼细节的互相影响

敬茶与祭祖作为汉满两族婚礼中的重要礼仪，在清朝婚嫁礼仪中得到了有机融合。汉族婚礼中的敬茶礼节强调对长辈的尊重，而满族则注重祭祖环节以祈福求安。清朝婚礼结合了二者的核心意涵，新娘既向长辈敬茶，又进行祭祖仪式，成为尊祖敬亲的综合表达。这一融合不仅在形式上完善了婚礼仪节体系，更丰富了婚礼的文化内涵，表达出对长辈和祖先的双重尊重。

满族婚礼的"拦门"习俗，即新郎到新娘家迎娶时必须通过女方设置的关卡或挑战，在清朝婚礼中被保留下来，并增添了娱乐性。此举在汉族婚礼中并不常见，但满族婚礼中的这一习俗展现出对婚姻的庄重与趣味的结合。通过拦门，新郎表达对新娘的重视和诚意，为婚礼增添了喜庆氛围，也强化了婚嫁礼仪的象征意义。

在早期，满族对颜色的崇拜中以白色为主，他们认为白色象征着尊贵，甚至在婚礼上也会使用白色装饰。随着与汉族的接触加深，满族逐渐将红色视为喜庆的颜色，而白色则更多用于丧葬事务。例如，《听雨丛谈》中提到："京师娶新妇，落轿后，以红毡藉地，弗令新人履尘。"① 满族在订婚前流行"换庚帖"，即俗称的"批八字"，这种习俗在满族早期婚礼中并不存在，而是在清朝中后期才开始流行，目的是通过算命来预测男女双方是否相配。《啸亭杂录》中提到婚礼仪式中有"新妇怀抱宝瓶入，坐向吉方"②。而在满语当中却找不到与该仪式相对应的词语，说明也是源自汉族的婚礼仪式。在汉族当中历来就有借助谐音或同音的方式以表达吉祥之意的传统，"宝瓶"音同于"保平"，当为"保佑平安"之意。

4. 文化内涵的互渗与深化

一是满族崇武精神的体现。满族崇尚骑射之道，婚礼中融入了骑马迎亲、展示武技等体现勇敢和力量的环节。这些礼仪传递出对男子力量的赞美，同时强调了男子在婚姻生活中承担家庭责任的社会角色。这种尚武精神的融入，使婚嫁礼仪成为满汉文化相互影响的表现，并传达了婚姻中家庭与责任的观念。

---

① 福格. 听雨丛谈 [M]. 汪北平，点校. 北京：中华书局，1984：144.
② 昭梿. 啸亭杂录 [M]. 何其芳，点校. 北京：中华书局，1980：281.

二是汉族伦理价值的延续。清朝婚礼继承了汉族重视家庭伦理的传统，强调婚礼中对长辈的尊敬和对家族的认同。通过礼仪程序中的敬茶、拜堂、敬祖等环节，清朝婚嫁礼仪传递出对父母、长辈和祖先的敬仰，这种伦理价值观念不仅维系了汉族家庭结构的和谐，也在满族的婚嫁礼仪中被吸纳，形成了清朝特有的婚礼伦理。

三是汉满文化的共存与包容。满族在与汉族文化融合的过程中，不断吸收汉族婚礼的华丽与繁复，而汉族也在婚礼中逐步接受满族的简洁与务实。清朝婚礼通过仪式程序和文化内涵的融合，形成了兼容并包的婚嫁礼仪体系，为多民族共存的清朝社会提供了文化认同基础，也在中华婚嫁礼仪史上留下了独特的一笔。

第三节　中华婚嫁礼仪变迁与现代化阶段
（近现代[①]）

一、近代婚嫁礼仪（1840 年鸦片战争至 1949 年新中国成立）

从 1840 年鸦片战争到 1949 年新中国成立期间，中华婚嫁礼仪从传统的宗族化礼制逐渐过渡到个体化、多元化的表达方式，呈现出鲜明的变迁与适应性，不仅反映了中国社会在动荡时期的文化流动，也展现了现代观念在婚嫁礼仪中的渗透。这一时期正值中国社会结构与文化价值观发生巨变的时代，西方文化的涌入、社会政治的动荡以及思想解放的推动，使婚嫁礼仪在传统和现代之间反复摇摆。这一时期的婚嫁礼仪变迁主要经历了以下几个阶段。

（一）清末时期（1840—1911）：传统婚俗的稳固与渐变

鸦片战争至辛亥革命前的清末时期，中华婚嫁礼仪在传统礼制基础上经历了逐步的渗透与变化。此阶段的婚嫁礼仪受外来文化的影响和社会内部变革的双重推动，既体现了对传统家族结构与伦理价值的延续，也显现出对西方婚俗的逐步接纳。清末婚嫁礼仪的变迁主要表现为礼制的延续

---

① 近年来，近现代史的分期问题因新观点的出现而变得复杂。作者在综合各方意见，结合婚嫁礼仪变迁过程，定义本著作的"近代史"以 1840 年的鸦片战争为起点，1949 年中华人民共和国成立为终点，中华人民共和国成立至今为"现代史"。

性、仪式的复杂性与象征性、西方婚俗的初步渗透和婚姻观念的渐进
转变。

1. 礼制的延续性

鸦片战争后的清末社会，婚嫁礼仪在广泛的社会层级中保持了传统礼
制的主导地位，特别是"三书六礼"等礼仪规范，传统的迎亲、祭祖、拜
天地等礼节被严格遵循。婚嫁礼仪仍然具有维系家族关系、巩固宗族秩序
的功能，家庭和宗族在婚姻事务中的主导地位被严密维护，婚姻关系被视
为家族利益的延续，而非个人情感的契约。

2. 仪式的复杂性与象征性

清末婚嫁礼仪不仅仪式复杂，还具备显著的象征意义。传统的迎亲、
祭祖、拜天地等礼节不仅象征婚姻的神圣性，还代表着家族、宗族对婚姻
的庇佑与认可。婚礼中的每一环节皆有其象征意涵，诸如象征新人成为家
族正式成员的"入族礼"，以及代表对祖先的尊敬的祭祖仪式。这些礼节
巩固了家族伦理在社会中的重要地位，并强化了婚礼作为家族纽带与宗族
关系的象征功能。在传统婚礼中，家族的权威和宗族的观念得到进一步传
递，婚姻成为社会规范与家庭伦理的共同体现。

3. 西方婚俗的初步渗透

清末对外开放和外国租界的设立为西方婚俗进入中国沿海城市提供了
条件。西方婚礼文化元素逐渐影响了上层社会和沿海地区的婚礼形式。例
如，西式婚纱、鲜花装饰、宴会礼服等被部分接受，成为都市婚礼的新风
尚。在上海、天津等沿海开放城市，西方教堂婚礼形式虽未被大规模采
纳，但其仪式元素开始进入中国人的视野，并逐渐被富裕家庭和新兴知识
阶层接受。这种文化融合不仅标志着婚嫁礼仪形式上的多样化，更折射出
清末上层社会在现代化潮流中的文化适应与身份构建。

4. 婚姻观念的渐进转变

鸦片战争后，随着知识分子阶层的崛起与新思潮的传播，清末社会的
婚姻观念开始出现松动。一方面，传统婚姻制度中的父母之命、媒妁之言
依然普遍存在，婚姻多为家族利益考量；另一方面，一些知识分子在接触
西方思想后开始质疑传统婚姻观念，提倡婚姻自主与平等。这一转变虽未
显著动摇传统婚俗，但奠定了近代婚姻自由和自主的思想基础。婚姻观念
的变化虽然在清末尚属少数，但预示着未来社会对个人情感和婚姻自主性

的日益重视。

鸦片战争至辛亥革命前的清末婚嫁礼仪展现出传统与变革交织的特点。在家族和宗族礼制的坚守中，婚嫁礼仪继续充当社会伦理与秩序维系的工具，而在文化融合和观念渐变的影响下，一些西方元素逐渐进入婚礼场域，为未来婚姻自主观念的普及奠定了基础。这一时期的婚嫁礼仪变迁既反映了外来文化影响下中国社会的文化适应过程，也展现了传统礼仪在社会转型中的延续与重塑。

（二）民国初期（1912—1919）：新文化运动下的婚姻观变革

进入民国，新文化运动带来了思想解放和观念更新，传统婚俗逐渐受到批判，婚姻自主与自由恋爱观念得到倡导。传统的"父母之命、媒妁之言"被质疑，越来越多的知识分子发出反对包办婚姻的呼声。社会上出现了一些崇尚自主婚姻的知识分子婚礼，通常规模简单却充满了情感色彩，不再依赖复杂的传统仪式。作为反思传统伦理与推崇个体价值的重要历史阶段，新文化运动不仅推动了婚姻制度的思想革新，还在实践层面上显著影响了婚姻观念的演变。这一时期婚姻观的变革开始淡化宗族关系的影响，主要表现为对传统婚姻模式的质疑与批判、婚姻自主权的倡导以及家庭伦理结构的重新定义。

1. 对传统婚姻模式的质疑与批判

新文化运动以反思封建思想为核心，传统婚姻模式所依赖的父母之命、媒妁之言受到了前所未有的质疑。在传统婚姻中，家族与宗族的利益至上，婚姻的缔结多服务于家族延续与社会等级秩序的维持，而个人意愿被置于次要位置。这种模式在新文化运动的批判之下被视为封建残余，阻碍了个体的自我实现与社会进步。例如，诸多进步知识分子在公开场合、报纸杂志等平台上发表激进言论，抨击包办婚姻的压迫性，提倡废除以家族利益为主的婚姻制度，从而形成了对传统婚姻模式的广泛质疑。

2. 婚姻自主权的倡导

在新文化运动的倡导下，自由恋爱和婚姻自主成为知识界的核心诉求。婚姻不再是家族操控的工具，而被认为应基于双方的情感与自愿，代表了个体的尊严和独立人格。其中以鲁迅、陈独秀等为代表，大力提倡婚姻自由，提出了"婚姻应由双方自由恋爱为基础"的理念。在这一过程中，自由恋爱逐渐成为新一代青年人追求的婚姻形式，他们反对包办婚姻，推崇平等和情感的结合。在具体的婚礼形式上，一些知识分子和进步青年选择以简单而充满个性色彩的仪式来缔结婚姻，淡化传统烦琐礼仪的影响，强调婚姻中的个人选择与情感需求。这一转变在当时虽然仍属少数，但标志着婚姻观念向个体化、情感化方向的过渡。

3. 家庭伦理结构的重新定义

民国初期的婚姻观变革，不仅对婚姻形式提出了新的要求，也深刻影响了家庭伦理结构。在传统家庭伦理中，父权中心地位被认为是维持家庭秩序的基础，婚姻中的性别分工和权力结构相对固定，女性在婚姻和家庭中的从属地位被视为理所当然。然而，新文化运动的思想启蒙使男女平等的观念广泛传播，部分女性开始追求婚姻自主权，争取在家庭中拥有与男性平等的地位。受西方女性解放思想的影响，女权思想逐渐在知识阶层中萌芽，女性对婚姻和家庭的态度也发生变化，不再完全屈从于父权和夫权结构。这种变革不仅推动了女性在婚姻中的主体性认知，也重塑了家庭伦理中的权力关系，为现代家庭观念的形成奠定了基础。

民国初期的新文化运动对中国社会的婚姻观念产生了深远影响。通过对传统婚姻模式的质疑与批判、婚姻自主权的倡导以及家庭伦理结构的重新定义，这一时期的婚姻观变革标志着个人主义与个体情感在婚姻中的价值逐步凸显。新文化运动下的婚姻观变革不仅是对封建婚姻观的否定，也是对现代婚姻模式的初步探索。此变革为后续的社会发展和家庭结构的演变奠定了思想基础，展现了中国社会在现代化进程中的文化转型与价值观念的重构。

（三）20 世纪 20 年代至抗战时期（1920—1944）：中西融合与形式创新

20 世纪 20 年代至抗战时期，中国社会在婚姻观念上经历了中西文化的深层交融和形式上的创新。在这一时期，随着西方思想的进一步传播与现代化进程的加快，中国的婚姻观念在保留传统文化要素的同时，积极融入了西方自由、平等与个性化的价值观，使婚姻形式和家庭结构发生了显著变化。这一转型不仅在婚礼形式、婚姻关系和家庭观念等方面展现了中西融合的特征，也表明了现代婚姻形式的初步确立。

1. 婚礼形式的中西融合

在这一时期，婚礼形式的变革是中西文化融合的重要体现。传统的"三书六礼"的婚礼形式逐渐被简化，而西方婚礼元素逐步进入上层社会和知识阶层的婚礼仪式中，如穿着白色婚纱的仪式逐渐流行。在大城市如上海、天津等沿海开放地区，教堂婚礼开始流行，出现了中西结合的"民国式婚礼"，新人在举办婚礼时，既会遵循传统的拜天地、敬茶等仪式，又会交换戒指、宣读誓言、穿上西式礼服，在传统婚礼的基础上增添了西方元素，兼具中式礼仪和西式礼仪，呈现出"中西融合"的特点。通过这种融合的婚礼形式，婚礼开始成为彰显家庭地位和社会身份的场合。然而，这种融合并非对西方模式的全盘接受，而是通过改造、选取和融合中西方礼仪，满足个性化需求和现代审美观念，并通过中西文化的嫁接，体现社会的多元化和个性化趋势。

2. 婚姻关系的形式创新

20世纪20年代的社会变革进一步推动了婚姻关系中平等、自由理念的渗透，婚姻不再仅被视为家族事务，而逐渐成为双方当事人之间的契约关系。这一时期的婚姻观念改革不仅主张婚姻自主，还倡导夫妻间的平等地位。一方面，西方个性化思想和自由恋爱的观念使越来越多的青年追求独立婚姻关系；另一方面，新型家庭的平等结构逐渐受到重视，夫妻关系的权力结构趋向民主，婚姻中的性别分工开始重新被审视。在一些新兴知识分子家庭中，婚姻关系不再完全以传统性别角色分配为基础，而是强调双方的尊重、理解与合作。这一创新表明中国婚姻在制度和观念上逐渐迈向现代化，为未来婚姻法的颁布奠定了社会基础。

3. 家庭观念的重构与创新

中西文化的融合不仅改变了婚姻形式，还促使家庭观念发生了深层变革。受西方个人主义思潮的影响，个体在家庭中的自主地位得到提升，家庭从过去以家族利益为中心的群体结构，向以小家庭为核心的现代家庭模式转变。家庭观念的转型逐渐偏向"小家庭化"与"个体独立化"，以适应现代生活方式和经济条件。此外，西方教育思想的引入也促进了家庭成员间的平等沟通和儿童地位的提升，打破了以往家庭中父权的绝对支配地位。这一重构不仅推动了家庭伦理的现代化转变，也奠定了社会向现代核心家庭模式发展的基础。

20世纪20年代至抗战时期，婚姻观变革在中西文化的交融中催生了多样化、个性化的婚姻形式。西方婚礼形式在中国城市逐渐普及，尤其是在上海、天津等地，教堂婚礼、婚纱礼服、交换戒指等西式婚礼仪式广受欢迎，逐渐成为都市新潮。这一时期的婚姻观念与家庭结构的创新表明了现代婚姻文化的初步确立，并在一定程度上推动了家庭伦理的转型与社会结构的现代化发展。这种中西融合的婚姻形式和对平等婚姻关系的创新探索，不仅彰显了中国社会对现代化婚姻制度的适应性，也预示着社会观念的转型，为现代家庭观和婚姻法的逐步确立提供了重要的思想基础。

（四）抗战后至新中国成立（1945—1949）：婚礼简化与实用化

抗日战争和解放战争的长期动荡使社会经济遭受破坏，面对艰难的生存环境，婚姻观念进一步朝着简化与实用化的方向发展。婚礼作为婚姻的社会表现形式，也逐渐摆脱繁文缛节，向务实、节俭的方向转变。这一时期的婚礼简化与实用化，既是对传统婚礼形式的一种突破，也反映出动荡时代下人们对生活的务实态度的深化。

1. 经济压力下的婚礼简化趋势

在抗战后经济困难与资源短缺的社会背景下，传统婚礼的繁复礼仪与高昂开支逐渐被简化。由于社会普遍缺乏物资，加之战争创伤尚未平复，人们对婚礼奢华形式的需求大幅减少，取而代之的是低成本、易操作的婚礼仪式。在这一时期，传统"三书六礼"的婚礼流程不再被严格遵循，而是出现了缩略、精简的仪式形式。例如，婚礼仪式会选择在新人的家中或简易场所进行，礼服多为日常着装或简易服饰，许多婚礼甚至取消了婚宴环节，部分家庭仅以简单的家宴代替。这种简化并非全然出于观念上的反思，而主要缘于实际经济条件的制约和社会环境的压力。

2. 婚姻仪式的实用化导向

婚姻仪式的实用化转变标志着人们对婚姻的态度从形式向内容的回归。抗战后的社会动荡使婚姻更趋向实用化与家庭生存能力的提高。许多新人在婚礼仪式上突出朴实、节约的特点，不再过分追求婚礼的华丽，重视婚姻生活的实际需求。部分婚礼甚至出现了不穿礼服、不设宴席，仅邀请亲朋好友见证的形式，取代了以往的大规模礼仪安排。这种实用化导向的婚姻仪式反映出民众在物资匮乏与社会不稳定时期更加注重家庭生活的实际需求，以确保婚后家庭的经济稳定与生存保障。

3. 社会动荡对婚姻观念的影响

1945—1949 年的婚姻观念变迁深刻反映了时代背景对婚姻态度的塑造。在长期的战乱与动荡后，婚姻逐渐从家族、仪式主导的形式转向更加关注婚姻生活实际意义的选择。动荡不安的社会环境使婚姻的根本功能逐渐回归到家庭生活本身，婚姻被赋予了更为实际的家庭支持和经济互助意义。许多人将婚姻视为社会动荡中寻求稳定、相互依赖的方式，家庭的凝聚力和婚姻的实用性成为婚姻选择的重要考量因素。因此，这一时期的婚姻在形式上趋于简化，在本质上则强调对婚姻生活实用性的需求。

1945—1949 年的婚姻观变革，表现为婚礼形式的简化与婚姻观念的实用化。这一时期的婚礼不再注重形式上的华丽与繁杂，而是以简朴、节俭为核心，强调婚姻在动荡社会中的实际价值。婚礼仪式的简化与婚姻观念的实用化，展现了社会环境与经济压力对人们婚姻态度的深刻影响，为新中国成立后的婚姻制度建设提供了重要的历史经验。

二、新中国成立后的婚嫁礼仪

新中国成立以来，婚嫁礼仪经历了从传统到现代、从礼制到简约、从封闭到多元的深刻变迁。婚嫁礼仪的演变不仅反映了中国社会的现代化进程和文化转型，还折射出国家政策、社会结构变化以及全球化浪潮对家庭观念和婚姻文化的影响。总体来看，新中国成立至今的婚嫁礼仪变迁大致经历了以下几个主要阶段。

（一）20 世纪 50 年代至 70 年代：婚礼简化与革命精神渗透

20 世纪 50 年代至 70 年代，中国社会在革命精神的指导下，婚姻观念和婚礼形式经历了显著的转变。在这一时期，婚礼进一步简化，注重形式的节约和务实，并深受革命精神的影响。婚姻不再仅作为个人或家庭的结合，更被赋予了政治与集体主义色彩，成为国家意识形态传播的重要载体。婚姻观的革命化趋势，反映了个体婚姻选择与国家需求相统一的特点，并在婚礼形式中凸显出集体主义与阶级平等的理念。

1. 婚礼形式的高度简化

新中国成立后，国家提倡节约和俭朴的生活方式，婚礼形式在政策引导下进一步简化。这一时期，传统婚礼的繁复礼仪逐渐被取消，取而代之的是极简的婚礼仪式和象征性活动。婚礼规模被严格控制在小范围的家庭成员和亲友之内，婚宴通常以集体会餐或简单的家宴为主，婚礼服饰则以日常或工作服装替代传统的礼服。在农村地区，婚礼仪式常常在大队或公社组织的集体活动中进行，婚礼场地也由家庭变为公社的公共场所。这种高度简化的婚礼形式既反映了新中国成立初期资源匮乏的社会经济现实，也体现了国家政策对民众婚姻观的规范与引导。

2. 革命精神在婚礼中的渗透

随着国家政治运动的推进，革命精神逐步渗透到婚礼仪式和婚姻观念之中。婚姻被赋予了更强的政治功能，不仅是个人和家庭的私人事务，也逐渐成为践行国家政策和弘扬革命精神的途径。婚礼仪式中增添了政治化的内容，如宣誓爱国、唱革命歌曲、集体宣读《毛主席语录》等，甚至婚礼致辞中也包含对社会主义建设的承诺。婚姻成为革命精神的延伸，婚礼则被赋予了超越个人关系的意义，成为一种宣扬阶级平等、集体主义与劳动人民团结的象征。在这一社会风潮中，婚姻不仅是感情的结合，更是一种"政治选择"，被视为服务国家、支持革命事业的行动之一。

3. 婚姻观念倾向革命化与集体主义

在这一时期，婚姻观念深受革命精神的影响，注重集体主义与阶级斗争的意识形态。婚姻被赋予了更为严肃的集体主义色彩，不仅强调个人责任，更注重其对国家和社会的服务功能。在个人婚姻选择上，阶级出身、政治立场逐渐成为婚姻配对的重要考虑因素，革命伴侣成为理想的婚姻选择。同时，婚姻在这一时期被提倡与个人奋斗目标和集体主义理想相一致，婚姻伴侣不仅是家庭生活的伙伴，更被视为政治上的同志，共同为国家的社会主义建设而努力。这种革命化的婚姻观念不仅体现在婚姻的选择标准上，还在婚姻生活中推动了彼此的"革命共进"。

20世纪50年代至70年代的婚姻观念受革命精神的深刻影响，婚礼形式高度简化并具有鲜明的政治特征。婚姻逐渐成为个人情感与革命精神的结合体，体现了集体主义的理想和国家对婚姻的规范引导。婚礼简化与革命精神的渗透既是对传统婚姻形式的彻底改造，也反映了这一时期国家对婚姻关系政治属性的强调，为婚姻的社会功能赋予了新的集体主义内涵。这一时期的婚姻观变革，不仅推动了婚姻与国家建设的密切关联，也为之后婚姻观念的现代化转型奠定了基础。

（二）20世纪80年代至90年代：婚嫁礼仪的回归与变革

20世纪80年代至90年代，中国的婚嫁礼仪在改革开放的时代背景下，呈现出"传统回归"与"现代化变革"并存的独特格局。随着市场经济的深入发展，社会文化重新焕发出多样化的活力，婚嫁礼仪也逐渐从政治化的单一模式中解放，回归多样化的形式。这一时期的婚嫁礼仪在传统复兴的同时，吸收了现代消费主义和全球化的诸多元素，逐渐形成了既有历史传承又符合时代需求的新型婚嫁文化。

1. 传统婚嫁礼仪的复兴

随着改革开放，社会对婚姻的态度发生变化，传统婚嫁礼仪的复兴成为时代潮流。许多家庭在婚礼中重新采用了传统婚嫁仪式，如拜堂成亲、茶礼、敬香等，传统的"三书六礼"中的礼俗部分回归，成为婚礼中的重要象征性环节。尤其在城乡地区，传统礼仪的复兴不仅代表了对历史文化的尊重，更象征了家庭价值观的凝聚。传统婚嫁礼仪的回归是人们对集体主义时代婚礼模式的反思与超越，同时也反映出人们在文化认同方面的诉求。在这一时期，传统婚礼仪式的复兴不仅是对旧有文化的传承，还体现了人们对多样化婚姻观念的探索。

2. 消费主义驱动的婚嫁礼仪变革

在市场经济的推动下，婚嫁礼仪的现代化趋势也逐步显现。随着消费水平的提升和消费观念的转变，婚礼逐渐成为展示个人经济实力与社会地位的重要场合。酒店婚宴、礼车接亲、婚纱照拍摄、度假蜜月等新的婚礼元素进入大众视野，为婚礼增添了消费化和个性化的色彩。婚礼不再局限于传统礼仪的传承，而更多地体现为婚姻双方在经济上的独立性与婚礼形式的多元化。20世纪80年代至90年代的婚礼仪式与消费文化紧密结合，婚姻不仅是家庭和家族的庆祝仪式，更是个人与社会间交往的重要社交契机，展现出个人在社会结构中的经济能力和身份认同。

3. 全球化影响下的婚礼文化变革

全球化进程带来了西方婚礼元素的引入，为中国的婚嫁礼仪注入了多元文化元素。婚纱礼服、交换戒指、证婚仪式、教堂婚礼等西方婚礼形式在城市中逐渐流行，并被许多新人视为"现代"与"浪漫"的象征。尤其是在城市青年中，这类婚礼形式受到高度认可，成为20世纪80年代至90年代婚嫁礼仪创新的重要组成部分。西式婚礼仪式的流行不仅丰富了婚礼文化的表现形式，也反映了中国社会对外来文化的开放心态及对婚礼个性化的重视。在全球化背景下，婚嫁礼仪逐渐成为中西文化交融的产物。它既保留了传统，又加入了现代性与多样性。

4. 婚姻观念的现代化转型

在这一时期，婚姻观念逐渐转向个性化与自由化。婚礼仪式从家庭和家族的严密控制中释放出来，越来越多的年轻人开始重视婚姻中的个人意愿与感情因素，婚姻选择逐渐摆脱了纯粹家庭和经济因素的束缚。20世纪80年代至90年代，个性化、自由化的婚姻观念兴起，婚礼作为情感表达的重要形式也被赋予了更多的自主性与个性化色彩。婚嫁礼仪中的个性化与自由化特征，象征着中国家庭结构和婚姻观念现代化的趋势。

20世纪80年代至90年代，中国婚嫁礼仪的发展经历了传统复兴与现代化创新的双重变革，反映出社会在多元文化中的开放心态和婚姻观念的现代化转型。在这一时期，婚礼不仅是个人和家庭情感的表达形式，还成为个体社会地位、经济能力及文化认同的象征。婚嫁礼仪的多元化转向不仅是社会文化重构的体现，也是中国婚姻观念逐步个性化、自由化的表现，标志着婚姻从传统到现代的深层次变革。这一时期的婚嫁礼仪变革，预示了后续婚姻文化的多样性发展，为新时代的婚姻观念奠定了基础。

（三）21世纪以来：多元化与个性化的婚礼趋势

进入21世纪，伴随着经济全球化、信息技术进步和个人价值观的变化，中国的婚礼呈现出显著的多元化与个性化趋势。在传统婚俗改革的背景下，婚礼形式逐渐摆脱了统一的程式化标准，呈现出地域性、多样化与个性化的崭新特征。婚礼不仅被视为个体与伴侣关系的独特表达，更成为个人身份认同、文化归属及美学选择的载体。通过婚俗改革的推动，中国的婚礼逐步趋向包容性和灵活性，符合新时代对多元文化和个体价值的包容态度。

1. 婚礼形式的多元化趋势

21世纪的婚礼形式呈现出前所未有的多样化发展趋势。随着社会对婚礼习俗的包容性提高，传统婚礼、现代婚礼、西式婚礼，甚至跨文化婚礼的多种形式并存。地方特色、个人爱好、宗教信仰和民族风情等因素均对婚礼形式产生了深远的影响，许多新人选择融入自身文化背景的元素，如少数民族婚俗、特色地域习俗和宗教仪式等。这种多元化婚礼形式既丰富了中国婚礼文化的内容，又使婚礼仪式成为个人和家庭文化传承的重要环节。同时，婚礼场地、主题、装饰风格、礼服样式等选择的多样化，反映了新时代年轻人对婚礼个性化需求的关注，赋予婚礼独特的情感内涵。

2. 个性化婚礼的崛起

在消费升级和自我表达意识增强的推动下，个性化婚礼逐渐成为主流趋势。与传统统一的婚礼流程不同，现代新人愈加重视婚礼的独特性，倾向于通过婚礼表达个人的价值观、审美偏好和情感关系。例如，定制化主题婚礼、旅行婚礼、户外婚礼等成为年轻人偏好的婚礼形式。同时，个性化的婚礼设计已渗透到仪式的每个细节，包括婚礼请柬、场地布置、婚礼服饰、流程设置等，甚至一些新人会聘请专业婚礼策划团队，根据个人故事量身定制婚礼体验。这一趋势不仅体现了人们对婚姻关系的重视，更展现了人们对个体独特性和自我实现的追求。

3. 婚俗改革与社会包容性的提升

自 21 世纪以来，婚俗改革一直在国家与社会层面推动传统婚俗的合理化和简化，以适应现代社会的需求。婚俗改革主要体现在两个方面：一是摒弃或简化部分过度铺张浪费的礼仪环节，减轻因婚嫁产生的经济负担，例如高额彩礼、繁复的婚宴程序等。二是提倡新人自主选择婚礼形式，强调个体幸福和婚姻本身的意义，鼓励新人按照自身条件与意愿举办婚礼。随着婚俗改革的推广，社会对多样化婚礼形式的包容性不断提升，婚礼逐渐从家庭与社会的传统责任中解放出来，转变为一项彰显个人价值观的自主行为。这种改革使婚礼不再仅仅是一种家庭或集体活动，而是逐渐向个性化和精神层面的庆祝仪式过渡。

4. 数字技术与社交媒体对婚礼的影响

在数字化浪潮的推动下，社交媒体和数字技术被广泛应用于婚礼策划和传播中。许多新人选择通过社交媒体平台分享婚礼照片、视频甚至直播婚礼过程，令婚礼的影响力突破了现场的地理限制。在线婚礼筹备、虚拟婚礼体验、云端婚礼服务等新形式的出现，为婚礼带来了便捷和创意，同时满足了人们对社交互动的需求。此外，社交媒体的流行促进了婚礼风格的传播与创新，许多新颖的婚礼理念迅速获得大众关注并成为趋势。数字技术的介入不仅使婚礼更加个性化和便捷化，也使婚礼成为一个更具社会互动和情感分享的场域。

5. 婚礼背后的价值观转变

21 世纪的婚礼形式和婚俗改革背后，体现了当代年轻人价值观的多样化和个性化。婚礼被赋予了更为宽泛的意义，婚姻不再仅仅是家族延续的社会责任，而被视为自我价值实现和个人幸福的表现。在这一背景下，婚礼逐渐从物质的象征转变为情感和精神的表达，承载着新一代人对婚姻、亲密关系与人生选择的理解。这一转变在婚礼形式的多样性、婚礼环节的个性化及婚俗改革的包容性中得以显现，标志着新时代对个体幸福、文化多样性和社会包容性的追求。

21世纪以来，中国婚礼在多元化与个性化的双重趋势下经历了深刻变革。婚礼形式的多样化与个性化设计反映了人们对婚姻的独特理解，而婚俗改革的推动则提高了婚礼的社会包容性，使婚礼更符合当代社会的实际需求。数字技术的渗透进一步助推了婚礼的个性化和广泛传播，使婚礼成为个人情感与社会互动的结合体。在全球化背景下，婚嫁礼仪的多元化发展使传统与现代、东方与西方文化元素在婚礼中相互交织，赋予中华婚嫁礼仪新的时代内涵。婚礼中的多样化、个性化和改革创新不仅重塑了传统婚俗，也标志着中国社会对个体价值和文化多元的包容，为未来婚礼文化的发展提供了新方向。

第二章 中华传统婚嫁礼仪的
基本构成和文化意涵

中华传统婚嫁礼仪源远流长，构成严谨而有序，通常以"六礼"为核心框架，涵盖了从婚姻的初始至最终完成的各个阶段。中华传统婚嫁礼仪作为中国文化的重要组成部分，蕴含着丰富的社会与文化意涵，反映出传统社会对婚姻的庄重态度和伦理价值体系，不仅是一种社会制度和文化仪式，更是中华文明精神内涵和价值观的具体体现，承载着深厚的文化记忆与社会功能，在延续中华民族伦理观念和价值体系方面发挥着不可替代的作用。

第一节 中华传统婚嫁礼仪的基本构成

中华传统婚嫁礼仪的核心架构为"六礼"，涵盖了从婚姻提议到婚礼举行的整个过程。每一礼都承载着丰富的文化象征与深厚的社会意义。例如，纳采和问名标志着婚姻意向的正式确认，纳吉和纳征则是对婚配条件的检验，确保双方家族的匹配与和谐。亲迎仪式作为婚礼的最后环节，象征着婚姻的圆满与新人的正式结合。在这些基本礼节的基础上，婚礼中的关键仪式如拜天地、合卺、祭祖等环节，进一步深化了婚姻的文化与社会意义。除此之外，婚礼服饰展示了新人及其家族的社会地位和文化品位，传达了对传统美学的尊崇；宴席为亲朋好友提供了交流祝福、共享喜悦的场所，成为婚礼的重要社交环节。通过这些环节，婚嫁礼仪不仅体现了文化认同，也有助于维系家庭、家族及社会秩序的稳定与延续。

一、中华传统婚嫁礼仪的核心架构——六礼

"六礼一辞，蜕于礼仪之士婚礼，其仪有六，故称六礼。"① "六礼"在周代已成形，《仪礼·士昏礼》②《礼记》③对"六礼"作了规范，从此流行两千余年，后世沿用，直至近代，成为我国汉族传统婚礼的基本模式。

（一）纳采

纳采是中国传统婚嫁礼仪"六礼"中的第一个环节，标志着婚姻的初步意向。男方通过媒人向女方发出求婚的请求，并送上聘礼。女方家长接受礼物，意味着同意了男方的求婚。这一环节不仅是婚姻的开始，也是两个家庭关系建立的基础，体现了双方家庭对婚姻的认可与支持。

《仪礼·士昏礼》记载了纳采的礼仪："主人筵于户西，西上，右几。使者玄端至。摈者出请事，入告。主人如宾服，迎于门外，再拜，宾不答拜。揖入。至于庙门，揖入。三揖，至于阶，三让。主人以宾升，西面。宾升西阶，当阿，东面致命。主人阼阶上北面再拜。授于楹间，南面。宾降，出。主人降，授老雁。"④ 男方家先遣媒向女方家提亲，然后行纳采礼，用雁作求婚的礼物。主人在祢庙堂上户西布设筵席。筵席以西为上，几设置于右方。使者身着玄端服而至。摈者出问事，入告于主人。主人身穿与宾相同的礼服，出大门外迎接。主人两拜，宾不答拜。宾主相揖进入大门。至庙门，相揖而入。如此相对三揖，到达堂前阶下，谦让三番。主人与宾一同登堂，面朝西。宾从西阶登堂，至栋下面朝东致辞。主人在阼阶上方面朝北两拜。使者在堂上两楹之间授雁，面朝南方。宾下堂，出庙门。

媒人在纳采环节扮演了重要角色。他们不仅负责传递信息，还负责策划和协调双方家庭的交流。媒人向女方家长传达男方的求婚意愿，并介绍

---

① 陈鹏．中国婚姻史稿：卷四［M］．北京：中华书局，2005：186.

② 《仪礼》又称《士礼》，是孔子编订的"六经"之中的"礼经"，是孔子教授的贯穿高级贵族一生的一套完整的礼仪规范。在西汉时，属于"五经"中的"礼经"。《仪礼》共十七篇，《士昏礼》是其中一篇。

③ 《礼记》原名《小戴礼记》，是西汉时的戴圣根据孔门弟子跟从孔子学礼时的心得笔记编辑而成。最初《礼记》是用于学习《仪礼》的辅助教材，后地位逐渐上升，也被列为"经"之列，到唐代孔颖达作《五经正义》，将《礼记》列为"五经"之一。

④ 彭林．仪礼［M］．北京：中华书局，2012：37-39.

男方的背景、家庭情况等信息，以帮助女方家长作出判断。

男方在纳采时会准备一份礼物，"昏礼有六，五礼用雁：纳采、问名、纳吉、请期、亲迎是也。唯纳徵不用雁，以其自有币、帛可执故也。"① 在六个主要的婚礼环节中，纳采、问名、纳吉、请期和亲迎都需用雁作为礼物。至于为何用"雁"作为礼物，郑玄解释道："用雁为挚者，取其顺阴阳往来者。"② 这一传统的背后，蕴含着对"雁"的文化理解。"雁"在古代被视为忠诚与和谐的象征，因为雁在迁徙时通常成对出现，体现了夫妻相伴、相依的美好寓意。雁的飞行方式和生活习性象征着阴阳之间的平衡与沟通，寓意着两家之间的和谐关系以及未来夫妻生活的美满。因此，纳采礼中赠送雁，不仅是对婚姻关系的祝福，也是对双方家庭和谐相处的美好期许，体现了传统文化中对婚姻的重视与期待。但后世不再局限于"雁"，纳采礼也随身份的不同而有所变化。汉朝纳采的礼物达三十种之多，每种都有独特的象征意义，比如羊、香草、鹿象征吉祥和祝福；胶、漆、合欢铃、鸳鸯、凤凰象征夫妻和合；而蒲苇、卷柏、舍利兽、鱼、九子妇等则寓意着鼓励夫妇互相激励，展现了对婚姻的美好期许。纳采礼物的种类和数量因地域差异有所不同，传统上包括金银首饰、粮食、布料等物品。纳采礼不仅是婚事的正式订立过程，也标志着婚嫁双方家庭之间的契约初步生效。具体礼品的种类和数量会根据家庭的经济状况和地区习俗有所不同。

女方家长在收到纳采礼后，会根据当地习俗进行讨论和酌情决定。如果女方家长接受了纳采礼，通常表示同意男方的求婚，意味着双方家庭的婚姻意向达成，标志着"六礼"的第一步成功完成。此时，双方可以进行后续的婚嫁礼仪。

（二）问名

问名是中国传统婚嫁礼仪"六礼"中的第二个环节，在纳采之后进行。问名又称"问姓"，主要用于确认双方的家族背景及生辰八字。男方在这一阶段向女方家族询问其姓名、家族谱系和生辰信息，以便进行八字合婚，确保双方在命理上相合。这个步骤反映了传统文化中对家族和命理

---

① 郑玄. 仪礼注疏［M］. 上海：上海古籍出版社，2008.
② 同①.

的重视，强调了婚姻的匹配性。这一环节是为了确保双方相互了解，并为后续的婚礼安排提供必要的信息。

《仪礼·士昏礼》记载的纳采、问名这一礼节的顺序是"宾执雁，请问名。主人许。宾入，授，如初礼"①。摈者出门问事。宾执雁为礼，请问女子名字。主人许诺。宾入门授雁等仪式，与纳采的礼节相同。问名有两个目的：第一个是防止同姓的人近亲结婚；第二个是利用问名得来的生辰八字，占卜男女双方的婚姻是否合适。

在问名这一环节，媒人依然扮演了重要的角色。媒人负责传递双方的信息，协助男方向女方家询问相关资料，把男方的请求和意图传达给女方家长，寻求他们的同意。男方在得到女方家长的同意后，媒人会进一步询问女方的姓名、出生日期、家族成员及其他必要的信息。这些信息不仅是为了相互了解，也是为后续的纳吉、纳征等环节做准备。在某些地方，双方家庭还可能会交换家族的谱系，以了解彼此的血缘关系和家族情况，避免近亲结婚。

问名不仅是信息的交换，更是两个家庭之间的初步交流和接触。双方家庭通过这个环节，开始建立起相互的信任关系。问名体现了对女方的尊重和重视。在传统文化中，姓名和家族背景被视为个人身份的重要部分，男方通过询问这些信息，显示出对女方的尊重。问名表明了婚姻的严肃性和重要性。通过这个仪式，双方会意识到婚姻不仅是情感的结合，还涉及家庭、社会和文化的多重因素。

（三）纳吉

纳吉是"六礼"中的第三个环节，它紧随问名之后，是求取吉兆的环节。《钦定古今图书集成经济汇编礼仪典·礼仪典第二十卷·婚礼部汇考一》："归卜于庙，得吉兆，复使使者往告，昏姻之事于是定。"在问名之后，男方家要用女子的姓名、生日时辰到宗庙里进行占卜。如果得到吉兆，认为合适，再遣媒人携带薄礼到女方家告知，表示议婚可以继续进行。

在封建社会的婚嫁礼仪中，问名与纳吉两个环节显现出当时社会的宿命论色彩，人们普遍认为婚姻的吉凶皆由天命决定，夫妻结合的福祸系于天意。这一观念的根源在于封建思想对个体意志的压制，导致人们将婚姻

---

① 彭林. 仪礼［M］. 北京：中华书局，2012：39.

幸福寄托于"天意"之上，使父母之命、媒妁之言成为理所当然的选择，从而排除了婚姻当事人自主决定终身伴侣的权利。此现象也折射出封建社会中父权家长制的深刻影响，通过礼制的设计，将个人幸福锁定在家族意志之下，使婚姻在很大程度上沦为维系家族利益和秩序的工具。

（四）纳征

纳征是"六礼"中的第四个环节。纳征形式上是一种物质往来，实质上更是双方缔结婚姻的重要标志。《钦定古今图书集成经济汇编礼仪典·礼仪典第二十卷·婚礼部汇考一》："征，成也，使使者纳币以成昏礼。"彩礼的给予和接受，象征着男方家庭对女方的诚意和对婚姻的承诺，也反映了对女方家庭的尊重。

男方家庭在决定求婚后，通常会通过媒人向女方家庭提出提亲请求。提亲是一个正式的过程，意味着双方家庭开始讨论婚姻事宜。在提亲后，双方家庭将就彩礼的具体内容和数额进行商议。彩礼的内容可能包括金钱、珠宝、衣物等，具体依据双方家庭的经济条件和地方习俗而定。在选择好的吉日，男方家庭将彩礼送往女方家。女方家庭在接受彩礼后，会进行正式的回应和确认。这一环节标志着双方家庭的结合，并为后续的婚礼仪式奠定基础。

周代的纳征改雁为玄纁、束帛、俪皮（两张鹿皮）作为礼物。近代则称纳征为"行聘"。此时男方家依照议婚时的协定条件，送给女方家聘礼。而聘礼中多以金钱为主，所以又称财礼，后来普遍改称纳币。除按规定不可缺少的礼物外，在议婚时所议定的聘礼要一一写在礼帖上，由媒人及男方家的家人一起送到女方家。

在传统社会中，彩礼被视为女方的经济保障，旨在确保女方在婚后能够获得物质支持。彩礼的数额和内容通常与女方的社会地位、经济条件等因素密切相关。彩礼的多少往往被视为男方家庭经济实力和社会地位的象征。较高的彩礼不仅能够彰显男方的财富，也在一定程度上提升了其在社会上的声望。

（五）请期

请期是选定婚礼日期的过程，是"六礼"中的第五个环节。"请吉日将迎亲，谓成礼也。"① 就是要择吉日，准备迎娶。《仪礼·士昏礼》讲道："请期，用雁。主人辞。宾许，告期，如纳征礼。"② 男方在占卜后，确定了迎娶新娘的良辰吉日，随即便请媒婆前往女方家中将此吉日告知女方家，并征询女方家的主张。

在这一环节，男方根据之前的纳吉结果，通过媒人或直接向女方家庭提亲，表达希望能与女方成婚的意向。在双方家庭达成共识后，男方会向女方家庭请教择日的事宜。女方家庭通常会根据传统的择日原则，来选择一个合适的日期。一旦选择了吉日，双方家庭会进行确认，并将这一信息记录在双方的婚礼筹备中。这一环节标志着婚姻的正式确定，为后续的婚礼筹备打下基础。

古人选择结婚日期，一是通过生辰八字占卜，二是查询皇历，确定迎娶新娘的良辰吉日。古人选择结婚日期时，会考虑一些重要的节日和节气。例如，农历的正月初一、五月初五通常被视为适合、喜庆的日子。另外，春分、秋分等节气也被认为是自然界和谐的时刻，适合举行婚礼。同时，还要避免一些忌讳的日子，例如清明、七月十五（鬼节）、重阳等传统忌日，以及与双方家长或新人生肖相冲的日子。

（六）亲迎

亲迎，即新郎亲至女方家迎娶，为"六礼"中的最后一个环节。其包含两层意思：男子亲自前往女方家中迎接新娘，首先表现出男子对女子的尊重；同时还表现出男子要求女子从夫居的强烈愿望。直到现在，从夫居仍被传承。

根据《礼记·昏义》的记载，亲迎的整个流程是这样的：新郎在家中接受父亲的命令后，携带礼物前往女方。这个时候，男方所准备的礼物可以是玉器、束脩或雁等，具体礼物的种类和数量会依照男方的家庭状况而有所不同。到达女方家时，女方的父母会在自家的宗庙内设宴款待，并在门外迎接新郎。在迎接仪式中，新郎捧着雁，行礼进入堂内，随后行叩拜礼。完成礼节后，新郎会扶着新娘上车，并将她带回家中。这个过程不仅体现了对传统礼仪的重视，也反映了家庭间的尊重与联结。

---

① 欧阳询.艺文类聚［M］.北京：中华书局，1981：722.
② 彭林.仪礼［M］.北京：中华书局，2012：42.

在先秦时期，亲迎这一礼节受到社会各阶层的普遍重视。从天子到普通百姓，都遵循"六礼"来举办婚礼。《诗经·大雅·大明》中提到周文王亲自迎娶太姒的故事："文定厥祥，亲迎于渭。"① 描述的就是周文王在占卜得到吉兆后，亲自到渭水边迎娶太姒，这一行为强调了亲迎的仪式感和重要性。《诗经·大雅·韩奕》中也描述了诸侯迎娶的盛况："韩侯取妻，汾王之甥，蹶父之子。韩侯迎止，于蹶之里。百两彭彭，八鸾锵锵，不显其光。"② 由此可以看出，当时的迎亲仪式是极为隆重且热闹的。若是不经过亲迎这一礼节而结婚，则被认为违背了礼制，会受到社会的指责和讥讽。因此，亲迎不仅是仪式，更是夫妻关系确立的关键标志。

至此先秦婚俗中的"六礼"都已进行，但并不意味着婚礼的完成。先秦时期的婚礼还包括成妇礼，并且在当时被人们看作婚礼的重要环节。孔子在回答曾子提出的关于新娘没有举行庙见之礼就去世的问题时，明确讲到新娘在没有举行成妇礼之前，虽然已经取得了妻子的资格，但还没有取得家族成员的资格。如果新娘在成妇礼之前去世，仍要将其送回女方家墓地埋葬。所谓成妇礼，就是拜见公婆，拜谒祖庙。新妇"谒见舅姑"的仪式在成婚次日清晨进行。庙见之礼则是在婚后三个月进行。

二、中华传统婚嫁中的仪式

婚礼中的仪式是指在婚礼过程中举行的一系列具有象征意义的传统礼节和活动。这些仪式不仅为新人之间的结合赋予了神圣和庄重的意义，也表达了对家庭、家族以及社会的承诺。婚礼中的仪式作为中华传统婚礼的重要组成部分，蕴含了深厚的文化象征和伦理价值。

（一）婚前之礼

1. 提媒

提媒，也称"提亲"，指的是传统婚姻过程中，由媒人（通常是媒婆）为男女双方牵线搭桥，撮合婚姻的一种活动。古代的媒人被称为"媒妁"，媒妁之言被认为是正式婚姻的前提。男女双方在订婚之前，媒人为双方交换庚帖、八字等信息，确保双方家庭、背景、命理等各方面相合。"六礼"

---

① 周振甫.诗经译注［M］.北京：中华书局，2002：400.

② 同①.

中的纳采、问名、纳吉、纳征、请期"五礼"都属于提亲阶段的礼仪。在这些礼仪中都有一个角色在里面起着关键作用，那就是媒人。

在一夫一妻制确立之前，婚恋关系相对自由，只要不触犯血亲禁忌，双方就可以自由选择伴侣。人们的婚恋选择没有过多的外部限制，根本不需要媒人的角色。然而，随着一夫一妻制的形成，女性的地位发生了显著变化，她们逐渐被视为家庭的私有财产，失去了部分选择伴侣的权利与自由。在这种情况下，男女之间的婚姻确实需要媒人来扮演介绍人的角色，帮助双方家庭进行联系与沟通。

在夏商时期，媒人并不被称为"媒"或"妁"，而是称"使"。在殷墟出土的甲骨文中，常见有关婚姻的卜辞，其中提到"使者议婚"的情况。例如，"己口下，使人妇伯"① 意指男方的使者前往女方家，与家族长辈讨论娶亲的事宜；而"来妇使"则指的是女方的使者前来商谈嫁女的事宜。这些记录显示了当时婚姻中使者的作用与重要性。

"媒"字的最早记录出现在我国古代第一部诗歌总集《诗经·国风·豳风·伐柯》："伐柯如何，匪斧不克。娶妻如何，匪媒不得。"② 意思是说，砍伐斧柄的方法是什么，没有斧子是无法完成的；同样，迎娶妻子又该如何，没有媒人就不能成婚。媒妁是使两人好合的人。男女双方的结合，要有媒人从中料理，婚姻才得以成功。因此，"伐柯"逐渐成为媒人的代称，而为他人做媒、促成婚姻的行为则被称作"作伐"或"执柯"。

"媒人"一词最早出现于汉乐府诗《孔雀东南飞》中，诗中多次提到"媒人"。例如，"阿母白媒人：'贫贱有此女，始适还家门。'""媒人去数日，寻遣丞请还，说有兰家女，承籍有宦官。云有第五郎，娇逸未有婚。遣丞为媒人，主簿通语言。"③

从这些文献中可以看出，到了周代，男女婚配需要通过媒人来进行协调，民间也开始出现职业或半职业的媒人。自周代以后，通过媒人缔结婚姻已成为一种普遍的风俗，"明媒正娶"也为大众所认同。没有媒人撮合的婚姻会受到道德、礼教和世俗的谴责，被视为"大逆不道"。例如，《礼

① 矫有田. 图说老婚俗［M］. 济南：济南出版社，2016：36.
② 周振甫. 诗经译注［M］. 北京：中华书局，1985：224.
③ 玉台新咏笺注：上州卷一［M］. 北京：中华书局，1985.

记·曲礼上》："男女非有行媒，不相知名；非受币，不交不亲。"① 男女之间不通过媒人，相互之间不得知道姓名；没有接受聘礼，双方不交往相亲。《孟子·滕文公下》："不待父母之命、媒妁之言，钻穴隙相窥，逾墙相从，则父母、国人皆贱之。"② 不等待爹妈开口，不经过媒人介绍，自己便挖墙洞、扒门缝来互相窥望，翻过墙去私会，爹妈和举国之人都会唾弃他。这些都反映了媒人在婚姻中的重要性。

中国古时的婚姻讲究明媒正娶，若结婚不经媒人从中牵线，就是于礼不合。即使两情相悦的，也要假以媒人之口登门说媒。有父母之命、媒妁之言，才会行结婚大礼。媒人自提亲起，到订婚、促成结婚都会起着中间人的作用，在男女双方间跑腿、联络、协调、细节调解、活跃气氛、说吉祥话、祝福新人幸福美满，直至婚礼结束。

2. 订婚

订婚主要是通过占卜或其他方式确认婚事吉利，并正式交换信物，表示婚约确立。订婚是婚姻关系的正式确立，通常通过订婚礼完成，即男方向女方赠送"聘书"或订婚礼品。在这一过程中，男女双方会商定婚期及其他婚礼细节，确保双方在仪式上和礼法上均有遵循。这一过程不仅意味着婚姻关系的正式确立，更是婚姻契约精神的体现。订婚通常伴随着盛大的家庭聚会和宴请，以示喜庆和庄重。"过礼"的目的是通过传统的喜宴和仪式，确认婚姻关系，使双方的家族和亲友共同认可这一关系。

男女双方达成婚约后，男方通常会向女方赠送聘礼。聘礼，在民间俗称"放定""过礼""定聘""财礼""彩礼"等。这一习俗可以追溯到原始部落时期。最初，聘礼的目的是男方向女方提供一定的财产，以表明诚意，同时也蕴含着对未来关系的某种占有意图。此外，聘礼在其他场合也常用作表示对他人的敬意。"六礼"中的纳征就是指男方将聘礼送至女方家，也被称为纳币、大聘或过大礼等。下聘礼这一习俗，产生于婚姻形式由从妻居向从夫居转变的个体婚初期。实行从夫居后，女方嫁到男方家，女方家觉得把女方养大付出了很大的辛苦，将她嫁到丈夫家，心里不平衡，男方需要给予女方一定的补偿。

① 王文锦. 礼记译解［M］. 北京：中华书局，2016：15.
② 金良年. 孟子译注［M］. 上海：上海古籍出版社，2016：126.

最初，生产水平低下，人们身无长物，只能到女方家帮工，用劳动所获作为代价。后来，人们有了剩余的粮食和钱财，便不再为女方家劳动，而是给女方家送财物。于是，在后来的婚姻程序中便形成了下聘礼的习俗。早期的聘礼主要是生活所需的物品，例如，粮食和保暖用的毛皮等。根据《史记·补三皇本纪》的记载，伏羲首次规定了婚姻中的聘礼是成对的鹿皮，即"俪皮"。然而，随着时间的推移，婚姻逐渐演变为一种物质交易，家庭之间竞相攀比聘礼的多少，导致没有经济能力的人往往无法成婚，形成了"无币不相见""非币不交不亲"等观念。例如，在元明两代，聘礼的等级和数量甚至有明确的规定。《元典》规定，上户需支付一两金和四两银；中户则减少一半；下户则只需银三两。① 实际上，聘礼通常会超过这一标准，除了金银，还包括锦缎、布匹和首饰等物品。这种将聘礼视作女儿身价的陋习，对现代婚姻观念依然产生着深远的影响。

在汉代刘向的《列女传》中，有一个关于春秋时期申国女子的故事。该女子已经被许配给他人，但男方未能备齐聘礼还想要迎娶她。女子以"夫家轻礼违制"为由拒绝出嫁，男方便向官府提起诉讼。即便女子因此入狱，社会舆论也未谴责她，反而认为她的立场合理。这个故事正体现了当时社会对妇道的尊重，也凸显了聘礼在婚姻礼俗中的重要性。

满族有大小定婚俗，即放大定和放小定，在清代更是将订婚细分为两个步骤。放大定又叫过礼，就是女方把陪送的嫁妆②送到男方家，男方家也把许多金、银、绸、缎、酒、饼、鹅、羊等送到女方家。这种放大定的礼仪视双方家庭经济情况来定，贫富相差很大，有八抬、十六抬、二十四抬，直至一百零八抬之分。放小定又叫"插戴"，即订婚的意思。在肃慎时期，③ 不经过"相看"，男女可以直接会面。《辽海丛书·朝苑·蕃夷部》："男以毛羽插女头，女和则持归，然后置聘礼……"到清朝初期和中期，演变为《听雨丛谈》记载的"诹吉行插戴礼。至日，预扶新人端坐于

---

① 矫有田. 图说老婚俗［M］. 济南：济南出版社，2016：64.

② 嫁妆包括生活必需品、床上用品、衣物首饰等，象征女方家庭对新婚家庭生活的支持和祝福。嫁妆的数量和质量不仅是女方家庭经济实力的体现，也是双方家庭社会地位与婚姻契约平衡的象征。通常嫁妆会在婚礼前一天或婚礼当天由专人护送至男方家。

③ 肃慎是中国古代东北的一个民族，是现代满族的祖先之一。从传说的舜、禹时代开始，已与中原建立朝贡关系。商周之时，亦来朝贡，献楛矢石砮。魏青龙四年（236）五月，复以"肃慎"之名献楛矢，直至北齐天保五年（554），仍有遣使朝贡记录。

榻，夫家尊属若姑嫜、诸母、诸嫂辈往之女家，以首饰、珠玉亲手簪之"①。

（二）正婚之礼

1. 亲迎

亲迎又称迎亲、迎娶，通常是由新郎亲自到女方家迎娶新娘，等于"六礼"中的亲迎。起源于周代，《仪礼·士昏礼》讲述了当时接亲的流程和迎亲的仪式安排。"主人爵弁，纁裳缁袘。从者毕玄端。乘墨车，从车二乘，执烛前马。妇车亦如之，有裧。至于门外。"② 新婿身着爵弁服、饰以黑色的下缘的浅绛色裙。随从皆身穿玄端。新婿乘坐墨车，并有两辆随从的车子。随从人役手执灯烛在车前照明。新妇的车子与新婿相同，并张有车帷。车队到女方家大门外停下。"婿御妇车，授绥，姆辞不受。妇乘以几，姆加景，乃驱。御者代。婿乘其车先，俟于门外。妇至，主人揖妇以入。及寝门，揖入，升自西阶。"③ 新婿亲自为新妇驾车，把引车绳交与新妇。女师推辞不接引车绳。新妇登几上车，女师为新妇披上避风尘的罩衣，于是驱马开车，这时御者代替新婿为新妇驾车。新婿乘坐自己的马车，行驶在前，先期到达，在大门外等候。新妇到婿家，新婿对妇一揖，请她进门。到寝门前，新婿又揖妇请入，从西阶上堂。

在迎亲前，父亲会向儿子敬酒，并嘱咐他遵循婚礼的礼仪。新娘在穿上婚服后，会由年长的保姆及女侍陪伴，确保她在婚礼上的仪态。新娘被迎到男方家后，首先要行礼并进入宗庙。此时，新郎将随身携带的雁缓缓放下，行稽首礼，然后从宗庙走出，新娘紧随其后。在新娘离开自己家之前，她的父母会特别叮嘱她在夫家要听从公婆和丈夫，勤快地做家务等。婚房内会事先铺好席子，并安排好女仆如滕、御等。新郎新娘抵达房间后，女仆会将各类饮食摆放在茶几上，随后夫妻会进行合卺礼，即用同一葫芦制成的瓢共同饮酒，象征着两人结为夫妻。完成这一仪式后，所有仆人会退出，夫妻便可以共度良宵。至此，整个迎亲仪式正式结束。

周代士阶层的婚礼仪式较为简单，根据《仪礼·士昏礼》记载，婚礼

---

① 福格．听雨丛谈［M］．北京：中华书局，1984.

② 彭林．仪礼［M］．北京：中华书局，2012：44.

③ 同②：45.

缺乏亲朋好友的祝贺，没有新婚夫妇与来宾共同庆祝的宴饮活动，更没有歌舞表演的热闹场面。然而到了汉代，婚礼的形式和内容在周代礼仪的基础上发生了显著变化。汉代婚礼通常会邀请亲友前来祝贺，新郎家会设宴款待宾客。对富裕人家，婚宴上不仅有酒肉，还会有各种山珍海味，如鳖、鲤、鹿和鹌鹑等。同时，在婚礼上还加入了歌舞表演。普通百姓的婚礼以弹琴敲鼓为主，而权贵人家的婚礼则更加盛大和隆重。尽管汉代的婚礼依然保留了合卺礼，但与周代相比有所不同，汉代人不再用葫芦盛酒，而是用以酒漱口的方式进行，象征性地完成这一仪式，而不是实际饮用。

魏晋南北朝时期的迎亲礼仪在继承前代传统的基础上，出现了一些新的习俗。其中，游牧民族中有一种拦门的习俗，新郎在迎亲时会被挡在门外，女方的家人会以调侃的方式来戏弄新郎，为婚礼增添喜庆氛围。在南北朝时期，这一习俗在上层社会中尤为盛行，许多新郎在迎亲时常常遭到女方亲属的戏弄，甚至会被打骂，连皇帝也无法例外。在唐代，类似的迎亲闹剧甚至导致了悲剧的发生。《酉阳杂俎》记载了一起事件：一位新郎在迎亲时被女方亲属关在箱柜里，众人因为嬉闹而忘记了他，最终导致新郎窒息身亡。拦门刁难之外，新娘还借口梳妆未完而迟迟不出，男方为赶吉时，则要大声催促，"催妆"就这样产生了。"催妆"就是指新郎在接亲时，新娘以未妆好为由，迟迟不愿出门，这时新郎的随从会进行催促。

"却扇"是一种流行于南朝的习俗，是指新娘自出阁大礼起，一直把扇子拿在手中，见人即双手张扇，用以遮面。即使是在拜堂拜客时，也只是低垂扇子，弯腰作揖，一直到全部嫁礼完成，众亲友退出新房为止，新娘才敢大胆地放下扇子。故洞房定情，古语美称为"却扇"。此外，"新妇乘鞍"是北方游牧民族的一项传统，指新娘在进入新郎家门前，需先在马鞍上坐片刻，这一仪式寓意着平安与吉祥。

在隋唐时期，亲迎的礼仪依然保留了合卺、闹洞房、催妆、却扇和新妇乘鞍等传统，但同时根据不同民族的习俗和时代的特点进行了创新，发展出了一些新的礼俗，如障车、转毡、奠雁、撒帐、结发和念诗等。唐代封演《封氏闻见记》："近代婚嫁有障车、下婿、却扇及观花烛之事，及有下地、安帐并拜堂之礼。上自皇室，下至士庶，莫不皆然。"①

---

① 封演. 封氏闻见记 [M]. 北京：中华书局，2005.

障车是唐代亲迎时的一种习俗，最初是部分村民在新娘婚车前索取酒食后便放行，后来逐渐演变为富人参与的场合，出现了勒索和调戏新娘的现象。尽管政府多次下令制止这种不良风俗，但效果不显。为了避免骚扰，一些迎亲者选择让新娘悄悄下车，直接前往新郎家进行婚礼。

转毡是指新娘抵达新郎家后，必须在铺设好的毡席上走，脚不得接触地面。

奠雁则是在新娘"坐鞍"后，由随行女仆将一只雁（鹰）放入大厅，象征着遮挡新娘出堂的仪式，这只雁不应被杀掉，通常在新郎家时会被放生，寓意吉祥。而敦煌地区的奠鹰习俗不同，新娘坐鞍后会将一只红绸裹着的鹰递给新郎，寓意鹏程万里。

撒帐是指新婚夫妇在洞房中对拜后，二人坐于婚床两侧，向亲友撒掷金钱和彩果，象征财运亨通和早生贵子。同时，他们还会念出"撒帐儿"的祝词，祝愿婚后幸福长久。

结发是一种新兴的婚俗，也被称为合发或合鬃，最早出现在唐代，指成婚之夕，男左女右共髻束发，象征夫妻结合。这一仪式渐渐演变为"结发夫妻"的说法，唐代高适诗作《秋胡行》一诗中便有相关描写，后来"结发"也逐渐成为原配夫妻的代称。

催妆礼和却扇礼在唐朝婚礼中盛行，而且由此产生了催妆诗和却扇诗。催妆时，新郎的同伴会齐呼"新妇子、催出来"，可新娘偏偏迟迟不出，新郎必须写诗打动新娘芳心。据《南部新书》，唐宪宗元和十五年（820）庚子科状元卢储娶亲时，曾作催妆诗："昔年将去玉京游，第一仙人许状头。今日幸为秦晋会，早教鸾凤下妆楼。"请新娘抓紧时间化妆下楼。《全唐诗》收录的徐安期诗，则用汉代张敞画眉的典故，"传闻烛下调红粉，明镜台前别作春。不须面上浑妆却，留着双眉待画人。"告诉新娘不用把妆容全部画好，留下双眉等待新郎为你描画。敦煌写本中也有民间诗人所作催妆诗："两心他自早相知，一过遮阁故作迟。更转只愁奔月兔，情来不要画娥眉。"可谓格调不俗。

唐朝婚礼中，新郎吟咏却扇诗，新娘才能却扇，始见庐山真面目。李商隐曾作《代董秀才却扇》诗云："莫将画扇出帷来，遮掩春山滞上才。

若道团圆似明月，此中须放桂花开。"① 这是董秀才结婚，李商隐做傧相代之而成的诗歌。诗中的场景是："团团似明月"的"画扇"，遮掩着新娘的"春山"。这里的"春山"，是指眉额。诗作的目的，是要把此"扇"除"却"（拿开）。"此中须放桂花开"，既有让新娘露出真容的要求，又饱含对新郎"蟾宫折桂"（考中进士）的企盼。从此精美奇妙、蕴意深邃的诗章里，可知却扇诗是大唐文化风采的重要组成部分。

宋代文化历来被视为古代中国文化的高峰。宋代亲迎婚俗，承继了若干汉唐婚俗，如乐师、歌伎、轿夫等采取念诵诗词的"文雅"方式，索要钱酒，疑似唐代障车婚俗的变异。同时也有创新，如铺房、拦门、撒谷豆、入门、利市缴门红、坐床等。

铺房。一般由女方家派人往男方家布置新房，内容包括挂帐幔、铺毡褥、陈设嫁妆器具等，女方娘家陪送的衣服首饰等物，按礼应先锁入箱柜，以备后用。而京师一些势利人家往往将陪送的衣服珠宝首饰等物一概陈设在外，借以炫耀富贵，这就是铺房，现在叫铺床，一般由男方在迎娶的头一日主持。

拦门。当新娘乘坐的轿子或花担子抵达男方家门时，迎亲的乐师、歌伎和茶酒等人会在门口聚集，阻止新娘进入。他们会吟诵诗词，提到"求利市钱"。"利市"一词在《易经》中已有记载，表示小本投资大获利的意思，元代的《俗谚考》也提到为了吉兆向主家索要"利市"。这表明"利市"具有带来好运的象征意义。婚家需要将准备好的"红包"递上，门口的人才会让开，允许新娘入内。

撒谷豆。"剋择官"（阴阳先生）将预先准备好的谷豆、钱、彩果等物，朝大门撒去。围观的儿童们争先恐后地去捡拾。据说，这一婚俗是为了镇压青阳煞这种恶神，防止它侵扰婚礼。

入门。新娘下车后，会有一人捧着镜子在前倒退着引导她。新娘头戴霞帔，由两名亲密女侍分别扶持左右，陪伴她前行。在进入婚房时，男方会提前在地上铺好青锦褥、青毡、青布条或花席，以便新娘步行时不触及地面。新娘首先迈出一步，跨过马鞍，然后再从一根秤杆上走过，象征着

---

① 李商隐. 玉溪生诗集笺注：卷3 [M]. 冯浩，笺注. 蒋凡标，点校. 上海：上海古籍出版社，1998：593.

平安与顺利的祝愿。

利市缴门红。在婚房的门口，会悬挂一条彩色布料，底部剪成碎条，横挂在门框上。新郎入门时，旁人会争相抢夺这些碎片，称之为"利市缴门红"。据说抢到者，将大吉大利。

坐床。新郎和新娘会一起站在堂前，通常由男方一位已婚的女性亲属来挑开新娘的盖头，这个过程也可由新郎亲自完成。盖头被挑开后，新郎和新娘会前往家庙，按照传统礼仪向祖先和亲人致敬。在完成敬拜后，新娘会倒退着走，手中拉着同心结，和新郎一起返回婚房。回到婚房后，夫妻会互相行交拜礼，随后各自入座。此时，新娘坐在左侧，新郎则坐在右侧，象征着男女的分工与和谐。

明清时期的亲迎礼俗，既有承继前代，尤其是宋代亲迎礼俗之处，也有变革、创新之处，特别是清朝的婚礼汉满融合，产生了一些新的礼俗。

过嫁妆。在举行婚礼当天的上午，女方会派人将嫁妆送往男方家，内容包括柜子、箱子、被褥、枕头、布料、首饰和化妆品等。在许多地区，习惯在枕头里放入筷子和核桃，在鞋子里放入麸皮，在被子里缝制枣和花生，以此来祈求新娘出嫁后能早日生育。女方还会派一位"小亲家"（通常是小男孩）随行押妆，陪同整个过程。

新娘跨火盆、跳马鞍。当花轿到达男方家门口时，轿身需要朝着喜神的方向落地。新娘在伴娘的搀扶下，跟随在前的新郎，踩着男方事先铺好的红毡，手中抱着象征祛邪祈福的福条、瓷瓶和铜镜等物，缓慢走向大门。在到达大门口时，新娘会跨过火盆和跳过马鞍，以此表示避开邪恶，祈愿婚后生活平安顺利。

踩四角。在喝完交杯酒后，新郎和新娘手挽手一起上床，先向左转三圈，再向右转三圈，这个仪式称为"踩四角"。在他们踩床的同时，观礼的宾客会诵念祝祷词，祈求神灵的庇佑，祝词为："踩，踩，踩四角，四角娘娘保护着，娃多着，女少着，婆夫两人常好着。"①

2. 合卺礼

合卺礼始于周代，是古代婚礼中的一个重要仪式，后演变为交杯酒。卺是一种匏瓜，俗称苦葫芦，其味苦，不可食。合卺是将一只卺剖为两

---

① 钟敬文. 中国民俗史·明清卷 [M]. 北京：人民出版社，2008：208.

半,各盛酒于其间,新娘新郎各饮一卺。匏瓜剖分为二,象征夫妻原为二体,而又以线连柄,则象征由婚礼把两人连成一体,故先分而为二,后合二为一。

合卺酒始于周朝,周代新妇到夫家新房,室内铺好席子,将预先准备好的各种饮食摆放在新婚、新妇面前,行"合卺"之礼。汉代新婚夫妇仍沿承合卺礼仪。与周代不同的是,汉代人饮合卺酒,不再使用葫芦瓢,而是使用酒杯,用酒漱口,并不真饮。在南北朝时期,合卺礼的仪式增加了一项新元素:用丝带将两个瓢把连接起来,喝酒后将两只瓢扣在一起,并用丝带缠绕,这被称为"连卺以锁",象征着两人的爱情紧密相连,永不分离。

进入唐朝,合卺演变成真喝酒,还要一饮而尽。而且唐代瓢改为酒杯,被称为合欢杯,新婚夫妇要共饮合欢酒。到了宋代,原本的破卺酒具改为使用两只木杯。新郎新娘同饮后,会将杯子掷于床下,如果两杯呈现出一高一低的状态,象征着男方低于女方,寓意天覆地载、阴阳和谐,这被视为大吉大利的征兆。而合卺的礼仪也因此演变为饮交杯酒。

清代的合卺礼始于康熙朝,在顺治帝大婚礼仪中并未见此环节。这也表明了清代宫廷接受汉族传统文化,其婚俗也同受其影响。清代皇帝大婚在行合卺礼之前,还有一项帝后同吃子孙饽饽之俗。子孙饽饽,即饺子。它不由皇家预备,而是由皇后母家预备。子孙饽饽必须煮得半生不熟,以谐音"生子",它寄予了皇家祈求子嗣繁兴的愿望。

3. 拜堂

拜堂又称拜天地,汉族婚姻习俗,起源约在北宋时期。流行于中国各地。在举行婚礼时,新郎新娘参拜天地后,复拜祖先及男方父母、尊长的仪式。也有将拜天地、拜祖先及父母和夫妻对拜统称为拜堂。

在南北朝时期,夫妻对拜作为婚姻仪式的固定环节逐渐形成。在唐朝之前,北方地区的民间习俗称之为"交拜礼",通常在一个特设的青庐(用青布幔装饰的房屋)内进行。到了唐代,"拜堂"这一词语开始正式使用。进入北宋,新婚当天的仪式中,夫妻首先会拜家庙,并进行合卺礼,翌日清晨则设一桌,镜台上放置镜子,由新娘仰望镜子行礼,此仪式被称为新妇展拜。南宋时期,这些习俗改为在新婚当天进行。婚礼后,新婚夫妇会在中堂揭开新娘的盖头,随后进行拜堂,之后则是向家神和家庙行礼，最后再进行参拜亲属的礼仪。

在清代和民国时期，拜天地与拜祖先的仪式常被统称为拜堂礼。现代婚礼通常选择在当天的辰、巳或午等时辰进行。在男方家中，拜堂前会准备供案，摆放香烛和祖先的牌位等祭品。通常会燃点蜡烛、焚烧香火、放爆竹并奏乐器。此时，仪式主持人（礼生）会吟诵："香烟缥缈，灯烛辉煌，新郎新娘齐登花堂。"新人在礼生的引导下，依次进行"一拜天地，二拜高堂（父母），夫妻对拜，送入洞房"的仪式，按照顺序跪拜。

在封建社会，新郎新娘通常会先到家庙参拜祖先，然后再进行夫妻交拜。现代婚礼中，已不再采用跪拜，而使用鞠躬礼的方式，夫妻对父母鞠躬，彼此也以鞠躬相敬，不再拘泥于传统的形式。

4. 闹洞房

闹洞房又称"吵房""闹房"。闹洞房是"三天不分大小"，新郎新娘贺喜取乐的一种方式。通常在婚宴后的晚上进行，亲友不分辈分长幼，聚于新房中嬉闹。

先秦时期的婚礼仪式被视为幽阴之礼，因此早期的婚礼并不热闹，也没有音乐和祝贺。根据《礼记·郊特牲》的记载："昏礼不用乐，幽阴之义也。乐，阳气也。昏礼不贺，人之序也。"[1] 这一传统在周代以前的婚礼中得到了体现，婚礼仪式通常是庄重而肃穆的。

然而，随着时代的变迁，特别是在秦汉时期，社会风气逐渐变得热衷享乐，婚礼的氛围也发生了变化。到了汉宣帝五凤二年（前56）八月，汉宣帝发布了一道诏令，明确反对禁止婚礼庆贺的苛政。他在诏令中指出："夫婚姻之礼，人伦之大者也；酒食之会，所以行礼乐也。今郡国二千石或擅为苛禁，禁民嫁娶不得具酒食相贺召。由是废乡党之礼，令民亡所乐，非所以导民也……勿行苛政。"[2] 讲述婚姻之礼在人际关系中的重要性，以及酒食之会在行礼乐方面的作用。现在有些郡国的官员擅自制定严苛的禁令，禁止百姓在嫁娶时以酒食相庆贺。这种做法废除了乡党之间的礼仪，让百姓失去了欢乐，并不是引导百姓的正确方式……因此，不应实行这种苛政。这标志着中国首次以官方政令的形式否定婚礼不贺的传统，

---

① 王文锦. 礼记译解 [M]. 北京：中华书局，2016：318.
② 班固. 汉书 [M]. 北京：中华书局，2016.

从此婚姻庆贺逐渐成为社会普遍接受的风俗。婚礼中热闹的气氛和庆贺活动变得越来越普遍，亲友们在新婚之夜通过各种有趣的活动和游戏来调侃新人，营造婚礼的喜庆氛围。这种习俗的发展，最终演变成了如今的"闹洞房"传统。

闹洞房习俗的起源与驱邪避灾密切相关。传说，很久以前，紫微星有一天降临凡间，途中遇到一个披麻戴孝的女子跟随在一支迎亲队伍之后。紫微星识破这女子其实是个魔鬼，正伺机作恶，于是跟随队伍来到新郎家。到达时，那女子已先行一步躲进了洞房。当新郎、新娘拜完天地准备进入洞房时，紫微星挡在门前，阻止他们进门，告诉大家洞房里藏着魔鬼。

面对魔鬼的威胁，众人请紫微星指点除魔之法。他建议道："魔鬼最怕人多，人多势众，魔鬼就不敢行凶作恶了。"于是，新郎邀请客人们进入洞房，大家在房中嬉戏说笑，用笑声驱赶魔鬼。果然，到了五更时分，魔鬼终于被驱走。从此以后，闹洞房习俗便逐渐流传开来。在婚礼中，亲友们通过在洞房中热闹嬉戏、说笑打闹，不仅为新人增添欢乐，更重要的是象征着驱邪避灾的传统意涵。随着时间的推移，这个习俗成为婚礼中不可或缺的一部分，不仅维持了古老的信仰，还为婚礼增添了许多欢笑和趣味。

闹洞房驱邪的风俗在中国南北各地广泛存在。在新人入洞房之前，各地有不同的习俗。比如在长江中下游地区，新郎前一晚就需在洞房过夜，并请两名女童手持红烛将新房照亮一遍，以驱散邪气。而在天津，人们则会请吹打班子在新房内奏乐，以图吉利。新人入房后，驱邪的仪式依然十分重要。更为普遍的习俗是在新房内放置长明灯，这也就是"洞房花烛夜"的由来。长明灯象征着光明和吉祥，起到驱邪避灾的作用。

（三）婚后之礼（成妇礼）

婚后之礼，使新妇成为男方家的一分子，与男方家的亲族融合在一起，所以又称"成妇礼"。成妇礼主要有妇见舅姑、妇馈舅姑、舅姑飨妇、庙见成妇等礼仪。

1. 妇见舅姑

《礼记·昏义》记载："夙兴，妇沐浴以俟见。质明，赞见妇于舅姑。妇执笲，枣、栗、段脩以见。赞醴妇，妇祭脯、醢，祭醴，成妇礼也。舅姑入室，妇以特豚馈，明妇顺也。"① 古时，称丈夫的父亲为"舅"，称丈夫的母亲为"姑"。成婚后的第二天早晨，新妇早早起床，洗头洗澡，准备拜见舅姑。天大亮时，赞礼的人将妇引见给舅姑。妇手捧容器，内盛枣子、栗子和肉干，以此作为进见之礼。赞礼的人代表舅姑向妇赐以甜酒。妇先以脯醢祭先人，又以甜酒祭先人。行过以上的礼节，就表示做媳妇的礼完成了。舅姑进入室内，妇以一只煮熟的小猪向舅姑进食，这是表示新妇开始履行孝养的职责。"枣"取早起之意，"栗"取战栗之意，"段脩"取振作之意。

2. 妇馈舅姑

根据《仪礼·士昏礼》，随着"妇见舅姑"之后是"妇馈舅姑"之礼。"妇馂，舅辞，易酱。妇馂姑之馔。"② 新妇亲自侍奉公婆进食，待二老食毕，妇要象征性地吃公婆的余食以示恭孝。另有一说，"妇馈舅姑"指新妇过门后第三日，就要下厨烧饭做菜，以馈舅姑，以示自此后主持中馈，以尽孝道。唐代王建的《新嫁娘词》："三日入厨下，洗手作羹汤。未谙姑食性，先遣小姑尝。"是讲成婚第三日新娘来到厨房，洗手亲自做羹汤，因为不熟悉婆婆的口味，做好先让小姑品尝的民俗。

3. 舅姑飨妇

根据《仪礼·士昏礼》："舅飨送者以一献之礼，酬以束锦。姑飨妇人送者，酬以束锦。若异邦，则赠丈夫送者以束锦。"③ 舅姑共飨妇之后，公公又以"一献之礼"来款待送亲的人，酒至酬宾，又以一束锦相赠。婆婆酬劳女送亲者，酬宾时也以一束锦相赠。如果是与别国通婚，则另外赠送男方亲人一束锦。

4. 庙见成妇

庙见礼又称拜宗庙，《仪礼·士昏礼》："若舅姑既没，则妇入三月，乃奠菜。"表明若舅姑去世，新妇在婚后三月对宗庙进行奠菜的礼仪；若舅姑在，就行妇见舅姑礼。仪式的内容是：在三个月后，新娘由祝仪引导，前往宗庙进行"奠"与"告"的仪式。此外，长辈们会为新娘和新郎举行醴享，犹如在舅姑在世时的传统。庙见礼的主要意义在于新娘向舅姑

---

① 王文锦. 礼记译解 [M]. 北京：中华书局，2016：822.
② 彭林. 仪礼 [M]. 北京：中华书局，2012：53.
③ 同②：55.

表达敬意，标志着她即将融入夫家，并期望获得他们的认可。可以确认的是，三月庙见礼至少在文王时期已经成为一种固定的习俗。周人对庙见颇重视，甚至到严苛地步，此是女子成妇的关键。"女未庙见而死，则……不迁于祖，不祔于皇姑。"① 娶来的媳妇若未及行"庙见"之礼而死亡，就不能算男方家族成员，不能葬在男方坟地，而仍要葬在娘家坟地。

"庙见"仪式最早是在成婚三个月后进行，后来鉴于发生未及"庙见"而死的事情，为避免产生矛盾，处理起来难度比较大，才缩短了时间。北宋时期，"庙见之礼"仍是婚礼中一项不可缺少的仪式，一般在成婚当日或婚后第三日进行。庙见礼旨在告诉男姓家族祖先，崇拜祖先，进入延续男姓家的血统，而最近的直系血亲尊长是父母，所以古代"庙见"之前还要先行谒舅姑（公婆）之礼，要求子女把父母当作活着的祖宗加以侍奉。宋徽宗时，曾指定专人修订《五礼新仪》②，其中规定，即便是公主下嫁，也必须行谒舅姑之礼。按当时京师的风俗，谒舅姑之礼一般在成婚的第二日进行："次日五更，用一卓，盛镜台镜子于其上，望堂展拜，谓之新妇拜堂。次拜尊长亲戚。"③ 至高无上的皇帝女儿下嫁也要举行拜谒之礼，可见封建社会的人伦道德、纲常礼义高于一切。

"文公家礼缩三月为三日。……元明清婚礼均从之。"④ 庙见礼在南宋时缩为三日，元明清沿用。"循至订婚而女死者，亦归葬于夫氏之茔。清时此风益盛，几成一般通例。"⑤ 明代未庙见而死，也可葬在夫家。清代保留此礼。

5. 回门

回门也称"归宁"，或是"回娘家"，春秋时期就有回门之俗，后代沿袭至今。成婚后第三、第六、第七、第九、第十日或满月，女婿携礼品，随新娘返回娘家，拜谒妻子的父母及亲属。自亲迎始的成婚之礼，至此完成。

后世各地名称不一，宋代称"拜门"，清代北方称"双回门"。因为新

① 钱玄，徐克谦，张采民，等．礼记［M］．长沙：长沙岳麓书社，2001：259.
② 《五礼新仪》是宋徽宗赵佶推行之重大礼制改革措施。此举对宋代社会乃至后世生活产生了深远影响，映照出时代特色及所需之礼节规范。
③ 孟元老．东京梦华录［M］．郑州：中州古籍出版社，2010.
④ 陈鹏．中国婚姻史稿［M］．北京：中华书局，2005：218.
⑤ 同④：161.

娘从娘家嫁到婆家称"进门"，所以才把新娘从婆家回娘家省亲称为"回门"。新婚夫妇一同回门，称"双回门"。在不同地域对此称呼也各异，南方称"会亲"，河北某些地区称"唤姑爷"，杭州称"回郎"。近代通常在婚后第三天，又称"三朝回门"。新婚夫妇或当日返回，或留住数日，若留住时，则不同宿一室。

这是婚礼中的最后一个仪式，体现了女儿对父母养育之恩的感激，以及女婿对岳父母的感谢和对新婚生活的祝福。通常情况下，女方会准备宴席款待来宾，而新女婿则被安排在主位，由女方的长辈陪同饮酒。女方亲家会设下丰盛的宴席来款待新女婿，这一仪式被称为"回门宴"。

回门对新娘来说，是初为人妇后回到自己的娘家，新郎拜会新娘父母，其意义重大：一是新婚夫妇对女方父母养育之恩的回馈和感激之情的体现。通过回门，新郎表达对新娘家人的感谢，改口岳父岳母为爸爸妈妈，也是让父母看到自己女儿婚姻幸福，放心将女儿交给新郎。女儿向父母展示她在新家庭中的幸福生活的同时，也向父母表达感恩之情。二是有助于加深新婚夫妇与双方家庭之间的联系。通过回门，双方家庭可以加强交流，增进相互间的感情，营造和谐的家庭氛围。这种联系对未来家庭关系的和睦发展尤为重要。三是对新婚生活的一种庆祝，通常伴随丰盛的宴席和亲友的祝福，成为新婚夫妇生活中的一个重要庆典时刻。此时的聚会不仅是家庭的团聚，也是对新人幸福未来的共同祝福。

（四）三书

古代"三书"是中国传统婚嫁礼仪中不可或缺的重要组成部分，主要用于保障婚姻的合法性与有效性。虽然"三书"的具体形式并非源于周朝的婚礼制度，但它们在后世与"六礼"一起被广泛应用于婚嫁习俗中。"三书"分别为"聘书"、"礼书"和"迎书"，每一份文书都有其独特的功能和意义。

1. 聘书

聘书是确立婚约的文书，在男女双方订立婚约时，男方家庭会将聘书交给女方家庭。这份文书的作用是证明两家已经达成了定亲的协议，并约定在未来的某个时间举办婚礼。聘书不仅是婚约的象征，也是婚姻关系开始的标志。在古代社会中，若男方需要解除婚约，通常会退还给女方的就是这份聘书。在影视作品中，退婚的情节往往围绕聘书展开，显示其在婚姻中的重要性。

2. 礼书

礼书是在过大礼时使用的文书，主要列明了礼物的种类和数量。礼书的递送标志着婚约的正式确立，意味着二人的婚姻关系在法律上已经得到认可。在这一环节，双方的约定不可更改，任何一方都不能单方面解除婚约。礼书不仅反映了双方家庭的重视程度，而且体现了古人对婚姻的严肃态度。

3. 迎书

迎书是在结婚当天使用的文书，主要用于接新娘的仪式。当男方家庭到女方家接新娘时，迎书会被交给女方家庭，作为接新娘的正式凭证。迎书的交付标志着新娘正式进入男方家庭，婚姻关系的建立在这一时刻得以完成。

"三书"作为古代婚嫁礼仪的重要组成部分，承载着传统文化对婚姻的重视。"三书"的各自功能确保了婚约的明确性和不可更改性，使任何一方在婚姻关系中都难以单方面退出。这种形式的约定，减少了因情感变动而可能引发的婚姻纠纷，维护了双方的合法权益。

第二节　中华传统婚嫁礼仪的文化意涵与社会功能

中华传统婚嫁礼仪的文化意涵是指在中国传统婚嫁习俗中蕴含的丰富文化意义和价值观。这些礼仪不仅是婚姻的程序和形式，更是中华民族历史、哲学、道德、家庭观念和社会关系的集中体现，既包含中华传统伦理观念和人际关系体系，也涵盖了审美表达、家庭价值和社会责任的多重层面。婚嫁礼仪在中华文化中占据着核心地位，其不仅是个体情感的表达，更是社会、家庭与文化的交汇点。传统的婚嫁礼仪体系，蕴含着深厚的伦理道德观念与社会规范，影响着人们的行为与价值观。随着社会的变迁，婚嫁礼仪的形式与内容虽有所演变，但其在社会功能上的重要性依然显著。

一、中华传统婚嫁礼仪的文化意涵

（一）传统伦理道德

婚嫁礼仪中的传统伦理道德文化内涵深刻地反映了中华文化对家庭、社会秩序及人际关系的理解与认同。这些礼仪不仅是社会规范的体现，更是传统伦理道德的生动实践。

婚嫁礼仪以儒家伦理为核心，强调孝道与忠诚的家庭伦理价值。孝道是中华文化中的核心美德之一，贯穿于婚礼的各个环节，如"拜天地""拜父母"等礼仪，象征着新人对祖先的敬畏与对父母恩情的感激。这种孝道的体现不仅有助于增强家庭的凝聚力，也促进了家庭成员之间的和谐关系，反映出对长辈的尊重和对家庭责任的承诺。在婚嫁礼仪中，忠诚被视为婚姻关系的基石。通过一系列仪式，如互许终身的誓言、交换信物等，强调了夫妻之间的忠诚与承诺。这不仅是对个人感情的宣誓，更是对家庭、社会的责任承担，反映出传统文化对婚姻的高度重视和期待。

婚嫁礼仪中体现的伦理道德强调夫妻间的互敬互爱与和谐相处。这一观念源于儒家"夫义妻顺"的夫妻关系伦理，婚姻不仅是一种个人结合，更是一种具有社会责任的契约，要求夫妻双方在家庭生活中各司其职，维护家庭的稳定与和谐。通过婚礼仪式中的"同牢""合卺"等象征性行为，礼仪赋予婚姻以伦理义务，强化了夫妻间的相互尊重与信任。

婚嫁礼仪在道德层面还强调集体与社会的责任。婚姻不仅是两个人的结合，更代表着两个家族的联姻，因此，婚嫁礼仪中高度重视亲朋好友、家族成员的参与和见证。这种集体参与反映了中国社会重视家庭纽带与社会和谐的伦理观念，新人通过婚礼公开宣誓对彼此、对家庭乃至对社会的责任，强调了婚姻作为社会制度的一部分的道德内涵。婚嫁礼仪中的传统伦理道德文化内涵不仅是对个人与家庭责任的强调，更是在社会层面体现了中华文化对家庭、社会和谐秩序的重视。通过对孝道、忠诚、夫妻伦理与社会责任的强调，婚嫁礼仪成为中华伦理道德体系的生动载体，深刻影响着婚姻家庭的文化传承与社会功能的延续。

（二）家庭价值观

婚嫁礼仪作为中华文化的重要组成部分，承载了丰富的家庭价值观，反映出中华传统社会中家庭作为社会基础单元的核心地位。婚嫁礼仪体现了家族延续与血脉传承的价值观。传统婚嫁礼仪中的许多环节，如"拜祖先""传家训"等，不仅表达了对先祖的敬仰与感恩，更赋予了新人承担家族责任、延续家族血脉的使命。通过这种仪式性表达，婚姻被赋予了超越个体生活的意义，成为家族传承的纽带。这种价值观强调婚姻的社会功能，视其为维护家族和社会结构的重要环节。

婚嫁礼仪高度重视家庭团结与成员间的相互支持。家庭成员共同参与迎亲、拜堂、合卺等一系列仪式，强化了家族凝聚力。这些仪式不仅是个体情感的表达，更是家庭集体身份的体现，彰显了家庭与家族在社会中的重要性，也进一步推动了家庭内部的和谐与互助，体现了家庭在个体生活与社会生活中的重要地位。

婚嫁礼仪体现了尊老爱幼的代际责任，即在家庭中尊重长辈、关爱幼辈的道德义务。这一观念贯穿于婚礼中的许多环节与细节，如敬茶、改口礼等，通过新人对长辈的尊敬与顺从，展示了家庭内的代际尊重与亲情纽带。这种仪式不仅延续了长幼有序的家族伦理，也通过代际互动巩固了传统家庭结构，强化了新人对家庭责任的认同和承担。

婚嫁礼仪强调对家庭的责任与义务。在传统观念中，婚姻不仅是两个人的结合，更是两个家庭的联姻。礼仪中涉及的聘礼、嫁妆等，均反映了双方家庭对婚姻的重视与责任感。通过礼仪的规范，个体被教育要对家庭和社会承担起相应的责任，这种责任感在婚后生活中进一步得到延续和深化。

中华婚嫁礼仪中的家庭价值观不仅是对婚姻生活的指引，更是对家庭纽带与家族责任的深刻诠释。这些价值观通过礼仪性的行为代代相传，为家族与社会的和谐稳定奠定了基础，彰显了中华文化中家庭作为核心价值体系的独特地位。

（三）人生礼仪

人生礼仪是指在特定的社会和文化背景下，为标志人生重大转折点而设定的一系列仪式和行为规范。婚嫁礼仪作为人类社会中一种重要的文化现象，不仅承载了丰富的历史传统和社会价值观念，更在个体的生命历程中发挥着重要作用。婚嫁礼仪中的人生礼仪，反映了个体从单身到婚姻的转变过程，象征着责任、承诺和家庭的形成。

婚嫁礼仪体现了个体身份的转变与社会认同。个体从单身到已婚这一过程，既是个人生活方式的改变，也是社会角色的重新定义。通过参与婚嫁仪式，个体获得了新的社会身份，承担起家庭责任，体现了对社会规范的遵循与认同。这一转变不仅影响个体的自我认知，也对其在社会中的行为模式产生了深远影响。

婚嫁礼仪不仅涉及两位个体的结合，更是两个家庭、两个社群的联结。通过礼仪的实施，家庭间的关系得以重构，社会网络得以拓展。此过程增强了家庭的凝聚力，为社会的稳定与和谐提供了基础，体现了家庭在社会结构中的重要地位。

婚嫁礼仪中蕴含的传统文化与价值观，通过仪式的参与和执行得到传承与弘扬。新人在婚嫁过程中接受来自长辈、亲友的祝福与教诲，有助于新人在婚后生活中更好地适应角色转变与家庭生活的挑战，进一步加强了对家庭传统和社会习俗的认同。这种文化的延续不仅提升了个体对自身文化身份的认知水平，也强化了社会价值观的共同体意识。

（四）祝福文化

祝福文化是指在特定的社会和文化背景下，人们通过语言、行为、物品等方式，向他人表达美好祝愿与期许的一种文化现象。祝福文化作为婚嫁礼仪中的核心要素，体现了人际关系的美好愿景与对未来生活的美好期许。

在婚嫁礼仪中，祝福文化起到了巩固人际关系的作用。无论是来自亲友的祝福，还是传统习俗中的祝词，均体现了对新人的关怀与支持。祝福传递的情感不仅提高了人际关系的亲密度，也为婚礼增添了温馨的氛围。通过祝福，亲友之间的情感得以深化，社会网络得以扩大。祝福不仅是一种礼仪表达，更是对人际关系的重视与维护，体现了社会交往中的情感纽带。

祝福文化在婚嫁礼仪中反映了社会的核心价值观。无论是对幸福、和谐家庭的期许，还是对未来生活的美好祝愿，这些祝福都体现了社会对婚姻的重视与期望。通过祝福，社会价值观得到传递与强化，使新人在婚后生活中更易遵循社会的伦理与道德规范。

祝福文化为新人提供了重要的心理支持与情感寄托。来自亲友的祝福不仅是一种形式上的表达，更是一种情感上的支持。在婚礼这一重要时刻，祝福所带来的心理安慰与情感认同，会使新人在未来的生活中感受到来自社会与家庭的支持与关怀。

（五）审美价值

婚嫁礼仪不仅是人类社会生活中的重要仪式，更是审美表达与文化认同的重要载体。作为一种社会实践，婚嫁礼仪在形式与内容上丰富多样，体现了不同文化背景下的审美追求与价值观念。

婚嫁礼仪的视觉审美，主要体现在服饰、装饰及场景布置等方面。婚纱、传统服饰的设计与选用，不仅反映了个体的审美趣味，也承载了特定文化的象征意义。例如，红色婚服在中国文化中象征着吉祥与幸福，而白色婚纱在西方文化中则代表纯洁与庄重。除此之外，婚礼现场的装饰，如鲜花、灯光、布幔等，构成了一场视觉盛宴，使参与者在仪式中获得美的感受与情感的共鸣。

婚嫁礼仪中的仪式步骤与行为规范体现了特定的形式美学。仪式的进行往往遵循一系列既定的程序，包括迎亲、敬茶、交换誓言等。这些形式不仅增强了仪式的庄重感，也通过其节奏与结构展示了文化的美学特征。每一个环节的设计都经过精心考量，体现了对细节的关注与对美的追求。

在婚嫁礼仪中，音乐与舞蹈的融入为仪式增添了生动的表现形式。音乐作为情感的载体，能够有效营造出婚礼的氛围，增强参与者的情感体验。舞蹈则通过身体的运动与节奏的变化，传达出喜悦与祝福的情感。这些艺术形式的结合，使婚嫁礼仪不仅是一种社会行为，更是一场多感官的美学盛宴。

婚嫁礼仪中的审美价值不仅体现在个体的情感表达上，更在于其作为文化传承的载体。通过遵循特定的礼仪，新人及其家庭在实践中延续了文化传统与价值观念。这种文化认同使婚嫁礼仪成为社会结构与个人身份的重要象征，反映出文化的延续与变迁。

（六）象征内涵

作为一种仪式化的行为，婚嫁礼仪不仅关乎个体的情感与家庭的结合，更承载着丰富的象征意义。不同文化背景下的婚嫁礼仪会通过特定的符号和行为向人们传达出对爱情、家庭、社会责任与文化认同的理解与期待。

婚嫁礼仪的每个环节与元素都蕴含着特定的象征意义。首先，从仪式的时间选择来看，吉日良辰往往被视为婚嫁的必要条件，这不仅反映了人们对天人合一的信仰，也象征着对未来美好生活的期许。其次，婚礼中的服饰、道具等元素同样具有重要的象征价值。例如，红色在中国文化中象征着喜庆与祝福，戒指的交换则代表着爱情的永恒与承诺的牢固。

婚嫁礼仪不仅是个体情感的体现，更是家庭与社会关系的象征。婚嫁不仅是两个人的结合，更是两个家庭乃至两个社会的融合。礼仪中所蕴含的亲友参与、敬茶、馈赠等环节，象征着家族与社会的祝福与支持。新人通过婚礼而结成家庭，不仅是个人选择的结果，更是家族、社会共同体的延续。

婚嫁礼仪中所表达的祝福与期许，象征着对未来生活的美好愿景。亲友的祝福、传统的吉祥语等都蕴含着对新人的关心与期待。这些祝福不仅是对新生活的美好祝愿，更反映了社会对婚姻幸福的普遍期盼。

婚嫁礼仪在文化传承中扮演着关键角色。通过遵循传统的婚嫁礼仪，个体与家庭得以在时间与空间中维系其文化认同。特别是在全球化背景下，许多文化在婚嫁礼仪中重新审视自身的传统与现代性的关系。婚嫁礼仪体现的象征意义，为人们提供了一个自我认同的框架，使其在快速变化的社会中找到文化的根基。

二、中华传统婚嫁礼仪文化的社会功能

（一）增强社会凝聚力

中华传统婚嫁礼仪文化不仅是个人与家庭生活的重要里程碑，更是连接家族、社区乃至更广泛社会关系的纽带。婚嫁礼仪文化超越了家庭层面的社会意义，为社会团结与稳定提供了重要的文化支持。这种独特的社会功能，使婚嫁礼仪文化成为推动中国社会和谐发展的重要力量。

婚嫁礼仪文化通过家族联结推动社会的团结与凝聚。在传统婚嫁仪式中，礼仪不仅是新人的个人庆典，更是家族之间的联结与纽带。这种联结构建了新人所在家庭的亲密关系网络，为家族间的互助和支持奠定了基础。在此过程中，家族成员通过共同参与婚嫁活动，进一步增强了家庭与家族的内部凝聚力，并将这一凝聚力延展到更广泛的家族、社区关系中。这种关系的构建促进了社会的稳定与团结，使家族与家族之间的社会互动得以深化。

婚嫁礼仪的公共参与特性强化了社会认同与集体归属感。传统婚嫁礼仪通常具有开放性和共享性，婚礼往往吸引社区成员的广泛参与。这种集体参与不仅彰显了礼仪的公共性，还在社区范围内营造了团结的氛围。在共享的庆祝中，社区成员感受到集体的归属与支持，婚嫁礼仪成为个体和家庭融入社会、获得认同的重要途径。由此，婚嫁礼仪联结了婚姻双方的

家庭，在更广泛的社会结构中构建了互助互爱的关系网络，增强了社区的凝聚力。

婚嫁礼仪文化通过对伦理规范与社会责任的宣导，在社会群体中形成道德共识。婚嫁礼仪中的"拜天地""拜父母"等象征性环节，向社会成员传达了家庭责任和孝道美德，促进了个体对社会责任和家庭伦理的理解与认同。这种仪式性的道德宣导强化了礼仪的教育功能，形成了社会道德共识，进一步增强了社会群体的凝聚力。

（二）强化家庭结构

婚嫁礼仪是一种个人仪式，更是家庭结构延续与家庭关系巩固的象征性载体，强化了家庭在社会中的基础地位，并通过代际传承、性别角色认同与家庭义务意识的确立，使家庭得以在社会结构中保持稳固地位，进一步巩固了家庭在社会功能系统中的重要性，为家庭的持续性与社会的稳定性提供了坚实的文化支撑。

婚嫁礼仪通过代际传承巩固家庭结构。婚嫁礼仪中包含的"敬祖"与"拜父母"等仪式性环节，象征新人对家族历史与传统的尊重，使婚姻超越了个人结合而成为家族代际传承的一部分。这种礼仪性行为不仅体现了对家族先辈的敬意，也使新人在完成仪式的过程中深刻认同自身在家族结构中的位置与责任，从而增强了家庭结构的稳固性与连续性。通过这一过程，代际情感与责任得以传递，从而强化了家庭作为社会基本单元的文化价值。

婚嫁礼仪的性别角色与义务定位促进了家庭结构的稳定。传统婚嫁礼仪对夫妻角色的期待，如"男主外、女主内"的分工观念，反映了特定历史时期对家庭角色的文化定义。这一观念虽然在现代社会有所演变，但其传达的家庭责任分担理念依然在塑造婚姻中的家庭角色认知和实践。婚礼仪式通过特定的礼仪符号和象征行为，为新婚夫妻提供了角色认同的框架，引导夫妻在婚后承担各自的家庭责任，以此维护家庭内部的和谐和稳定，进一步强化家庭作为社会基本组织的结构性功能。

婚嫁礼仪通过集体参与和伦理教化，促使新人理解并承担家庭义务。在婚嫁仪式中，亲友、家族长辈的参与不仅赋予婚姻更广泛的社会支持，还形成了一种群体压力，激励新人承担家庭义务，促进家庭的长期稳定与代际和谐。这种集体参与不仅使婚姻成为家庭与社会的双重连接点，还在无形中巩固了家庭结构，使家庭在社会生活中占据更为稳固的位置。

（三）传承文化价值

中华传统婚嫁礼仪作为民族文化的重要组成部分，在传承文化价值方面具有不可替代的社会功能。通过仪式化的行为和象征性符号，婚嫁礼仪不仅延续了中华民族的文化传统，还在代际传递中强化了社会成员对文化认同的感知。这一过程涉及对传统价值观、道德规范以及社会习俗的全面传递，确保了文化价值在社会中的连续性和稳定性。

婚嫁礼仪通过象征性符号与仪式展现并传递中华文化的核心价值观。在婚嫁礼仪中，诸如"拜天地""敬茶"等仪式性行为是中华文化中尊重长辈、重视家庭等核心价值观的象征性体现。通过反复的实践与代际传承，能使参与者深刻体会并认同这些仪式的文化价值，从而在潜移默化中实现其传递与延续。

婚嫁礼仪通过社会习俗与文化习惯的传递，维系了社会文化的连续性。在婚嫁过程中，许多地方性和族群性的习俗被保留下来，并通过仪式传递给下一代。这些习俗在丰富礼仪文化内涵的同时，还在日常生活中成为社会成员文化身份的标志。通过婚嫁礼仪，地方性习俗得以延续，使多样性的文化在社会中得以体现和保存。

（四）调节社会关系

作为一种具有仪式性和规范性的文化表达，婚嫁礼仪通过建立亲属关系、整合家族纽带和巩固社会秩序，为不同社会群体提供了调节互动的框架，促进了人际关系的和谐与社会结构的稳固。

婚嫁礼仪通过建立和扩展亲属关系促进了社会关系的扩展与融合。传统婚嫁是新人之间的结合，更是两个家族之间的联结。通过礼仪仪式，两个家族在婚姻中建立起互为依存的亲属关系，进而形成社会中的重要关系网络。这种亲属关系的扩展增强了家族内部的联系，使家庭关系延展至更广泛的社会层面，有效促进了家族之间的合作与互助，为社会关系网络提供了更强的联结和支持。

婚嫁礼仪通过礼仪规范与家族互动来整合和巩固家庭、家族关系网络。在婚礼仪式的各个环节中，如"过大礼""迎亲"等，家族成员的参与具有象征性的意义，体现了家族的认同和支持。这些互动环节中，家族成员在礼仪的引导下积极表达对新婚夫妇的祝福与支持，进一步增强了家族的凝聚力。这种以家族为单位的集体性行为，加强了家庭内部的团结，调节了家庭成员之间的关系，使家族内部在礼仪中形成了和谐有序的互动模式。

婚嫁礼仪通过规范性仪式加强社会对行为准则的认同，进而调节社会秩序。传统婚嫁礼仪具有严格的程序与礼节，这些仪式规范体现了社会对婚姻的期待，塑造了社会对礼仪的价值共识。在婚嫁礼仪的影响下，社会成员自觉遵守礼仪规范，从而在更广泛的社会交往中形成行为准则，促进社会秩序的稳定与协调。这种礼仪文化的规范性功能为社会成员提供了互动的行为标准，进而在礼仪执行中巩固了社会的和谐关系。

（五）伦理道德教育

作为一种高度仪式化的社会活动，婚嫁礼仪通过象征性行为与礼仪规范，将传统伦理、道德观念和社会责任灌输给参与者，从而在个人层面和社会层面实现了文化价值的教育性传承。

婚嫁礼仪通过礼仪规范传达对道德观念和伦理规范的教育。新人在仪式中对天地、祖先的敬拜，不仅是对传统的承认，也是在宣誓对婚姻的忠诚与对家庭的责任。这种文化教育使新人明白婚姻生活中应当遵循的道德规范，如忠诚、尊重与担当，成为其未来生活的重要准则。这些礼仪程序通过可视化、可操作的形式，使新人及其亲属深刻体会传统道德观念，进而培养社会成员的道德素养和责任意识。

婚嫁礼仪通过代际传承和家庭观念的引导来实现教育功能。在传统文化中，婚姻不仅是个体之间的结合，更是家族间的纽带。通过礼仪中的仪式性互动，新人领悟到家族间的责任与义务，并接受家庭的价值观和家族角色的社会定位。这一过程不仅是个人价值观的构建，更是对家族成员和社会成员的教育，促使其在未来家庭生活中传递并践行家庭观念和承担社会责任。

婚嫁礼仪的教育功能还体现在仪式性集体参与对社会成员行为规范的塑造。作为一种公众性仪式，婚嫁礼仪吸引了广泛的亲友参与，其礼仪规范通过集体行为为个体提供了文化价值观的"情境教育"。在集体见证下，婚嫁礼仪的教育性得到放大，使新人及其亲友不仅在参与过程中感受到文化的力量，更在礼仪氛围中潜移默化地接受了传统价值观的教育。

第三章　中华优秀婚嫁礼仪文化传承
发展的挑战与驱动力

在全球化与现代化的背景下，传统婚嫁礼仪文化面临着外来文化冲击和社会变迁的双重影响，这一过程使其表现出一定的脆弱性。这种脆弱性体现为传统礼仪的逐渐淡化、形式的简化以及对外来婚俗的逐步认同。然而，尽管面临诸多挑战，中华优秀婚嫁礼仪文化的传承与发展仍蕴含着强大的内驱力。这种内驱力来源于深厚的历史积淀和文化认同感，体现在家庭、社区和社会对传统礼仪的重视与坚持。在文化复兴和民族认同的背景下，基于人们对传统价值观的向往，传统婚嫁礼仪被重新审视和重视，在现代社会中仍具备重要的生存和发展空间，展现出独特的生命力和适应性。

第一节　中华优秀婚嫁礼仪文化传承发展面临的挑战

一、全球化背景下的西方婚俗影响

在全球化背景下，文化的跨国传播与交融日益频繁，中华优秀传统婚嫁礼仪文化的传承与发展面临着严峻的挑战。其中，西方婚俗的广泛传播与流行，成为影响传统婚嫁礼仪文化的重要因素之一。全球化的进程不仅带来了经济与技术的发展，更推动了文化形态的交互与重组。西方婚俗作为一种具有强烈现代化与个性化特征的文化形式，通过多种媒介与渠道进入中国，在年青一代中获得青睐，对中华优秀传统婚嫁礼仪文化的传承与创新产生了深远影响。

（一）西方婚俗影响婚礼形式的选择与仪式设计

随着社交媒体、影视作品及网络文化的传播，西方婚礼的象征元素，如白色婚纱、教堂誓言、交换戒指等，逐渐成为年轻人婚礼中的重要组成部分。这些象征性仪式不仅代表着现代化和时尚，更被视为对个体浪漫主义和自由婚恋观念的认同。相比之下，中华传统婚嫁礼仪中复杂的仪式规制和浓厚的家庭伦理色彩，在青年人的眼中，则显得古板和不合时宜。这种对西方婚俗的选择和模仿在一定程度上影响了传统婚嫁礼仪的社会基础，使中华传统婚俗在现代社会中呈现出多样化的表现形式和发展趋势，但其核心价值和地位依然在不同程度上得到保留和传承。

（二）西方婚俗重新定义婚姻观念和家庭关系

在传统的中华文化中，婚姻不仅是两个人的结合，更是两个家庭之间的联结，具有强烈的家族与社会功能。因此，传统婚嫁礼仪更强调敬茶、拜堂等象征家庭认同和社会关系的仪式。然而，西方婚俗中的婚姻更多地被视为个人生活的重要里程碑，是基于平等与自由基础上的私人契约。这种个人主义导向的婚姻观念正逐渐被中国的城市中产阶层和年轻人接受，从而削弱了传统婚嫁礼仪中强调的家庭责任与集体价值。这一观念的变迁不但影响了婚礼仪式的实际操作方式，而且动摇了中华传统婚嫁礼仪的文化基础和社会功能。

（三）商业化的西方婚俗使传统婚嫁礼仪被边缘化

许多婚庆公司在策划婚礼时，倾向于采用西式元素，以迎合年轻人的需求和市场趋势。例如，教堂式婚礼、海滩婚礼等被广泛推介，而传统的迎亲、中式嫁衣等则被简化甚至剔除。这种商业化趋势使婚礼成为一种消费文化的象征，传统婚嫁礼仪中蕴含的伦理价值与文化内涵在市场化的操作中逐渐被弱化。西方婚俗在商业化婚礼服务中的渗透，改变了婚礼的仪式流程，影响了传统婚嫁礼仪的传承环境，使其面临边缘化的风险。

（四）信息传播的不对称导致中华传统婚嫁礼仪对年青一代缺乏吸引力

由于全球化的信息传播机制，西方婚俗通过影视、时尚杂志和社交平台等媒介，广泛传播并深刻影响中国的婚礼文化认知。西方婚礼文化中注重个性表达和私人情感的叙事方式，与中华传统婚嫁礼仪中注重礼仪秩序和集体参与的特质形成鲜明对比。年轻人在策划婚礼时，更倾向于选择能够展示个性与浪漫的西式婚礼形式，而对中华传统婚嫁礼仪的重视程度则逐渐下降。这种信息流通的不对称性，使中华传统婚嫁礼仪文化在年青一代中逐渐失去吸引力。

二、城市化进程对传统婚俗空间的挤压

随着城市化进程的加快，农村人口大规模向城市迁移，传统的居住形态和生活方式逐渐被现代城市替代。城市生活的高密度和快节奏使传统婚嫁礼仪在空间上面临重重限制，从而对其文化传承产生了不利影响。传统婚嫁礼仪作为中华文化的重要组成部分，依托特定的空间环境和社群关系，而城市化则逐步削弱了这些传统仪式赖以生存的土壤，在空间结构和社会生态方面对传统婚俗形成了显著挤压。

（一）传统婚礼仪式空间的缺失影响了婚嫁礼仪的完整呈现

中华传统婚嫁礼仪在农村环境中通常伴随着一系列户外或社区参与的仪式，如迎亲队伍、喜宴等。这些仪式在广阔的乡村场地中得以完整保留，并且能够通过集体性的参与来强化家族和社区的凝聚力。然而，在城市环境中，住宅和公共空间的局限性导致这些户外婚俗活动难以再现。同时，城市的现代化生活模式注重隐私与高效，使传统婚礼仪式中注重仪式过程和社群互动的特质难以适应。因此，传统婚嫁礼仪中强调的社区互动和家庭认同在城市环境中逐渐消失，婚嫁礼仪的社会文化功能被逐渐削弱。

（二）多层次的传统婚嫁礼仪程序被缩减或简化

由于城市生活注重效率和时间管理，婚礼往往被简化为单一的庆典活动，传统婚嫁礼仪中的多层次仪式程序就被缩减或简化了。例如，传统婚礼中的敬茶、改口等代表家族尊重与仪式感的环节，在现代城市婚礼中往往被替换为宴会和休闲活动，削弱了婚礼的文化厚重感和象征意义。同时，由于城市居民的社交关系相对疏离，传统婚礼依赖的集体参与和相互支持不再具有深厚的社交基础。这种社会结构的变化，使婚嫁礼仪在城市中的仪式感和意义性难以实现。

（三）空间高成本和商业化趋势挤压传统婚礼形式

由于城市中的婚礼场地租赁成本较高，婚礼逐渐成为一种商业化的消费活动。许多新人选择在婚庆酒店、婚庆公司等商业化场所举办婚礼，而传统婚礼仪式往往在这些商业化环境中被简化甚至被替代。这种商业化倾向使婚礼仪式在城市化的进程中逐渐失去了原有的文化内涵和象征价值，转而成为一种消费行为。这一趋势不仅使婚礼的传统仪式逐渐被标准化，

还进一步弱化了婚嫁礼仪中蕴含的家庭伦理和社会价值，使中华婚嫁礼仪文化在现代城市生活中更加难以传承。

（四）城市化进程导致代际婚嫁礼仪文化传承断层

在传统农村环境中，长辈对婚礼仪式的安排与指导是婚礼文化得以延续的重要方式。城市化过程中，年青一代离开农村家庭进入城市生活，传统的婚嫁礼仪文化传承途径逐渐被割裂，年轻人对婚嫁礼仪的认知只局限于表面，缺乏对其深层次文化意涵的理解。这种代际断层不仅造成了文化传承的缺失，还导致了婚嫁礼仪的浅表化与符号化，使中华优秀婚嫁礼仪文化在城市化背景下的延续面临巨大阻力。

三、价值观变迁对婚嫁礼仪文化的冲击

传统婚嫁礼仪不仅承载着丰富的文化内涵和伦理规范，更体现了特定的家庭观念和社会责任。然而，随着社会发展和价值观多元化的趋势，传统婚嫁礼仪倡导的家庭责任、伦理观念和礼制结构正逐渐被新兴的个人主义、自由选择观念和简约婚礼模式取代，导致中华婚嫁礼仪文化在价值观层面面临着前所未有的挑战。

（一）个人主义价值观冲击了婚嫁礼仪文化的伦理基础

现代社会中的个人主义价值观逐渐替代了传统的家庭本位观念，冲击了婚嫁礼仪文化的伦理基础。在传统的婚嫁礼仪中，婚姻被视为家庭与家族的重要联结与纽带，注重家庭成员的集体参与和家族利益的延续。礼仪中的敬茶、拜堂等环节不仅是对婚姻关系的见证，更是一种家族认同与尊重的象征。然而，如今年青一代倾向于将婚姻视为个人生活的选择和表达，婚礼形式也更多地关注个体的需求与偏好。这一变化直接削弱了传统婚嫁礼仪中家族伦理的核心地位，使礼仪中的家庭责任感和代际联系逐渐被忽视。

（二）婚恋自由观念对传统婚嫁礼仪的等级结构与性别角色形成冲击

在中华传统婚嫁文化中，婚嫁礼仪往往具有仪式等级和性别角色分工的象征意义，体现出一种社会等级的序列感。例如，迎亲、拜堂等仪式强调长幼尊卑，婚礼中性别分工的安排则强调男性的主导地位。然而，在现代社会中，婚姻关系的平等观念与性别角色的开放性观念逐渐成为主流，传统礼仪中的等级意识被视为不合时宜甚至保守的象征。许多新人选择取

消传统礼仪中的性别分工和阶层象征，取而代之的是简化仪式、提倡平等的婚姻观念。这种观念上的变化使传统婚嫁礼仪的规范性和象征性逐渐失去吸引力，进而对礼仪的文化传承造成了阻碍。

（三）消费主义价值观影响了婚嫁礼仪的仪式形式和文化内涵

现代社会中，婚礼逐渐被商业化，成为一种消费行为，许多新人在婚礼中更关注场地、装饰和氛围，视婚礼为一种自我展示的机会。传统婚嫁礼仪中的核心精神，如忠诚、互敬等，在消费主义的背景下被符号化和表面化。例如，许多人倾向于选择豪华酒店、昂贵婚纱等象征性消费品，传统礼仪中的精神性内涵在这种消费浪潮中被边缘化，婚礼逐渐演变为一种自我表达的展示平台。这种消费主义观念的普及，不仅对传统婚嫁礼仪的仪式内容造成了简化与异化，还使婚嫁礼仪的文化传承变得浅薄和表象化。

（四）多元文化价值观削弱了年轻人传承传统婚嫁礼仪的意愿

多元文化价值观影响了年轻人对传统婚嫁礼仪文化产生疏离感，导致其传承空间的萎缩。现代社会的信息传播和文化流动使不同婚俗文化在全球范围内迅速交融，许多年轻人更倾向于选择西式婚礼、旅行婚礼等新兴婚俗形式，以满足个性化和简约化的需求。这种文化上的认同感缺失，使中华传统婚嫁礼仪难以在现代社会中找到其存在的价值和认同空间，进一步削弱了其在年轻人中的传承意愿。这一价值观变迁不仅造成了礼仪文化的断层，也导致了传统婚嫁礼仪的边缘化，使其在多元化价值体系中逐渐被弱化。

四、社会变迁对婚嫁礼仪传承的影响

婚嫁礼仪作为中华文化的重要组成部分，承载着传统社会中的伦理规范、宗法观念和家族纽带等作用。然而，随着社会结构、人口流动和生活方式的不断变迁，传统婚嫁礼仪正面临复杂而多层次的冲击。这些社会变迁不仅改变了婚礼的形式和内容，还深刻影响了婚礼的社会功能与文化认同，使中华婚嫁礼仪文化的传承与创新成为亟须应对的挑战。

（一）社会结构的变迁与家族观念的弱化

在传统社会中，婚嫁礼仪不仅是个体婚姻的开始，更是家族之间联结与合作的重要纽带。婚礼仪式中的纳采、迎亲和拜堂环节，不仅代表婚姻

双方的结合，更象征着两个家族的联结与共生。然而，随着现代社会的转型与城市化进程的加快，家族结构由大家庭模式转向核心家庭乃至单人家庭模式，家族观念的弱化使婚礼仪式中强调的家庭责任与代际联系逐渐失去了实践基础。在核心家庭模式下，婚姻更多地被视为个体的选择而非家族的事务，新一代年轻人对传统婚嫁礼仪的仪式价值缺乏深刻认同，导致礼仪传承在社会层面面临断裂的风险。

（二）人口流动和城乡分化加剧了传承的困难

在传统社会，婚礼多由居住社区和家族集体参与，婚嫁礼仪的传承依赖于村落和宗族组织的共同维系。然而，随着大量人口向城市迁移，农村地区的传统婚嫁礼仪逐渐失去了承载的空间。移居城市的年轻人由于受到工作压力和生活方式的限制，更倾向于选择简单化、现代化的婚礼形式，如只进行民政局登记或选择旅行婚礼，传统礼仪中强调的仪式感和社群参与因此被弱化。同时，由于城乡之间在生活方式、经济水平和婚姻观念上的差异，部分农村地区的婚嫁礼仪出现了异化现象，如礼金攀比和奢侈化倾向，进一步削弱了婚嫁礼仪的文化认同感与社会接受度。

（三）生活方式的现代化与婚礼形式的多元化

现代社会的生活方式日益多元化，对传统婚嫁礼仪的传承提出了严峻挑战。传统婚礼以庄重、严谨的仪式为特点，蕴含着对家庭责任和社会规范的敬畏。然而，随着生活节奏的加快和个性化需求的提升，年青一代更倾向于追求简便、高效的婚礼形式，传统的繁复礼仪逐渐被精简。旅行婚礼、主题婚礼和西式婚礼等新兴婚礼形式迅速崛起，取代了部分传统婚礼的核心仪式。此外，现代化生活方式中对婚姻自主和性别平等的重视，也使传统婚嫁礼仪中的某些规范，如性别角色的固定分工与父母包办婚姻的观念，不再被广泛接受。这一变革虽然丰富了婚礼的表现形式，但也在一定程度上削弱了传统婚礼文化的凝聚力和认同感。

（四）信息传播与全球化的影响

全球化进程带来的文化交融和信息传播，进一步加剧了传统婚嫁礼仪的变革与流失。在信息化时代，婚礼不再局限于本土传统，全球范围内的西式婚礼和混合式婚礼通过社交媒体和婚庆产业的推广，迅速进入中国市场。年青一代通过网络平台接触到多种婚礼形式，更倾向于采用新颖且个性化的仪式，而传统婚嫁礼仪则因其复杂的程序和象征性内涵而被逐渐忽视。同时，信息传播的全球化导致了文化认同的多样化与分散化，年轻人对传统文化的归属感和自豪感减弱，使婚嫁礼仪文化的传承在实践层面面临困难。

（五）婚姻观念的转变与婚嫁礼仪的重塑需求

社会变迁不仅改变了婚礼的形式，还深刻影响了年轻人的婚姻观念。传统婚嫁礼仪强调门当户对、多子多福和家庭和睦；而现代社会中，婚姻更多地被视为个人幸福的追求和个体成长的途径。这种观念的转变导致婚礼从一种社会性和家庭性的仪式转变为一种个人表达的形式，使传统婚嫁礼仪中承载的伦理规范逐渐失去吸引力。同时，随着离婚率上升和晚婚晚育现象的普遍化，婚姻不再被视为人生的必然选择。这使婚礼的社会功能逐渐弱化，对婚嫁礼仪传承提出了新的挑战。在这一背景下，传统婚嫁礼仪亟须通过文化创新与社会适应进行重塑，以更好地契合现代人的婚姻观念。

五、商业化对婚嫁礼仪的仪式变革

传统婚嫁礼仪作为中华文化的重要组成部分，体现了丰富的文化内涵、家庭伦理。然而，随着婚礼逐渐被商品化、消费化，传统婚嫁礼仪中的仪式功能、文化象征和社会意义正受到商业化潮流的冲击和变革。商业化带来了婚礼形式的简化和符号化，导致了礼仪文化核心价值的弱化和传承空间的缩小，成为中华婚嫁礼仪文化面临的关键挑战之一。

（一）商业化引发婚嫁礼仪程序简化和形式标准化

传统的婚嫁礼仪具有复杂的程序设置，涵盖了纳采、问名、迎亲、拜堂、敬茶等多个环节，每个环节都蕴含着深厚的文化意义，强调家族之间的交流与尊重。然而，商业化的婚礼服务行业逐渐将这一多层次的婚礼仪式压缩为一种标准化的"婚礼套餐"，仪式过程趋于简化。以婚庆公司为代表的婚礼服务商根据市场需求，提供了快速、统一的婚礼流程，这一模式不仅忽视了地区性、家族性的文化差异，还进一步弱化了婚嫁礼仪的个性化和传统性。简化的仪式程序在强调效率与经济效益的同时，剥离了传统礼仪中的文化精髓，使婚礼仪式更多地成为一种商业化的消费行为，削弱了其文化传承的价值。

（二）商业化导致传统婚嫁礼仪文化内涵的丧失

在传统的中华婚嫁礼仪中，婚礼不仅是个人的庆典，更是家族和社会的重要礼仪，承载了伦理道德和社会规范的深层次含义。然而，商业化进程将婚礼逐步转化为一种市场消费活动，婚礼中的传统文化符号逐渐被现代消费符号取代。例如，豪华婚车、婚宴奢华装饰和名牌婚纱等外在符号逐渐成为衡量婚礼价值的重要标准，传统婚礼中的礼节、仪式和亲情纽带被边缘化。这种符号化倾向不仅改变了婚礼的形式，更导致了婚礼文化内涵的浅表化，使婚礼的核心价值从家庭伦理、社会责任转向个人享乐和消费主义。这种价值取向的变化使传统婚嫁礼仪文化在传承过程中逐渐丧失了其应有的深度和意义。

（三）商业化削弱了传统婚嫁文化传承的广泛性

随着婚礼行业的高度商业化，婚礼的经济成本大幅上升，尤其是在城市地区，婚礼往往成为一项高消费的社会活动。豪华的婚宴、精致的婚礼策划、昂贵的婚纱摄影等商业元素的引入，使婚礼从一种文化仪式变为一种奢侈的消费行为。这一变化使婚嫁礼仪的传承在经济上变得不平等，部分家庭因经济负担重而被迫简化或放弃传统婚礼仪式，转而选择更加简化和现代化的婚礼形式。其结果是，婚嫁礼仪文化的传承逐渐局限于经济条件优越的群体，传统婚嫁礼仪的社会包容性和文化多样性受到严重削弱。这种经济负担的不平等不仅对文化传承形成障碍，还导致婚嫁礼仪的社会功能和文化认同逐步消解。

（四）商业化弱化了传统婚礼仪式中的神圣性和仪式感

中华传统婚礼中许多仪式具有神圣的文化和宗教象征，如拜天地、祭祖等，体现了人们对婚姻关系的尊重与敬畏。然而，商业化婚礼在追求娱乐性和市场吸引力的同时，逐渐将婚礼仪式转化为一种娱乐性和表演性活动，传统婚礼中的庄重感和神圣性被娱乐化因素替代。例如，婚礼中的现场表演、歌舞助兴等逐渐成为现代婚礼的主流元素，削弱了婚礼仪式中的文化和伦理价值。这种娱乐化的趋势使婚嫁礼仪的核心精神逐渐被稀释，传统婚嫁礼仪文化的传承因此遭受严重冲击。

六、现代教育对婚嫁礼仪传承的局限

虽然现代教育在知识传播、思维创新和社会发展方面发挥了积极作用，但其在价值观念与课程内容的导向上对传统文化的重视不足，导致婚嫁礼仪文化在当代教育体系中的边缘化。现代教育侧重于科学、技术和实用性知识的传播，而对中华传统婚嫁礼仪这一文化载体的忽视，使得年青一代对婚礼仪式的认同感和继承意愿逐渐减弱，形成了对婚嫁礼仪传承的诸多局限。

（一）课程体系中传统文化教育的不足

现代教育的课程体系多以实用学科为主导，重视科学、技术、工程、数学等领域，而传统文化教育则多被置于副科或选修科目，甚至在某些学校中被忽视。婚嫁礼仪作为中华传统文化的重要组成部分，未能在学校教育的主流课程中占据一席之地。在这种教育结构下，学生缺乏对婚嫁礼仪的系统性学习和理解，导致年青一代对其内涵和价值的认知模糊，对传承该文化的必要性也缺乏足够认识。这种课程安排的缺失，使婚嫁礼仪文化的传承依赖家庭教育和社会文化影响，进而加剧了文化传承的断裂。

（二）重视个人独立与自主，忽视传统礼仪的集体价值

现代教育倡导个人独立与自由思考，注重培养学生的批判性和创造性思维，使学生更多地关注自我实现与个性表达，弱化了传统婚嫁礼仪重视的集体价值观念。传统婚嫁礼仪承载了中国社会中"家族纽带""集体关系"等伦理观念，这些观念在现代教育中并未得到充分的传递和强调。教育的个体化倾向使年青一代更倾向于将婚礼视为个人事件，而非家庭或家族的仪式，淡化了婚礼中家庭关系和社会认同的功能。随着婚礼文化逐渐朝着个性化方向发展，传统婚嫁礼仪的集体价值难以延续，导致其传承面临新的挑战。

（三）婚嫁礼仪文化内涵与现代教育价值观的冲突

传统婚嫁礼仪的文化内涵强调家庭和睦、世代相传和社会责任，而现代教育则更多关注个人成功、平等和多元文化。这一价值观的冲突使传统婚嫁礼仪中的某些核心理念难以在现代教育中得到重视。例如，传统婚礼仪式中的父母之命、媒妁之言，在现代社会中被视为与个体婚姻自主权不符的观念，婚礼中的性别角色定位和阶层观念也被认为是与现代平等理念相悖的元素。这种价值冲突导致年轻人对传统婚嫁礼仪的认同感下降，使其传承难以在现代教育中获得支持。

（四）婚嫁礼仪文化在德育课程中的边缘化

现代教育体系中，德育课程多以国家认同、道德修养和公民意识为主题，虽然涉及部分中华传统文化内容，但对婚嫁礼仪的专门教育极为稀少。德育课程的设计通常更重视集体主义、爱国主义和社会责任等宏观主题，对婚嫁礼仪这一传统文化中的具体礼仪规范、伦理价值和文化意义缺乏系统介绍。在这种教学模式中，婚嫁礼仪被视为私人生活领域的内容，而非社会教育的关键部分，导致学生无法在学校教育中接受婚嫁礼仪的深入启发。这种教育内容的局限使婚嫁礼仪的传承依赖私人层面的文化认同，而难以在更广泛的社会教育中得到巩固。

（五）教育资源和社会环境对婚嫁礼仪传承的支持不足

现代教育在资源配置和社会支持方面多集中于科学素养和技能教育，对文化教育的资源投入相对有限，特别是在现代城市化进程加快的背景下，传统礼仪文化逐渐被视为社会生活的"边缘"内容。由于缺乏政策层面的支持，婚嫁礼仪文化并未被纳入核心教育资源中，传统文化的继承与创新往往难以获得资金支持和教师资源，学校也难以系统化地开设相关课程。即便在部分农村地区，虽然婚嫁礼仪的传统影响较为深厚，但随着年青一代迁移到城市，传统礼仪的传承环境日益受到冲击。这种教育资源和社会环境的支持不足，限制了婚嫁礼仪文化的普及和发展。

（六）全球化带来的文化冲击与教育中的多元文化导向

全球化进程使西方文化通过教育和媒体广泛传播，对中华传统婚嫁礼仪的认同产生了一定影响。现代教育体系逐步引入多元文化导向，注重开放性、包容性和多样化，弱化了对中华婚嫁礼仪的重视，使年轻人对婚礼的形式和仪式产生了新的认识和偏好。许多教育机构在多元文化教育中普及西式婚礼文化，导致学生对本土婚嫁礼仪的认知和兴趣进一步下降。全球化背景下的多元文化导向虽然拓宽了学生的视野，但也在一定程度上分散了他们对中华传统婚嫁礼仪的关注，使婚嫁礼仪的传承面临新的文化同化风险。

第二节　中华优秀婚嫁礼仪文化传承发展的驱动力

中华优秀婚嫁礼仪文化的传承与发展受到多重驱动力的影响，这些驱动力在推动文化延续、创新和社会认同方面发挥着重要作用。国家政策的支持、社会认同的增强以及科技的应用，共同构成了中华优秀婚嫁礼仪文化传承与发展的重要驱动力。这些因素不仅保障了传统文化的延续性，也为其在现代社会中的适应与创新创造了有利条件。

一、国家政策支持

国家政策支持是指政府通过制定和实施各种政策、法规、措施及资源分配，来促进特定领域或行业的发展。对中华优秀婚嫁礼仪文化的传承与发展的国家政策支持，体现在法律保障、资源支持以及活动推广等方面。

第一，非物质文化遗产保护法律法规的出台和实施，为婚嫁礼仪文化的保护提供了法律框架。国家通过将婚嫁礼仪文化纳入非物质文化遗产保护名录，并为其建立制度性保障，赋予婚嫁礼仪文化合法性与持续性，为其传承提供了强有力的法律支持。

第二，政府通过专项资金的投入和资源配置，积极支持婚嫁礼仪相关的研究、教育与实践活动。专项资金不仅用于保护和复兴传统婚礼习俗，还支持学术研究、人才培养以及文化遗产的宣传与教育。这种资金与资源的支持确保了婚嫁礼仪文化的多方位推广与普及，进而提升了其在现代社会中的认同感和影响力。

第三，政府大力组织与推广传统文化活动，通过开展婚礼文化节、展览、讲座等多种形式，向社会大众推广婚嫁礼仪文化，增进公众对其的了解和认同。

政府在政策、资源和推广方面的多重支持，有效推动了婚嫁礼仪文化在现代社会中的复兴，使其能够在全球化背景下延续发展。

二、社会认同感

社会认同感在中华优秀婚嫁礼仪文化的传承与发展中扮演了重要角色，主要体现在社会对传统婚嫁文化的重视与价值认同、年青一代对传统礼仪的积极参与和应用，以及家庭与社区对婚嫁礼仪文化的支持与传承。

第一，社会对传统婚嫁礼仪的重视与价值认同显著推动了该文化在现代生活中的再现与流行。在多元文化共存的背景下，婚嫁礼仪的伦理内涵与美学价值获得了广泛的认可，不仅在大众媒体中得到重视，还成为提升文化自豪感的符号，促使社会各界对其进行再发现与传承。

第二，年青一代对传统礼仪的积极参与和应用为婚嫁礼仪文化注入了活力。通过结合现代审美与文化创新，年青一代赋予婚嫁礼仪新的表达方式，如在婚礼设计中融入传统元素，推动了文化的代际传承。

第三，家庭与社区对婚嫁礼仪文化的支持与传承发挥了纽带作用。家庭的传承意识和社区的文化支持为婚嫁礼仪提供了代代相传的社会基础，通过仪式性活动和家庭教育，使婚嫁礼仪的伦理价值与文化符号得以延续。社会认同感的增强，不仅推动了婚嫁礼仪在现代社会的复兴，也促使其在传承中不断创新和发展。

三、教育与传播

中华优秀婚嫁礼仪文化的传承与发展离不开教育与传播的双重驱动，这二者在文化传递过程中发挥着关键作用。其具体体现在学校与社会教育机构的普及教育、文化活动的组织与推广以及公众认知的提升。教育与传播的双重驱动不仅保障了婚嫁礼仪文化的代际传承，也有效提升了其在现代社会中的可见度与影响力。

第一，教育作为文化传承的重要载体，通过多层次、多形式的途径，有效推动了婚嫁礼仪文化的传承。在学校教育层面，传统文化课程的设置，不仅让学生了解婚嫁礼仪的历史渊源和文化内涵，还通过实践活动，如模拟婚礼、传统节日体验等，来增强学生对婚嫁礼仪文化的认同感和参与感。同时，家庭教育在这一过程中扮演了重要角色，长辈通过言传身教，将婚嫁礼仪中的道德规范、家族责任等文化价值观传递给年青一代，强化了婚俗文化的代际传承。另外，社会教育通过开展社区活动、婚俗展览等形式，增进了公众对传统婚嫁礼仪的认知和认同。

第二，传播作为文化扩散的有效手段，为婚嫁礼仪文化的传承与发展提供了支持。在数字化时代，中华婚嫁礼仪文化借助新媒体平台，如社交媒体、短视频、网络直播等，得到更加便捷、广泛的传播。这些平台不仅提高了文化的可见性，还通过多样化的表现形式，如婚礼短片、仪式解说、文化知识讲座等，丰富了受众的文化体验。此外，影视剧、综艺节目等大众文化产品，通过对传统婚俗的呈现，也起到了积极的文化传播作用，使中华婚嫁礼仪文化得以进入更广泛的公众视野，并引发社会讨论。

四、经济因素

经济因素在中华优秀婚嫁礼仪文化的传承与发展中起到了不可忽视的推动作用，主要体现在文化产业的经济效应、相关行业的市场需求以及经济发展对文化消费能力的提升。经济因素不仅推动了婚嫁礼仪文化的商业化传播，还为其在全球化背景下的持续创新与发展提供了有力保障。

第一，婚嫁礼仪文化与现代婚庆产业的结合，创造了显著的经济效益。随着婚礼策划、传统服饰、仪式场景设计等文化元素被广泛应用于婚庆市场，婚嫁礼仪文化不仅得到了有效的传承，也成为推动文化产业发展的重要动力。

第二，市场对传统婚嫁礼仪的需求不断增长，不但促进与之相关的行业创新，而且扩展其商业价值。从婚礼策划公司到手工艺品制作等相关产业链的延伸，不仅促进了文化的商业化推广，更使婚嫁礼仪文化在现代社会中获得了广泛传播与应用，并推动其传承与发展。

第三，随着整体经济水平的提高，公众的文化消费能力显著增强，传统婚嫁礼仪作为文化消费的重要组成部分，得到了更多社会群体的认同与实践。这种经济实力的提升为婚嫁礼仪文化提供了更多物质支持，也为其多样化表达与创新发展创造了更为广阔的空间。

五、科技发展

科技发展，尤其是数字化、传播技术及虚拟现实等科技的应用在中华优秀婚嫁礼仪文化的传承与创新中扮演了重要推动角色。科技发展为中华优秀婚嫁礼仪文化的传承注入了新动力，为其在现代社会的广泛传播和多样化应用提供了重要支持。

第一，数字化技术赋予婚嫁礼仪文化新的呈现形式，通过影像记录、数字档案和虚拟展览，婚嫁礼仪得以被永久保存和广泛传播。这种数字化的记录方式延续了婚嫁礼仪的历史与传统，扩大了文化传播的范围，使更多人得以接触并了解这一独特的文化。

第二，社交媒体和传播平台的迅猛发展为婚嫁礼仪文化的推广提供了高效路径。通过短视频、直播等技术，传统婚嫁礼仪得以在全球范围内即时传播，吸引年轻人对文化的关注和参与，从而提升了社会对婚嫁礼仪的认知度与认同感。

第三，虚拟现实（VR）与增强现实（AR）等技术的应用进一步拓展了婚嫁礼仪文化的体验方式，使人们可以身临其境地感受传统婚礼场景和仪式的氛围。这些沉浸式体验不仅激发了人们对传统文化的兴趣，还增强了婚嫁礼仪文化的现代适应性。

六、个体与家庭的情感需求

个体与家庭的情感需求在中华优秀婚嫁礼仪文化的传承与发展中的驱动作用，主要体现在婚嫁礼仪对家庭纽带的强化作用、情感寄托的提供，以及个体身份认同的建立方面。个体与家庭的情感需求赋予婚嫁礼仪文化深层的情感支持，使其在两代人之间得以自然传承并被赋予新的时代意义。

第一，婚嫁礼仪通过其代代相传的仪式性传统，承载了家庭与家族的情感记忆，强化了家庭成员之间的情感联结与认同。这种情感共鸣使婚嫁礼仪不仅是一种文化传承形式，更成为家庭凝聚力的重要载体，激发了家庭成员对这一文化的认同和延续意愿。

第二，婚嫁礼仪作为人生重要的情感表达方式，为个体和家庭提供了情感寄托的空间。通过传统礼仪中的祝福与仪式，婚嫁礼仪成为亲人间情感互动和相互支持的体现，使个体在这一过程中得到情感上的满足和慰藉。

第三，婚嫁礼仪在文化与情感层面塑造了个体的身份认同。在礼仪实践中，个体通过对传统文化的参与，增强了对家庭和民族身份的归属感与自豪感。这种情感需求既是个体心理的内在驱动力，也是婚嫁礼仪文化在当代社会得以延续和发展的基础。

七、文化交流与融合

中华优秀婚嫁礼仪文化的传承与发展在全球化背景下受到文化交流与融合的强力驱动，这种双向互动不仅丰富了婚嫁礼仪的内涵，也推动了文化的创新性转化。

第一，文化交流作为全球化进程中增进文化理解的桥梁，为中华婚嫁礼仪文化的展示与传播提供了新的平台。国际文化节、跨国婚礼展览以及多边文化研讨会等活动，不仅促进了中华婚俗文化在全球范围内的广泛传播，也增进了海外民众对其独特性和文化价值的认知。通过这些多层次的交流，中华婚嫁礼仪中的传统仪式、伦理价值等元素得以在异文化背景下被理解与认可，从而扩大了其影响力和提高了其接受度。

第二，文化融合作为适应全球化的创新路径，使中华婚嫁礼仪文化在保持核心价值的同时获得了形式与内容上的更新。中华婚俗文化通过吸收他国婚礼习俗中的现代元素，如简约化的仪式流程、个性化的婚礼主题设计等，适应当代年轻人对婚礼文化的多样化需求，体现了传统文化在开放情境下的自我调适能力。与此同时，跨文化婚礼的逐渐增多，也为中华婚俗文化提供了与他国文化互动与融合的机会。例如，中西式婚礼的融合通过对传统与现代仪式的合理整合，使婚礼仪式既保留了中华文化的伦理道德观念，又呈现出符合现代审美和文化潮流的多样性特征，从而实现了文化的多元化与包容性发展。

第四章　中华优秀婚嫁礼仪文化传承发展的体系与路径

婚嫁礼仪作为中华文化的重要组成部分，不仅承载了深厚的历史和文化价值，还体现了社会伦理、家庭观念及人际关系等多重维度。因此，建立系统化的传承机制，对于维护文化认同、增强民族凝聚力具有不可或缺的作用。构建中华优秀婚嫁礼仪文化传承发展的体系与路径，不仅是文化延续的必要手段，更是实现社会和谐与民族复兴的重要基础，必将为新时代的文化自信注入强大动力。

第一节　中华优秀婚嫁礼仪文化传承与发展体系

中华优秀婚嫁礼仪文化传承发展体系是指在历史传承和现代创新的基础上，通过多种手段和途径保护、传承和弘扬中华民族特有的婚嫁礼仪文化的整体框架，是对中华优秀婚嫁礼仪文化如何传承与发展的一系列具体问题的思考和总体把握。

中华优秀婚嫁礼仪文化传承发展的体系由核心价值观、目标、原则和要素组成，这四者之间相互联系、互为支撑，共同构建了一个完整、可持续发展的文化传承框架。核心价值观是整个体系的指导思想，决定了体系的方向和根本。目标是核心价值观的具体体现，是体系的发展方向和预期成果。原则是在实现目标过程中必须遵循的基本准则，是行动的规范和标准。主体、客体、载体、环境和机制，这五个要素是实现目标的具体路径和手段，是原则的具体实践形式，是系统的基本组成部分，是传承发展中华优秀婚嫁礼仪文化不可缺少的部分。四者相互作用，共同促进中华优秀婚嫁礼仪文化的传承与发展。在实际操作中，需要综合考虑这四者的关系，以实现中华婚嫁礼仪文化的持续传承与创新发展。

一、中华优秀婚嫁礼仪文化传承发展的核心价值观

中华优秀婚嫁礼仪文化传承发展的核心价值观是整个体系的灵魂和基础，引导着婚嫁礼仪文化的延续和演变。这些核心价值观不仅反映了中华民族的传统美德和伦理观念，也在现代社会中具有重要的现实意义。笔者认为中华优秀婚嫁礼仪文化传承发展的核心价值观包括四个方面。

（一）家庭和谐

家庭和谐作为中华优秀婚嫁礼仪文化传承发展的核心价值观，深刻体现了中华传统文化对家庭关系的高度重视和美好追求。婚嫁礼仪不仅是新人结合的象征，更是家庭和谐的纽带和保证。婚嫁礼仪通过一系列的仪式，强调和促进家庭内部的和谐关系，宣扬夫妻和睦、家庭幸福的重要性，强调婚姻中的责任和义务，加强新婚夫妇与双方家庭的联系，增进家庭成员之间的亲情关系，使之和谐共处。比如，传统婚礼中的拜天地，是对夫妻和睦的象征，"执子之手，与子偕老"表达了对共同承担生活风雨的决心。这种承诺不仅是个人的责任，更是家庭和谐的保障。和谐的夫妻关系是家庭稳定的核心，而婚嫁礼仪通过庄重的仪式和公开的宣誓，强化了这种责任感和使命感。

（二）尊敬长辈

尊敬长辈作为婚嫁礼仪文化中的一个重要价值观，深刻体现了中华民族对家庭伦理和社会秩序的重视。婚嫁礼仪不仅是两个人结合的仪式，更是家庭伦理观念的传承和体现。例如，在传统婚礼中，新人向长辈敬茶，表达对长者的尊敬和感恩。这不仅是对长辈的礼仪，也是对孝道文化的传承，体现了家庭的传承和伦理的延续。新人在婚礼中向父母行礼，感谢父母的养育之恩，体现了中华文化中对亲情和孝道的重视。通过婚嫁礼仪，教育年青一代尊重长辈、孝敬父母，保持和传承孝道文化。婚嫁礼仪中对长辈的尊重，潜移默化地成为家庭教育的一部分，必然会影响下一代的成长。

（三）社会责任

婚姻不仅是个人和家庭的私事，更是社会和谐发展的基石。婚嫁礼仪通过对家庭责任的强调，促进社会的稳定和谐。比如，夫妻双方通过拜天地、拜高堂、敬茶等环节，向长辈和亲友宣誓彼此的责任和义务，让夫妻双方意

识到婚姻不仅是两个人的结合，更是两个家庭乃至整个社会的责任。在传统婚礼习俗中，长辈对新人进行祝福和教诲，期望他们能够肩负起传承家庭美德、教养子女的重任，强化了家庭内部的责任感，通过家庭这一社会基本单元，促进了社会的持续和谐发展。婚礼不仅是新人和家庭的事，整个社区的参与和支持也不可或缺。亲友、邻里、同事等社会关系网的参与，增强了社会凝聚力，体现了共同承担、互帮互助的社会责任意识。

（四）文化认同

婚嫁礼仪承载了丰富的历史和文化内涵，文化认同不单是个人对自身文化的认知和认同，更是对民族文化的尊重和传承。在婚礼仪式中，新人通过遵循传统礼仪，如"三书六礼"、拜天地、敬茶等，表达对传统文化的敬意和认同。这些仪式不仅是形式上的表现，更是文化精神的传递和延续。通过婚嫁礼仪，家庭成员和社区共同参与和见证，使个人在集体活动中感受到强烈的文化归属感和认同感。亲友的祝福、长辈的教诲、庄重的仪式等，都在潜移默化中强化了文化认同，促进了文化的代际传承。文化认同在婚嫁礼仪中的体现，不但增强了个体对中华文化的自豪感，在社会层面上凝聚了民族认同感，而且推动了传统文化的可持续发展和创新。通过传承婚嫁礼仪，中华文化得以在现代社会中焕发新的生机，继续滋养一代又一代的中华儿女。

二、中华优秀婚嫁礼仪文化传承发展的目标

中共中央办公厅、国务院办公厅印发的《关于实施中华优秀传统文化传承发展工程的意见》中对传统文化传承发展提出了总体目标，即"到2025年，中华优秀传统文化传承发展体系基本形成，研究阐发、教育普及、保护传承、创新发展、传播交流等方面协同推进并取得重要成果，具有中国特色、中国风格、中国气派的文化产品更加丰富，文化自觉和文化自信显著增强，国家文化软实力的根基更为坚实，中华文化的国际影响力明显提升"。[①] 具体到中华优秀婚嫁礼仪文化传承发展而言，其传承发展的目标是按照新时代的社会要求和客观实际提出的总设想，从个体、家庭和

---

① 中共中央办公厅 国务院办公厅印发《关于实施中华优秀传统文化传承发展工程的意见》[EB/OL].（2017-01-25）[2024-11-18].https：//www.gov.cn/zhengce/2017/01/25/content_5163472.htm.

社会三个层面进行细致规划，以实现全面、系统的文化传承与发展。

（一）个体层面

在个体层面，提升个人对婚嫁礼仪文化的认识与尊重，培养个体的文化素养和实践能力，是实现中华优秀婚嫁礼仪文化传承的重要基础。这一层面的实现不仅有助于增强个体对传统文化的认同感，还能调动其主动参与婚嫁礼仪实践的积极性。

（1）深入了解婚嫁礼仪的历史背景、文化内涵及地域特色，帮助个体全面认识传统婚俗文化。这种知识的积累不仅能够增进个人的文化自信，还能够使其在日常生活中自觉维护和传承这些礼仪。其中，在中华优秀婚嫁礼仪文化的传承过程中，教育系统扮演着关键角色，教育系统通过课程设置、专题讲座以及文化活动等方式，引导人们积极参与婚嫁礼仪的学习与实践，培养他们的文化敏感性和责任感。

（2）尊重婚嫁礼仪文化的多样性和变化性，帮助个体在实际操作中灵活运用这些礼仪。个体应在传承传统的同时，结合现代社会的发展需求，创新性地进行婚嫁礼仪的实践。例如，在婚礼筹备过程中，既可以保留传统的仪式元素，又可以融入现代的审美与时尚，形成个性化的婚礼风格。这种实践能力的培养，使个体能够在不同文化背景下自如地应对各种婚嫁场合，增强其社会交往能力。

（3）提升个体对婚嫁礼仪文化进行批判性思考与反思的文化素养。个人应该能够对婚嫁礼仪中的某些习俗进行理性分析，识别其中的积极意义与潜在问题，从而推动婚嫁文化的健康发展。通过培养这种综合性的素养，个体不仅能够更好地理解和传承婚嫁礼仪文化，还能够为其创新与发展贡献智慧与力量。

（二）家庭层面

通过家庭的传承和实践，保持婚嫁礼仪文化的活力和延续性，是实现中华优秀婚嫁礼仪文化可持续发展的重要途径，同时增强家庭成员对传统文化的认同感与自豪感，更为中华优秀婚嫁礼仪文化的可持续发展奠定坚实的基础。

（1）家庭作为文化传承的基本单位，承担着教育和引导的重任。父母和长辈应积极参与婚嫁礼仪文化的传承，将其内涵、形式和意义，通过日常生活中的言传身教，传递给下一代。例如，在传统节日或家庭聚会时，安排与婚嫁礼仪相关的传统订婚仪式、婚礼习俗回顾等，使年青一代在实践中学习并了解这些文化。

（2）家庭鼓励年轻人探索创新婚嫁礼仪。在尊重传统的基础上，家庭成员可以共同讨论并商定适合自身家庭特色的婚嫁仪式，结合现代社会的审美与价值观，形成具有时代感的婚礼形式。这种创新不仅能增强家庭成员的归属感和认同感，也能有效激发其对传统文化的持续兴趣与参与热情，从而确保婚嫁礼仪文化在家庭中代代相传。

（3）建立良好的家庭沟通机制，促进家庭成员之间的文化交流和思想碰撞。通过家庭会议、故事分享等方式，交流传承婚嫁礼仪的具体内容，使家庭成员更加深刻地理解这些礼仪背后的情感和价值观，从而增强家庭凝聚力，为婚嫁礼仪文化的延续提供了情感基础。

（4）家庭的传承与实践还应与社区、社会相结合，形成积极的互动。例如，参与社区组织的婚嫁文化活动，分享家庭的婚嫁习俗，借此机会让更多的人了解和尊重传统文化。这种开放的态度和实践，能够提升家庭在文化传承中的影响力，也为婚嫁礼仪文化注入新的活力。

（三）社会层面

形成对婚嫁礼仪文化的广泛认同和价值共识，推动其社会化传播与发展，这一目标不仅关乎文化的传承与创新，更是构建和谐社会的重要组成部分。

（1）通过多元化的传播渠道建立社会认同，促进婚嫁礼仪文化的广泛传播。现代社会信息传播技术的进步，为婚嫁礼仪文化的展示提供了丰富的平台，例如社交媒体、文化节庆活动及文艺作品等。这些媒介能够有效地传播婚嫁礼仪的知识和情感内涵，激发公众对传统文化的兴趣与参与热情。

（2）各类机构及社会组织的积极参与，推动婚嫁礼仪文化的社会化发展。政府部门、文化团体及学术机构应共同协作，开展婚嫁礼仪文化的研究、宣传和教育活动。例如，设立专项基金支持婚嫁文化的保护与传承，举办相关的文化论坛和展览，倡导公众对婚嫁礼仪的理解与尊重。这种跨界合作能够形成合力，增强社会对婚嫁礼仪文化的整体认同感。

（3）结合当代社会的实际需求与价值观，适当地创新与调整社会层面的文化认同。婚嫁礼仪作为传统文化的表现形式，其内容和形式在面对现代社会的多样性与包容性时，需展现出灵活性和适应性。通过引入现代元素，革新传统习俗，使婚嫁礼仪更符合当代人的生活方式与审美观，必然会提升其在社会中的吸引力和影响力。

（4）培养全社会对传统文化的尊重和理解，建立婚嫁礼仪文化的价值共识。这不仅是对婚嫁礼仪的认同，更是对其所承载的家庭价值、社会责任和人文关怀的深刻认同。通过教育系统的引导，从儿童阶段开始培养对婚嫁文化的基本认知，使其在成长过程中形成对传统文化的尊重和热爱，进而在社会层面形成广泛的价值共识。

综上所述，通过从个体、家庭和社会三个层面进行规划，可以全面、系统地推动中华优秀婚嫁礼仪文化的传承与发展。根据中华优秀婚嫁礼仪文化的特点，有针对性地从这三个层面明确目标，既有助于我们有步骤、有目的地建构中华优秀婚嫁礼仪文化传承发展体系，也有助于以婚嫁礼仪文化的传承发展，促进中华传统文化的传承发展。

三、中华优秀婚嫁礼仪文化传承发展的原则

（一）坚持积极践行社会主义核心价值观的原则

党的十八大提出，倡导富强、民主、文明、和谐，倡导自由、平等、公正、法治，倡导爱国、敬业、诚信、友善，积极培育和践行社会主义核心价值观。这与中国特色社会主义发展要求相契合，与中华优秀传统文化和人类文明优秀成果相承接，是我们党凝聚全党全社会价值共识作出的重要论断。[1] 面对世界范围思想文化交流、交融、交锋形势下价值观较量的新态势，面对改革开放和发展社会主义市场经济条件下思想意识多元多样多变的新特点，在传承发展中华优秀婚嫁礼仪文化的过程中积极践行社会主义核心价值观，既可以实现传统婚嫁礼仪文化与新时代的社会需求的衔接，又能够展现中华传统文化的传承与社会主义文化自信。

（二）坚持扬弃与创新融合的原则

扬弃是马克思主义哲学中的一个重要概念，指的是在继承的基础上，对传统或现存的事物进行批判性的改造，舍弃其不合理的部分，保留和发

---

① 中共中央办公厅印发《关于培育和践行社会主义核心价值观的意见》[EB/OL].（2013-12-23）[2014-11-18].https：//www.gov.cn/zhengce/202203/content_3635148.htm.

扬其合理的部分。创新是推动社会进步和发展的核心动力。无论是科技领域的新发明，还是文化领域的新思潮，创新都能带来新的机遇和挑战，推动社会不断向前发展。传承发展中华优秀婚嫁礼仪文化，坚持扬弃与创新融合的原则，是一种动态的、发展的文化传承方式。通过扬弃，我们可以保留传统婚嫁礼仪文化的精髓，剔除不合时宜的部分；通过创新，我们可以使传统婚嫁礼仪文化焕发新的生命力，适应现代社会的发展需求。传承发展中华优秀婚嫁礼仪文化，坚持扬弃与创新融合的原则，是在保存传统文化精髓的基础上，根据现代社会的发展需求和价值观念，进行适当的创新和调整。这样既能保持文化的传承性和民族认同感，又能使其适应当代社会的变化；不仅能保持文化的连续性，还能推动中华优秀婚嫁礼仪文化在新时代的传承和发展。

（三）坚持交流互鉴与包容开放的原则

传承发展中华优秀婚嫁礼仪文化，坚持交流互鉴与包容开放的原则，是在全球化背景下实现文化传承和发展的重要策略。坚持交流互鉴与包容开放，不仅可以丰富和完善自身的文化体系，还能增强文化的包容性和适应性。中华婚嫁礼仪文化具有悠久的历史和深厚的文化底蕴，但这并不意味着它是静止不变的。通过与其他文化的交流，中华婚嫁礼仪文化可以吸收和借鉴其他文化的优点，丰富和完善自身。例如，西方婚礼中的婚礼誓词和戒指交换仪式，可以与中华传统的拜天地和敬茶礼相结合，形成中西结合的婚礼形式。在现代社会，婚礼不仅是一种传统仪式，更是一种表达爱与承诺的方式。通过交流，我们可以学习到其他文化中关于婚礼的新理念、新形式，例如环保婚礼、目的地婚礼等，这些都可以为中华婚嫁礼仪文化的发展注入新的活力。每一种文化都有其独特的价值和魅力，只有在相互尊重的基础上，才能实现真正的文化交流和融合。开放的态度意味着我们要勇于接纳新事物、新观念。现代社会婚姻观念和婚礼形式在不断变化，只有保持开放的心态，才能与时俱进。总之，通过交流互鉴，可以吸收和借鉴其他文化的优点，丰富和完善自身；通过包容开放，可以尊重不同文化的差异，接纳新事物，促进文化创新。这样不仅能保持中华婚嫁礼仪文化的活力和生命力，还能增强其在全球范围内的影响力和认同感。

（四）坚持以人为本的原则

传承发展中华优秀婚嫁礼仪文化，坚持以人为本的原则，是实现婚嫁礼仪现代化和人性化的重要路径。在传承和创新过程中，应以人的需求、体验和幸福为核心，注重人的价值和尊严，推动文化的现代化转型，使婚嫁礼仪更好地服务于人，体现人文关怀。传统的婚嫁礼仪有其固定的形式和程序，但现代社会强调个性和多样性。以人为本的原则要求我们在传承婚嫁礼仪时，应尊重新人的个性化需求，设计出符合他们个人喜好和生活方式的婚礼。传统婚礼有严格的时间和程序安排，但现代社会节奏快、生活方式多样。以人为本的原则提倡根据新人的实际情况和需求，灵活安排婚礼仪式的时间和流程，使婚礼更加人性化和便捷。婚礼不仅是仪式，更是情感的表达。以人为本的婚礼应注重新人之间以及新人和亲友之间情感的交流与表达。在现代社会，跨文化婚姻越来越普遍。综上所述，以人为本的婚礼应该尊重不同文化背景下的婚礼习俗和传统，包容多样性，设计出既符合中华婚嫁礼仪又能够尊重其他文化的婚礼形式。通过尊重个体需求、提升婚礼体验、倡导平等和尊重，可以使中华婚嫁礼仪文化在新时代焕发出新的生命力和魅力，更好地服务于人，体现人文关怀。这样不仅能保持中华婚嫁礼仪文化的活力和生命力，还能增强其在现代社会中的适应性和影响力。

四、中华优秀婚嫁礼仪文化传承发展的要素

中华优秀婚嫁礼仪文化传承发展体系是一个复杂而有机的整体，由主体、客体、载体、环境、机制五个基本要素构成。主体是婚嫁礼仪文化传承发展体系的核心参与者和执行者；客体是指传统婚嫁礼仪文化本身；载体是指婚嫁礼仪文化传承发展体系的表现形式和传播媒介；环境是婚嫁礼仪文化传承发展体系存在和发展的外部条件；机制是婚嫁礼仪文化传承发展体系运行和传承的内在驱动力和规则。总体来说，主体要素是关键，客体要素是根本，载体要素是重点，环境要素是基础，机制要素是保障，每种要素都在传统婚嫁礼仪文化的传承发展中发挥着不同的功能。在传统婚嫁礼仪文化传承发展目标的指引下，遵循传统婚嫁礼仪文化传承发展的原则，五种要素相互联系、相互作用，"五位一体"才能发挥出整体大于部分之和的效果。

（一）中华优秀婚嫁礼仪文化传承发展的主体

在马克思理论中，"主体"通常是指在历史和社会实践中能够自觉活

动，并作为历史发展的能动力量推动社会进步的个人、集体或阶级。主体具有能动性，是历史发展的主导力量。主体不仅能认识和改造外部世界，而且能通过实践活动实现自身的发展和完善。在文化传承和发展的背景下，主体通常指的是在特定文化传统或社会活动中扮演核心角色或承担重要责任的个体或群体。主体在文化传承中发挥着关键的作用，他们是推动文化传统延续和发展的重要力量。

在中华优秀婚嫁礼仪文化传承发展中，主体通常包括传统婚嫁礼仪文化的传承者、教育者、学习者以及社会各界的相关群体。传统文化传承者是婚嫁礼仪文化传承与发展的核心主体，是传统仪式、礼节的传承者和守护者。他们通过言传身教、实践传承等方式将婚嫁礼仪文化代代相传，从而保持传统文化的延续。教育者在婚嫁礼仪文化传承中扮演着重要角色，他们通过学校教育、文化培训等途径传授婚嫁礼仪文化知识，培养公众对传统文化的认识和理解，推动传统文化的传承和弘扬。学习者是婚嫁礼仪文化传承发展的积极参与者，他们通过学习、实践等方式了解和体验婚嫁礼仪文化，传承和弘扬传统价值观念，保持文化自信和认同感。社会各界的相关群体一般包括政府部门、文化机构、媒体等，他们是婚嫁礼仪文化传承与发展的支持者和推动者，通过政策支持、资源投入、宣传推广等方式，营造有利于传统文化传承的社会环境，促进婚嫁礼仪文化的创新发展。这些主体共同构成了推动婚嫁礼仪文化传承与发展的重要力量。他们以各自的角色通过不同的方式参与传统文化的传承与弘扬，相互合作、相互影响，共同努力，致力于婚嫁礼仪文化的传承与发展，保护和弘扬中华婚嫁礼仪文化的丰富内涵和传统价值，使其在当代社会焕发新的生机与活力。

（二）中华优秀婚嫁礼仪文化传承发展的客体

在马克思理论的框架下，客体是指主体认识和改造过程中所指向的对象，主体通过实践活动与客体发生相互作用，这种相互作用不仅反映了主体的能动性和创造性，也推动了历史和社会的发展进程。将这一概念应用到中华优秀婚嫁礼仪文化的传承发展中，可以理解为主体通过实践活动认识、传承和改造的对象，即中华优秀婚嫁礼仪文化本身。

中华优秀婚嫁礼仪文化深深植根于中华文化的核心价值观和伦理道德体系中，对婚姻和家庭关系的理解和实践具有深远的影响。礼仪规范和仪式是婚嫁礼仪文化的核心，包括婚礼的各个环节和步骤，如迎亲、拜堂、宴请等。主体通过实践活动认识这些礼仪规范和仪式，传承和发扬婚嫁文化。社会风俗习惯是婚嫁礼仪文化生存的土壤，是在特定社会和历史条件下形成的婚礼风俗和婚嫁习惯。主体通过尊重和传承这些风俗和习惯，保持和丰富婚嫁礼仪文化的多样性。婚嫁礼仪中使用的各种符号和象征是婚嫁礼仪文化的特性。例如，红色（象征喜庆）、龙凤（象征吉祥）、喜字（象征幸福）、八字合婚（象征命理相合）等。主体通过对这些符号和象征的理解和使用，保持和传播婚嫁礼仪文化的独特性。

婚嫁礼仪文化中体现的伦理和价值观是婚嫁礼仪文化的灵魂，如孝顺父母、家庭和睦、夫妻忠诚等。主体通过日常生活中的实践和教育活动，弘扬这些伦理和价值观，从而使婚嫁礼仪文化在现代社会继续发挥积极的社会功能。中华优秀婚嫁礼仪文化的传承发展中，主体是主动认识和实践这一文化的个人和集体，而客体则是这一文化本身及其各种具体表现形式。通过主体和客体的互动，中华优秀婚嫁礼仪文化得以在历史进程中不断延续和发展。

（三）中华优秀婚嫁礼仪文化传承发展的载体

载体是指能够承载、保存、传播或传递某种信息、物质或功能的媒介或工具。它在不同领域有着广泛的应用和重要的作用，成为该领域各种过程和系统中不可或缺的组成部分。中华优秀婚嫁礼仪文化传承发展的载体是指通过各种传统与现代的媒介、组织和活动形式，保存、传播和推广中华民族传统婚嫁礼仪文化的具体渠道和方式。例如，家庭和社区、教育和研究机构、文化保护与推广机构、媒体和艺术等。

中华优秀婚嫁礼仪文化传承发展的载体具有四个显著的特点：第一，多样性与地域性。不同地区、不同民族在婚嫁过程中形成了各具特色的礼仪形式和婚嫁习俗，这些内容丰富多彩，充分体现了中华文化的多样性。例如，汉族有"闹洞房"和"跨火盆"的习俗，藏族有"敬青稞酒"的仪式，满族有"坐帐"的传统。第二，传承性与历史性。中华优秀婚嫁礼仪文化传承发展的载体拥有悠久的历史，通过世世代代的传承，保留了许多古老的礼仪和习俗。例如，传统婚礼中的拜堂礼仪、敬茶仪式等，都是几千年来一脉相承的文化瑰宝。这种历史性使婚嫁礼仪不仅是当代的社会活动，更是对历史文化的延续和传承。第三，象征性与艺术性。许多婚嫁礼仪文化的载体具有丰富的象征意义，具有高度的艺术性和美学价值。例如，婚礼中使用的红色代表喜庆和吉祥，龙凤图案象征夫妻和谐美满，拜堂礼仪体现了对天地祖先的敬畏。这些象征性元素不仅是礼仪的形式，更是文化精神的体现。婚礼服饰的设计、剪纸的制作、装饰品的雕刻等，都蕴含了精湛的工艺和美学追求。这种艺术性使婚嫁礼仪不仅是传统文化传承发展的载体，也成为一种美的享受和艺术的表达。第四，互动性与参与性。家庭成员、亲朋好友的参与是婚礼的重要组成部分。例如，迎亲过程中新郎和伴娘的互动游戏、闹洞房时的各种趣味活动等，都增强了婚礼的互动性和参与性。这种互动性不仅增添了婚礼的欢乐气氛，也增强了家庭和社会的凝聚力。

（四）中华优秀婚嫁礼仪文化传承发展的环境

中华优秀婚嫁礼仪文化是在一定的环境里发展起来的，中华优秀婚嫁礼仪文化的传承发展也要在一定的环境中进行。环境对人的道德修养的提高和婚嫁礼仪文化的传播都有着重要影响。深入研究中华优秀婚嫁礼仪文化传承发展环境，揭示其概念、特点以及人与环境的关系，对于优化文化传承环境，实现中华优秀婚嫁礼仪文化在新时代的进一步继承与转化，具有十分重要的意义。

中华优秀婚嫁礼仪文化传承发展的环境是指影响和支持婚嫁礼仪文化得以延续、发展和创新的各类因素和条件的集合。它包括社会、文化、经济、政治、科技等多个方面的因素，这些因素共同作用，构成了一个复杂的生态系统，使婚嫁礼仪文化在其中得以生存和繁荣。在婚嫁礼仪文化的传承发展体系建构中，按照环境的范围可分为宏观环境与微观环境。宏观环境是对婚嫁礼仪文化的传承发展产生根本性、决定性作用的大环境，如政治环境、经济环境、文化环境等，而微观环境则是指与婚嫁礼仪文化的主体联系较为密切，产生直接影响的局部环境，如家庭环境、学校环境、社区环境、人际交往环境等。

婚嫁礼仪文化的传承发展的环境具有多层次性、多维度性、动态性、互动性的特点。第一，传承发展环境是多层次的，包括家庭、社区、社会和国家等不同层次的影响因素。第二，环境因素涵盖了社会、文化、经济、政治、科技等多个维度，每个维度都对婚嫁礼仪文化产生不同的影响。第三，环境是动态变化的。随着社会进步和科技发展，环境因素也在不断变化，这对婚嫁礼仪文化的传承和发展提出了新的要求和挑战。第四，人与环境之间存在密切的互动关系。人的行为和价值观影响环境，而环境又反过来影响人的行为和文化认同。深入研究婚嫁礼仪文化传承发展的环境，通过多层次、多维度的综合措施，可以有效促进中华优秀婚嫁礼仪文化在新时代的繁荣和发展。

（五）中华优秀婚嫁礼仪文化传承发展的机制

机制指的是系统内部各部分之间相互作用和协同工作的方式、方法和过程，通常涉及系统内部的各部分如何相互作用以实现某个特定的功能或目标。中华优秀婚嫁礼仪文化传承发展的机制是指通过一系列系统化的手段、途径和方法，确保这一文化从这一代传递到下一代，并在传承过程中不断适应新时代的发展需求，从而保持其生命力和社会影响力的过程。

中华优秀婚嫁礼仪文化的传承和发展需要依靠家庭、社区、学校和社会等多层次，互联网、新媒体、影视剧、出版物等多渠道的综合机制。同时，通过文化创意产业，将婚嫁礼仪融入现代婚庆服务、旅游等行业，推动其与经济发展的结合。

在制定中华优秀婚嫁礼仪文化传承发展的机制时，需特别注意文化的动态性和适应性。中华优秀婚嫁礼仪文化是一个动态的、不断发展的体系。对这种文化的传承和发展，必须认识到它不是一成不变的，而是需要在保持核心价值和基本形式的基础上，适应时代的发展和社会的变迁。在把握文化的动态性和适应性方面要注意以下两点：第一，婚嫁礼仪文化中蕴含的核心价值，如尊重、家庭和谐、美好祝愿等，应当始终保留和传递；第二，在保留核心价值的同时，婚嫁礼仪的具体形式可以根据现代社会的需求和年青一代的喜好进行适当创新。例如，传统婚礼中的某些仪式可以通过现代科技（如虚拟现实、直播等）来呈现，以吸引年轻人参与并认同。这两点确保了婚嫁礼仪文化既能保留其传统精髓，又能在现代社会中焕发新的生机与活力。

第二节　优秀婚嫁礼仪文化传承与发展的实现路径

实现优秀婚嫁礼仪文化传承与发展，须采取多维度的路径策略，以确保其活力与延续性。结合构建中华优秀婚嫁礼仪文化传承发展体系的五个基本要素，笔者认为婚嫁礼仪文化的传承发展只有有效整合五个要素，综合发力才能起到实效，这也是整个体系良性运转的前提。围绕如何实现优秀婚嫁礼仪文化传承与发展这一中心议题，笔者提出了发挥传承主体力量、强化内容建设、丰富传承发展方式、优化传承发展环境、健全传承发展机制五个方面的措施。一是力求与婚嫁礼仪文化传承发展体系的五个要素——对应；二是针对当前传承发展过程中面临的挑战作出回应，提出相应的解决路径。客观地说，中华优秀婚嫁礼仪文化的传承与发展是一个复杂的、具有挑战性且较为前沿的课题，实现传统婚嫁礼仪文化在新时代的传承发展势必要经历多次"阵痛"，才能实现婚嫁礼仪文化在新时代的蝶变，使之成为与现代社会相适应、与时俱进的优秀文化形式。

一、发挥中华优秀婚嫁礼仪文化传承发展的主体力量

传承和发展婚嫁礼仪文化的主体角色是婚嫁礼仪文化传承发展活动的核心动力和至关重要的组成部分。充分发挥主体在中华优秀婚嫁礼仪文化传承发展中的作用，深刻理解文化传承的规律，以高度的文化自觉承担传承责任，对优秀婚嫁礼仪文化的传承和发展具有重要的现实意义。

（一）明确各个主体在传承发展过程中的核心作用

需要明确传承者、教育者、学习者以及社会各界的相关群体在这一过程中的核心作用。这些主体角色共同构成了婚嫁礼仪文化传承和发展的核心动力，他们的积极参与和支持是文化延续和创新的关键。

传承者作为婚嫁礼仪文化的直接继承者和实践者，肩负着保存和传播传统习俗的责任。他们需要深刻理解和掌握婚嫁礼仪的内涵和意义，通过实际操作和示范，向下一代传递这些宝贵的文化财富。传承者的经验和智慧是婚嫁礼仪文化得以延续的基础，他们的口述历史和亲身经历为文化的存续提供了活生生的教材。

教育者则承担着将婚嫁礼仪文化系统化、理论化，并向更广泛人群传播的责任。通过教育，传统婚嫁礼仪可以被纳入从小学到大学正式的教育体系，逐步渗透到学生的学习生活中。同时，教育者需要利用现代教学手段，如多媒体教学、互动课程等，让学生在参与中感受和理解婚嫁礼仪的魅力。教育者的作用不仅在于传授知识，更在于培养学生对传统文化的认同感和自豪感。

学习者是文化传承的重要接力者，他们的接受和认同是文化得以延续的保证。学习者通过学习和实践，逐渐掌握婚嫁礼仪的规范和精神，成为未来的传承者。学习者的积极参与和创新意识，也为传统婚嫁礼仪注入了新的活力和时代特征。

社会各界的相关群体，包括媒体、政府、文化机构、社区组织等，是婚嫁礼仪文化传承发展的重要支持力量。媒体通过广泛的宣传和报道，提升公众对婚嫁礼仪文化的认知和兴趣。政府通过政策扶持和资金投入，保障文化传承工作的顺利开展。文化机构和社区组织通过举办活动和提供平台，使婚嫁礼仪文化在更广泛的社会层面得到体验和传播。

综上所述，每一个主体角色都需要深刻理解文化传承的规律，以高度的文化自觉承担传承责任，树立文化自信，认识到传统婚嫁礼仪文化的独特价值和重要意义。通过共同努力，形成"人人参与、人人传承、人人受益"的良好氛围，使婚嫁礼仪文化在现代社会中焕发新的生机。

（二）构建优秀婚嫁礼仪文化传承发展的工作格局

构建传承发展优秀婚嫁礼仪文化的工作格局，需要在党的统一领导下，全面推进党政群协同，做到各有关部门各负其责，全社会共同参与。通过制定政策规划、明确职责、加强资源整合协调、广泛宣传教育和群众活动，推进婚嫁礼仪文化的全方位、多层次发展，确保其在现代社会中得到有效的保护和传承。

第一，党的统一领导是构建婚嫁礼仪文化传承发展工作格局的核心。党委应在传承工作中发挥核心领导作用，一是制定关于婚嫁礼仪文化传承与发展的长期战略规划和政策文件，确保有明确的发展方向和目标。二是设立专门的领导小组或工作委员会，统筹协调和指导各项工作，通过党内机制，协调各级党委和相关部门形成合力，共同推进婚嫁礼仪文化的传承与发展工作，确保政策的有效落实。三是整合各方面资源，提供必要的资金支持和政策保障，确保传承工作有足够的资源投入。

第二，党政群协同推进是构建婚嫁礼仪文化传承发展工作格局的基础。一是政府的文化部门负责制定婚嫁礼仪文化的保护和传承计划，组织相关研究、制定标准、开展文化活动和宣传推广，加强对婚嫁礼仪文化遗产的保护，确保其在现代化进程中不被遗忘或篡改。二是教育部门负责将婚嫁礼仪文化纳入各级教育体系，系统地开展相关课程和活动，通过编写教材、开展讲座和文化体验活动,增进学生对婚嫁礼仪文化的理解和认同,同时利用现代信息技术,开发线上课程和应用,扩大婚嫁礼仪文化教育覆盖面。三是民政部门负责在婚姻登记、婚俗改革中引入优秀婚嫁礼仪文化元素,推广文明婚礼形式。四是旅游部门负责将婚嫁礼仪文化与旅游资源相结合,开发文化旅游项目,加强婚嫁礼仪文化的传播和体验。五是工会、共青团、妇联等群团组织应积极参与婚嫁礼仪文化的传承工作,通过开展主题活动、宣传教育等形式,促进婚嫁礼仪文化的普及和弘扬。六是社会团体、非政府组织等可发挥自身优势,组织相关的文化活动和项目,推动婚嫁礼仪文化的社会化传承。

第三,有关部门各负其责是婚嫁礼仪文化传承发展的重要保障。一是各相关部门应根据自身职责,制定具体的工作计划和措施,确保婚嫁礼仪文化传承工作有序推进。二是建立跨部门协作机制,定期召开联席会议,及时沟通和解决工作中遇到的问题,共享资源和信息。三是建立传承工作的监督和评估机制,定期对各部门的工作进行检查和评估,确保各项措施落到实处。根据上述措施的实施效果,对成绩突出的部门和个人,应考虑给予表彰和奖励,以激励更多人参与传承工作。

第四,全社会共同参与是婚嫁礼仪文化传承发展的关键动力。一是引导公众参与和加强宣传。积极开展以婚嫁礼仪文化为主题的宣传教育活动,利用媒体、互联网等平台,广泛宣传优秀婚嫁礼仪文化,提升公众的认知和参与度。例如,组织婚嫁礼仪文化的展示和体验活动,如婚礼博览会、民俗文化节等,让广大群众在参与中感受和传承婚嫁礼仪文化。二是发挥家庭和社区的作用。鼓励家庭成员特别是老一辈向年青一代传授传统的婚嫁礼仪,通过家庭教育和实践,使婚嫁礼仪文化在日常生活中得到延续。例如,社区积极举办婚嫁礼仪文化相关的活动,营造良好的文化氛围,增强社区居民对婚嫁礼仪文化的认同感和参与感。

综上所述,中华优秀婚嫁礼仪文化传承发展需要主体力量的共同努力,形成合力,确保其在现代社会中得到保护、传承和发展,实现文化的创新性发展和永续传承。

二、强化中华优秀婚嫁礼仪文化传承发展的内容建设

中华优秀婚嫁礼仪文化的内容是其传承发展的基础,任何有关传承发

展活动的组织和开展都是以内容的充实和完善作为前提的。系统且完整的内容客观全面地展现了婚嫁礼仪文化的基本思想，传递了中华传统美德和中华人文精神。在新时代背景下，要深入挖掘整理传统婚嫁礼仪文化资源，全面加强中华优秀婚嫁礼仪文化内容建设，为优秀婚嫁礼仪文化的传承和发展活动的顺利开展打好"地基"。

（一）重视婚嫁礼仪文化研究和挖掘工作

婚嫁礼仪文化研究和挖掘工作是保护和传承中华优秀婚嫁礼仪文化的必然要求。这一文化遗产承载着民族传统、价值观念和情感表达，对维系社会稳定、传承文化精神具有重要意义。通过深入研究历史文献和资料，学者们可以还原婚嫁礼仪文化的源头，探寻其演变脉络；通过借助长者口述历史，学者们可以聆听当年的故事和传统，并将这些口头传统转化为可视化的资料，传承下去；通过田野调查和实地考察，学者们可以亲身感受和观察传统仪式的真实场景，更加贴近传统文化的生活细节。此外，学术研究和学术交流是推动婚嫁礼仪文化研究的重要途径。学者们可以借助学术研究的方法，深入探讨婚嫁礼仪文化的内涵和意义，为其传承提供理论支撑；现代科技的应用为研究工作提供了新的思路和手段，数字化技术能够更好地保存和传播这些文化遗产。总之，重视婚嫁礼仪文化研究和挖掘工作不仅是对传统文化的尊重和珍视，更是为了将这一宝贵的文化遗产传承给后世。通过开展这项工作，我们可以更好地理解和把握传统文化的精髓，保护和传承优秀的婚嫁礼仪文化，使其在当代社会中焕发新的生命力，为中华文化的繁荣和传承作出贡献。这种重视不仅是为了我们自身的文化认同，更是为了构建一个多元而具有传统底蕴的社会。

（二）推动数字化和现代化传承

推动婚嫁礼仪文化的数字化和现代化传承是将传统文化与现代科技相结合的重要举措。通过现代科技手段，如虚拟现实和在线展览等，可以让更多人通过互联网平台了解和体验婚嫁礼仪文化，感受其魅力。建立在线展览和数字化档案库，可以将传统婚嫁礼仪文化的精髓呈现给公众，不受时间和空间的限制。利用社交媒体和移动应用程序，可以扩大婚嫁礼仪文化的传播范围，特别是吸引年轻人。在社交平台上分享传统婚嫁礼仪文化的知识、故事和图片，可以激发年轻人对传统文化的热爱和传承意识。移动应用程序具有互动性和便捷性，可以设计各种文化体验活动和学习课程，让年轻人增进对传统文化的认知和理解。数字化和现代化传承不仅保护和传承了传统文化的精髓，也促进了文化的传播和发展。

（三）注重跨界合作和创新表现形式

跨界合作可以使文化传统与不同领域融合，展现多元和活力。艺术与科技、商业等领域的融合创新，为传统文化注入了新的生机和魅力。跨界合作不仅促进了不同领域之间的交流与合作，也为婚嫁礼仪文化的传承发展提供了更广阔的舞台。艺术家、设计师与科技公司共同协作，利用现代科技手段（如虚拟现实、人工智能等），打造了新颖的婚嫁礼仪展示形式。这当中的艺术表现、设计创新和科技互动，使传统文化焕发出时代的活力和魅力，从而吸引了众多的关注和参与。例如，结合当代艺术表现形式，创作具有婚嫁礼仪文化元素的现代绘画、雕塑作品，让传统文化以全新的方式呈现。传统婚嫁礼仪元素融入舞台剧、音乐会等表演形式，使传统文化与当代表现形式相互交融，呈现更具吸引力和感染力的艺术魅力。跨界合作和创新表现形式的推动，能够为商业领域的发展提供新的机遇。例如，传统婚嫁文化可以成为商业活动的创新元素，打造具有传统文化特色的婚庆产品，结合线上线下的销售和推广，推动传统文化的传播，促进婚庆行业商业化发展。

三、丰富中华优秀婚嫁礼仪文化传承发展方式

传承发展方式是传承发展中华优秀传统婚嫁礼仪文化时所用到的方法、手段、媒介、工具等载体的总和。这种方式通常涉及将传统文化、价值观或技艺传承给后代，同时也考虑如何使这些传统在现代社会中保持活力，与时俱进。传承发展的目标是在传承传统的同时，促进其与现代社会的融合，以确保其在不断变化的环境中得以生存和发展。丰富中华优秀传统婚嫁礼仪文化的传承与发展，可以通过多种方式并举，形成一个综合性、立体化的传承与发展体系。

（一）教育与培训是传承发展中华优秀传统婚嫁礼仪文化的核心方式

将中华优秀传统婚嫁礼仪文化纳入小初高的学校课程体系，特别是在历史、文化和伦理课程中，让学生了解婚嫁礼仪文化的历史渊源和发展脉络，明确其在当代社会中的价值。在高校和职业学校开设婚嫁礼仪文化专业课程，培养专业人才。组织学生参与婚嫁礼仪的实践活动，使学生直观

了解婚嫁礼仪文化。定期举办婚嫁礼仪培训班和工作坊，面向婚礼策划师、文化爱好者和公众，传授传统婚嫁礼仪知识和技能。组织面向家庭的亲子活动，通过手工制作和礼仪演示等方式，让孩子在实践中了解和感受婚嫁文化。

（二）社区和社会参与是传承发展中华优秀传统婚嫁礼仪文化的驱动力

在社区定期举办传统婚嫁礼仪展示和体验活动，如婚礼模拟仪式和传统服饰展示，增强社区居民的文化认同感。鼓励和支持非物质文化遗产传承人开展传承活动，传授婚嫁礼仪技艺，培养新一代传承人。组织婚嫁礼仪文化志愿者参与文化宣传、活动策划和执行等工作，扩大文化影响力。

（三）媒体与公共宣传是传承发展中华优秀传统婚嫁礼仪文化的重要渠道

利用电视、广播、报纸、杂志等传统媒体，以及微博、微信、抖音等新媒体平台，广泛宣传婚嫁礼仪文化。制作高质量的婚嫁礼仪文化纪录片和专题片，通过生动的影像讲述传统文化故事。通过社交媒体平台开展互动活动，如线上婚嫁礼仪知识问答和传统婚礼照片征集等，增强公众参与感。在传统节日和重要节庆期间，举办婚嫁礼仪文化相关活动，增强公众的参与感和文化认同感。通过婚姻登记处等官方渠道，向新婚夫妇宣传婚嫁礼仪文化，赠送相关文化手册和纪念品。

（四）利用数字化和科技创新是传承发展中华优秀传统婚嫁礼仪文化的关键步骤

通过虚拟现实（VR）和增强现实（AR）技术，开发虚拟婚礼场景和互动体验，使人们可以身临其境地感受传统婚嫁礼仪的魅力。建立线上婚嫁礼仪文化博物馆，通过3D扫描和全景展示，让人们在任何时间、任何地点都能了解和体验传统婚礼的细节。开发相关手机应用程序，提供婚嫁礼仪文化的介绍、互动游戏和虚拟体验，让用户能够方便地学习和了解这一文化。

（五）文创文化产业是传承与发展中华优秀传统婚嫁礼仪文化的重要推手

开发与婚嫁礼仪相关的文化产品，如婚礼服饰和手工艺品，将传统元素融入现代设计，吸引年青一代的关注和喜爱。通过拍摄传统婚礼题材的影视剧、创作相关的小说和散文，将传统婚嫁礼仪生动地展现给公众。此外，推动婚礼策划公司将传统礼仪纳入婚礼服务项目，提供定制化的传统婚礼策划和执行服务，让更多新人在婚礼中体验到传统文化的独特魅力。

（六）法律政策支持是传承发展中华优秀传统婚嫁礼仪文化的重要保障

政府可以制定和完善相关法律法规，规范婚嫁礼仪的市场化运作，防止过度商业化和低俗化现象。加强对婚庆行业的管理，引导其健康发展，确保婚嫁礼仪文化的正统和纯洁。出台相关政策，鼓励和支持婚嫁礼仪文化的传承和发展，如设立专项基金、提供税收优惠等，并对在婚嫁礼仪文化传承方面作出突出贡献的个人和组织给予表彰和奖励，以激励更多人参与文化传承工作。

四、优化中华优秀婚嫁礼仪文化传承发展环境

中华优秀婚嫁礼仪文化的传承发展必然是在一定的环境中进行的，环境起到了不可忽视的作用，是婚嫁礼仪文化传承发展体系不可缺少的一环。笔者认为需要从"宏观-微观"环境两个层面同时着手，通过系统性的营造与细致入微的建设，确保这一文化瑰宝在现代社会中得到持续和健康的发展。

（一）宏观环境构造是婚嫁礼仪文化传承发展的战略支持

政治环境是传承发展的方向保障。政府应当制定并实施有利于传统文化传承与发展的政策法规，建立健全非物质文化遗产保护机制，为婚嫁礼仪文化提供法律保障和政策支持。设立专项资金支持文化项目，鼓励各类社会组织和个人积极参与传统婚嫁礼仪的保护与传承工作。通过政府主导的大型文化活动和宣传，让公众认识到传统婚嫁礼仪文化的重要性和价值，增强文化自信。

经济环境则是传承发展的重要支撑。通过推动经济的发展，为文化产业提供良好的基础条件。鼓励企业投资婚嫁礼仪相关的文化创意产业，如传统婚礼服饰、婚庆服务等，形成产业链条，促进文化与经济的深度融合。制定税收优惠政策，减轻文化企业的负担，吸引更多社会资本投入文化传承事业。

文化环境的营造是传承发展的基础条件。加强对传统文化的宣传教

育，在全社会范围内营造尊重和热爱传统文化的风尚。通过学校教育、媒体宣传、文化活动等多种途径，提升公众的文化素养和对婚嫁礼仪文化的认知与认同。推动文化交流与合作，既要向世界展示中华传统婚嫁礼仪的独特魅力，也要吸收借鉴其他文化的优秀元素，促进文化的多元化发展。

（二）微观环境构造是婚嫁礼仪文化传承发展的基础支持

家庭环境是传承发展的根基。家庭是婚嫁礼仪文化的直接传者和实践者，父母长辈应当重视对年青一代的文化教育，通过家庭聚会、节日庆祝、婚礼参与等方式，让孩子从小接触和了解传统婚嫁礼仪。家庭成员之间的互动和交流能够有效地传递和延续文化记忆，增强家庭的凝聚力和文化认同感。

学校环境是文化传承的重要阵地。教育部门应当将传统婚嫁礼仪文化纳入学校教育体系，通过开设相关课程、组织文化活动、开展主题班会等形式，让学生深入了解和体验传统婚嫁礼仪。高校和职业学校还可以设立专门的婚嫁礼仪文化研究机构，培养专业人才，开展相关研究，为文化传承提供智力支持。

社区环境是文化传承的广泛平台。社区文化活动是婚嫁礼仪文化的重要传播途径，社区应当定期举办传统婚嫁礼仪展示和体验活动，如婚礼模拟仪式、传统服饰展示等，增强社区居民的文化认同感和参与感。社区文化中心和图书馆可以设置婚嫁礼仪文化专栏，提供相关书籍和资料，方便居民查阅和学习。

人际交往环境是传承发展的润滑剂。在日常生活的人际交往中，通过婚礼、聚会等社会活动传播和实践传统婚嫁礼仪，能够让更多人了解和体验这一文化。婚礼策划师、婚礼主持人等职业群体在工作中应当注重传承和发扬传统婚嫁礼仪文化，通过专业的服务和引导，让新人和宾客感受到传统文化的独特魅力。

在宏观层面，政治、经济、文化等大环境的支持和保障，为文化传承提供了坚实的基础和广阔的空间；在微观层面，家庭、学校、社区和人际交往等局部环境的积极参与和互动，为文化传承注入了生动的活力和持续的动力。通过宏微结合、上下联动，共同努力，可以更全面地推进中华优秀婚嫁礼仪文化的传承与发展。

五、健全中华优秀婚嫁礼仪文化传承发展的机制

婚嫁礼仪文化传承发展的机制是为促进相关教育活动和实践活动顺利开展而制定的制度、政策、规范等。传承发展婚嫁礼仪文化是一个长期的、循序渐进的过程，不可能一蹴而就、立竿见影。机制是管长远管根本的事情，精准的、完善的、可操作性强的制度体系能够保障传统家训文化实现有效的、持续的传承与创新。为完善中华优秀婚嫁礼仪文化的传承机制，笔者认为需要从政策保障和评估督导两个方面入手，构建一个系统且长效的机制。

（一）完善中华优秀婚嫁礼仪文化传承发展政策保障机制

"制度化传承是优秀传统文化传承的核心方式"，它的本质是"使文化以制度的方式或得到政治的庇佑而得以传承"①。儒家思想在中国文化中的长久延续和主导地位，与其观念在社会制度中的深入渗透密不可分。古代社会的智慧告诉我们，文化的传承需要与制度相结合，依靠制度的规范与推动力量，方能实现有效、稳定的文化传承。因此，我们应当认识到国家和政府在文化传承中扮演的重要角色，重视他们在这一进程中的引导作用。只有通过制定相应政策获得制度上的保障，才能确保文化遗产的传承得到延续。通过综合的措施，包括资源的充分配置、人力的有力支持、广泛的宣传推广以及系统的课程建设，我们可以构建一个完备的政策保障机制。这样的机制将有助于推动中华优秀婚嫁礼仪文化的传承和发展，保证这一宝贵文化遗产在当代社会中得到有效的保护和传承。在这个过程中，政策的引导和规范将起到至关重要的作用，为传统文化的传承提供制度性的支撑。

资源配备方面，政府应该提供经费支持，确保传统文化传承项目的顺利开展；提供必要的场地设施，如博物馆、展览馆等，用于展示与传播婚嫁礼仪文化。

人力保障方面，需要建立专业人才培养体系，培养传承人才，传承技艺，为传承人员提供持续的支持和激励，鼓励他们积极参与传统文化传承

---

① 解丽霞. 制度化传承·精英化传承·民间化传承：中华优秀传统文化传承体系的历史经验与当代建构［J］. 社会科学战线，2013（10）：1.

工作，确保能够代代相传。

宣传推广方面，可以通过多种途径，如媒体宣传、文化活动等，广泛传播中华优秀婚嫁礼仪文化。举办展览、讲座、文化节庆等活动，吸引公众参与，提高文化传承的认知度和影响力。

课程建设方面，应该将中华优秀婚嫁礼仪文化内容融入学校教育体系中，培养学生对传统文化的尊重和理解。同时，在社区和机构开设相关课程，让更多人能够学习和了解中华优秀婚嫁礼仪文化，促进传统文化的传承和弘扬。

（二）建立中华优秀婚嫁礼仪文化传承发展评估督导机制

针对传统婚嫁礼仪文化传承发展各方面积极性不高、内在驱动力不足等问题，建立相应的评估督导机制是十分必要的。首先，制定科学、合理的评估标准和指标，包括保护成效、传承效果和社会影响等方面，建立多层次的评估体系，定期对婚嫁礼仪文化保护和传承工作进行全面评估。建立定期检查制度，确保各级政府和相关部门在婚嫁礼仪文化保护和传承中履行职责、落实措施。针对重点项目和关键环节，开展专项督查，及时发现和解决问题，确保工作推进顺利。其次，建立婚嫁礼仪文化传承的数据监测系统，实时收集和分析相关数据，为评估和决策提供依据。最后，设立公众反馈渠道，广泛征求社会各界对婚嫁礼仪文化保护和传承工作的意见和建议，及时改进。评估结果应当被有效运用，将其作为政策调整、资金分配和项目立项的重要依据，确保资源配置的科学性和合理性。对评估结果优秀的单位和个人进行表彰和奖励，树立典型；对于存在问题的单位和个人进行整改指导，确保问题得到及时解决。

通过完善政策保障机制和建立评估督导机制，可以形成一个系统、长效的中华优秀婚嫁礼仪文化传承机制。在政策保障方面，通过资源配备、人力保障、宣传推广和课程建设，为文化传承提供全面支持；在评估督导方面，通过科学评估、严格督导、数据监测和结果应用，确保传承工作的有效推进。二者相辅相成，共同推动婚嫁礼仪文化在现代社会中的传承和发展。

第二部分

新时代婚俗改革的
理论与实践

第五章　中国婚俗改革的百年演变
及其影响因素

自 1919 年五四运动以来，中国婚俗经历了百年变革，其演变深刻反映了社会、政治与文化的变迁。五四运动标志着中国现代化进程的加快，并推动了对传统婚姻观念的批判与革新。随着新文化运动的兴起，倡导"婚姻自由"与"男女平等"的思想逐渐取代了封建包办婚姻与父权主义的婚姻模式。1927 年 10 月，毛泽东率领秋收起义部队来到井冈山，创建了中国第一个农村革命根据地——井冈山革命根据地。在此之后，共产党开始将婚姻改革作为一项社会改造的重要工作。1949 年中华人民共和国成立后，婚俗改革进入关键时期。1950 年，《中华人民共和国婚姻法》颁布，标志着法治化婚姻制度的确立。该法明确废除包办婚姻，规定婚姻自主与男女平等，成为推动社会变革的重要法治工具。改革开放以来，伴随着社会经济的飞速发展和家庭结构的多样化，婚俗改革逐渐朝着更加开放和多元的方向迈进。法律对婚姻的保护日益完善，为家庭关系提供了更为坚实的保障。2001 年《中华人民共和国婚姻法》的修订与 2020 年《中华人民共和国民法典》的实施，进一步强化了对婚姻自主权、妇女儿童合法权益及家庭暴力的法律保护，体现了婚俗改革从制度建设到人权保障的逐步深化。由此可以看出，中国婚俗改革呈现出由初期的思想解放到后期的法治保障的演变过程，其核心目标始终围绕着婚姻自由、男女平等与家庭和谐的社会理想展开。

第一节　中国婚俗改革的百年演变历程

一、新民主主义革命时期①的婚俗改革

五四运动前后，婚姻变革的思想开始逐渐兴起并发展，冲击了封建家庭的传统束缚。这一波潮流对传统婚姻制度进行了彻底的批判，推动旧有的婚姻制度发生深刻的变革，婚姻形式发生根本性的转变。在这一过程中，近代中国人逐步树立了情感、个性、自由及自主自立等现代观念。

《李大钊文集》中写道："什么圣道，什么王法，什么纲常，什么名教，都将随社会的变革而必然发生变革。"② 从婚姻制度的角度来看，传统的封建婚姻观念和习俗虽然在民众思想中依然深深扎根，但随着社会变革的推进，已逐渐失去了以往的根深蒂固性。维新运动与辛亥革命期间，伴随着资产阶级对西方文明的推崇，传统婚俗受到了前所未有的挑战。尤其是在沿海的大城市中，新的婚姻观念和婚姻形式开始萌芽，并逐步影响到更广泛的城镇及乡村地区。这一转变不仅反映了婚姻制度本身的演进，也象征着整个社会价值观与文化习惯的深刻变革。

在中国共产党领导的革命根据地和解放区，五四运动的婚姻观念变革得到了延续和深化。五四运动提倡的"婚姻自由"和"男女平等"的观念，成为共产党在根据地时期推行婚姻改革的理论基础和实践目标。在当时的历史背景下，封建婚姻制度仍然对广大农民阶层产生着深远影响，尤其是包办婚姻、童养媳和重男轻女等习俗根深蒂固。因此，共产党在革命根据地和解放区推进婚姻改革，既是对五四运动婚姻观念的继续，也是推动社会解放和妇女解放的关键措施。

（一）土地革命战争时期的婚俗改革（1927—1936）

在苏区革命根据地，党组织充分认识到，婚姻自由和男女平等不仅是

---

① 中国的新民主主义革命始于 1919 年五四运动，之前的近代资产阶级民主革命则被称为旧民主主义革命。新民主主义革命是无产阶级领导的、人民大众参与的，旨在反对帝国主义、封建主义和官僚资本主义的革命。其目标是确保无产阶级（通过中国共产党）牢牢掌握革命领导权，彻底完成革命任务，并及时实现由新民主主义向社会主义的过渡。1949 年中华人民共和国的成立标志着中国新民主主义革命的基本结束和社会主义革命的开始。

② 李大钊. 李大钊文集：下［M］. 北京：人民出版社，1984：345.

妇女解放的重要内容，也是全社会思想解放的一部分。为此，实施了一系列婚姻改革措施。1931年11月7日，中华工农兵苏维埃第一次全国代表大会通过的《中华苏维埃共和国宪法大纲》第十一条规定："中国苏维埃政权以保证彻底的实行妇女解放为目的，承认婚姻自由，实行各种保护女性的办法，使妇女能够从事实上逐渐得到脱离家务束缚的物质基础，而参加全社会经济的政治的文化的生活。"① 1931年12月，中华苏维埃共和国中央政府颁布《中华苏维埃共和国婚姻条例》，1934年4月，《中华苏维埃共和国婚姻法》颁布实施。该法提出，废除一切包办强迫和买卖的婚姻，实行男女平等、一夫一妻制、婚姻自由和保护妇女权益。该法的颁布受到广大群众，尤其是妇女群众的大力支持和拥护。中央苏区吉安地区到处传唱着这样的歌谣："妇女解放真正好，废除封建旧礼教；今日自由来结婚，建立幸福新家庭。"②

根据《中华苏维埃共和国婚姻条例》，男女结婚必须到乡苏维埃进行登记，并领取结婚证；离婚则需在乡或市苏维埃政府进行登记。这一制度在抗日根据地和解放区得到了延续和执行，同时也形成了中央革命根据地的婚姻制度，民政部门负责婚姻登记，强化了婚姻关系和制度的管理。

中央革命根据地及各苏区的婚姻变革标志着一场深刻的妇女解放运动，彻底清除延续数千年的封建婚姻陋习。这是中国历史上首次全面否定旧社会婚姻制度的尝试，使广大女性摆脱了封建婚姻的束缚，获得了前所未有的人身自由，极大地激发了她们的生产积极性和革命热情。女性积极参与革命和苏维埃建设，为中国共产党赢得了基层民众的广泛支持，奠定了坚实的群众基础，为革命的胜利积蓄了力量。

《中华苏维埃共和国婚姻法》的立法原则摒弃了以男性为中心的"夫权"模式，确立了婚姻自由、一夫一妻、男女平等，以及保护妇女和儿童合法权益等基本原则，这些都为后来的《中华人民共和国婚姻法》的制定提供了重要的参考和依据。民政部门在婚姻登记管理中的作用，对于塑造自由、美满、幸福、和谐的新型婚姻家庭关系，发挥了重要的作用。这场

① 中华苏维埃共和国宪法大纲 [EB/OL]. (2021-03-03) [2024-11-10]. https：//www. hnsjw. gov. cn/sitesources/hnsjct/page_html5/ztjj/gqbnhdgclswy/dswx/article2981ce10ef8f4ddf89bbc326d25522f5. html.

② 云南省博物馆. 我国婚姻立法史上的一次伟大尝试：中央苏区的婚姻变革 [EB/OL]. (2020-10-21) [2024-11-10]. https：//www. sohu. com/a/426320982_ 120381643.

婚姻改革影响深远，为我国的婚姻法律制定积累了宝贵的历史经验。

（二）抗日根据地时期的婚俗改革（1937—1944）

在抗日战争时期，中国共产党领导的抗日根据地对传统婚俗进行了广泛的改革，核心目标是摆脱封建婚姻制度的束缚，推动婚姻自由、男女平等和妇女解放，进而为革命事业提供更加平等与自主的社会环境。

在抗日根据地，明确婚姻必须建立在双方自愿基础上的原则，坚决反对包办婚姻、买卖婚姻以及强迫婚姻等封建陋习。这一规定直接挑战了传统的父母包办和媒妁之言的婚姻方式，强调了个人在婚姻选择中的自由权利。这些法律和政策不仅是形式上的规定，还通过广泛的宣传和教育推广，逐步改变了民众的婚姻观念。在党组织的倡导下，越来越多的男女开始自主选择配偶，许多长期受到封建婚姻观念束缚的家庭，开始逐步接受并支持这一新的婚姻观念。

在抗日根据地的许多地方，婚礼不再是社会地位的象征，而成为二人婚姻自愿承诺的表达。婚礼强调夫妻双方的平等地位与共同责任，而非传统中的豪华、排场和繁复的仪式。许多地区也鼓励简化彩礼、嫁妆等形式，避免这些财物的交换成为婚姻中的负担和障碍。

以晋冀鲁豫边区为例，随着晋冀鲁豫边区政府的成立，中国共产党在政治、经济、思想、文化等多个领域开展了社会改革，这对广大农村地区产生了深远的影响，消除了许多旧有的不合理现象，促使边区群众的思想观念和行为方式逐渐发生变化。然而，传统的婚姻家庭关系仍然受到封建伦理的深刻影响，早婚、买卖婚姻和性别不平等等旧观念依然影响着当地居民的婚姻和家庭生活。

为了解决这些问题，晋冀鲁豫边区政府推出了一系列新的婚姻法规，旨在对固有的封建婚姻制度进行彻底改革。他们相继制定并发布了《晋冀鲁豫边区婚姻暂行条例》《晋冀鲁豫边区婚姻暂行条例施行细则》《晋冀鲁豫边区妨害婚姻治罪暂行条例》。这些法规以"婚姻自由"和"婚姻自主"为核心原则，规定婚姻关系的建立必须基于男女双方的自愿，彻底废除早婚和买卖婚姻等陋习，明确男女在婚姻家庭中的平等地位，并赋予婚姻中任何一方向政府申请离婚的权利。

共产党在抗日根据地推动的婚俗改革，不仅是社会变革的一部分，也是妇女解放的重要实践。通过废除封建婚姻制度、推动婚姻自由和男女平等，党不仅改变了婚姻中的性别关系，还为妇女在社会、政治和经济领域的参与创造了条件。抗日根据地的婚俗改革为新中国成立后全国范围内的婚姻法治建设和妇女解放奠定了基础，也为中国社会的现代化转型提供了宝贵的经验。

（三）解放战争时期的婚俗改革（1945—1949）

解放战争时期，婚姻自由与自愿原则仍然是婚俗改革的核心。共产党领导的解放区坚决反对父母包办、媒妁之言和买卖婚姻等封建婚姻形式，明确规定婚姻应建立在男女双方自愿的基础上。解放区婚俗改革的另一个重要方面是废除童养媳制度和减少早婚现象。解放战争时期，尽管社会已经开始发生变革，但许多农村地区仍然存在童养媳现象，女孩从小被家庭"卖"给富裕家庭或有地位的家庭，成为"早婚"或"换亲"的对象。共产党通过宣扬婚姻自由的观念，并且在解放区内严格执行婚姻登记制度，有效地禁止了这种做法。特别是在妇女工作委员会的推动下，解放区广泛开展对童养媳和早婚的反对活动，通过法律手段保护未成年人的合法权益，确保婚姻不再是家庭交易的工具。

青年农民在追求婚姻自由的同时，也在改变着旧式的婚嫁习俗，其中最能体现解放区婚俗转变的是各地普遍兴起的新式结婚仪式。在太岳地区，按照政府婚姻条例，"县区设有婚姻登记机构，结婚要有公开仪式和两个以上的证人，并需要到当地政府登记领取结婚证明书。"这种婚姻规定逐渐被农民接受，"目前这个规定已成为广大群众的习惯，甚至在晋察冀的唐县，一个五十多岁的寡妇和六十多岁的老汉结婚也到政府登记领了结婚证明书。"结婚的仪式也由铺张浪费转为简单隆重，"花轿、拜天地、闹吹鼓手等都已废除，改为坐彩车、骑牲口，男女所在村的儿童团、儿童剧团或是妇女识字班、民校的姊妹们整队扭秧歌相送。举行婚礼时开大会，证婚人、主婚人、新郎、新妇都在会上讲话，互相勉励新夫妇进步、和爱、幸福，会后或扭秧歌或唱歌演戏"[1]。

土地改革后，农村广泛倡导文明节约的结婚风尚，许多农民开始反对传统的铺张婚俗，强调婚礼应简化和节约，强调婚姻的真正意义在于感情

---

[1] 重庆市妇女联合会妇运史研究组. 妇女之路（下）[N]. 新华日报副刊, 1983（148）: 511.

而非物质形式。这一变化反映了农村社会对传统观念的反思和对新生活方式的追求。对结婚该怎么办喜事，有的农民说"不雇吹鼓手，女子不坐轿"；对铺张的婚俗，也有人提出了看法，"吹一下顶甚啦，花上银钱管上饭""女婿花钱女受穷，自己浪费了受饿着"。① 婚后的礼俗也趋于简化。武安五区北梁庄妇联主席王果刚结婚，按当地旧风俗，新婚过了夏天，要拿八十到一百二十个半斤重馍馍走娘家，可她听了节约号召后便决定不再走亲戚，"并且带头召开了全村十个新媳妇会议，劝大家说'今年咱们要节约，过去娶了送好多东西，感情不好还是不好，如今咱们都是自由结婚的，咱家里时光是咱的，咱要给自己打算，再说只要咱们真心不去，娘也不会怪咱这婆家。同时大家想想送馍馍，一个人得三斗麦，十个人就得三石，换米能换四石多，要一天吃一斤，咱们十人可吃三个月'"②。

二、社会主义革命和建设时期③的婚俗改革

（一）1950 年婚姻法的颁布宣传与新婚俗的确立（1950—1965）

1950 年 5 月 1 日，《中华人民共和国婚姻法》正式实施。这是新中国成立后颁布的第一部基本法，早于 1954 年《中华人民共和国宪法》4 年。这部法律仅有八章二十七条，彻底打破了以往"父母之命、媒妁之言"的传统婚姻观念，废除了包办婚姻、买卖婚姻、纳妾及男性随意抛弃妻子的封建习俗。其确立的"婚姻自由、一夫一妻、男女平等、保护妇女儿童合法权益"四项基本原则，至今仍是中国婚姻家庭立法的核心内容。1950年，婚姻法的颁布标志着对几千年封建婚姻家庭制度的突破，是党通过法律手段推动男女平等与保护妇女权益的重要里程碑，开启了中国婚姻法治的新阶段，扮演了新中国婚俗改革的先锋角色。

但要实现真正的婚姻自由并非易事。尽管在婚姻法实施前一天，中共

---

① 嫁女迎亲　不敢浪费 [N]．晋绥日报，1948-03-03（4）.

② 王果带领十个新婚妇　打破古来旧规矩　不蒸馍馍走娘家 [N]．新华日报太行版，1948-07-09（2）.

③ 中共中央党史和文献研究院院长、研究员，中国中共党史学会会长曲青山在《光明日报》上撰文指出，中国共产党百年历史，可以划分为四个历史时期：从 1921 年 7 月中国共产党建立至1949 年 10 月中华人民共和国成立，是新民主主义革命时期；从 1949 年 10 月至 1978 年 12 月党的十一届三中全会召开，是社会主义革命和建设时期；从 1978 年 12 月至 2012 年 11 月党的十八大召开，是改革开放和社会主义现代化建设新时期；从 2012 年 11 月至今是中国特色社会主义新时代。

中央已发布《关于保证执行婚姻法给全党的通知》，法律实施后仍面临巨大阻力，问题层出不穷。1951 年 9 月，中央人民政府政务院在《关于检查婚姻法执行情况的指示》中指出，包办、强迫及买卖婚姻在许多地区，尤其是农村，依然相当普遍。对婚姻自由的干涉和对妇女合法权益的侵害时有发生，甚至导致一些女性遭受严重迫害，出现了因婚姻问题而被杀或自杀的悲剧。

随着土地改革的基本完成和抗美援朝战争接近尾声，婚姻法的宣传和贯彻工作被提上日程。1952 年，北京北郊南湖渠村村民孟秀兰不堪婆婆虐待服毒身亡。这件事被《北京日报》报道，在社会上引起了很大震动，很多群众来信纷纷表达对虐待妇女行为的愤慨，并呼吁大力开展贯彻婚姻法的运动。1953 年 1 月 9 日，市人民法院到南湖渠村公开宣判。孟秀兰的婆婆被判处有期徒刑 3 年，她的丈夫受到警诫处分。[1] 1953 年 2 月，中央人民政府政务院发布了《关于贯彻婚姻法的指示》，宣布将 1953 年 3 月定为宣传贯彻婚姻法的运动月。此举旨在动员男女群众，尤其是妇女，开展一场规模庞大的群众运动，使婚姻法深入人心，并推动社会风俗的变革。由此，一场轰轰烈烈的宣传运动在全国范围内展开。据统计，70% 以上的地区参与了婚姻法的宣传工作，受教育的成年人口达 1.4 亿，占全国成年人口的 42.2%。通过这一运动，广大群众特别是青年男女对婚姻法的内容有了较为全面的认识，结婚登记逐渐被接受。[2]

在婚姻法宣传的基础上，婚礼仪式随着现代新型婚姻家庭制度的确立发生了显著变化。传统的婚礼习俗得到重新定义，许多新的元素被融入其中。例如，过去对祖先和神灵的祭拜仪式被"向毛主席像行三鞠躬礼"替代，体现了对国家和领导人的崇敬。同时，传统的"闹洞房"环节也加入了革命歌曲的演唱，反映了当时社会的政治氛围和文化潮流。在国家意识形态的影响下，传统的婚礼形式逐渐被简约而富有现代感的茶话会形式取代。这一变化不仅是对传统习俗的挑战，也是对新社会价值观的响应。尤其在北京地区，一些思想前卫的大学教师和文艺工作者开始尝试旅行结婚，以此来表达对个体自由和新生活方式的追求。

---

① 建议政府大力开展贯彻婚姻法的运动［N］. 北京日报，1952-12-26（2）.
② 朱宁宁. 中华人民共和国婚姻法：揭开中国婚姻法治的新篇章［EB／OL］.（2021-07-15）［2024-11-15］. https：//www.chinacourt.org/index.shtml.

婚姻当事人与国家意识形态保持一致的多种结婚形式，积极推动了婚俗的改革。在此过程中，单位、组织和社区的负责人通过出席婚礼、发表讲话以及批准婚假等方式，给予新人充分的支持。这不仅使婚礼更加具有社会性和政治性，也有效促进了婚俗的转变，推动了新婚姻观念的传播。这一时期的婚礼形式和内容，既体现了对传统文化的反思，也反映了新社会的理想与追求。通过这样的婚俗改革，新的婚姻家庭观念逐渐扎根于社会。

（二）传统婚俗的破坏与婚俗改革方向的维持（1966—1978）

1966 年 6 月 1 日，《人民日报》发表《横扫一切牛鬼蛇神》的社论，第一次明确提出"四旧"和"四新"的概念。[①]"破四旧"运动对人们的婚嫁生活产生了深远的影响，导致婚嫁习俗和观念发生了极大的变化。在"破四旧"之前，传统的婚嫁习俗往往烦琐而复杂，充满了各种仪式和礼节。例如，新娘出嫁时会乘坐花轿，伴随着乐队和舞狮等表演，婚礼现场也会有各种传统仪式和祝福。然而，"破四旧"之后，这些传统习俗被视为封建迷信和落后文化，遭到了批判和禁止。"破四旧"期间，婚嫁习俗变得极为简朴和革命化。婚礼不再注重形式上的繁文缛节，而是更加强调男女双方的自由恋爱和革命情感。婚礼现场往往没有华丽的装饰和复杂的仪式，而是充满了革命的气息和氛围。例如，新郎新娘可能会共同学习"语录"，一起"愤怒声讨走资派"，以表达他们的革命立场和决心。此外，一些新的婚嫁习俗也开始出现，如赠送《毛泽东选集》、将印有毛主席语录的笔记本等作为新婚礼物，以表达对新婚夫妇的革命祝福。

从"文革"时期的婚俗来看，婚姻被视为革命战友关系的体现，其核心目的是培养革命接班人。在这一时期，婚礼仪式突破了传统个人或家族的局限，体现了国家意识形态在民众婚嫁生活中的深刻影响。全社会普遍推崇简朴的"革命婚礼"，并遵循相似的婚礼流程。

"文革"时期对"革命婚姻"和"革命婚礼"的重视，既反映了对婚姻自由政策和传统婚俗文化的挑战，也在一定程度上推动了婚俗改革，倡导简化烦琐的婚礼程序，提倡简朴办婚事，促进了人们对婚姻本质的重新

---

① 田保传，陶国富，黄晔建. 中国大学生百科知识 ［M］. 上海：同济大学出版社，1996：1153.

思考，也是对婚俗改革方向的维持。

三、改革开放和社会主义现代化建设新时期的婚俗改革

（一）改革开放后婚俗改革的恢复与转向（1979—1995）

"文革"结束后，随着大量知识青年返城，出现了对成家立业的迫切需求。1982年，中国第一家婚姻介绍所——广州市青年婚姻介绍所的成立成为中国婚恋服务的一个新起点。该机构通过建立卡片查阅系统，使未婚青年能够自由地寻找合适的对象。此外，婚介所还组织诸如联谊晚会和郊游等一系列交友活动，为青年们创造了良好的相遇机会。到1984年6月，该婚介所已经成功撮合了超过1400对情侣，成功率高达14.4%，高居全国婚姻介绍所之首。传统的个体婚介模式逐渐演变为更为专业化和系统化的婚恋服务公司，满足了社会对婚恋的多样化与个性化需求。

随着社会的发展，1950年制定的婚姻法已经无法满足新的现实需求。1980年5月，作家遇罗锦以"没有感情"为理由向法院申请离婚，这一事件引发了关于离婚标准的广泛讨论，激起了"理由论"与"感情论"之间的辩论。① 为了解决"文革"时期遗留下来的婚姻家庭问题，并配合国家计划生育政策，婚姻法的修订工作早在1978年就已开始。同年，巫昌祯等5位法学专家组建了婚姻法修改小组，着手进行法律的修订和起草。1980年，五届全国人大三次会议正式通过了新的婚姻法。与之前的法律相比，新法不仅调整了法定结婚年龄，还对离婚的法定理由作出了明确规定：夫妻感情破裂且调解无效的情况下，应当允许离婚。这次修法明确了个人的结婚与离婚自由，使婚姻法更加完善，体现了对个人情感和人性的尊重。

改革开放前，中国的婚姻观念深受政治和阶级因素的影响，个人的生理和经济需求常常被过度控制，婚姻呈现出明显的国家化特征。改革开放后，随着社会的变迁，人们逐渐将婚姻视为个人私生活的重要组成部分，成为实现自我价值的一种重要方式。在择偶时，越来越多的人开始关注伴侣的职业、收入以及外貌等因素，同时对文化素养的要求也日益提高。这种变化反映了中国社会朝着更加世俗、个性化和人性化的方向发展，体现

---

① 改革开放30年：中国人婚恋打破束缚走向自由［EB/OL］.（2008-12-16）［2024-11-15］. https：//www.chinadaily.com.cn/hqzg/2008-12/16/content_7308798_2.htm.

了人们观念的转变与社会环境的演变。

伴随着经济的快速发展，尤其是物质和精神文化层面的提升，人们对婚庆仪式的重视程度不断增加。在农村，红白理事会自发组织，帮助村民以经济实惠却又隆重的方式举办婚礼；而在城市，台湾地区的婚纱摄影和中西结合的婚礼文化服务模式的引入，催生了众多现代婚礼服务的婚纱影楼和婚庆公司。在婚姻登记机关、基层自治组织和婚庆服务机构的共同努力下，推动了市场经济背景下婚俗的改革与发展，为广大民众提供了更加丰富多样的婚俗文化产品。

（二）社会主义现代化建设新时期婚俗改革的完善与发展（1996—2011）

中国社会主义现代化建设的新时期婚俗改革经历了显著的完善与发展过程。这一阶段的改革主要体现在婚姻服务类社会组织的成立、行业标准的出台以及婚姻登记机关的创新服务上，为推动婚俗的转变提供了重要的政策支持和实践指导。

从 20 世纪 90 年代中后期开始，婚姻服务类社会组织的兴起为婚俗改革注入了新的活力。这些组织不仅在全国范围内促进了婚庆行业的规范化，还在政府与企业之间架起了沟通的桥梁。以多个地区的婚庆行业协会和婚姻家庭建设协会为例，它们在帮助政府明确婚俗改革方向、落实具体政策方面发挥了积极作用。这些社会团体的参与，使婚俗改革不仅限于政策的制定，更延伸到了实际的执行与监督，形成了政府与社会的良性互动。

婚姻登记机关作为婚俗改革的主阵地，通过推广"婚礼式颁证""集体式颁证"等创新服务，积极引导新婚夫妇摒弃不良陋习，倡导文明简朴的婚嫁新风。这些公共服务产品的推广，体现了国家和政府对婚俗改革的软引导，帮助人们在婚姻仪式上实现形式与内容的统一，提升和丰富了婚礼的社会价值和文化内涵。

国家和地方相关标准的制定与实施，进一步促使婚姻服务企业自觉抵制铺张浪费和低俗婚闹等陋习。通过对婚庆、婚介等行业的规范化管理，婚俗改革不仅强化了对婚姻服务市场的监管，也为传承和弘扬优秀的中华传统婚俗文化提供了坚实的基础。这种标准化的实施，有助于引导消费者树立正确的婚俗观念，推动婚俗的理性回归和增强文化自信。

四、中国特色社会主义新时代的婚俗改革

党的十八大以来，习近平总书记在不同场合多次谈到要"注重家庭、注重家教、注重家风"，强调"家庭的前途命运同国家和民族的前途命运紧密相连"。① 党中央、国务院在实施乡村振兴战略、优化生育政策促进人口长期均衡发展、新时代加强和改进思想政治工作等重大决策部署中，都将婚俗改革工作作为重要内容纳入总体部署。

为抓好习近平总书记重要指示批示精神和党中央、国务院相关决策部署的落实，民政部推出了一系列改革举措。2020 年 5 月，印发了《关于开展婚俗改革试点工作的指导意见》，并部署开展婚俗改革试点工作。2021 年 6 月，印发《关于落实三孩生育政策、积极构建新型婚育文化的工作方案》，4 月和 9 月，又先后分两批确定了 32 个全国婚俗改革实验区，旨在探索适应新时代要求的婚俗改革路径，改善和解决婚俗领域的乱象和问题，以期在婚俗改革方面取得突破性进展。

从各地实践经验看，推进婚俗改革工作，坚持和加强党的领导是根本，是确保婚俗改革正确方向的政治保障；部门协同是关键，只有各相关部门共同参与、齐抓共管，婚俗改革才能取得较好的成效；改革创新是动力，婚俗改革既要破，也要立，要针对社会的"痛点"、群众的"难点"，改革旧习俗、创造新载体，把好事办到群众心坎上；群众参与是基础，要以群众需求为导向，提供更多婚姻公共服务产品，采取更多务实管用的举措，着力解决群众的急难愁盼，把党和政府的政策转变为群众的自觉行动。

在国家政策的引导和社会组织的推动下，许多婚姻服务企业积极响应习近平总书记关于家庭观的重要论述，认真履行企业的社会责任和民族责任。这些企业不仅致力于成为中华优秀传统文化的传承者，还在社会主义核心价值观的践行中发挥着重要作用。它们通过深厚的文化积淀，融汇汲取优秀传统婚俗文化的精髓，将夫妻和睦、孝亲敬老、忠厚传家的中华美德融入实际的服务中。

---

① 注重家庭、注重家教、注重家风，习近平总书记这样说 [EB/OL] . (2017-02-10) [2024-11-16] . https://www.ccdi.gov.cn/toutiaon/201702/t20170209_91987.html.

在婚俗改革的实践过程中，这些企业将"和合之礼""爱亲之情""孝亲之道"贯穿于婚礼策划与实施的各个环节，注重弘扬家庭和谐的理念，倡导简约而富有内涵的婚礼形式，努力抵制奢华和低俗的婚嫁现象。这种做法不仅让传统婚俗焕发新的生机，也促进了家庭家教家风的建设。通过对婚嫁礼仪的传承与创新，这些企业有效推动了婚礼文化与中华传统家庭美德的有机结合，使现代婚礼在形式与内容上更加贴近中华民族的文化根基。

第二节　百年婚俗改革的影响因素

社会风俗的变革通常是在经济基础、政治体制和社会制度等发生变化时，由国家或社会积极倡导的。这是一种有意识的、集中力量破除旧有社会风俗，并培养和树立新风俗的群众性实践。婚俗改革作为婚姻习俗的变革，其发展和演变受到经济、政治、社会和文化等多重因素的影响。尽管在不同的历史时期，主导这些改革的因素可能有所不同，但总体而言，这些因素往往相互交织，共同影响着婚俗改革的方式、内容、路径和效果。通过对这些因素的综合考量，能够更好地理解和推动婚俗改革的进程。

一、经济因素

婚俗改革的经济因素包括经济结构、财富分配、市场化进程等，这些因素深刻影响着婚姻习俗（如婚礼仪式、彩礼、婚姻观念等）。经济因素直接塑造了婚俗的内容、形式及其社会功能，反映了社会经济变迁对个人和家庭行为的深刻影响。婚俗的变化不仅反映了经济发展阶段的转变，还与经济结构、消费观念、财富分配等因素紧密相连。自1919年至今，中国社会经济环境经历了剧烈的变化，从民国时期的农耕经济到新中国成立后的计划经济，再到改革开放后的市场经济，经济因素在婚俗改革的演变过程中扮演了至关重要的角色。

（一）经济困境与婚俗变革的初步互动

民国时期，特别是战乱期间，中国社会经济动荡不安，国家的战乱与财政危机对民众的生活产生了深远影响，经济因素成为制约婚俗改革的主要因素。在此背景下，婚俗改革的经济因素主要体现为社会贫困与资源的匮乏。尽管这一时期在思想文化层面涌现了对婚姻自主、男女平等的诉求，但经济因素对婚俗的实际变革产生了较大的制约作用。

农村经济以农业为主，贫困和重农轻商的经济结构使传统的婚俗，如彩礼、聘礼、陪嫁等成为维系婚姻的经济基础。大多数家庭依赖婚姻交易来交换土地、财富和社会资源，使包办婚姻和联姻成为经济利益的体现。尽管婚俗改革的初步倡导在城市知识分子和部分政治精英中得到认可，但由于经济现实的制约，农村地区的婚俗改革难以实现，导致传统婚俗形式依然盛行。

由于经济的虚弱，社会财富分配严重不均，尤其是在经济贫困的地区，一些婚俗往往成为家庭社会地位的体现。即使提倡婚姻自主的理念，家庭的经济状况和财力也往往决定了婚姻的形式与仪式，如彩礼的多少、婚宴的规模等。因此，婚俗改革虽然在理论上得到支持，但其实际效果受到经济困境的限制。

（二）计划经济与婚俗的制度化变革

新中国成立后，随着社会主义计划经济体制的建立，婚俗改革进入了一个制度化的阶段。政府对婚姻家庭的干预成为政策导向，经济因素在婚俗变革中的作用日益凸显，尤其是婚姻与经济资源的关联逐渐体现出计划经济时期特有的集体主义与国家主导特征。

在这一时期，计划经济体制使个体经济活动受到严格限制，婚姻的形式和内容更多地受到国家政策的影响。婚姻和家庭生活的经济基础不再仅仅依赖传统的婚姻交易或家庭财产，而是与国家分配的物质资源紧密相连。例如，政府通过分配婚房、提供结婚补贴等方式，减轻了婚礼和婚俗中的经济负担。这一阶段，彩礼和嫁妆等经济活动受到了法律和政策的限制，婚姻不再仅仅是家庭经济的交易工具，而逐步转向体现婚姻自由和社会公平。

计划经济体制推动了婚姻制度的规范化和婚俗的经济化转型，但经济因素在婚俗中的影响仍未完全消失。尤其是在农村地区，传统的婚俗实践依然根深蒂固，婚姻依然是资源分配的重要工具。尽管国家通过政策改革试图消解婚俗中的经济因素，经济基础的薄弱与城乡差异仍使这一转型过程面临挑战。尽管新中国的婚俗改革在一定程度上减轻了婚姻中的经济负担，但传统的经济行为仍在一定程度上影响着婚俗的演变。

（三）市场经济与婚俗消费化

改革开放后,中国的市场经济体制逐步建立,婚俗改革在这一时期表现出明显的经济化趋势。随着市场化进程的推进,个体经济活动和人们消费的激增,婚俗的经济性质和市场化特征日益显现。

在传统社会,婚姻往往不仅是个人情感的结合,更具有经济功能,例如土地继承、劳动力的配置等。然而,随着社会经济的现代化,尤其是女性教育水平的提升和职场参与的增加,婚姻的经济功能逐渐淡化,更多地转向情感的互动与个人价值的实现。这一转变使婚俗改革不再单纯依赖物质经济利益的交换,而是更多地关注情感、性别平等和个人选择。

改革开放带来了收入差距的拉大和消费水平的提高,婚礼和婚姻的形式开始受到经济条件的影响。尤其在城市,婚礼仪式不再仅仅是家庭内部事务,而成为一项巨大的经济活动。从婚纱摄影、婚礼策划到婚宴消费,婚俗的"消费化"趋势越发明显,婚礼成为家庭财富的象征与社会地位的体现。彩礼、婚房、婚宴等成为婚姻交易中重要的经济部分,婚俗改革逐步进入一种消费导向的模式。

随着个人收入的增加和消费观念的转变,婚姻的经济成本显著增加。婚姻不再是单纯的家庭契约或社会关系的表现,而逐渐演变为一种"社会仪式",这种变化使婚姻本身的经济负担也逐步加重,尤其是在大城市,婚礼的豪华程度成为婚姻质量的象征。社会普遍存在关于"高价彩礼"的讨论,彩礼成为一项具有重要经济意义的社会现象,甚至在一些地区出现了因彩礼过高引发的社会问题。

（四）经济全球化与婚俗的多元化

进入21世纪后,经济全球化与中国经济的快速增长深刻影响了婚俗的形式和内容。经济自由化、消费升级和社会财富的重新分配,使婚俗变得更加多元化、个性化,也更加注重消费与经济资源的展示。

在这一时期,婚俗的经济化趋势愈加明显。随着中国经济的持续发展和中产阶级的崛起,婚姻和婚礼的形式变得更加多样化和个性化。婚礼消费成为市场经济中的重要组成部分,婚礼产业链逐步形成,涉及婚纱摄影、婚礼策划、婚宴等多个环节。同时,婚房作为家庭的重要资产,也成为婚姻的重要组成部分,房价的上涨直接影响了婚俗的演变。特别是在大城市,由于房价的持续高涨,很多年轻人将"购房结婚"视为婚姻的重要前提，这一趋势进一步加重了婚姻的经济负担。

近年来，婚俗的消费化和物质化趋势日益明显，经济压力导致的婚姻推迟或不婚现象也引起了广泛关注。尤其是在高房价和高生活成本的压力下，许多年轻人选择推迟婚姻或放弃传统婚礼形式，这也反映了经济因素对婚姻观念和婚俗形式的深刻影响。

从民国时期的贫困经济环境下的婚姻交易，到新中国成立后的计划经济对婚俗的规范，再到改革开放后的市场经济对婚俗消费化的推动，经济因素在婚俗改革中的作用逐步显现。特别是在改革开放后，婚俗逐渐表现出消费化、市场化的特点，经济状况和个人财富成为影响婚俗形式和内容的关键因素。随着中国经济的发展与社会财富的变化，婚俗将继续受到经济因素的深刻影响，婚姻与消费、社会地位和文化认同之间的关系也将愈加复杂。

二、政治因素

婚俗改革的政治因素主要指的是国家和政府在推动婚姻、家庭制度及相关社会习俗变革中发挥的政治作用和影响。这些政治因素不仅体现了国家在法律、政策上的干预，也涉及社会文化、权力结构、意识形态等方面。婚俗改革的政治因素包括国家法律和制度改革、政治意识形态和价值观、社会运动、政府倡导与文化宣传等。婚俗改革不仅是社会经济变迁的反映，也是政治力量作用的直接体现。随着中国社会的不断发展与国际化进程的推进，政治因素仍将继续在婚俗改革中发挥关键作用。

（一）政治改革与婚俗自主化的初步尝试

民国时期，政治体制的不稳定和社会的剧烈变动为婚俗改革提供了复杂的背景。五四运动作为一场思想启蒙运动，推动了包括婚姻观念在内的多方面社会改革，特别是倡导婚姻自主与男女平等的理念。政治力量在婚俗改革中的作用表现为从国家层面对传统婚俗的挑战，以及知识分子和进步力量在社会文化领域的推动。

1930 年，南京国民政府颁布的《中华民国民法·亲属编》，在保护婚姻当事人的基本权益的同时，也尽力推进了婚姻制度近代化。但是实际上，由于民国政权更替频繁、政治动荡不断，这一时期婚姻制度缺乏具体的配套政策和实施措施，很多相关法律条款只是形式上的"纸老虎"，甚至在实际操作中难以落实，难以保护人民的基本权益。

民国时期的政治改革虽有所进展，但受到经济、文化及传统力量的深刻制约，许多婚俗改革的倡议仅在城市中得到部分实现。在农村，尽管政治口号中宣扬婚姻自主与男女平等，但家族权威和儒家伦理的根深蒂固使这些改革难以渗透到基层，反映出政治因素在改革过程中面临的巨大挑战。

（二）社会主义政治体制与婚姻制度的全面改造

新中国成立后，社会主义政治体制在全社会范围内实施，婚俗改革进入了全方位的制度化阶段。中国共产党在这一时期主张通过政治手段推动社会各个方面的变革，婚姻和家庭制度成为政治改革的重要组成部分。新中国的婚姻法和婚俗变革紧密结合，政治因素对婚俗的影响不仅体现在法律层面，还通过意识形态和社会运动形式展现出来。

1950 年，中华人民共和国颁布了《中华人民共和国婚姻法》，这一法令确立了婚姻自由、男女平等以及一夫一妻制的基本原则，是对旧社会婚姻习俗的根本性改革。《中华人民共和国婚姻法》明确禁止了包办婚姻、卖妻与一夫多妻制，并规定了离婚的合法程序，极大地突破了传统婚俗的框架。同时，政治上的改革通过法律手段加速了婚俗中的性别平等和个人自由的实现，反映了社会主义政权对社会文化的强力塑造。

在社会主义改造运动和"文革"期间，婚姻观念也受到了政治的影响。特别是"文革"时期，婚俗改革的进程受到政治斗争和社会动荡的干扰，传统婚俗和家族观念被视为封建主义的产物，遭到极大的打压。政治运动不仅使个人的婚姻选择受到政治因素的强烈干扰，婚姻与家庭生活在某种程度上也成为政治审查和社会改造的对象。在这一时期，婚姻与家庭生活的自由度受到限制，政治意识形态对婚姻行为的塑造显著增强，婚姻和家庭成为社会政治运动的工具。

（三）改革开放与婚俗市场化

1978 年，改革开放的实施标志着中国进入了一个新的政治和社会变革时代。在这一背景下，婚俗改革进入了市场化、自由化的阶段，政治因素对婚俗的影响发生了深刻转变。政治体制的改革与开放，使婚姻制度从制度性改革向文化和消费层面的变迁转型。

改革开放后的政策松绑，促进了社会思想的自由化和文化观念的多元化。政府逐步放宽了对婚姻家庭事务的干预，婚姻不再完全由社会意识形态主导，个体婚姻选择和家庭形式的多样性逐渐得到体现。政治体制改革使婚姻中的自主性和个人选择权得到了更广泛的保障，传统婚俗中的性别不平等与家族束缚逐渐消退，取而代之的是个人自由与婚姻市场的兴起。

随着市场经济的逐步建立，婚俗开始出现市场化和商业化的趋势。婚礼、彩礼、婚房等消费成为家庭和社会地位的象征，改革开放通过经济政策激发了婚俗的新变化。政治上虽然没有直接推动婚俗的市场化，但为婚俗的商业化提供了有利条件和发展空间。

（四）当代婚俗的变革与政治影响

进入 21 世纪以来，随着中国经济的进一步全球化和国家政策的调整，婚俗改革进入了更加复杂的社会变革阶段。不仅限于婚姻法律的更新，还体现在社会政策、文化引导与意识形态的层面。

婚姻法的不断修订与完善体现了政治力量在婚俗中的影响。例如，近年来，政府对婚姻法进行了多次修改，加强了婚姻家庭中的权利保护，尤其是对女性儿童合法权益的保障。此外，随着离婚率的上升，政府也开始关注离婚相关法律和社会政策的改进，以应对家庭结构的变化。《中华人民共和国民法典》第一千零七十七条设立了"离婚冷静期"，规定："自婚姻登记机关收到离婚登记申请之日起三十日内，任何一方不愿意离婚的，可以向婚姻登记机关撤回离婚登记申请。前款规定期限届满后三十日内，双方应当亲自到婚姻登记机关申请发给离婚证；未申请的，视为撤回离婚登记申请。"让夫妻在离婚前慎重考虑 30 天，减少冲动性离婚。民政部印发的《关于开展婚俗改革试点工作的指导意见》（民发〔2020〕62 号）提到，推动深入开展婚姻家庭辅导服务，帮助夫妻通过沟通化解矛盾，减少离婚对家庭和社会的负面影响。

近年来，国家对生育政策的调整（如放宽独生子女政策、实施三孩生育政策等）对婚俗产生了间接影响。国家对婚姻家庭的政策导向反映了政治因素在家庭生活中的作用，尤其是在鼓励生育和改善人口结构方面，婚姻与生育的政策已成为国家战略的一部分。例如，为健全人口发展支持和服务体系，促进人口高质量发展，加快完善生育支持政策体系，国务院办公厅印发《关于加快完善生育支持政策体系推动建设生育友好型社会的若干措施的通知》（国办发〔2024〕48 号），将婚嫁、生育、养育、教育一体考虑,从"强化生育服务支持""加强育幼服务体系建设""强化教育、住房、就业等支持措施""营造生育友好社会氛围"等方面,提出一揽子生育支持措施,形成一系列综合性支持政策。

三、社会因素

婚俗改革的社会因素是指在婚俗变革过程中影响其发展和演变的各种社会背景和环境因素。这些因素包括社会经济、教育水平、法律法规、性别平等意识、全球化进程和媒体传播等。婚俗作为社会结构和文化规范的重要组成部分,其演变不仅反映了个体生活方式的变化,而且折射出宏观社会的转型。费孝通先生在《乡土中国》一书中以"礼治秩序"解说传统中国基层社会的特征,认为传统的行为规范是维持乡土社会秩序的根本力量。从某种程度上说,基层社会的婚姻礼俗秩序决定了整个社会的风气。因此,社会因素在各个时代对婚俗改革都产生着重要影响。

(一)社会经济变迁

社会经济的发展对婚俗改革产生了深远影响。从20世纪初开始,中国逐步从传统农业社会向现代工业社会过渡。城市化进程的加快和人口流动性的增强,使人们的婚姻观念和实践发生了显著变化。经济独立性的提高,特别是女性经济地位的提升,使婚姻不再仅是生存的手段,而成为追求个人幸福的重要途径。

进入21世纪后,互联网和信息技术的发展进一步改变了婚姻的模式和形态。婚恋网站和社交媒体的兴起,扩大了婚姻的选择范围和丰富了交往方式,传统的婚姻中介逐渐消失。经济全球化和文化交流使年青一代在婚姻观念上更加多元化和个性化,强调情感需求和共同成长。教育水平的提升使年轻人更注重精神契合和价值观的相似,通过共同兴趣和理想建立稳定的婚姻关系。

现代职业多样化和生活方式的变化,使婚姻的时间和方式更加灵活。晚婚、丁克家庭、异地婚姻等形式逐渐被社会接受和认可,婚姻制度也变得更加包容。同时,法律和政策的支持,为婚姻自由提供了保障,离婚程序的简化和对家庭暴力的打击体现了社会对婚姻自由和家庭和谐的重视。另外,社会保障体系的完善,使人们在养老、医疗等方面更多依赖社会,减轻了家庭的经济负担,反映了社会对个体选择的尊重和宽容。这一系列变化推动了婚俗改革，使现代婚姻更加注重平等、自由和幸福，体现了社会的进步和人们对美好生活的追求。

（二）文化观念演进

五四运动以来，随着新文化运动的兴起，传统的封建婚姻观念受到强烈冲击。婚姻自由、男女平等的理念开始深入人心，逐渐取代了父母之命、媒妁之言的旧习俗。新文化运动的倡导者通过文学作品和社会活动等多种形式，呼吁婚姻自主，反对包办婚姻和买卖婚姻。这一时期，知识分子和青年群体成为婚姻观念变革的先锋，推动了社会对婚姻关系和家庭结构的重新认识和评价。

新中国成立后，国家通过立法和政策进一步推动婚俗改革。1950年《中华人民共和国婚姻法》的颁布，明确规定了婚姻自由、一夫一妻、男女平等等原则，标志着婚姻制度的现代化转型。这部法律不仅在法律层面保护了个人的婚姻自主权，还通过具体条款打击了重男轻女、纳妾等封建残余现象。此后，国家继续通过各种形式的宣传教育，引导社会公众树立新的婚姻观，倡导夫妻互敬互爱、家庭和睦的理念，进一步巩固了婚姻制度的现代化成果。

改革开放以来，西方文化的引入进一步推动了婚姻观念的开放与多元化。个性化思潮的传播，使现代婚姻更加注重个人意愿和情感满足，传统的家庭和社会压力在婚姻选择中的制约作用有所减弱。年青一代在择偶时更加注重精神契合和共同价值观，离婚率的上升和再婚现象的普遍，也反映了人们对婚姻质量和幸福追求的重视。现代婚姻观念的演进，体现了中国社会在开放和多元化背景下的不断进步与变革。

（三）教育普及程度

教育的普及，特别是女性教育水平的提高，对婚俗改革产生了深远影响。新中国成立以来，随着教育体系不断扩展，基础教育和高等教育的普及，使越来越多的女性有机会接受良好的教育。受教育程度的提升，增强了女性的经济独立性，提高了其社会地位，女性不再仅仅依赖婚姻作为生活保障。她们在就业市场上获取了更多的机会和资源，能够通过自己的努力实现自我价值和经济独立。这种变化打破了传统社会中男性主导、女性依附的婚姻模式，使女性在婚姻关系中拥有了更多的话语权和选择权。

受教育程度高的群体，往往对婚姻有着更高的期待和要求。无论是男性还是女性,教育使他们更加注重平等、尊重和共同成长的婚姻关系。他们希望通过婚姻实现情感的满足和精神的契合,而非繁衍后代或维持生计。高学历人群通常更倾向于寻找在思想、兴趣和价值观上相匹配的伴侣,以建立稳固而和谐的家庭关系。这种新的婚姻观念推动了婚俗的进一步改革,使现代婚姻更加注重双方的平等合作和共同发展,反映了社会进步和个体自我实现的追求。

(四)女性地位提升

百年来,女性地位的提升是婚俗改革的重要推动力。随着教育普及和经济发展的推进,女性在政治、经济和社会领域的地位显著提高,逐渐从传统的家庭角色中解放出来。女性在职场中取得了越来越多的成就,经济自立能力增强,社会地位进一步提升。这些变化使女性在婚姻关系中的话语权和自主权显著增强。她们不再仅仅是家庭的附属,而成为具有独立人格和自主经济能力的个体,能够对婚姻关系提出自己的要求和期望,推动了婚俗的现代化与进步。

20世纪末与21世纪初,中国女性主义的发展和法律保护的完善,进一步促进了女性在婚姻中的权利保障和选择自由。国家通过一系列立法措施,如《中华人民共和国反家庭暴力法》和《中华人民共和国妇女权益保障法》,为女性提供了法律保障,确保她们在婚姻中享有平等的权利和尊严。这些法律和政策的实施,使传统的父权制婚姻模式逐渐被打破,女性在婚姻中获得了更多的自主权和选择权,能够更自由地追求个人幸福和婚姻质量。女性地位的提升不仅推动了婚俗改革,也促进了整个社会的进步和家庭关系的和谐发展。

(五)科技进步

进入21世纪以来,世界科技进入新一轮的"大爆炸",尤其是生殖技术和信息技术的发展,对婚俗改革产生了重要影响。现代生殖技术的进步,如人工授精等,使生育不再完全依赖传统的婚姻关系。这些技术赋予有生育困难的夫妻更多的选择和机会。

信息技术的进步极大地改变了婚恋交往的方式。互联网和社交媒体的发展,使人们能够通过各种在线平台和应用程序进行社交和婚恋互动,突破了时间和空间的限制。网络婚恋逐渐成为一种重要的婚姻模式,尤其是在年青一代中广泛流行。线上交友平台不仅提供了更多的婚恋选择,还通过大数据和算法推荐，帮助人们找到更匹配的伴侣。这种新的交往方式，使婚恋过程更加高效和便捷，也带来了婚姻观念的变革，强调个性化和多样化的婚恋选择。

信息技术的发展还促进了婚姻关系中的沟通和互动。智能手机、视频通话和即时通信工具的普及，使夫妻之间即使身处异地，也能保持紧密联系和交流。这些科技手段不仅增强了婚姻中的情感维系，还提供了更多解决婚姻冲突和问题的途径，例如在线婚姻咨询和心理辅导。这种技术支持的婚姻互动模式，提升了婚姻质量和稳定性，使现代婚姻更加适应快速变化的社会环境，也为婚俗改革注入了新的动力。

四、文化因素

婚俗改革的文化因素指的是在推动婚姻习俗变革过程中，由文化背景、价值观念、社会规范以及传统习惯产生的影响和动力。这些文化因素相互交织，共同作用于婚俗的变革过程，使婚姻习俗不断适应时代的发展和社会的需求。

婚俗是围绕着人们的恋爱、婚姻、家庭生活等方面形成的一种文化现象。它不仅展示了一个民族或地区的文化积淀和审美情趣，还通过多样的文化形式反映了不同时期的时代特征。婚俗改革可以被视作一种文化重构，因此，文化因素在推动婚俗改革过程中起着至关重要的作用。

（一）社会变迁与价值观念的演变

社会变迁和价值观念的演变是婚俗改革的基础性因素。20 世纪初期的社会动荡和政治变革，尤其是第一次世界大战和随后的一系列革命，深刻影响了许多国家的社会结构和文化观念。1919 年的五四运动标志着社会在思想和文化上的巨大转变，这一时期的知识分子和青年开始批判封建婚姻制度，倡导自由恋爱和婚姻自主。这种对传统婚姻观念的反思和挑战，为后来的婚俗改革奠定了思想基础。

进入 21 世纪后，全球性的价值观念进一步朝着个体自由和人权尊重方向发展。这一时期，伴随着信息技术的飞速发展和全球化进程的加快，跨文化交流变得更加频繁，人们接触和接受各种不同的婚姻观念和文化实践。西方国家倡导的平等、自由和个性化婚姻观念逐渐在全球范围内传播，影响着不同文化背景下的婚俗实践。这种全球性的价值观念变迁，促使婚俗在许多国家和地区发生了深刻的变革。在这一文化背景下，婚俗改革呈现出显著的个体化和多元化特征。个体自主权和选择权在婚姻中得到更大程度的尊重，传统的家族和集体利益让位于个人幸福和权利的追求，不仅反映了社会价值观念的演变，也是社会进步和文化多样性发展的重要体现。

（二）教育普及与认知提升

基础教育和高等教育的广泛普及，使越来越多的人有机会接受系统的现代教育，接触到科学、民主和人文思想的熏陶。教育不仅传授知识，更培养了人们的独立思考能力和批判精神，使他们能够更深刻地认识到传统婚俗中的不合理之处。尤其是在婚姻观念上，受过教育的人群更倾向于质疑和反思传统的婚姻模式，寻求更加合理和公平的婚姻关系。

随着受教育水平的不断提高，人们的社会认知和个人意识也在逐步提升。高等教育的普及使更多人接受了多元文化的影响，尤其是西方自由平等观念的传播，为传统婚姻观念带来前所未有的挑战。受过高等教育的年青一代，不再仅满足于家长安排的婚姻，而是更加重视个人的情感和选择权。他们通过教育获得了更广阔的视野和更多的信息资源，从而能够更加理性地分析和选择自己的婚姻道路，追求更加自主和平等的婚姻关系。

在教育普及的背景下，社会的整体认知水平和婚姻观念也在悄然发生变化。教育使人们不仅能够认识到传统婚俗中的性别不平等和其他不合理现象，更能够有意识地推动婚俗改革，倡导新的婚姻模式。通过教育，人们学会了尊重个人权利和自由，强调婚姻中的平等和互相尊重。这种认知的提升进一步推动了法律和社会制度的改革，如婚姻法的修正和平等权利的保护，使婚姻越来越成为基于平等和自主的个人选择，而非传统习俗的延续。这些变化不仅反映了教育对个体思想和行为的深刻影响，也展示了教育在推动社会进步和婚俗变革中的关键作用。

（三）全球化与跨文化交流

随着全球化进程的加快，不同文化背景下的人们越来越频繁地接触和互动，这种跨文化交流拓宽了人们的视野，使他们有机会了解和借鉴其他文化中的婚俗实践。通过国际留学、旅游、移民和互联网等途径，世界各地的人们接触到多种多样的婚姻观念和传统，逐渐开始反思和重新定义自身的婚姻习俗。这种文化的碰撞和融合，促使人们在婚俗上进行创新和改革，形成了更加多元化和开放的婚姻模式。

在全球化背景下，西方婚礼中的平等理念和现代婚姻观念逐渐被其他文化接受与融合。西方国家提倡的个人自由、婚姻自主和平等权利等观念，通过各种跨文化交流渠道传播到全球各地，深刻影响了不同文化背景下的人们。许多国家和地区在传统婚俗中引入了现代婚姻的平等理念，强调夫妻之间的平等地位和互相尊重。这种理念的传播和接受，促进了婚姻制度的改革，推动了社会对婚姻观念的重新审视和认可。

跨文化交流带来的婚俗变革，不仅体现在具体的婚礼仪式和庆祝方式上，更深刻地影响了人们对婚姻的理解和期待。不同文化之间的相互借鉴，使婚姻不再局限于某一特定文化的传统模式，而是呈现出更加多样化和包容性的特点。例如，在一些传统上强调家族利益和集体决策的文化中，个人的婚姻选择权和幸福感逐渐得到更多重视和尊重。跨文化交流的深入，使婚俗变革在全球范围内不断推进，推动婚姻观念朝着更加开放、平等和多元的方向发展。这一过程反映了全球化时代文化互鉴的积极成果，展示了婚俗演变中人类对自由和平等的不懈追求。

随着社会的发展和人们思想观念的变化，传统的婚姻观念逐渐被重新审视和重新定义。过去，婚姻通常被视为一种经济和社会生活的保障，而在现代社会中，越来越多的人将婚姻视为一种基于互相尊重和共同发展的伴侣关系。这种转变反映了人们对个人幸福和生活质量的重视，也体现了社会对婚姻内涵的深层次变革。

在婚俗改革的过程中，优秀传统文化的重要性不容忽视。习近平同志指出，"文明特别是思想文化是一个国家、一个民族的灵魂""优秀传统文化是一个国家、一个民族传承和发展的根本，如果丢掉了，就割断了精神命脉"。[①] 当下的婚俗改革，正是在复兴中华优秀传统文化的时代背景下进行的。这种改革不仅是对婚俗形式的调整，更是一种文化重构，旨在倡导和推广体现中华优秀文化的传统婚礼，同时尊重不同地区婚俗礼仪的多样性。

新时代的婚俗改革，不仅是在形式上继承和发展中华优秀婚俗礼仪，

---

① 何莉. 人民日报新知新觉：守护好中华民族的"根"与"魂"［EB/OL］. （2018-07-30）
［2024-11-16］. 人民网，http：//opinion.people.com.cn/n1/2018/0730/c1003-30176656.html.

更是在精神层面树立文化自信，使中华优秀婚俗礼仪得以薪火相传。这种改革努力在传统与现代之间找到平衡点，使婚姻既能体现现代社会的平等和自由，又能保留传统文化的深厚底蕴。通过这种融合，新时代的婚俗不仅能满足人们对婚姻幸福的追求，还能在全球化背景下，展示中华文化的独特魅力和永续生命力。

第三节　中国百年婚俗改革的经验与启示

自 1919 年至今，中国婚俗经历了深刻的变革，伴随着政治、经济、社会以及文化的不断发展，这百年婚俗改革经历了从初步现代化到规范化，再到多元化的过程。婚俗改革的核心经验可以概括为三个方面：法律与社会观念相辅相成，市场经济驱动婚俗多元化，社会变革与婚俗转型相互作用。对历史经验进行总结，可以揭示出其主要特征及内在规律。

一、法律与社会观念相辅相成

婚俗改革作为社会变革的重要组成部分，历经了法治与社会观念双向互动的不断演进。在这一过程中，法治与社会观念相辅相成，彼此促进，推动婚姻制度朝着现代化、平等化和个性化方向发展。

（一）法治与社会观念互动的辩证关系

婚俗改革中的法治与社会观念并非孤立发展的，而是相互渗透、相互依赖的。社会观念的变革往往为法律的创新提供了社会基础，而法律的变革则在一定程度上引导了社会观念的转型。

1. 法治在推动社会观念变革中的引领作用

法治对社会观念的塑造与引领作用，不仅体现在法律条文的直接实施上，还表现在其对社会规范、伦理观念的潜移默化的影响上。婚姻作为社会的基础性制度，其法律制度的改革常常预示着更深层次的社会观念变革。例如，1934 年 4 月，《中华苏维埃共和国婚姻法》颁布实施，该法提出废除一切包办强迫和买卖的婚姻，实行男女平等、一夫一妻制、婚姻自由和保护妇女权益。这一法律变革不仅摒弃了传统的包办婚姻，倡导自由恋爱，更为整个社会观念的现代化转型提供了法理依据。法律的倡导与规范作用，为社会观念的转型提供了制度支持，并通过立法的权威性和普遍性，促进了婚姻自主权和性别平等理念的广泛传播。

2. 社会观念对法治变革的深远影响

尽管法律具有强制性和规范性，但其变革与实施往往受到社会观念的深刻影响，尤其是当社会传统与现代观念之间存在较大冲突时，法治改革的推进往往需要社会基础的支撑与接受。婚俗改革中的法治变革，无论是离婚制度的放宽，还是对婚姻平等的规定，都离不开社会观念的逐步转变。自中国改革开放以来，社会观念经历了由计划经济向市场经济的转型、由集体主义向个性化观念的转变，婚姻观念亦随之发生了深刻的变化。传统的"父母之命、媒妁之言"逐渐被"自由恋爱、婚姻自主"取代。这一变化不仅促进法律条文的调整与完善，也推动了法律实施中对个体权利的更大保障。可见，社会观念的逐步进步为法治变革提供了更加宽松的环境和更为强大的动力。

（二）婚俗改革中法治与社会观念互动的经验

通过对婚俗改革过程中法治与社会观念互动的剖析，笔者提炼出三条关键经验，能够进一步深化对法治与社会观念互动机制的理解。

1. 法治推动应与社会观念的接受度相匹配

婚俗改革中的法治推动必须考虑到社会观念的接受度与文化传统的根深蒂固。在这一过程中，法律的变革并非一蹴而就，而是循序渐进、逐步深入的。例如，新中国的婚姻法改革经历了多个阶段，从最初的 1950 年颁布的《中华人民共和国婚姻法》，到 1980 年的《中华人民共和国婚姻法》，再到 2020 年颁布的《中华人民共和国民法典》中整合并修订的婚姻家庭编，都涉及了"婚姻自由""性别平等""家庭暴力"的法律规定，这一系列改革都体现了法治与社会观念相互适应的渐进性。社会的整体文化水平、民众的婚姻观念等，都在法律的修订过程中起到了重要的调节作用。因此，法治改革在实际推进时，必须兼顾社会现有观念与文化背景，避免过于急功近利的改革方式，以确保法律与社会文化的同步发展。

2. 法律应适应社会变革中的新需求

婚俗改革中的法治变革，不仅要回应社会婚姻观念的变化，还需考虑到社会变革中新兴婚姻与家庭领域的需求。传统的婚姻法治往往基于固定的社会结构和观念，而当社会发生深刻变化时，原有法律框架可能难以有效应对新的社会现实。因此，法律的适应性和前瞻性显得尤为重要。在现代社会，婚姻观念的变化表现得尤为显著。例如，越来越多的年轻人选择推迟结婚、独立生活或保持单身状态，离婚率居高不下，这对现有婚姻法的实施提出了挑战。传统的"结婚即成家"模式已不再完全适应现代社会的多样化需求。因此，婚姻法应关注单身群体、离婚后的财产分配、子女抚养等方面的法律保障，确保能够满足社会成员在新的生活方式下的实际需要。此类法律变革的及时响应，能够有效减少社会矛盾，因此法律必须密切关注社会变革中的新需求，灵活调整，以保障社会成员的基本权利与自由。

3. 文化引导与公众教育不可或缺

法治改革固然重要，但其背后的文化引导与公众教育也不可忽视。在婚俗改革中，法律的完善往往需要社会广泛的文化认同与思想接受。单纯依赖法律条文的约束，难以在短时间内彻底改变人们深植心底的传统观念。此时，文化的引导和教育作用尤为重要。通过媒体、教育、公众讨论等渠道，推动社会大众对新婚姻观念的认知，逐步改变传统性别角色、婚姻模式等社会认知，为法律的执行提供文化支持。因此，法律改革不仅是对社会观念的反映，更是文化引导的重要契机，二者应相辅相成，形成有效的互动机制。

（三）婚俗改革法治与社会观念互动的启示

1. 法治与社会观念的双向互动是社会变革的动力源泉

婚俗改革中的法治与社会观念并非单向作用，而是相互交织、相互促进的双向互动过程。法律的改革推动社会观念的变革，而社会观念的变化又反过来推动法律制度的创新与完善。因此，未来社会改革的推动应注重法治与社会观念的双向互动，通过相互作用不断拓展改革的深度与广度。

2. 法治改革应考虑文化差异与社会多元性

在全球化背景下，婚俗改革不仅要面对传统与现代之间的冲突，还需处理不同文化背景下的多样性需求。各国婚姻法的改革经历反映出不同文化对婚姻制度的理解和实践。例如，某些文化传统中婚姻的宗教性、家族性较为突出，而其他国家则可能更加注重个体自由与平等。未来婚俗改革中，法治改革需综合考虑文化差异与社会多元性，形成既具包容性又具规范性的法律体系。

3. 社会教育与法律引导需并重

婚俗改革的成功不仅依赖法律的出台与修订，更需要社会教育与文化引导的配合。通过教育体系的完善与社会文化的引导，可以加速社会对现代婚姻观念的接受，形成广泛的社会认同。因此，未来的婚俗改革应将法治与社会教育并重，形成全方位、多层次的改革推进体系。

二、市场经济驱动婚俗多元化

市场经济的蓬勃发展不仅重塑了社会的经济结构，也深刻影响了婚俗的演变。婚俗的多元化是市场经济发展与社会个体化进程加快的必然产物，反映了个体自由与多样化需求的上升，这一变化不仅反映了社会生活的日益复杂性，也揭示了市场机制在社会文化领域的渗透与塑造作用。婚俗改革应在尊重传统文化的基础上，灵活应对市场经济带来的新需求，推动婚姻制度更加平等、包容与多元的发展。

（一）市场经济对婚俗多元化的推动作用

1. 经济独立性促进婚姻观念的变化

市场经济赋予个体更多的经济自主权，尤其是对女性和年轻群体，经济独立性为婚姻观念的转型提供了坚实基础。经济独立使个人在婚姻选择上拥有更多的主动性，不再仅仅受制于传统的性别角色与家庭结构。这一变革使婚姻不再是家庭经济的捆绑工具，而是个体情感、价值与生活方式的选择，进而推动了婚姻模式的多样化发展。

2. 消费主义文化影响婚姻观念

在市场经济体制下，消费主义文化的兴起对婚俗产生了深远的影响。婚姻不仅是社会责任和传统规范的体现，也逐渐被赋予了情感和个性化的色彩。婚礼的消费化、婚姻生活的物质化，使个体对婚姻的期待不仅限于家庭和生育，还涉及个人情感的满足与生活质量的提升。消费文化的渗透，使婚俗从传统的"家族联姻"转变为更加注重个体需求和感情的"情感联姻"。

3. 市场化推动婚姻服务产业的兴起

随着市场经济的不断深化，婚姻服务产业作为一个新兴行业迅速发展，为婚俗的多元化提供了物质支持。从婚庆服务到婚介服务，从婚礼定制到情感咨询，市场化的婚姻服务不仅丰富了婚俗的表现形式，也加速了婚俗的创新与多样化。这一现象表明，市场经济的繁荣不仅限于物质层面，还深刻影响了婚姻观念的改变和婚俗形式的变革。

（二）市场经济驱动婚俗多元化的经验

1. 经济自由促进婚姻选择多样化

在市场经济中，个人收入水平的提升使个体在婚姻选择上有了更多的主动权和自由度。传统婚俗往往强调婚姻作为一种社会责任，家庭观念较为传统，而现代市场经济的推动使婚姻不再是单一的、固定的模式。在现代社会中，越来越多的年轻人选择推迟结婚、单身生活或自由恋爱。这些变化不仅反映了个人经济独立性的提升，也表现出对婚姻更多元化的追求，如同居、不婚、晚婚等形式逐渐成为主流现象之一。

2. 婚姻市场化带动婚俗的商业化

随着市场经济的推动，婚姻逐渐向市场化运作发展。从婚庆产业的繁荣到婚介服务的兴起，婚姻在某种程度上也成为市场竞争的一部分。婚庆行业、婚礼策划、婚介公司等相关产业的发展，促进了婚俗的多元化和个性化。在这一过程中，婚礼形式、结婚成本、婚后生活等都变得更加多样化，许多新人根据自己的兴趣和经济状况选择最符合个人需求的婚礼形式。

3. 市场经济引领婚姻观念的自由化与个性化

市场经济带来的消费主义文化和价值观的多样化影响了人们的婚姻观念。经济的繁荣使人们在追求物质需求的同时，也更加注重精神和个性化的表达。婚姻不再仅是为了延续家族血脉或满足社会期望，更多的人成为婚姻的自主选择者。婚姻观念的自由化使个体能够根据自己的兴趣、价值观以及生活需求去定义自己的婚姻模式。例如，越来越多的年轻人追求"平等婚姻"，在婚姻中强调双方的个人发展、独立性和共同行动，而不仅是家庭责任和社会认同。

（三）市场经济驱动婚俗多元化的启示

1. 婚俗多元化是社会价值观变迁的体现

市场经济推动的婚俗多元化，反映了社会价值观的深刻变化。随着经济自由化和市场化进程的推进，个人主义、自由选择、平等观念等逐渐成为社会主流。这种转变意味着社会对婚姻的理解不再是单一的"家庭责任"或"社会义务"的观念,而是更加尊重个体的自主选择和多样性。现代婚姻不再仅仅是传统意义上的"结婚即成家",它开始包含更多元的选择,如晚婚、单身、不婚、同居等形式。在推动婚俗改革时,社会应认识到婚姻模式的多元性并非对传统价值的彻底否定,而是对现代化进程中个体自由和多样化需求的回应。社会需要培养和接纳包容性文化,尊重个体的婚姻选择权,尤其是在尊重婚姻平等、自由与权利方面。

2. 婚俗多元化反映出经济独立对婚姻的影响

市场经济赋予个体更大的经济独立性和社会自由度,尤其对女性和年轻人群体,婚姻不再是依附于经济支持的必然选择。现代社会中,许多人选择晚婚、单身,甚至放弃婚姻,原因往往包括职业发展、个人兴趣、经济独立等因素。这种现象体现了经济独立如何影响婚姻选择,使婚姻不再是唯一的生活模式,个体能够根据自己的生活方式和经济状况来选择是否结婚以及结婚的时机。社会应当认识到经济独立对婚姻观念的影响,特别是在提升女性和年轻群体的经济地位后,婚姻不再是单一的社会或文化压力的产物,而应成为个人自我实现的一部分。因此,在推动婚姻法改革时,应考虑到经济独立对婚姻选择的作用,合理制定政策,以保障不同婚姻形态的自由选择。

3. 社会支持系统应对婚俗多样化带来的新挑战

随着婚俗的多元化,非传统家庭形式,如单亲家庭、离异家庭及重组家庭等日益增多,这对社会支持系统(如福利制度、住房政策、教育资源)提出了新的挑战。这些家庭可能面临社会资源分配不均、抚养责任划分、亲子关系处理等复杂问题,需要在政策层面进行适当的补充和调整。在市场经济下,个人主义和自主性增强的同时,社会在承担集体责任方面也需要作出适应,确保不同婚姻家庭模式中的个体能够享有公平的待遇。同时,社会政策应更加关注家庭多样化带来的社会问题,提供全面的支持体系来保障不同家庭结构的稳定发展。这包括在福利、教育、医疗、住房等方面给予多样化的政策支持,为不同类型的家庭提供平等的机会和资源,从而促进社会的公平与和谐。

4. 婚俗多元化要求社会宽容和包容

市场经济带来了生活方式和婚姻观念的多样化,但随之而来的也可能是社会各类婚姻观念和形式之间的冲突。例如,传统观念与现代观念的差异、不同文化背景下的婚姻模式、婚姻自由与家庭责任之间的矛盾等。社会需要有足够的宽容度和包容性，以接纳各种不同的婚姻观念和生活选择。同时，社会应当营造宽容与包容的文化氛围，避免对"非传统"婚姻形式的偏见和歧视。特别是在全球化和多元化日益增强的背景下，社会应当接纳不同文化背景对婚姻观念的影响，尊重每个个体的选择，营造和谐包容的社会环境。

三、社会变革与婚俗转型相互作用

婚俗作为社会文化的组成部分，一直在历史的长河中与社会变革密切交织。社会变革通过深刻改变经济结构、政治体制与文化观念，推动了婚俗的演变；而婚俗的转型又反过来影响社会结构与人际关系的重构。社会变革与婚俗转型相互作用的过程，是一个动态的双向反馈机制，彼此促进、彼此制约，不仅体现了社会历史发展的脉动，也为我们理解社会变革的路径与逻辑提供了宝贵的经验与启示。

（一）社会变革对婚俗转型的推动作用

1. 经济结构的变化对婚俗的影响

社会变革首先体现在经济结构的变化上，而经济结构的变化通常是推动婚俗转型的首要因素。自工业化、现代化进程启动以来，市场经济的发展与劳动力流动性增强导致了个体经济独立性的提升和生活方式的多样化。例如，女性的经济独立性提升，使其在婚姻中的地位发生了显著变化，传统的父权制婚姻模式逐渐松动，婚姻不再仅仅是生育与家庭经济的保障，而成为情感与个人选择的体现。这一变化影响了婚姻的形式，催生了如晚婚、单身、再婚等新的婚俗现象，表现出婚俗在满足个体需求和自主选择上的逐渐倾斜。

2. 政治体制的变革对婚俗的影响

政治体制的变革，尤其是法治建设的进步，也直接影响婚俗的演变。国家对于婚姻的法律规定、对婚姻权利的保障以及婚姻相关政策的调整，无疑在很大程度上塑造了婚俗的形态。例如，20世纪初期在西方国家，女性获得投票权与财产权的政治革新，引发了关于性别平等的广泛讨论，并促进了女性在婚姻中权益的逐步提升。中国的婚姻法改革（如1950年《中华人民共和国婚姻法》的出台），从法律层面规定了婚姻自由与男女平等的原则，对传统的包办婚姻与家长制婚姻进行了根本性改变，推动了婚俗的现代化进程。

3. 文化观念的变迁对婚俗的影响

文化观念的变迁是推动婚俗转型的重要内在驱动力。随着全球化、信息化进程的加快，传统的文化观念受到多元文化的冲击，婚姻不再仅是家族与社会责任的延伸，而是个体情感与自我实现的载体。婚俗的转型在这一过程中展现出更多的自由与选择性。例如，在现代社会，尤其是年青一代中，婚姻不再被视为必然的社会责任，许多人选择推迟结婚、独立生活甚至完全不婚。这一现象的产生，不仅是个体价值观变化的反映，也与社会变革过程中个体对自由与选择的追求密切相关。

（二）婚俗转型对社会变革的反作用

1. 婚俗的转型促进了社会结构的变化

婚俗转型不仅反映了社会变革的外在表现，更在一定程度上加速了社会结构的重塑。婚俗作为社会基本单位之一，其变化往往带动社会结构的深刻变革。例如，单身家庭与单亲家庭以及重组家庭等新型家庭结构的增加，促使社会在家庭保障、教育资源分配等方面作出相应的调整与反思。婚姻模式的多元化，也促使政府在社会政策层面，特别是在社会福利、住房政策等领域进行相应的改革，以适应新的家庭结构和生活模式。这表明，婚俗的变革不单纯是文化现象，更深刻地影响了社会资源配置与社会政策的方向。

2. 婚俗的转型影响性别关系与社会性别角色

婚俗的转型对性别关系的影响尤为显著。在传统社会中，婚姻往往维系着性别不平等的社会结构，女性在婚姻中处于从属地位。然而，随着婚俗的转型，特别是女性婚姻自主权的增强，性别平等观念逐渐深入人心，婚姻中的性别角色也经历了深刻的变化。从婚姻自由、财产平等到家庭分工的重新协商，婚俗转型为社会性别关系的变革提供了动力，推动了社会性别平等的进程，促使社会在性别政策与文化认同上作出重要回应。

3. 婚俗的多元化促进社会文化的开放与包容

随着社会变革的深入，婚俗转型也促进了社会文化的开放与包容。从传统的"一男一女"婚姻模式到如今对多种婚姻形式的接受，婚俗转型体现了社会对多元文化与多样化生活方式的日益包容。这一变化不仅反映了社会对于不同婚姻形式的认可，也促进了社会对不同文化背景、不同性别认同及不同价值观的更高宽容度。这种文化的开放性推动了社会的进步，使社会在面对全球性挑战时更加具备应对多样性冲击的能力。

（三）社会变革与婚俗转型相互作用的经验

1. 社会变革需要灵活调整婚姻法律与政策

社会变革推动了婚姻法律与政策的不断调整，以应对新的社会需求和挑战。随着时代的变迁，社会结构、经济模式、文化观念等方面的变化直接影响了婚姻家庭的形态与功能，促使相关法律和政策进行灵活调整，以适应新的社会现实。例如，随着女性地位的提升与性别平等观念的普及，婚姻法律在保障女性权益、反对婚姻暴力以及鼓励平等婚姻关系方面不断完善。同时，社会变革也催生了对婚姻政策的创新需求。例如，人口老龄化和生育率下降问题促使国家在婚姻政策上给予更多鼓励，如对结婚生育家庭的税收优惠、育儿支持等，推动婚姻家庭政策的调整以适应人口结构变化。因此，社会变革要求婚姻法律与政策具备灵活性和前瞻性，以平衡传统价值与现代需求，保障每个个体的婚姻自由和社会公平。

2. 婚俗转型与社会价值观的塑造相互交织

作为文化的重要载体，婚俗不仅体现了社会的伦理观念与价值取向，还随着文化环境的变化不断调整和演进。在传统社会中，婚俗深受宗族观念、伦理道德和经济基础的影响，强调家族利益和婚姻的社会功能。然而，随着工业化、城市化和全球化的推进，现代文化逐渐摆脱了传统宗族的束缚，凸显个体的自由选择与情感需求。这种文化的变迁直接推动了婚俗从"家族式"向"个体式"的转变，婚姻更多地成为个人幸福的追求而非家族利益的延续。

与此同时，现代化带来的多元文化交流也对婚俗的内容和形式产生了影响。例如，西式婚礼的仪式、服饰和表达方式被广泛接受，与传统婚礼形式相融合，形成了新的婚俗趋势。文化变迁带来的价值观转型，促使婚俗的现代化更加强调个性化、简约化和文明化，从而更好地契合现代社会的伦理标准与现实需求。

3. 文化的变迁直接推动婚俗的现代化

文化的变迁直接推动了婚俗的现代化，使其在传承传统的同时逐步与现代社会接轨。婚俗作为文化的具体表现，直接反映了社会的价值观念和伦理基础，而文化的变迁则不断重塑这些基础。在传统社会中，婚俗强调家族利益、宗族责任和经济功能，婚姻往往是家庭与家族的纽带，具有鲜明的仪式性和集体性。然而，随着个人主义观念的兴起、性别平等意识的增强以及自由选择婚姻权利的普遍认可，婚俗的功能和形式也发生了改变，更加注重婚姻的情感价值和个体幸福。现代化进程中，全球化和多元文化的交流进一步加速了婚俗的创新与转型。例如，西式婚礼的简约浪漫元素逐渐融入传统婚俗，与中国传统礼仪结合，形成了既保留文化内涵又契合现代审美的婚俗形式。文化变迁为婚俗注入了更多现代化的元素，使其既承载传统价值，又与现代伦理、生活方式相适应，展现了文化与婚俗的动态平衡与融合。

4. 婚俗的转型需要在传承与创新之间找到平衡

婚俗的转型需要在传承与创新之间找到平衡，以既保留传统文化精髓，又顺应现代社会需求。婚俗作为一种深厚的文化积淀，承载了社会对婚姻的期望与祝福，包含着丰富的历史、伦理和情感价值。然而，随着社会的不断发展，传统婚俗中某些内容逐渐与现代观念和实际需求脱节，如高额彩礼、过度奢华的婚礼形式等问题，引发了社会对婚俗改革的呼声。为了实现婚俗的健康转型，传承与创新之间的协调显得尤为重要。在传承方面，婚俗应继续保留其中的文化内涵与价值观，如对家庭和谐、亲情纽带和社会责任的重视；在创新方面，则需结合现代社会的现实条件，对形式与内容加以调整，使其更加契合时代需求。例如，减轻经济负担的彩礼改革、环保简约的婚礼风尚和鼓励婚礼中的个性化表达，都是创新婚俗的有效路径。但是，创新的婚俗仍需注重礼仪的庄重性和仪式感，避免因过度简化而削弱婚礼的文化意涵。只有在传承中融入创新，在创新中坚守文化，婚俗的转型才能兼具时代性和文化认同，为现代婚姻注入新的活力。

（四）社会变革与婚俗转型相互作用的启示

1. 社会变革推动制度创新

婚俗的转型不仅是文化观念的变化，更是社会经济、法律制度和教育等多方面变革的结果。社会变革推动了对婚姻制度的重新思考和改革，这一过程表明，社会制度的创新和变革能够有效推动传统文化的现代化进程。例如，婚姻法的修改、性别平等观念的引导、教育普及等，都为婚俗改革提供了制度保障。当社会面临变革时，制度创新和法律修订应同步进行，从而推动传统文化的革新与现代价值的对接。例如，现代社会可以通过法律保障婚姻自由、平等，促进婚俗的进步。

2. 婚俗转型促进社会包容性

随着社会经济的发展和文化多元化的加强，婚俗逐渐朝着更加个性化、自由化的方向发展，促使人们对婚姻和家庭有了更多元的理解。在这一过程中，传统的"一刀切"的婚俗开始让位于更加包容和灵活的婚姻形式。社会变革带来的婚俗转型不仅是形式上的变化，更是对不同婚姻观念和生活方式的接纳。社会变革过程中应注重包容性和多元性，尊重不同群体的选择与文化背景。婚俗改革应鼓励个体化和自主选择，反对一味强调传统和约束，使婚姻成为每个人在尊重他人选择的基础上获得幸福的途径。

3. 教育和文化的长期作用

教育和文化的变革对婚俗转型起着根本性作用。随着教育水平的提高和文化观念的更新，婚姻不再是单纯的社会契约，而是个人自愿、平等和爱的结合。教育的普及和性别平等观念的推广，使现代婚姻关系更多地基于双方的自由选择和共同愿望，而非外部压力和传统习俗的强迫。教育在社会变革中发挥着深远的作用，尤其是婚姻教育、性别平等教育、家庭责任等方面的教育应该加强。提升公民的整体文化素质，促进个体理性选择与社会责任感的平衡，有助于婚俗转型的健康发展。

4. 科技和媒介影响婚俗变迁

随着信息技术的进步和互联网的普及，婚俗的变革也受到媒体、社交平台和大众文化的深刻影响。婚俗的传统形式逐渐被现代化的生活方式替代，尤其是在婚恋观念、婚礼形式等方面的变革，互联网和社交平台成为年轻人获取婚恋信息和表达婚姻观念的重要渠道。另外，社会变革中的科技力量和信息传播手段可以加速婚俗的变迁。政府和社会应借助现代传媒技术，倡导健康、理性、平等的婚姻观念，同时警惕信息过载和虚假文化的影响，避免婚姻观念的过度商业化和娱乐化。

5. 价值观的社会引导作用

婚俗的变革不仅是制度的变化，更是社会价值观变迁的体现。现代社会中，个体自由、性别平等、爱情至上的观念逐渐占据主导地位，传统的家族、宗族、父母意愿主导婚姻的现象逐渐消失。社会变革带来的价值观转型对婚俗的影响深远，它促使传统婚俗中不合理、陈旧的部分被淘汰，而现代婚俗则更加注重个体的权利和自由。社会的价值观和婚俗密切相关。培养社会的理性思维和开放心态，重视婚姻中的爱情、尊重、平等与自由，能够促进婚俗的积极转型。此外，社会应通过媒体、教育等渠道加强对现代婚姻观的宣传，引导个体树立健康的婚姻价值观。

6. 社会政策对婚俗改革的引领作用

国家的婚姻法律、计划生育政策等对婚俗的转型起到了重要的引导作用。例如，通过打击婚姻买卖等不正当现象，促进婚姻关系的自由和平等，国家政策能够有效推动婚俗转型的规范化和法治化。政府制定和完善相关政策法规，不仅要保障婚姻自由，还应关注婚姻中的平等与公正，推动社会各阶层对婚俗转型的积极响应。政策不仅是约束和规范，也是推动社会变革的动力源泉。

第六章　新时代婚俗改革基本理论

新时代婚俗改革基于对传统婚俗的批判性反思和与现代社会价值观的深度契合，旨在推动婚姻制度在平等、自主和多元化的框架下实现变革。其基本理论的研究，旨在通过对婚俗改革内涵与外延的深入剖析，探索其生成机制与实施路径，最终形成系统的政策工具箱，以推动婚俗的健康转型与现代化发展。新时代婚俗改革的内涵与外延涉及传统婚俗在社会变革与文化认同中的演变，聚焦于如何在尊重传统的基础上融入现代社会的价值观，体现出新时代婚俗改革的多维特征。婚俗改革的生成机制及其过程则分析了这一改革如何在政策导向、社会需求与历史传承的交织下逐步展开，关注社会变革的内外部推动力，包括法律政策、社会观念的更新与群众需求的变化等因素。婚俗改革政策工具箱的创建与应用，强调通过政策手段的设计与创新，构建具有针对性和可操作性的制度框架，确保婚俗改革的顺利实施和可持续发展。通过这三个维度的综合分析，笔者力图为新时代婚俗改革提供理论支持和实践指南，推动婚俗在现代社会中的健康转型与文化创新，为进一步的实践研究提供理论支持和政策建议。

第一节　新时代婚俗改革的内涵、外延及其特征

2012 年 11 月，中国共产党第十八次全国代表大会在北京召开，标志着我国进入全面建成小康社会的决定性阶段。这次大会具有深远的历史意义，为中国特色社会主义进入新时代奠定了基础。特别是 2017 年 10 月 18 日，习近平总书记在党的十九大报告中指出："经过长期努力，中国特色

社会主义进入了新时代，这是我国发展新的历史方位。"① 在这一新时代的背景下，社会各方面的改革和创新得到了前所未有的关注，婚俗改革作为社会文化变革的重要组成部分，也随之成为一个不可忽视的议题。

婚俗改革作为对传统婚礼仪式和婚姻习俗的调整与创新，核心在于推动婚姻制度的平等化、多元化，并在法律、文化和社会层面实现深层次的变革，从而为新时代的发展提供契合的文化支撑。婚俗改革不仅涉及婚姻自由、男女平等等基本理念，还涵盖了家庭关系的重构与婚姻形态的多元化。在现代化进程中，传统婚俗常常难以满足当代社会人们对婚姻的认知和期待，改革成为必然选择。厘清新时代婚俗改革的内涵与外延，以及分析其主要特征，是当前婚俗改革研究的基础性工作。

一、新时代婚俗改革的内涵

婚俗改革是与人类发展进程相伴生的重要社会现象。随着时代的变迁、社会的进步和人们的思想观念的不断更新，婚姻制度和婚俗习惯也在不断地发生着变化。新时代婚俗改革是在新时代背景下，对传统婚俗进行改革和创新，以适应社会的发展和人们的需求。我国政府在推进婚俗改革方面的探索从未间断，近年来，成为社会公众热议的舆情事件，学术界从不同视角对婚俗改革进行了讨论。

婚俗改革的内涵是指对传统婚姻习俗和婚礼仪式的变革与调整，以适应新时代的社会需求和价值观。它涉及恋爱、嫁娶、生育和婚后生活等各个阶段中形成的婚嫁行为方式和婚姻家庭社会关系，反映的是与婚姻相关的形态、观念和礼仪。新时代婚俗改革的内涵包括三个方面的内容。

（一）现代化的婚姻观念

现代化的婚姻观念代表着一种对传统婚姻角色和功能的重新定义，特别是在婚姻的目的、结构和价值观方面。在传统的婚俗中，婚姻往往被视为家族利益的延续和社会责任的承担，尤其是在农业社会和传统家族观念占据主导地位的时期，婚姻不仅是两个人的结合，更是两个家族或社会群体之间的契约。这种婚姻观念强调家族的血脉延续、家族利益的维护以及

---

① 李君如. 我们进入了中国特色社会主义新时代 [EB/OL]. (2017-12-04) [2024-11-16]. http://theory.people.com.cn/n1/2017/1214/c40531-29706292.html.

社会秩序的稳定，个体在婚姻中的地位和角色常常被家庭、社会及传统习俗规范与制约。

然而，随着社会的现代化发展，特别是在个性化观念、自由平等和人权意识的兴起下，现代婚姻观念逐渐发生了深刻的变化。新时代的婚俗改革将婚姻的核心价值从家族和社会责任转向个人自由、情感表达和彼此尊重。在这种新型婚姻观念下，婚姻不再是外在压力的产物，而应当是一种基于自愿和情感的结合。婚姻双方不再仅是为了履行家庭责任或社会义务，而是为了实现个人情感的交流、相互扶持和共同成长。

在现代婚姻观念中，平等是其核心要素。传统婚姻中往往存在明显的性别角色分工与不平等现象，尤其是女性在传统婚姻中常处于从属地位，婚姻往往是以男性作为家庭核心进行的。新时代的婚俗改革提倡男女在婚姻中的平等地位，强调夫妻双方的权利、责任和义务应当是对等的，双方都应有同等的决策权、经济权和社会地位。现代婚姻不再仅仅是父母或家族安排的结果，而是个体自主选择的表达。每个人都有权决定与谁结婚、何时结婚以及如何维持婚姻关系。这种变化反映了社会对个人自由的尊重和对个体情感需求的关注，婚姻不再是社会的强加，而是个人情感与选择的自然体现。

因此，新时代的婚俗改革倡导的现代化婚姻观念，强调婚姻应建立在双方自愿、平等和尊重的基础上，注重个体情感的满足与自由选择。这种婚姻观念突破了传统婚姻中家族利益至上的框架，转向以夫妻双方的情感合作和共识为核心，赋予婚姻更多的个人意义和自我实现的空间。婚姻作为一种情感的契约，变得更加关注夫妻之间的互相支持、理解与成长，而不是外部的社会责任或家庭义务。

（二）新时代的婚嫁礼仪文化

新时代的婚嫁礼仪文化强调对婚礼仪式内涵和文化价值的深刻理解与传承。传统婚俗往往侧重于形式主义，注重繁复的仪式和外在的庆祝，而忽视了婚礼本应传达的深层次意义与情感表达。婚礼成为社会规范和家庭期望的体现，而对婚姻本身的深刻思考和价值认同往往被置于次要位置。传统婚俗中的一些仪式，虽然形式上庄重而盛大，但其背后的文化内涵和精神意义未能得到充分挖掘和体现。

新时代婚俗改革强调婚礼仪式的文化内涵和深层意义，通过精简与创新的婚礼仪式，婚礼不再仅是一场热闹庆典的活动，而是对婚姻本质的深刻思考与肯定。这一改革不仅重塑了传统婚礼仪式，更是对婚姻作为社会契约本质的再认识。在新时代的婚嫁礼仪中，仪式不再是单纯的排场形式，而是成为对婚姻价值、责任和承诺的文化表达的载体，强调婚姻中的互相扶持、理解与尊重。

为了实现这一转变，新时代的婚俗改革还特别注重婚姻教育的融入。通过增加婚姻教育的内容，婚礼仪式可以承载更多的意义，让新人在婚礼过程中不仅参与了一场社交和家庭仪式的展示，也对婚姻本身的责任、意义和未来生活有了共同思考与规划。婚姻教育可以涵盖夫妻之间的沟通技巧、亲密关系的维护、家庭责任的承担等内容，使婚礼成为对婚姻生活的全面预演，而不仅仅是情感的简单庆祝。

这种新的婚嫁礼仪文化，既保留了传统婚礼仪式中的庄重和文化象征，又被赋予新的时代内涵，使其不再停留在外在形式上，而是深入婚姻的核心价值与社会功能中。婚俗改革通过对仪式内涵的注重与对婚姻教育的融入，确保婚礼成为个人与家庭的庆典，更是社会与文化的仪式性传递，推动婚姻从一种社会契约走向一种文化承诺与精神共识。

（三）传承与创新传统文化

婚俗改革作为新时代社会文化发展的重要组成部分，并非对传统婚俗的全盘否定，而是在尊重和传承中华优秀传统文化的基础上，进行适应性创新，从而使婚俗更好地适应现代社会的需求与价值观。传统婚俗承载了丰富的文化内涵，是中华文化的宝贵遗产，它在表达家庭、婚姻与社会关系的同时，体现了深厚的道德理念与社会责任。然而，随着社会的发展，特别是在现代化进程中，传统婚俗面临着诸多挑战和问题，例如形式主义、性别不平等，以及与现代生活方式不契合等。因此，婚俗改革的目标在于通过创新让传统婚俗在现代社会中继续焕发其文化生命力，既保留其传统价值，又能够回应当代社会的变革与需求。

1. 婚俗形式的现代化改造

传统婚礼仪式在形式上往往较为繁复，很多仪式步骤带有浓厚的宗教、家族和阶层色彩。在新时代的婚俗改革中，婚礼形式的现代化改造成为一种趋势。这种改造不仅是对传统婚礼程序的简化，更是在婚礼的场景布置、流程设计以及互动体验方面的创新。例如，一些婚礼不再拘泥于传统的"大操大办"形式，简约而富有创意的婚礼越来越受到欢迎。同时，许多传统婚俗中的陋习（如过度攀比、奢侈浪费、封建性别角色的体现）逐渐被摒弃，取而代之的是符合现代审美和生活方式的婚礼仪式。婚礼更加注重个性化定制，成为新人情感表达和个性展示的重要场所。

2. 婚姻理念的更新与创新

传统婚姻观念往往强调婚姻是家族利益和社会责任的延续，婚姻中的夫妻角色常常固定且不容挑战，女性往往处于从属地位。这种婚姻观念虽然在历史上有其合理性，但在现代社会中已不再适应时代发展和个体价值的提升。新时代的婚俗改革强调婚姻应当建立在双方平等、尊重与自愿的基础上，注重情感和共同成长。婚姻不再是为家族和社会服务的工具，而是个人情感与自我实现的载体。改革后的婚姻观念更加强调个体选择、性别平等、婚姻自由和情感的深度沟通。

3. 传统文化的传承与创新

婚礼中的一些象征性仪式，如拜堂、敬茶、送嫁等，仍然保留了传统的文化意义和象征价值，体现了尊重长辈、传承家庭和家族文化等美德。这些仪式不仅是对祖先的敬仰，也是对家族文化的认同的体现。婚俗改革不应将这些传统文化抛弃，而是要在尊重传统的基础上，进行符合时代精神的创新。例如，在敬茶仪式中，可以加入现代的情感元素，如新人对父母的感恩表达，或通过更多现代化的语言与形式，使这种传统习俗既保留文化传统，又符合现代家庭的情感需求。

4. 文化自信与包容性

新时代婚俗改革强调文化自信，即在婚俗的传承与创新过程中，不忘自身的文化根基，增强对传统文化的自信心。同时，改革也呼吁婚俗文化要具有包容性，能够接纳和融汇外来文化的积极元素。另外，在全球化和多元文化的背景下，婚礼仪式逐渐呈现出跨文化交融的趋势，诸如西式婚礼的仪式、国际化的婚庆服务等不断被吸纳进传统婚礼之中。这种文化的包容性既丰富了婚俗的内涵，又使传统文化在现代社会中更加多元和活跃。

5. 婚俗改革的社会价值

婚俗改革不仅关乎个人和家庭的选择，更与整个社会的文化氛围和社会价值密切相关。通过对传统婚俗的创新，改革能够更好地适应现代社会对婚姻自由、性别平等、家庭和谐的追求。与此同时，婚俗改革为婚姻关系赋予了更多的人文关怀和情感深度，使其不仅是社会仪式和家庭责任的体现，更是社会和文化发展过程中对人性、情感和责任的积极回应。

综上所述，婚俗改革的内涵包括与时俱进、保护婚姻自由和个人尊严、丰富仪礼的文化内涵以及社会的协调可持续发展。婚俗改革不仅是一种文化现象的调适和升级，更是社会进步和人类文明的体现。通过婚俗改革，我们能够建立一个更加公平、自由和文明的婚姻制度，为每个人的幸福和家庭的和谐作出积极贡献。

二、新时代婚俗改革的外延

随着社会的进步与文化变迁，婚俗作为一种深刻嵌入社会和文化结构中的传统仪式形式，正在经历显著的变革。婚俗改革的内涵强调的是思想层面的变化，是推动改革的核心动力。婚俗改革的外延则是指具体实践和表现形式，包括婚礼仪式、家庭结构、法律政策、社会风俗等具体的、可观察的内容。外延体现了内涵的实际应用和社会影响。

婚俗改革的内涵决定外延的发展方向，为外延的具体形式提供了理论指导。例如，新时代婚俗改革内涵强调自主选择和爱情至上的婚姻观念，促使婚礼形式从传统的奢华走向个性化和简约化。婚俗改革外延中的具体实践可以反过来验证和丰富内涵，外延中的成功案例和实践经验可以为婚俗改革的理论发展提供依据和启示，推动内涵的深化。

（一）推行喜事新办简办

在新时代婚俗改革中，推行"喜事新办简办"成为一项重要举措，旨在倡导婚礼的简约化、理性化与节俭化。在婚姻登记和举办婚礼安排上，鼓励合理安排婚期，避免集中扎堆的结婚登记现象，进而缓解婚庆资源的压力。通过合理的时间安排，不但可以优化社会资源配置，而且可以有效减轻婚礼高峰期给民政部门带来的负担，体现出社会管理的效率。

在婚礼形式上，新时代婚俗改革倡导"零彩礼"，反对天价彩礼，提倡一种符合当下社会经济水平的理性婚恋观念，推动婚姻不再成为经济交易的产物，而是重归情感和精神层面的契约。与此同时，鼓励减少婚礼的开销，选择简约而不失品质的婚礼方式，控制婚礼费用，减少不必要的浪费，推动社会风气的转变。集体婚礼和公益婚礼的推广就是这一改革的延伸，旨在弘扬文明节俭的婚俗新风，推动婚礼回归其本质——爱的表达和幸福的分享，进一步使婚俗与新时代社会的价值观更加契合。

（二）多样化的婚礼形式

新时代婚俗改革的另一重要外延是婚礼形式的多样化。从传统的酒店婚礼到如今的户外婚礼、海滩婚礼、花园婚礼，乃至教堂婚礼和古堡婚礼，婚礼的场地选择已不再局限于酒店的正式场所。婚礼形式的自由化、个性化和浪漫化更符合现代年轻人的审美观念和情感需求，多元的选择表现出对传统婚礼形式的突破与创新。这种趋势体现了婚俗文化的多样性和时代感，既展示了个体差异化的情感需求，又呈现了人们对幸福和婚姻新的理解。

主题婚礼和目的地婚礼的兴起，使婚礼仪式更具个性化和创新化特点。主题婚礼根据个人兴趣或情感故事定制，增强了婚礼的独特性和纪念意义；而目的地婚礼则体现了年轻人对旅游、探索和浪漫的向往，突破了传统婚礼的地理空间和文化界限，使婚礼成为一种兼具情感表达和文化享受的综合体验。这些多样化的婚礼形式在一定程度上反映了现代婚俗改革在仪式创新方面的积极探索。

（三）化繁为简的婚礼程序

与传统婚俗中婚礼程序烦琐、仪式环节繁杂的情况不同，新时代婚俗改革强调婚礼程序的简化与优化。传统婚礼常常包含多个环节，如迎亲、拜堂、宴席等，这些程序不仅耗费时间和精力，还可能给新人和家属带来不必要的压力。新时代婚俗改革要求婚礼程序简化，去除不必要的仪式环节，优化婚姻登记流程，以便更好地契合现代人对婚礼的期望，即简洁、流畅、富有仪式感。

在这一改革背景下，越来越多的新人倾向于只保留婚礼中最重要、最具纪念意义的部分，如交换誓言、交换戒指等，以此体现婚礼的核心意义——婚姻的庄重与神圣。通过这种化繁为简的方式，婚礼的程序不再是束缚新人情感表达的枷锁，而是成为一种更为自由和充实的个人情感体验。

（四）注重婚姻家庭辅导

婚姻不仅是一种社会制度或家庭关系，更是一种长期复杂的生活过程，涉及夫妻间的相互扶持、沟通与协调。在新时代婚俗改革中，婚姻家庭辅导的引入成为一项重要的社会创新。许多年轻人在结婚前缺乏对婚姻生活的系统了解和准备，对如何处理婚姻中的矛盾与问题缺乏足够的知识和技能，从而容易导致婚姻破裂。

为此，婚姻家庭辅导的普及显得尤为重要。相关部门和社会组织应通过婚前辅导、婚后咨询、家庭教育等形式，为夫妻提供有关婚姻、家庭生活和子女教育的专业指导，帮助他们在婚姻中更好地沟通与相处，提升家庭凝聚力与婚姻质量。婚姻家庭辅导的推进有助于提升夫妻双方的心理承受力与解决问题的能力，减少婚姻生活中的冲突和危机，从而为婚姻的稳定与家庭的和谐奠定坚定的基础。

（五）性别平等与社会责任的重构

新时代婚俗改革的外延还表现为性别平等观念的引入和社会责任的重构。传统婚俗中，婚姻往往带有强烈的性别角色分工的倾向，女性在婚姻中的角色往往受限。然而，随着性别平等意识的增强，新时代婚俗改革提倡婚姻中男女双方的平等地位，强调夫妻共同承担家庭责任、共同参与决策和共同面对生活挑战。婚俗改革也涉及社会责任的重构，现代婚姻不仅是个人情感的体现，还是家庭、社会乃至国家的整体发展的体现。在这一过程中，婚姻的社会功能得到拓展，婚姻关系的健康与稳定被视为社会和谐的重要组成部分。

新时代婚俗改革的外延，体现了对传统婚俗的深刻反思与创新，在多个层面上推动了婚礼形式、程序、费用和性别平等的转型。新时代婚俗改革的内涵与外延相互依存、相互促进。内涵为外延提供方向和动力，而外延则为内涵的实现提供实践基础和反馈机制。通过内涵与外延的有机结合，新时代婚俗改革能够不断适应社会发展的变化，推动婚姻家庭关系的健康、和谐与可持续发展。

三、新时代婚俗改革的主要特征

在新时代背景下，婚俗改革进入了一个新的发展阶段。纵览新时代婚俗改革的过程，可以窥探出三个主要特征。这些特征共同构成了新时代婚俗改革的丰富内涵，标志着婚姻生活迈向更加开放、包容和理性的新时代。

（一）婚俗改革的方向愈加清晰

婚嫁习俗的摒弃、改良与承续都体现出婚俗集体性与整合性的社会特征。过去，婚俗改革着眼于婚姻、家庭范围内的文化塑造。进入新时代以来，婚俗改革的社会性愈加明显。婚俗改革不再局限于家庭氛围的营造，而是与社会可持续发展息息相关。新时代婚俗改革在婚礼形式的多样化和简约化、婚俗文化的认同与重构、弘扬婚姻的家庭责任与凝聚力及倡导可持续发展的婚姻理念等多个方向上呈现出愈加清晰的发展趋势。这些方向不仅为婚俗的现代化提供了理论依据，也为促进社会的和谐与进步奠定了基础。

1. 婚礼形式的多样化和简约化趋势

在全球化和信息化的双重影响下，传统婚礼的隆重仪式逐渐被简约、个性化的婚礼形式取代。年青一代更加注重婚礼的个性表达和经济实用性，婚礼的文化象征意义日益替代其社会展示功能。新时代婚礼形式的多样化和简约化趋势，是社会文化变迁、个人观念转变和环境意识增强的综合产物。这一趋势不仅体现了婚礼形式的创新和变革，也反映了人们对婚姻和生活方式的重新思考和定义，展现出更加丰富和人性化的面貌。

2. 传统婚俗文化的认同与重构

传统婚俗承载了丰富的文化内涵和历史意义，但随着社会的发展和人们价值观的多元化，单一的文化表达方式已难以满足当今社会的多样需求。因此，婚俗改革必须在尊重和保护传统文化的基础上，积极进行创新与融合。具体而言，可以通过对婚礼仪式和习俗内容的多样化设计，满足不同文化背景下个体的需求，使其找到认同感与归属感。例如，可以结合地方特色、民族习惯和现代审美，设计出富有创意且具有包容性的婚礼形式，既保留传统元素，又融入现代社会的特征。这种创新不仅能够增强婚礼的独特性，还能促进不同文化之间的交流与理解。这一重构过程有助于传统文化的传承与发展，婚俗将不再仅仅是一种仪式，而是促进社会和谐与文化融合的重要平台。

3. 弘扬婚姻的家庭责任与凝聚力

新时代婚俗改革不仅关注个体与家庭的幸福，更强调家庭在社会中的责任与价值。通过传统婚俗与现代社会需求相结合，婚俗改革将助力家庭成为社会和谐的重要基石。强调家庭教育的重要性，倡导在家庭中培养责任感和道德观。通过婚前辅导与家庭教育，加深对婚姻责任的理解，使夫妻双方在建立家庭时更加注重彼此的支持与尊重，从而为孩子树立良好的榜样，促进他们的健康成长。鼓励家庭成员之间的互动与沟通，提升家庭凝聚力，不仅能增强家庭的幸福感，也为社会的稳定和发展提供了坚实的基础，使家庭成为社会和谐与发展的重要力量。

4. 倡导可持续发展的婚姻理念

可持续发展的婚姻理念强调在构建和维持婚姻关系时，关注个人幸福、家庭和谐以及对社会和环境的责任。这一理念鼓励夫妻双方在情感上进行长期投资，通过有效沟通和共同参与活动，不仅能增进彼此的信任与理解，而且能构建稳固的伴侣关系。在此基础上，夫妻可以共同建立价值观与目标，通过积极参与社区服务和公益活动，培养社会责任感，通过选择环保的生活方式和参加环保活动，为子女创造一个更健康的成长空间。面对社会和环境的变化，夫妻需要不断调整和适应，以保持婚姻关系的稳定与和谐。倡导可持续发展的婚姻理念不仅关乎个人与家庭的幸福，也为社会的可持续发展注入了积极的动力，以创造一个更加美好的未来。

（二）婚俗改革主体趋向多元协同

婚俗改革作为社会文化变革的重要组成部分，长期以来由政府作为单一主体主导，旨在通过政策引导和法治建设来规范婚姻行为、调整社会风俗，减少婚姻中的不平等现象。在这一过程中，政府被视为社会公共道德和公共福利的守护者，负责消除婚姻中的不平等现象，遏制过度奢华的婚礼消费，以及推动婚姻观念的现代化转型。然而，随着社会发展和文化变迁，单一政府主导的改革模式已难以满足日益复杂的社会需求，新时代婚俗改革实验区的设立和推进过程中，婚俗改革呈现出多元主体共同参与、协同推进的趋势。这一变化反映了婚俗改革的社会基础逐渐扩大，各方力量开始形成合力，推动改革向更广阔的社会维度发展。

1. 民政部与地方政府的引导作用

民政部在新时代婚俗改革中继续发挥着引导和协调作用，尤其是在改革的宏观框架和政策设计上，民政部通过制定政策和标准化指导，推动各地婚俗改革的顺利实施，地方政府则通过调研、政策执行和对地方特色的探索，积极参与改革的实施与推广。各地方政府根据本地区的文化背景、社会需求和经济条件，灵活调整婚俗改革措施，推出更具地方特色和针对性的政策。例如，一些地方政府在推广"零彩礼"和简化婚礼程序方面，结合当地经济发展水平和民众婚俗传统，推出具体实施方案，确保改革措施能够在保障婚姻家庭公平的基础上，不产生过大的社会冲突和文化反弹。这种基于地方实际的调整，使婚俗改革更具可操作性与落地性。

2. 婚姻登记机关与社会组织的支持

随着婚俗改革的逐步推进，婚姻登记机关和社会组织也成为改革的重要参与者。婚姻登记机关为个体提供婚姻登记、婚前辅导、婚姻咨询等专业服务。社会组织积极推动婚姻家庭方面的公共议题，通过婚恋市场的供需关系，为改革提供了现实的反馈。它们的参与使婚俗改革更加市场化、专业化，并能够满足不同社会群体的需求。在新时代婚俗改革中，婚姻登记机关和社会组织的作用日益突出，成为推动婚俗改革不断深化的重要力量。

3. 基层社区的推动作用

基层社区作为最接地气的群众性自治组织，也是婚俗改革中不可忽视的主体。基层社区通过推动公共宣传、组织文化活动和提供社区服务等方式，成为改革的前沿阵地。许多地方基层社区通过组织婚姻家庭讲座、社区婚姻辅导和婚礼文化交流活动，增进了居民对婚俗改革的认识和理解，促进了社会风气的转变。基层社区的作用在于其能够直接接触到民众，进行政策宣传和社会引导，为居民提供婚姻关系处理的具体支持。这一举措使婚俗改革不再停留在政策层面，而是深入社区的日常生活，确保改革措施能够普及每一个家庭。

4. 国家、市场与个体的互动

在新时代婚俗改革的过程中，国家、市场、个体之间的互动关系逐渐呈现出和谐与共同发展的趋势。政府作为公共道义的引导者，继续发挥着关键作用；市场则通过婚恋服务机构、婚礼产业等发挥作用，提供与婚俗改革相关的多元化服务；而个体则在婚姻选择和婚礼文化上，逐步表现出更多的自主权和个性化需求。在改革过程中，国家与市场之间的合作变得愈加紧密。例如，政府通过制定政策引导婚恋服务市场的健康发展，而市场则通过提供个性化和多样化的婚恋服务，满足不同社会群体的需求。政府通过规范市场行为，确保市场运作不偏离公共利益，避免婚礼消费的过度奢侈和婚恋市场的不正当竞争。个体则成为婚俗改革的参与者之一。随着婚俗观念的现代化，个体在婚姻选择、婚礼筹备和家庭建设等方面表现出更多的自主性和理性。个体需求的多样化与个性化推动了婚俗改革的进一步发展，形成了国家、市场与个体共同推动的良性循环。

（三）婚俗改革的政策工具更加丰富和规范

随着新时代婚俗改革的深入推进，政策工具的种类与规范化程度显著增强。婚俗改革的目标不仅是通过行政手段对传统婚俗进行简单干预，更是通过建立系统的、科学的政策工具，逐步实现婚俗改革的长期目标。这些工具包括法律法规、政策指南、改革实验区的设立等，均体现了婚俗改革从经验探索向制度化发展的转型。

1. 婚俗改革政策工具的丰富性

在过去，婚俗改革往往依赖简单的行政措施，缺乏系统性和规范性。然而，随着改革的推进，政策工具逐渐变得多元和丰富。在国家层面，婚俗改革逐步通过建章立制的方式来推动。例如，政府出台了一系列法规和政策，规范彩礼、简化婚礼程序、推动性别平等观念的普及等。通过完善相关的法律框架和政策，政府逐步建立起对婚俗改革的全方位管理与引导机制。其中，民政部设立婚俗改革实验区就是一项重要的政策工具。实验区为地方政府和各类社会主体提供了试验和探索的空间，能够根据本地实际情况制定政策方案，并通过实践评估其效果。这种灵活性和地方化的特点，使得婚俗改革政策能够更好地适应不同地区的文化背景与社会需求，提升改革的针对性和实效性。

2. 政策工具的规范化与制度化

随着婚俗改革的不断推进，政策工具不仅在种类上愈加丰富，而且在规范性和制度化方面取得了显著进展。改革的成效越来越依赖科学、标准化的政策设计。例如，婚俗改革实验区不仅是一个实践平台，更是一个政策评估与调整的试验田。通过对不同地区实施的政策进行评估，政府可以调整和完善改革措施，确保改革目标能够有效实现。这种政策工具的规范化使婚俗改革更加系统化和可持续。例如，在彩礼问题上的相关政策，就不仅是对金额的限定，更通过制定标准和引导意见，确保改革措施能够真正落实到地方和个体，避免地方政府执行过程中出现差异化和偏差。

第二节　新时代婚俗改革生成机制与过程

婚俗作为社会文化的重要组成部分，反映了社会变迁和价值观念的演变，研究其改革机制和过程，有助于理解社会现代化进程中的文化转型和社会治理模式。婚俗问题关系到广大群众的切身利益，尤其是高额彩礼、奢华婚礼等现象，不仅对家庭经济造成负担，还引发了一系列社会问题。婚俗改革关乎年青一代的婚姻价值取向，是国家推进社会文明建设的重要内容，研究其生成机制和过程，有助于发现问题、提出对策、总结经验，帮助我们在全球视野中审视本土文化的变迁与发展，促进婚俗改革的深入推进和长效机制的建立。

一、新时代婚俗改革的生成机制

生成机制在学术研究中通常指的是某一现象、过程、系统或结构如何产生、发展和变迁的内在规律和原理。具体来说，生成机制涉及驱动因素、作用机制、演变路径等方面。驱动因素是生成机制的核心要素，指引发某一现象或过程的主要动因。驱动因素可以是外部的，如政策、法规、环境变化；也可以是内部的，如组织内部的需求和资源。作用机制指驱动因素通过何种途径和方式影响系统或现象的发展。作用机制包括各种内部和外部的相互作用、反馈机制等。生成机制还涉及现象或系统的演变路径，即从初始状态到最终状态的发展过程。这包括阶段性的变化、关键节点和转折点等。通过理解生成机制，我们可以更好地预测、控制和引导某一现象或过程的发展，从而实现预期的目标和效果。在婚俗改革的研究中，生成机制有助于我们理解政策、文化、社会参与等如何共同作用，推动婚俗文化朝着社会主义现代化转型。

（一）驱动因素

新时代婚俗改革的生成机制是一个由多重因素交织而成的复杂过程，其驱动因素主要包括社会变迁、文化认同、经济压力、政策推动及性别平等观念等。这些因素共同作用，推动着传统婚俗向现代化、理性化转型，促进了婚俗改革的逐步深化与社会适应。

1. 社会变迁与传统婚俗的冲突

随着经济社会的快速发展，特别是城乡一体化和信息化的加速推进，传统婚俗与现代社会价值观之间的冲突日益凸显。传统婚俗中的高额彩礼、奢华婚礼等现象在新的社会环境中不再适应，成为制约社会和谐与家庭幸福的矛盾因素。尤其是在经济发展水平不均、城乡差距较大的背景下，过度的婚俗消费加剧了社会不平等，引发了广泛的社会关注和讨论。因此，社会变迁带来的价值观和生活方式的转变，成为婚俗改革的首要驱动因素。

2. 经济压力与婚俗消费的非理性化

经济压力是驱动婚俗改革的重要因素之一。近年来，随着年轻人婚恋观念的变化和婚姻市场的需求变化，传统婚俗中的高额彩礼和豪华婚礼逐渐暴露出其对家庭经济的巨大负担。尤其是在大部分年轻人面临高房价、高物价等多重经济压力的情况下，过度的婚俗消费成为其经济负担的源头之一。这种经济压力促使社会各界反思婚俗的理性化和简化问题，推动了对传统婚俗形式的逐步改进与反思。

3. 文化认同与婚姻观念的现代化转型

文化认同是推动婚俗改革的核心因素之一。在全球化背景下，尤其是信息传播方式的变革，使人们对婚姻、家庭的认知不再仅局限于传统观念，而是趋向于更加平等、理性与自由。婚俗改革的驱动力，正在于人们对婚姻的现代理解与传统婚俗之间的矛盾。在新的社会环境中，尤其是随着女性地位的提升、个体自由意识的增强，过于强调物质交换的婚俗形式遭受越来越多的质疑。婚姻不再仅是家庭或社会的责任，而是个体自我实现和情感选择的体现，这一观念的普及推动了婚俗改革的深入发展。

4. 政策推动与制度创新

政策推动是新时代婚俗改革的重要外部驱动力。2018 年、2019 年、2021 年、2022 年、2023 年、2024 年等多年的中央一号文件中都强调，要移风易俗，对天价彩礼、大操大办等婚嫁活动中的不良社会风气进行专项治理，旨在规范不合理婚俗现象。各地出台了限制彩礼金额、倡导简朴婚礼、鼓励低成本婚庆的相关政策。与此同时，政府对婚庆行业的监管、对婚礼市场的规范以及对婚姻登记程序的简化等措施，均在不同程度上推动了婚俗改革的进程。此外，政策层面的倡导和推动增进了社会各界对婚俗改革的认同，为改革提供了制度支持和法治保障。

5. 性别平等与社会公正

性别平等观念的深入人心是婚俗改革的另一重要驱动力。传统婚俗中，尤其是彩礼的普遍存在，常常强化了性别的不平等，女性在婚姻中的经济交换地位低于男性。随着社会对性别平等的重视及女性权利地位的提升，性别歧视和不平等待遇在婚俗中逐渐受到质疑。特别是在女性经济独立性增强、社会地位提升的背景下，婚礼形式中的性别不平等现象日益受到挑战，推动了婚俗改革中性别平等理念的融入。这一驱动力促使婚俗改革在形式上更加注重婚姻关系的平等与尊重。

6. 社会舆论与公众参与

社会舆论与公众参与也是婚俗改革的重要推动力。在信息化社会，媒体、网络平台和社交圈层对婚俗现象的讨论日益频繁，公众对传统婚俗的反思和批评逐渐达成广泛共识。通过公众讨论、社会组织倡导及媒体宣传，婚俗改革的价值观念不断扩展，推动了社会对传统婚俗不合理现象的反思和制度调整。社会舆论的广泛支持和参与，不仅促进了改革政策的出台和落实，也促使社会各阶层对婚俗文化进行重新审视和深度反思。

（二）作用机制

新时代婚俗改革的生成机制不仅依赖其驱动因素的作用，还深受作用机制的影响。作用机制主要体现为政策引导、文化认同的变迁、社会动员的广泛参与及市场调控等多方面因素的互动作用。这些机制相互交织、相互促进，共同推动婚俗的现代化转型与社会适应。

1. 政策引导与制度保障

国家和地方政府通过一系列政策措施对婚俗进行规范与引导，发挥了政策保障的作用。政府出台的相关法律法规，如限制彩礼金额、倡导婚礼简朴、规范婚庆行业等，为婚俗改革提供了制度框架和执行路径。通过立法手段加强对婚姻市场的监管，严格规范不合理的婚庆消费，政府不仅减少了婚俗中的奢侈现象，还促进了社会大众对婚俗改革的认同与支持。在此基础上，政策引导的有效性还体现在政府对改革目标的明确设定和多层次推进。例如，针对高额彩礼的地方性法规及政策措施，既体现了政府对民众婚姻生活质量的关切，又反映了婚俗改革的渐进性与区域差异性。政策引导通过规范婚庆市场、调整公共资源配置及加强宣传教育，为婚俗改革提供了系统的机制支持。

2. 文化认同的变迁与价值观引导

随着社会现代化进程的推进，尤其是全球化和信息化的发展，传统婚俗中的某些元素不再符合现代社会的文化需求。在这一过程中，现代社会对婚姻的认知逐步转向平等、自由、理性等现代婚姻观，婚俗改革成为顺应这一文化认同变迁的必然结果。尤其是在年青一代中，个性化观念和婚姻自由的观念日益盛行，婚姻不再仅仅是家族或社会的责任，而是个人情感和选择的体现。因此，婚俗改革的文化机制通过对婚姻价值的重新定义，推动了婚礼形式、彩礼传统等的简化与现代化。这一过程不仅是婚礼形式的变化，更是婚姻文化内涵的深刻变革。在此机制作用下，社会大众逐渐从传统婚俗的束缚中解放出来，倡导简单、理性、平等的婚礼文化。

3. 社会动员与公众参与

社会动员与公众参与在新时代婚俗改革中发挥了重要作用。婚俗改革不仅是政府层面的政策推动，而且是社会各界广泛参与的结果。通过媒体平台、社交网络、公众讨论等途径，民众对不合理婚俗现象的反思和对婚俗改革的呼声日益高涨。这一过程中，民众自发参与社会讨论与实践，促使婚俗改革由上而下、由下而上的双向互动机制逐渐形成。例如，地方性的协会组织、社会服务机构、社区自治组织等通过宣传教育和倡导理性婚礼等方式，推动婚俗改革的深入进行。同时，社会舆论的广泛支持与参与为婚俗改革提供了坚实的社会基础。公众通过对传统婚俗现象的批判与反思，推动了改革目标的达到，并促进相关政策的实施落地。

4. 市场调控与产业创新

在婚庆产业中，高额婚礼消费和奢华婚庆服务的市场需求常常推动传统婚俗的延续和固化。然而，随着社会经济的转型，婚庆市场逐步出现多元化、个性化的需求。这一需求变化催生了婚庆产业的创新与调控，市场通过竞争和创新为婚俗改革注入了新的动力。具体而言，市场调控通过婚庆产业的规范化发展，引导消费者趋向理性消费，推动婚庆服务从奢华型向简约型、个性化转变。政府通过规范婚庆服务机构的行为、打击婚庆行业中的不正当竞争、引导行业健康发展等手段，实现了市场对婚俗改革的有力支撑。例如，许多地方通过出台行业标准、设立婚礼消费的指导性建议，促使婚庆市场逐步形成理性、务实的消费模式。这不仅改变了消费者的婚礼观念，也为婚俗改革提供了现实的市场基础。

（三）演变路径

新时代婚俗改革的生成机制呈现出动态发展的特征,其演变路径不仅反映了社会变迁、文化观念和经济环境的深刻变化,也体现了政策调控、社会参与和市场力量等多重因素的相互作用。具体而言,婚俗改革的演变路径可从传统婚俗的固守、改革初期的探索到改革深入推进的阶段(详见表2),依次展开,体现出改革过程中多重力量的作用与协调。

表2　新时代婚俗改革生成机制的演变路径

阶段	主要特征	政策措施	社会反应	文化转变	表现形式	产生效果
传统婚俗固守与改革初期探索	传统婚俗占据主导地位,高额彩礼和奢华婚礼	地方政府试点引导婚礼简化,限制彩礼	社会反思和质疑传统婚俗,引发初步讨论	传统观念深植,经济负担重	高额彩礼、奢华婚礼、性别不平等	初步探索改革路径
婚俗改革的渐进深化与社会共识达成	局部试点向全面推进,婚俗改革开始深入	系统性法规政策出台,婚俗简化政策实施	社会共识逐步形成,广泛参与	新婚姻理念传导,婚姻关系平等和理性	经济负担和性别不平等问题逐步减少	全社会共识形成
婚俗改革的全面深化与现代婚姻观构建	全方位、多维度综合改进,现代婚姻观构建	法律制度完善,婚庆产业规范化,婚姻登记简化	广泛社会支持,文化推动力强	强调社会公正、性别平等、个人选择自由	传统经济交换模式被改变	朝着更加包容、开放的方向发展
婚俗改革的后期路径与未来展望	数字化、智能化技术融合,多元文化影响	结合新兴技术和全球化背景推动婚俗改革	社会各界对现代婚俗的广泛认同与支持	婚姻关系现代伦理与人文价值进一步深化	持续关注婚俗改革的实际效能	融合全球化、多元文化及技术创新

1. 传统婚俗的固守与改革初期的探索阶段

在新时代的初期阶段,传统婚俗仍然占据主导地位,尤其是彩礼、婚礼形式及婚姻角色等传统观念深深根植于社会文化之中。在这一时期,尽管社会各界对婚俗改革已产生一定的反思与关注,但由于传统文化的惯性与婚俗市场的需求,改革进程较为缓慢,且受制于传统婚俗的广泛认同。

随着社会经济的变化与现代化进程的推进，传统婚俗中高额彩礼、奢华婚礼、丑陋婚闹等现象逐渐暴露出不合理性，引发了公众的不满与社会的谴责。这一阶段，婚俗改革的初步探索通过政策倡导、社会讨论以及社会组织的参与得到推动。政策方面，政府开始尝试通过积极倡导简约适度的婚俗礼仪、培育文明向上的婚俗文化等手段推动婚俗改革。社会层面，公众对婚俗的过度消费、性别不平等以及婚姻市场不公等问题提出了质疑，形成了对传统婚俗形式的初步反思与批判。

2. 婚俗改革的渐进深化与社会共识的形成阶段

进入改革的中期，婚俗改革的路径逐渐由局部试点向全面推进发展。伴随社会认知的转变与文化认同的变革，婚俗改革逐渐从单纯的政策引导转向全社会范围的深层次变革。此时，改革不仅限于对婚礼消费形式的规范，更扩展至婚姻价值观的深刻重塑、开展婚姻家庭辅导服务、传承良好家风家教。

政府开始出台更加系统性、长期性且具体化的法规政策，推动社会各界逐步接受并实践婚俗改革。例如，实施婚俗简化政策，提出不鼓励奢华婚礼和高额彩礼的措施，规定彩礼金额上限。这些政策为婚俗改革提供了更加明确的方向和具体的实施路径。与此同时，社会舆论也逐渐转向支持改革，社会各阶层的广泛参与，使婚俗改革的议题深入人心，推动了全社会共识的逐步达成。

这一阶段，婚俗改革的路径由传统观念的挑战与新婚姻理念的传导相结合，逐步解决了传统婚俗中的经济负担与性别不平等问题，在文化层面促使婚姻关系中的平等和理性成为主流价值观。改革的内在机制已从简单的政策干预逐步向社会文化认同的变革、市场行为的调整以及法律制度的完善发展。

3. 婚俗改革的全面深化与现代婚姻观的构建阶段

在新时代婚俗改革的深化阶段，改革的路径逐渐趋于全面性与系统性。此时，婚俗改革的目标已不仅仅是简化婚礼形式或减少彩礼消费，更加关注婚姻关系中的社会公正、性别平等与个人选择的自由。改革进入了全方位、多维度的综合改进阶段，涵盖了从法律制度到社会文化、从个体意识到社会结构的深刻变革。

政府出台的相关法律法规进一步强化了对不合理婚俗现象的打击，推动社会各界在制度保障下共同推进婚俗改革。例如,政府通过建立婚庆产业的规范化体系,推动行业自律与理性消费,实施婚姻登记简化、婚庆服务透明化等举措,增强婚俗改革的实际效能。同时,社会对婚姻平等、婚姻自主及个人情感选择的重视,在教育、媒体及各类社会组织的推动下形成了强大的文化推动力。随着性别平等观念的不断深入,女性的社会地位和婚姻自主权得到显著提升,性别不平等的婚俗现象逐步消弭。这一阶段的婚俗改革,改变了传统婚俗中的经济交换模式,塑造了婚姻关系中的新型社会契约,即基于尊重、平等与共同责任的婚姻模式。

4. 婚俗改革的后期路径与未来的展望阶段

随着婚俗改革的不断推进,新时代的婚俗改革正朝着更加多元化、现代化的方向发展。改革不仅体现在婚礼形式的变化、婚姻观念的更新上,还深入婚姻家庭生活的各个层面,推动着社会文化、家庭结构乃至个体价值观的深刻变革。

在未来的婚俗改革过程中,全球化、多元文化及社会科技创新将成为重要的推动力量。一方面,全球化的加速促进不同文化之间的婚俗交流与融合,为婚俗的创新和多元化发展提供了广阔的空间。不同国家和地区的婚礼仪式、婚姻观念将在跨文化互动中相互借鉴与吸收,婚俗形式将变得更加丰富与包容。与此同时,社会对婚姻的态度逐渐趋向理性和平等,婚姻不再单纯是传统意义上的性别角色分配,更加注重个人选择、平等尊重与自我实现。

另一方面,科技的进步尤其是数字化、智能化技术的发展,将对婚俗改革产生深远的影响。数字化技术的应用将改变婚礼策划、婚庆服务和婚姻咨询的传统模式。虚拟婚礼、线上婚礼直播等新兴形式将逐步成为年轻人群体的选择,打破时间和空间的限制,让婚礼不再局限于传统的线下场景。而智能化技术则能够提供个性化、定制化的婚庆服务,如智能婚礼策划助手、智能婚礼现场布置、婚姻问题自动化诊断与建议等,提升了婚礼服务的效率和体验感。

除了婚庆领域,婚姻咨询和家庭教育也将受益于科技的进步。随着人工智能、大数据和心理学的结合,婚姻咨询服务将更加精准和个性化,能够根据每对情侣的具体情况提供量身定制的建议和支持。家庭教育方面,智能化家庭管理系统、亲子教育平台等工具的出现,将为年轻家庭提供更加便利的育儿经验和支持，促进婚姻家庭生活的和谐与稳定。

未来的婚俗改革也将更加注重社会责任感和可持续发展。随着环境保护和社会公平意识的增强，绿色婚礼、公益婚礼等新型婚俗形式将逐步兴起，体现出年青一代对环境和社会的关怀。婚礼的消费观念将趋向理性，过度奢华和浪费的现象将逐渐被简约、环保的婚礼形式取代。婚俗改革的后期路径将是一个多元化、智能化、个性化的发展过程。全球化、多元文化与科技创新的融合，将推动婚俗朝着更加包容、开放、理性和可持续的方向发展，最终实现婚姻家庭生活的全面进步与社会的和谐发展。在这一过程中，社会各界的共同参与和推动，将为新时代婚俗的变革提供源源不断的动力和智慧。

二、新时代婚俗改革的生成过程

新时代婚俗改革的生成过程是一个复杂的社会变革过程，涉及多种力量的交织与互动，包括经济发展、文化变迁、政策引导以及社会观念的深刻转型。婚俗作为社会文化的重要组成部分，反映了特定历史时期的社会结构、价值观念和行为规范。随着时代的发展，婚俗的改革已不再是单一维度的调整，而是一个多层次、多角度的系统性变革。

（一）传统婚俗的压力催生改革需求

婚俗改革的生成过程始于传统婚俗带来的社会压力。在长期的历史发展中，传统婚俗在一定程度上成为社会规范和文化认同的载体。然而，随着经济发展和社会结构的变化，传统婚俗中的某些元素逐渐暴露出不适应现代社会需求的弊端。尤其是高额彩礼、奢华婚礼等现象，不仅加重了家庭经济负担，而且在某种程度上加剧了性别不平等和社会不公，引发了广泛的社会讨论与不满。

在传统婚俗中，婚姻往往被视为一种社会契约，婚礼形式和彩礼金额成为衡量婚姻成功与否的重要标准。这种现象随着城乡差距的扩大、人口流动性增强和经济压力的加重，逐渐引发了对婚俗不合理现象的质疑。与此同时，随着女性社会地位的逐步提升和性别平等观念的普及，传统婚俗中蕴含的性别歧视和婚姻角色不平等问题也日益显现，成为改革的另一动力。因此，传统婚俗带来的经济负担与性别不平等问题，成为新时代婚俗改革的直接催化剂，促使社会各界开始探索新的婚俗形式，以期寻找更加适应现代社会价值观和经济条件的婚姻实践模式。

（二）改革的需求引发政府和社会响应

随着社会需求的不断变化，婚俗改革的呼声日益高涨。特别是在城市化进程加快、婚姻观念多元化的背景下，越来越多的民众开始关注婚姻质量和个体幸福感，而非单纯的物质条件和形式上的盛大婚礼。在这一过程中，婚俗改革不仅是经济理性化的表现，更是文化价值观转型的重要体现。

政府通过一系列政策措施响应社会的改革需求。例如，针对婚礼消费和彩礼问题，许多地方政府出台政策文件，提出对婚俗的引导和规范。这些政策的出台，不仅在于对高额彩礼和奢华婚礼现象的直接制约，更在于引导社会思考婚姻的本质，推动社会关注婚姻中的情感维度与个体自由，而非外在的经济交换。与此同时，媒体、学者和社会组织也积极发声，提出反对高额彩礼、婚礼铺张浪费等社会问题，倡导更加简约和理性的婚礼形式。这些声音的汇聚，促成了社会对婚俗改革的广泛认同，为改革提供了强大的舆论支持和社会基础。

（三）文化变革塑造现代婚姻观

婚俗改革的生成过程还体现了深刻的文化变革。在传统婚俗中，婚姻往往被视为一种家庭和社会的契约，强调社会的责任与义务，而现代婚姻观则更加强调个体的自主性、选择性和平等性。随着社会文化的现代化，婚俗改革逐渐转向对婚姻观念的深刻反思与重塑，特别是在性别平等、婚姻自由和个体幸福等方面的强调。

现代婚姻观的形成，得益于社会对婚姻功能的重新定义。从原本的家庭责任、社会义务转变为更加关注个人情感、婚姻质量和生活幸福。这一变革体现在婚俗的方方面面，从婚礼的简化到彩礼的理性化，再到婚姻自主权的倡导，都反映了社会文化在现代化进程中的逐步演变。文化变革不仅体现在婚姻观念的更新，还表现在对传统婚俗的批判与重构。例如，婚姻的性别角色不再单纯依赖传统分工，男女双方在婚姻中的地位趋于平等，婚姻关系的决策更多基于情感与理性，而非社会期望和物质交换。

（四）推进机制推动改革的深化与完善

新时代婚俗改革的推进机制是一个多层次、多维度的动态过程。政府的政策推动、社会的自发参与以及文化的创新力量的共同作用，推动了改革的深化与完善。从最初的地方政府政策试点到全国范围内的法规完善，改革的实施逐渐从局部探索走向系统性推进。此外，随着信息化和全球化的进程，婚俗改革不仅是国内文化的内生性变革，也受到全球婚俗趋势的影响。数字化技术、社交媒体以及跨国婚姻的兴起，都为婚俗改革提供了新的思路和平台。

在未来，婚俗改革可能会进一步融合多元文化，推动婚姻观念的全球化与多样化。随着社会结构的进一步变化，婚姻形式可能更加多元化、个性化，传统婚俗中的一些固有形式可能逐渐被更加开放、包容的婚姻模式替代。

总之，新时代婚俗改革的生成过程是一个由传统到现代、由局部到全局的渐进性变革过程，涵盖了社会需求、政策响应、文化变革和改革机制的多方面内容。在这一过程中，婚俗的改革不仅是对传统婚俗的调整，更是现代社会对婚姻关系的新理解与新构建，标志着婚姻观念和社会价值观的深刻变革。

第三节　婚俗改革政策工具箱的创建与应用

婚俗改革政策工具箱是指在推动婚俗改革过程中，政策制定者所采用的一系列政策手段、措施和工具的集合。笔者认为，婚俗改革政策工具箱是一个综合性的政策框架，涉及法律、经济、社会、文化等多个层面的手段与措施。它不仅需要政策制定者的系统规划和全局视野，也需要各方力量的共同参与和合作。在改革进程中，政策工具箱的灵活性和适应性至关重要，能够根据不同阶段的社会需求进行调整和优化。最终目标是通过多种政策手段的协同作用，推动婚俗改革朝着可持续的方向发展。婚俗改革是一个涉及社会、文化、经济等多个领域的复杂议题，政府为了推动婚俗改革的顺利进行，设计和提供一套婚俗改革政策工具箱，供相关部门和从业人员参考和使用，是婚俗改革成功的重要关键步骤。

一、婚俗改革政策工具箱的内容和标准

（一）婚俗改革政策工具箱的内容

婚俗改革是一项重要的社会改革，旨在推动婚姻家庭朝着更加文明、

和谐、幸福的方向发展。婚俗改革政策工具箱是实现这一目标的重要手段，包含多个方面的政策措施，这些工具通常用于解决特定的问题或实现特定的目标。婚俗改革政策工具箱是一个集思广益的平台，有利于参与者共享信息、交流经验，能够提供全面的技术支持和指导，有助于解决婚俗改革中的各种问题，实用性和可操作性相结合，使婚俗改革得以更好地落地实施，从而更好地推进婚俗改革。婚俗改革政策工具箱应该包括以下七个方面的政策工具。

1. 法律法规工具

婚俗改革的法律法规工具应该包括婚姻家庭方面的法律法规，如《中华人民共和国民法典》的婚姻家庭编、《婚姻登记条例》、《婚姻登记档案管理办法》等，以及与婚俗改革相关的法规和政策文件。这些法律法规和政策文件应该明确规定婚姻家庭的权利和义务，保障婚姻家庭成员的合法权益，规范婚姻登记程序等。

2. 宣传教育工具

婚俗改革的宣传教育工具应该包括各种宣传手段和教育措施，如公益广告、新闻报道、文艺作品、教育课程等，旨在宣传健康的婚姻观念和行为方式，加深公众对婚俗改革的认识和理解。通过宣传教育，可以引导公众树立正确的婚恋观念，增强家庭责任感和婚姻稳定性。

3. 培训指导工具

婚俗改革的培训指导工具应该包括各种培训和指导措施，如婚姻咨询师培训、婚姻规划课程、家庭伦理教育等。这些培训和指导措施可以提供专业的婚姻建议和服务，帮助人们更好地了解婚姻的意义和价值，提高婚姻质量和稳定性。

4. 社会服务工具

婚俗改革的社会服务工具应该包括各种婚姻家庭服务，如婚姻调解、家庭暴力援助等。这些社会服务可以提供婚姻方面的支持和帮助，为人们解决婚姻家庭问题提供必要的资源和渠道。

5. 财政支持工具

婚俗改革的财政支持工具应该包括各种财政政策和资金支持，如社区建立婚姻家庭辅导站配套资金政策、公园式婚姻登记处建设政策等。这些财政政策和资金支持可以为需要帮助的人提供资助，推动婚俗改革的进程。

6. 监管执法工具

婚俗改革的监管执法工具应该包括各种监管和执法措施，如婚姻法律监管、婚姻违法行为处理等。这些监管和执法措施可以加强对婚姻的管理和监督，保障婚姻家庭的权益和安全。

7. 研究调查工具

婚俗改革的研究调查工具应该包括各种婚姻问题研究和调查，如婚姻心理学调查、婚姻家庭问题研究等。这些研究和调查可以帮助人们更好地了解婚姻中的问题和矛盾，为婚俗改革提供科学依据和指导。

（二）婚俗改革政策工具箱的标准

把握婚俗改革政策工具箱的标准有助于构建一个全面、有效、公正、开放的婚俗改革政策工具箱，推动婚俗的健康发展。婚俗改革政策工具箱的标准可能会因地区和文化的不同而有所差异，以下是构成一套有效的婚俗改革工具箱的基本标准。

1. 法律合规性

政策工具箱中的政策和措施必须符合国家现行法律法规的规定，不能越过法律的底线，要确保政策的合法性和可执行性。

2. 社会价值导向

政策工具箱中的政策和措施应该体现社会主义核心价值观，尊重个人权利和自由，弘扬社会公平、公正、文明的婚姻观念和家庭观念。

3. 可操作性和针对性

政策工具箱中的政策和措施应该具备可行性和实施性，能够切实解决婚俗问题，应该根据不同地区、不同群体的实际情况，制定有针对性的政策，满足不同需求，方便改革者在实践中应用。

4. 综合性和系统性

政策工具箱需要综合考虑婚姻家庭领域的各个方面，如婚姻登记、家庭教育、家庭暴力防治、婚姻家庭咨询和服务等，形成一个系统完整的政策体系，确保各个政策和措施的协调性和一致性。工具箱应该包含各种可能需要的工具，如政策建议、研究报告、实践案例、宣传材料等，以便改革者根据实际情况选择和使用。

5. 公正性和开放性

政策工具箱中的内容应当尊重各方的权益，避免偏袒或歧视任何一方。工具箱应当鼓励和支持公众参与，接受公众的监督和评价。

6. 可持续性

政策工具箱中的政策和措施能够长期有效地推动婚俗改革。政策和措施的制定和实施应该考虑长远发展，能够长期有效地推动婚俗改革，不仅能解决当前问题，也能适应未来的发展需求。随着社会的发展和研究的深入，工具箱应当定期更新，以保持其内容的时效性和前瞻性。

二、婚俗改革政策工具箱的创建

（一）创建婚俗改革政策工具箱的作用

政策工具箱是一种有效的推动婚俗改革的方法和手段。它为政府和相关机构提供了具体的政策措施和工具，帮助政府和相关机构全面实施婚俗改革，达到改革的目标和效果，促进婚姻习俗的现代化和社会发展的可持续性。

1. 政策工具箱能够为婚俗改革提供指导和规范

它明确了改革的目标、原则和方向，帮助决策者制定合适的政策和措施。政策工具箱提供了政策的框架和条款，使决策者能够有针对性地制定和实施相应的政策，推动婚俗改革的顺利进行。

2. 政策工具箱能够促进婚俗改革的实施和落地

政策工具箱提供了具体的政策措施和操作工具，帮助政府和相关机构实施婚俗改革。政策工具箱中的政策措施可以根据具体的地区和情况进行调整和适用，为改革的实施提供了具体的操作方法和指南。通过政策工具箱，政府和相关机构可以更好地组织和协调改革的实施，确保改革的效果和成效。

3. 政策工具箱能够引导和促进各方力量参与

政策工具箱能够为公众、社会组织和利益相关者提供参与的机会和渠道，鼓励他们参与政策的制定和实施过程，引导和促进各方参与婚俗改革。政策工具箱可以通过开展调查研究、举行专题研讨会、征求意见等方式，收集各方的意见和建议，确保政策的制定和实施过程具有广泛的参与性和民主性。通过促进各方的参与和合作，政策工具箱可以增大改革的可行性和成功的可能性。

4. 政策工具箱能够监测和评估婚俗改革效果

政策工具箱通过收集和分析相关数据和信息，评估改革的进展情况，识别存在的问题和挑战，并及时调整政策和措施，以确保改革的质量和成效。监测和评估可以帮助政府和相关机构了解改革的实际效果，为改革的后续工作提供参考和指导。

（二）创建婚俗改革政策工具箱的流程

创建婚俗改革政策工具箱，需要遵循一定流程。通过一定的流程，可以确保婚俗改革政策工具箱的设计和实施具有科学性、系统性和可操作性。这将有助于推动婚俗改革的顺利进行，提高改革的效果和影响力。创建婚俗改革政策工具箱的流程分为以下步骤（见图1）：

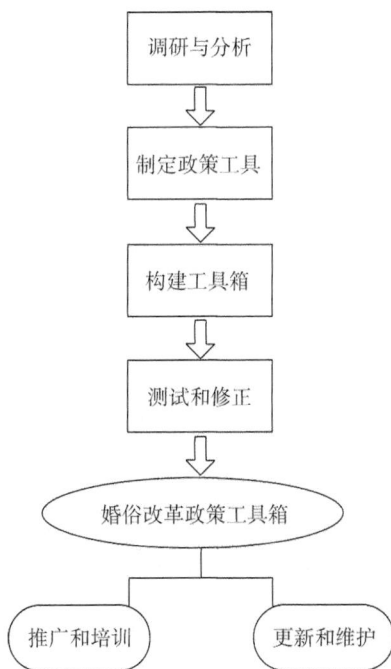

图1 创建婚俗改革政策工具箱的流程

第一步，调研与分析。依据婚俗改革的目标和范围，确定要解决的问题和改革的重点领域，对当前的婚俗进行深入的研究和分析，掌握存在的问题和需求。通过问卷调查、访谈、座谈会等方式了解公众对婚俗的看法和需求，当前婚姻家庭现状和问题，分析婚俗改革的需求和潜在的解决方案。

第二步，制定政策工具。基于调研和分析的结果，制定具体的政策和措施。这些政策和措施应该包括法律法规、制度建设、经济支持、政策推广、教育培训、公众宣传等多方面的内容。

第三步，构建工具箱。首先，根据政策和措施的种类和性质，搭建工具箱的框架。可以将工具箱分为不同的模块，每个模块包含一类政策或措施。其次，在每个模块中，补充具体的政策和措施。每个政策和措施应该包括目标、实施步骤、预期效果等内容，并考虑到可持续性的要求，例如长期规划、参与机制和监督评估等。最后，根据实际情况和需求，确定工具箱的形式。可以选择将工具箱制作成电子版或纸质版，或者结合二者，提供在线平台或移动应用程序等形式。

第四步，测试和修正。对工具箱进行测试，收集用户反馈和意见。建立监督和评估机制，定期对工具箱的使用情况和效果进行评估，看是否达到了预期的目标，哪些地方需要改进。根据反馈结果，对工具箱进行修正和改进，确保其适用性和持续有效性。

第五步，推广和培训。将工具箱推广给婚俗改革相关的政府部门、婚姻家庭服务机构和社会组织等，提供相应的培训和支持，确保他们能够正确理解和使用工具箱。

第六步，更新和维护。随着婚俗改革的发展和需求的变化，需要定期更新和维护工具箱。及时收集最新的研究成果和各地经验，对工具箱进行修订和补充，确保其与时俱进。

总的来说，打造一个多维度实用适用的婚俗改革政策工具箱，需要对婚俗文化有深入的理解，能够识别其中的问题，设计和实施有效的改革策略，制定实用的工具，以及进行有效的监测和改进。

三、婚俗改革政策工具箱的应用

（一）婚俗改革政策工具箱的应用场景

婚俗改革政策工具箱的应用场景广泛，包括政府部门、社会组织、婚姻家庭服务机构、家庭和个人、婚庆服务行业、社区居民、媒体和传媒机构、学术研究和教育机构、商业机构和企业、社会调查和公众参与、合作与交流平台等多个领域（详见表3）。通过提供相关的工具和资源，婚俗改革政策工具箱能够帮助各个领域的机构和个人开展婚姻家庭相关工作，推动婚俗改革的实施和发展。

表3　婚俗改革政策工具箱的应用场景

应用场景	政策工具箱的作用	政策工具箱中的工具
政府部门	指导和支持婚俗改革政策的制定和实施	工具箱中的政策手册、指南和法律法规模板等可以帮助政府部门了解和应对婚姻家庭领域的问题和挑战，并提供相应的政策建议和实施方案
社会组织	提供婚姻家庭服务和支持	工具箱中的咨询手册、培训材料和服务模板等可以帮助他们提供专业的婚姻家庭咨询、教育和支持服务，满足不同人群的需求
婚姻家庭服务机构	提升自身的服务质量和效果	工具箱中的服务标准、评估工具和质量管理手册等可以帮助他们规范自身的工作流程和提升服务水平，提供更加专业和有效的婚姻家庭服务
家庭和个人	提升自身的婚姻家庭意识和能力	工具箱中的教育手册、自助指南和交流平台等可以帮助他们了解婚姻家庭的重要性，学习和掌握解决问题和改善关系的方法，促进家庭的和谐发展
婚庆服务行业	提升自身服务质量和形象	工具箱中的服务标准、培训材料和案例分享等可以帮助他们提供专业和个性化的婚庆服务，满足客户的需求，提升行业的整体形象和竞争力
社区居民	参与和推动婚俗改革	工具箱中的社区参与手册、座谈会指南和宣传材料等可以帮助社区居民了解婚俗改革的意义和重要性，参与相关的活动和讨论，共同推动婚俗改革的实施
媒体和传媒机构	宣传和报道婚俗改革的相关信息	工具箱中的宣传手册、新闻稿和媒体资源等可以帮助他们传递婚俗改革的目标和成果，引发公众的关注和参与
学术研究和教育机构	开展相关的研究和教学活动	工具箱中的研究指南、教育手册、课程设计和教学资源等可以帮助教师和研究者深入研究婚俗改革的影响和效果，开展相关的教学和培训，培养专业人才和提供政策建议

应用场景	政策工具箱的作用	政策工具箱中的工具
商业机构和企业	开展相关的社会责任活动	工具箱中的社会责任手册、宣传材料和合作伙伴搜索工具等可以帮助他们了解婚俗改革的目标和举措,通过合作与支持,为婚姻家庭服务提供新的商业模式和创新解决方案
社会调查和公众参与	进行相关活动和调研	工具箱中的调查问卷、调研指南和社会参与手册等可以帮助组织和个人了解公众对婚俗改革的意见和需求,提供社会参与的平台和机会,促进公众的参与和共识达成
合作与交流平台	不同国家和地区可以共享婚俗改革的经验和教训	工具箱中的合作指南、经验分享和交流平台,可以加强合作与交流,共同推动婚俗改革的发展

(二)婚俗改革政策工具箱应用策略

婚俗改革政策工具箱的应用策略是指如何有效运用工具箱中的各种资源和工具进行婚俗改革的行动计划和方法。选择合适的婚俗改革政策工具需要综合考虑实际情况、可行性和适用性等因素。通过仔细研究和了解工具箱中提供的各种资源,分析问题和目标,考虑实施和推广的要素,并结合用户群体的特点和反馈,可以选择出最合适的工具来推动婚俗改革。

1. 研究和了解工具箱

仔细分析婚俗改革的问题和目标,了解面临的具体挑战和实施路径,以确定使用的工具类型和功能。同时,研究和了解婚俗改革工具箱中提供的各种工具和资源,明确它们的功能、用途和适用范围,选择最合适的工具。在选择工具时,要考虑其可行性和适用性。考虑工具是否适合使用者的目标和情况,是否与使用者的资源和能力相匹配。选择在实践中可操作和实施的工具。

2. 多元化工具选择

婚俗改革政策工具箱通常提供多种工具和资源,包括教育手册、培训材料、宣传资料、社交媒体等。在选择工具时,可以多元化地组合使用,以达到更好的效果。考虑到不同工具的优势和限制,选择适合使用者目标的组合。在选择工具时,要考虑到促进政策实施和推广的要素,目标用户群体的特点和接受程度，工具是否易于实施和推广，是否能够得到各方的支持和参与。另外，婚俗改革是一个不断演变和发展的过程，因此在选择工具时，要考虑到持续改进和更新的需要。选择能够灵活适应变化和更新的工具，以确保政策的可持续性和有效性。

3. 适度自定义工具

根据实际情况，有时需要适度自定义工具以适应特定的需求。使用者可以根据实际情况对工具进行修改和定制，以更好地满足具体要求。这将提高工具的实用性和可操作性。

（三）选择婚俗改革政策工具关键点

根据实际情况选择合适的婚俗改革政策工具是确保政策实施成功的关键。每个地方的情况都是独特的，应该因地制宜，根据具体情况有针对性地作出抉择。在从婚俗改革政策工具箱中选择具体政策工具时，应该考虑以下几个关键点。

1. 选择政策工具应考虑到文化敏感性

在改革婚俗时，必须尊重当地的文化传统和习俗。这需要政策工具能够考虑到文化因素，以保护当地社区的文化特性和价值观。在开始任何改革之前，都需要对当地的传统和文化有深入的了解。这包括了解婚礼习俗的历史、含义，以及人们为何坚持这些习俗。改革的目的是改善情况，而不是完全改变或消除现有的文化。尊重和包容各种文化和传统习俗，考虑文化敏感性意味着在尊重和保护文化传统的同时，推动必要的社会变革。

2. 选择政策工具应考虑到可行性和可操作性

这意味着政策工具箱中的各项政策必须符合实际情况，并且能够被有效地执行。政策制定者需要在调研和分析的基础上，选择可解决实际问题、具备可操作性的政策工具。改革的过程中应充分与参与改革的各方进行沟通，听取他们的意见和看法，这样可以了解他们的需求和期望，以及可能遇到的困难。

3. 选择政策工具应考虑到社会各方的利益平衡

婚俗改革涉及多个利益相关方，如新人、家庭、社会等。在改革过程中，政策制定者需要在尊重传统和推动改革之间找到平衡。在某些情况下，可能需要进行妥协，尽可能地达到改革目标，同时尊重当地文化。政策制定者需要平衡各方的利益，确保政策能够在各方之间获得广泛支持，避免引发冲突和不稳定因素。在某些情况下，温和的改革方式可能比严厉的法律强制更有效。例如，可以通过教育和宣传来改变人们的观念，而不是强迫他们改变。

4. 选择政策工具应考虑到长期发展和可持续性

婚俗改革是一个长期的过程，需要制定长远的政策措施。政策制定者需要选择可适应社会发展变化、具备长期可持续性的政策工具。同时，政策工具箱中的政策也应具备灵活性，能够根据实际情况进行调整和改进。

5. 选择政策工具应考虑到公众的参与和沟通

婚俗改革是涉及广大民众的事务，政府和相关部门需要积极开展公众参与和沟通，听取各方意见和建议，确保政策工具箱能够真正反映民意和满足民众需求。政府和相关部门可以组建专家团队，进行全面的研究和讨论，提出具体的政策建议。

（四）婚俗改革政策工具箱应用中存在的问题与对策

在婚俗改革政策工具箱的应用中存在的最大的问题在于政策执行者缺乏对传统文化的理解与尊重。在推动婚俗改革的过程中，政策制定者不应过分强调现代观念，而应重视传统婚俗所蕴含的文化内涵和价值。这有助于减少改革过程中可能遇到的强烈反对和阻力，避免引发社会冲突。对此，笔者建议在使用婚俗改革政策工具箱时，应更加注重对传统文化的理解和尊重。在推动改革的同时，要充分认识到每一种婚俗都是历史和文化的积淀，承载着人们的情感和记忆。改革的过程也应是对传统文化的传承和创新，而不是简单的破除和否定。

婚俗改革政策工具箱的应用中存在的另一问题在于政策执行者太过理想化，未能充分考虑到社区和个体的实际需求和情况。许多政策在制定时，过于理论化，忽略了地方特色和社区环境等因素，导致实施难度大，效果不佳。因此，笔者建议在应用工具箱时，应注重从社区和个人的实际出发，充分考虑地方特色和社区环境等因素。以调查和研究为基础，以民众需求为导向，形成具有实效性和可操作性的改革政策。

在应用婚俗改革政策工具箱时，政策执行者还缺乏正确的知识普及和传播方式。许多政策和理念往往停留在决策者和专家学者之间，未能有效地普及社区和个体。这使婚俗改革的接受度和实施效果受到影响。为改善此问题，笔者建议应加强婚俗改革政策的知识普及和传播工作。可以通过社区活动、公益广告、互联网等多种方式宣传和普及婚俗改革的重要性和必要性，让更多的人了解，从而提升婚俗改革的接受度和实施效果。

婚俗改革是一个复杂而敏感的过程，政策执行者需要细心地处理好传统与现代、理想与现实、决策与执行之间的关系。政策执行者应在充分利用婚俗改革政策工具箱的同时，不断反思和改进，以期在尊重和传承文化的基础上，推动婚俗的健康发展。

（五）提升婚俗改革政策工具箱效能的路径

1. 增加多样化的婚俗改革政策措施

考虑到不同地区和社区的婚俗习惯存在差异，政策工具箱应增加多样化的婚俗改革政策措施，以满足各地区和社区的需求。政策工具箱既可以包括针对传统婚俗的改革措施，也可以涵盖针对婚前准备、结婚登记和婚后关系的政策建议。

2. 强化社会参与和共享

政策工具箱应鼓励社会各界的参与和共享，将婚俗改革政策的制定和实施过程开放给公众参与。可以通过征求公众意见、举办公开研讨会等方式，让更多的人参与婚俗改革的决策过程，从而提高政策的可行性和公众认可度。

3. 强化监督和评估机制

政策工具箱应建立健全监督和评估机制，确保婚俗改革政策的有效实施。政府和相关部门可以委托独立的第三方机构对婚俗改革工作进行评估，收集社会反馈意见，并及时修订和更新工具箱中的政策措施和指导手册。

4. 推动交流与合作

政策工具箱可以借鉴其他国家和地区的经验和做法，通过交流与合作，与其他国家和地区的专家学者交流经验，分享最佳实践。同时，政策工具箱可以提供案例研究和经验分享，以帮助各地区更好地了解和应用婚俗改革政策。

5. 加强婚俗改革政策的长期跟踪和评估

婚俗改革政策工具箱应建立长期的跟踪和评估机制，对政策的实施效果进行监测和评估。这有助于及时发现问题和不足，并采取相应的措施进行调整和改进。此外,政策工具箱还可以收集和分享成功案例,以激励和推动更多地区和社区加入婚俗改革的行列。

6. 鼓励创新和技术应用

政策工具箱可以鼓励创新和技术应用,推动婚俗改革政策的落地与实施。例如,可以探索利用互联网和移动应用程序等技术手段,提供在线培训和婚俗改革政策指导,方便相关人员随时获取需要的信息和资源。

第七章　新时代婚俗改革的实践探索

　　新时代婚俗改革的实践探索，旨在推动婚姻家庭文化的现代化，逐步消除传统婚俗中的不良陋习，倡导简约、文明、和谐的婚姻价值观。随着社会发展和人民群众价值观的转变，传统婚俗中的一些陋习，如过度攀比、奢华婚礼、低俗婚闹等，已不再符合现代社会的需求。因此，新时代婚俗改革的核心是通过试点实验、探索与创新，寻找适应当代社会的婚俗新路径。在实践中，试点实验地区通过结合本地文化特点和实际需求，制订具有地方特色的改革方案，探索出了符合现代社会发展要求的婚俗新风尚，为全国范围内的婚俗改革积累了宝贵经验和可复制的实践模式。

第一节　新时代婚俗改革的试点实验

　　为抓好习近平总书记重要指示批示精神和党中央、国务院相关决策部署的落实工作，民政部推出了一系列改革举措。2020年5月，民政部印发了《关于开展婚俗改革试点工作的指导意见》，并部署开展婚俗改革试点工作。2021年4月和9月，先后分两批共确定了32家①全国婚俗改革实验区，旨在探索适应新时代要求的婚俗改革路径，改善和解决婚俗领域的乱象和问题，以期在婚俗改革方面取得突破性进展。截至2023年年底，全国已创建各类婚俗改革实验单位1806家，国家、省、市、县、乡五级齐抓共

---

　　① 第一批15个婚俗改革实验区：河北省河间市，内蒙古自治区包头市青山区、乌兰察布市集宁区，辽宁省沈阳市皇姑区，吉林省永吉县，黑龙江省哈尔滨市南岗区，江苏省南京市建邺区、东台市，河南省开封市禹王台区、宁陵县，湖南省澧县，广东省广州市，重庆市大足区，四川省成都市武侯区，陕西省宝鸡市金台区。
　　第二批17个婚俗改革实验区：河北省邯郸市肥乡区，山西省运城市盐湖区，内蒙古自治区赤峰市红山区，上海市奉贤区，江苏省无锡市滨湖区，浙江省三门县，安徽省合肥市包河区、和县，福建省武夷山市，江西省贵溪市，山东省青岛市黄岛区（西海岸新区）、沂水县，湖北省武汉市武昌区，广西壮族自治区柳州市城中区，海南省琼海市，宁夏回族自治区盐池县，新疆维吾尔自治区乌鲁木齐市头屯河区。

促婚俗改革的局面初步形成。截至 2024 年 10 月，全国已有各类公园式婚姻登记点 270 多处，婚姻文化设施 1330 处。全国县级以上婚姻登记机关婚姻家庭辅导室设置覆盖率已超过 90%。[①]

一、设立婚俗改革实验区的目的和意义

（一）设立婚俗改革实验区的目的

1. 推动婚姻家庭文化现代化

设立婚俗改革实验区的首要目的是破除传统婚俗中不合时宜的陋习，推动婚姻家庭文化与新时代社会发展相适应。这包括摒弃盲目攀比、奢侈浪费、低俗婚闹等不良现象，倡导简约、文明、和谐的婚姻家庭文化，丰富婚姻关系的本质性内涵，强化责任感和家庭价值。

2. 提供改革实践样本

实验区通过探索和实践，为其他地区提供可操作、可复制的改革经验。通过具体实施、总结经验和发现问题，推动国家层面的政策调整和普及。根据每个试点地区的具体情况的不同，试点区域可以按本地风俗文化特点开展改革，确保改革的灵活性和多样性。

3. 培育新时代婚俗价值观

设立实验区有助于形成符合现代社会需求的婚姻家庭价值观，如平等、尊重、爱与责任等基本原则，培养市民对婚姻家庭的正确认识。从而构建更加和谐的社会关系，提升公民的道德素质和精神风貌。

4. 提高社会认同感和参与感

通过婚俗改革实验区的引导和推动，可以让社会公众更加积极地参与婚俗变革，提升人民群众的认同感、获得感和参与感，从而形成更广泛的社会共识。

（二）设立婚俗改革实验区的意义

1. 实现婚俗文化的传承与创新

婚俗改革实验区既重视对传统婚俗文化的保护与传承，又注重对其进行创新，以更符合现代社会的需求。例如，提倡简约的婚礼形式、注重婚

---

① 李玉梅，周锟民. 全国已累计办理婚姻登记"跨省通办"41.6 万对［EB/OL］.（2024-10-23）［2024-11-16］. https：//www.gov.cn/lianbo/bumen/202410/content_ 6982355. htm.

姻本质而非形式上的奢华，体现对传统婚俗的现代诠释。

2. 促进社会风气的改变

改革有助于促进婚姻家庭中不良风气的改变，减少盲目攀比、豪华婚礼、过度消费等现象，从而铲除社会的不正之风，营造更健康、文明、理性、和谐的婚姻环境。

3. 助力社会主义核心价值观的践行

婚俗改革是社会主义核心价值观的具体体现之一。改革实验区通过倡导真诚、平等、互助、尊重等婚姻核心价值观，帮助社会进一步认识到婚姻家庭在社会稳定中的重要作用，提升全体市民的思想道德水平。

4. 促进家庭和谐与社会稳定

健康、和谐的家庭关系是社会稳定的重要基础。通过婚俗改革，推动婚姻家庭关系的和谐，能够减少婚姻中的冲突和不和谐因素，提升家庭成员的幸福感和归属感，从而促进社会整体的稳定与和谐。

5. 提升政府治理效能

婚俗改革实验区的实施，能够通过创新性举措提升政府在婚姻家庭领域的治理效能。通过具体的政策落地，实验区不仅能提供实际数据支持政府决策，还能反映社会发展中的痛点与需求，为完善婚姻家庭政策提供借鉴。

二、婚俗改革试点工作原则

在新时代婚俗改革的实施过程中，必须坚持一系列核心原则，以确保改革在稳定的政治框架和社会环境中有序推进，并在长期发展的过程中取得实质性进展。这些原则不仅为改革提供了理论指导，也为其具体实施提供了实践路径。

（一）坚持党的领导：婚俗改革的根本政治保障

党的领导是我国一切改革措施的根本政治保障，婚俗改革也不例外。将党的领导贯穿于婚俗改革的各个环节，确保改革始终在党的指导思想下进行，是确保改革沿着正确方向前进的前提。党的领导为改革提供了政治决策支持，明确了改革的政治目标和价值导向。坚持党组织的有效领导，能够鼓励和引导社会力量广泛参与婚俗改革试点工作，形成全民共识和行动力，从而推动婚俗改革落地生根。

与此同时，党领导下的改革工作能有效推动形成有利于婚俗改革的体制机制，确保政府各级部门和社会组织能够积极参与改革过程，形成合力。通过完善相关法律法规和政策机制，为婚俗改革提供制度保障，创造有利于改革的社会环境，不仅能增强改革的制度化和规范性，还能保证改革在实践中持续健康发展，避免偏离党的战略目标。

（二）坚持以人民为中心的工作导向：提供改革的群众基础

新时代婚俗改革的核心在于充分体现人民群众的意愿和需求，将基层群众作为推进改革的主体力量是改革成功的关键所在。婚俗改革不仅是政治决策层的推进任务，更应植根于广大人民群众的生活实践。坚持以人民为中心的工作导向，要求将社会主义核心价值观和群众的实际需求相结合，推动改革内容从形式到内涵的转化，确保改革与群众的期盼和生活状况密切对接。

婚俗改革应尊重并反映各地群众的文化传统和社会认知，确保改革的内容和形式既符合现代社会的发展需求，又能够满足地方特色的实际情况。同时，通过与群众意愿的结合，将婚俗改革转化为群众的精神追求和行为习惯，逐步改变过时和不适应社会发展的婚俗陋习，提升群众对改革的认同感和获得感，为改革的广泛接受和深远影响提供坚实的社会基础。

（三）坚持因地制宜：分类指导，确保改革的灵活性和有效性

婚俗改革并非一蹴而就，也不能采取单一模式或全国"一刀切"的方式进行。不同地区的风俗习惯和文化传统具有独特性，因而改革的推进必须根据地区特点采取灵活的、因地制宜的措施。坚持因地制宜的原则，要求地方政府在实施改革时，既要充分尊重和保护地方文化的多样性，又要根据本地区的具体情况和实际问题，量体裁衣，设计切合本地实际的改革方案。

改革应分阶段实施，既要根据长远目标设计总体框架，又要结合短期目标和具体的地方需求实施相应的措施。各地可以依据当地的历史文化背景、社会经济发展水平、群众的接受度等因素，采取适合本地区的具体措施，避免改革过程中的简单粗暴和形式主义，防止将传统婚俗一概视为"陈规陋习"或"落后文化"。通过这种分类施策、循序渐进的方式，可以保证婚俗改革的平稳过渡和深远影响，避免过度的文化冲突和不必要的社会阻力。

（四）坚持改革创新：推动顶层设计与基层探索的良性互动

婚俗改革必须具备创新精神，尊重并充分发挥基层的首创精神。各地在改革试点过程中，可以根据当地的社会实际和群众需求，进行差别化探索，找到具有地方特色的改革路径和切入点。通过鼓励地方探索，充分发挥基层创新的力量，可以在实际操作中积累经验，为全国范围内的婚俗改革提供可参考的实践案例。

创新思维在婚俗改革中至关重要，它要求改革要突破既有的政策框架，根据新时代的社会发展需求、文化多样性以及群众的新期待，进行突破性的改革设计。例如，改革可以从解决群众关心的具体问题入手，如婚礼的简化、婚姻平等、婚姻生活的质量提升等方面，找准改革的着力点。同时，顶层设计和基层探索要实现良性互动，通过顶层设计提供整体框架和政策保障，通过基层的探索和创新验证政策实施的可行性和效果，进而形成动态调整和优化的机制。

三、婚俗改革试点任务

婚俗改革试点任务①包括婚姻家庭辅导、简化婚俗礼仪、培育婚俗文化、传承良好家风四个方面。这些改革措施回应社会需求，强化中华优秀传统文化在当代婚俗中的重要作用，旨在推动文明向上的婚姻家庭观念，维护社会的和谐稳定。

（一）深入开展婚姻家庭辅导服务

婚俗改革强调婚姻家庭的稳定与幸福，通过婚姻家庭辅导服务来减少婚姻中的矛盾纠纷，促进家庭和谐。

1. 开展全链条婚姻家庭辅导

开展婚前辅导，帮助当事人做好进入婚姻状态的准备，努力从源头上减少婚姻家庭纠纷的产生。开展婚姻辅导，提供婚内心理调适服务，帮助夫妻学习增进婚姻幸福、化解婚姻危机的技巧，改善婚姻家庭关系。开展离婚疏导，提供专业的、人性化的咨询和服务，化解矛盾纠纷，促进婚姻家庭稳定。

---

① 民政部印发《关于开展婚俗改革试点工作的指导意见》（民发〔2020〕62号）。

2. 建立多层次的辅导和服务平台

通过公益创投、经费补贴、政府购买服务等政策扶持途径引导各类社会组织、基层群众性自治组织和专业人才发挥积极作用。搭建社会工作和志愿服务平台，充分发挥社会工作和志愿服务在婚姻家庭辅导教育中的积极作用。利用新闻媒体、广播电视、移动互联网等搭建多层次、广覆盖、便捷化的婚前辅导服务平台，不断扩大婚姻家庭辅导的覆盖面。

（二）积极倡导简约适度的婚俗礼仪

推动传统文明和现代文明的融合发展，既要保护和传承传统婚俗礼仪精髓，又要鼓励具有强烈时代气息的现代礼仪创新，不断赋予其时代内涵、丰富其表现形式，为增强文化自信提供优质载体。

（1）提倡符合时代气息的颁证仪式。积极推动结婚颁证服务创新，创设室内室外颁证场所，建立地方领导、人大代表、政协委员、社会名人颁证制度，设计文化内涵丰富的颁证词，鼓励当事人邀请亲朋好友共同见证，使新人在庄重神圣的法律殿堂宣告合法婚姻缔结。

（2）倡导庄重简朴的婚礼形式。倡导和推广体现优秀中华文化的传统婚礼，组织举办集体婚礼、纪念婚礼、慈善婚礼等特色突出、文明节俭的现代婚礼，避免婚礼中的浪费和攀比，丰富和增强婚礼的文化内涵和社会责任感。

（3）尊重不同地区婚俗礼仪的多样性，取其精华，采取申报非物质文化遗产等措施加以保护，使中华优秀婚俗礼仪薪火相传。

（三）着力培育文明向上的婚俗文化

婚俗改革重视婚姻文化的建设，以社会主义核心价值观为引领，弘扬"风雨同舟、相濡以沫、责任担当、互敬互爱"的婚姻理念，充分发挥其在凝聚人心、引导群众、淳化民风中的重要作用。

（1）加强婚姻登记场所文化建设，设置婚俗文化墙或婚俗文化廊，有条件的地方可设置婚姻文化展示厅、婚俗文化博物馆或婚姻家庭文化基地，传播健康向上的婚姻理念。

（2）开展治理天价彩礼、婚闹、随礼攀比等不正之风的活动，建立健全长效机制，减少社会中的婚姻不良现象，助力脱贫攻坚，营造良好社会风气。

（3）通过增加优秀婚俗文化产品和服务的供给，为群众提供精神上的高质量营养，使其树立正确的婚姻价值观，助力社会风气的改善。

（四）持续传承良好家风家教

婚姻不仅是两个人的结合，也关乎家庭和社会的稳定，新时代婚俗改革强调良好家风的传承。

（1）倡导以父慈子孝、夫妻和睦、兄友弟恭为基础的家庭伦理道德。通过广泛开展家风家教建设活动，推动家长注重自身修养和行为示范，为子女的成长营造健康的家庭环境。

（2）倡导在社区、学校、企业等地开展好家风、好家教的宣传教育，发挥社区教育的作用，树立榜样，净化社会风气，形成和谐邻里和家庭。

（3）党员干部以身作则，在家庭中发挥廉洁修身、廉洁齐家的模范作用，促使全社会形成良好的婚姻家庭文化氛围。

第二节　新时代婚俗改革的创新经验

各实验区以习近平新时代中国特色社会主义思想为指导，深入学习贯彻习近平总书记关于注重家庭、家教、家风建设重要论述和党中央、国务院关于移风易俗的决策部署，按照实验区工作总体安排，细化实施方案，聚焦主题主线，较好地完成了阶段性的实验任务。经过各级婚俗改革实验区的探索，地方各级党委和政府、广大居民群众对实验区工作高度认可和充分肯定，普遍认为婚俗改革势在必行，开展试点实验是推进工作的有力抓手。各实验区以此为契机，积极培育和践行社会主义核心价值观，大力推进婚姻领域移风易俗，传承发展中华优秀婚姻家庭文化，高价彩礼、大操大办等陋习得到有效遏制，实验工作取得初步成果，同时形成了一系列的经验和方法。

一、积极推行制度创新，完善婚姻法治建设

婚姻改革的顺利推进，需要依赖科学合理的制度和法律体系作为支撑，必须在法治框架下推动相关法律的完善与执行，提高法治化水平，才能确保改革有序实施，社会风气朝着健康、文明的方向发展。

（一）坚持从制度入手，逐步扭转不良婚俗

针对婚姻登记、婚礼用品、聘礼等环节，制定出台一系列政策和法规，为婚姻改革提供制度保障。通过法律规范，引导婚俗的健康发展，逐

步扭转一些传统婚俗中的不良习惯，避免不必要的物质浪费和不平等现象，推动婚姻制度更加符合时代要求。

（二）完善婚姻法律法规，加大执法力度

进一步完善婚姻登记制度，制定更加细化的婚姻保护措施，增强婚姻过程中各方权益的保障。例如，可以建立婚礼人员诚信记录、强化婚姻债务的法律追偿机制等，以确保婚姻法律法规的全面实施，减少婚姻领域的法律风险和争议。同时，加大对婚姻家庭相关纠纷的司法解决力度，确保法律效果的落实。

（三）增强法律意识，维护婚姻自由和平等

重视婚姻自由和婚姻平等，保障公民选择婚姻的自由权利，坚持一夫一妻制、男女平等的婚姻制度，进一步消除性别歧视，维护婚姻家庭中的平等与和谐。通过普及婚姻法和家庭法知识，增强全社会的法律意识，帮助公民树立正确的婚姻观念，特别是婚姻自由、家庭责任与社会责任的结合。同时，加强对婚姻家庭法律保护的宣传和教育，确保每一位公民都能充分了解和享有法律赋予的权利。

关于各实验区"积极推行制度创新，完善婚姻法治建设"的典型做法详见表4。

表4　婚俗改革实验区关于"积极推行制度创新，完善婚姻法治建设"的典型做法

序号	典型做法	实验区
1	制定出台《婚俗改革》读本《婚前教育手册》《家庭调解手册》等，为婚俗改革搭建了制度化框架，让婚俗改革在规范化的道路上运行。在饭店张贴《文明婚俗倡议书》、发放"村民公约、居民公约"、签署《"倡树文明新风　抵制恶俗婚闹"承诺书》，打击低俗婚闹行为	内蒙古自治区乌兰察布市集宁区
2	盐湖区民政局下发《关于切实发挥"一约七会"作用，推进婚丧习俗改革实施方案》，进一步规范了红白喜事的办事标准，要求充分发挥红白喜事、道德评议会、民调理事会、老年协会在喜事新办简办、优良家风传承、弘扬新风正气方面的自治作用	山西省运城市盐湖区
3	建立区级联席会议制度，倡导婚庆、婚宴、随礼、奖惩"四项新规"，在街镇实施宣讲、阵地、服务平台、婚礼场所、村规民约"五个一"考核，倒逼婚俗改革高效落实	上海市奉贤区

序号	典型做法	实验区
4	依托区法院合作成立的家事巡回法庭，推动巡回法庭"进家门"、司法为民"零距离"，在区婚姻登记处定期开展婚姻家庭问题咨询和法律服务，为解决婚姻家庭纠纷提供多元调解途径，有效维护了家庭与社会关系的和谐稳定	江苏省南京市建邺区
5	建立公职人员婚前廉政谈话、操办婚嫁事宜报告备案、违规操办婚嫁事宜歪风查办三项制度，引导全市党员干部及公职人员带头纠四风、树新风，做到婚事新办、简办、廉办，倡导清廉良好风尚，建设清明政治生态，为婚俗改革纵深推进提供坚实纪律保障。印发《关于做好2021年村居婚俗倡导会考核工作的通知》，通过自评与抽查相结合的方式，对建立完善工作制度、扎实开展婚俗改革宣传活动、形成良好示范效应的婚俗倡导会给予奖补措施	江苏省东台市
6	与北京社会管理职业学院合作，制定颁证礼、金婚礼等十大婚俗团体标准，率先成立婚姻文化团体标准化专家委员会，婚姻家庭协会社团标准管理办法成为全国团标。在全国范围内率先推出婚俗礼仪满月礼、够周礼、开蒙礼、成人礼、颁证礼、婚嫁礼、金婚礼等十大婚俗地方标准，为全省的婚俗标准制定提供了参考	浙江省三门县
7	山东省沂水县委将婚俗改革列为全县2021年度"125"工程20件民生实事之首，在全县经济社会综合发展千分制考核中占30分。2022年，设立婚俗改革"龙虎榜"，各乡镇（街道）开展"擂台赛"，通过日常调度、集中检查和群众电话调查相结合的办法进行考核。出台《关于推进婚俗改革倡导喜事新办的指导意见》，提出了婚俗改革"365"工作思路，即坚持"三为主"，引导群众算清"六笔惠民账"，在全社会形成"五提倡五反对"的良好风尚	山东省沂水县
8	团委、妇联、民政等部门积极引导青年树立"不要车、不要房、自己家业自己创"的新型婚恋观。制定就业优惠政策，德商银行等金融部门给新事新办的新人提供低息小额贷款，最高可申请20万元的贷款，为新人创业提供帮助	河南省宁陵县
9	重点推动领导干部抓好清廉家庭建设，将家庭家教家风建设情况纳入领导干部考核评价体系，作为干部选拔任用的重要参考	湖北省武汉市武昌区

序号	典型做法	实验区
10	成立市区两级婚俗改革工作联席会议。建立由分管市领导为总召集人、12 个市直部门和 11 个区政府为成员的市婚俗改革工作联席会议。健全结婚登记颁证制度。印发《广州市结婚登记颁证服务规范（试行）》，明确结婚登记颁证的流程和标准，建立特邀颁证制度和特邀颁证嘉宾库，推动结婚登记颁证规范化、常态化，倡导庄重简洁婚俗新风	广东省广州市
11	盐池县婚俗改革领导小组办公室制定《盐池县关于禁止党员干部、公职人员"夜坐"等铺张浪费行为的规定》，并联合市场监管局、文明办、公安局等部门，针对新婚家庭彩礼、婚车、宴席、"夜坐"等不正之风开展专项整治活动	宁夏回族自治区盐池县
12	婚事从简、杜绝婚闹、责任担当"约法三章"：制作推出《婚事从简公约》，引导婚嫁双方降低彩礼数额，减少婚礼用车数量，减小婚宴规模，树立合理消费、拒绝攀比、杜绝浪费的正确价值观；《婚姻家庭公约》，弘扬"风雨同舟、相濡以沫、责任担当、互敬互爱"的婚姻理念；《婚俗礼仪公约》，将杜绝婚闹、铺张浪费、盲目攀比等不文明行为纳入其中	辽宁省沈阳市皇姑区
13	出台《关于规范党员和公职人员操办婚丧喜庆事宜的规定》，通过召开党员干部大会、专题座谈会等形式，教育和引导党员干部发挥示范引领作用，自觉学习、宣传和遵守，并建立长效机制	重庆市大足区
14	澧县大堰垱镇九旺村，每一户家门口都有一块贴上"勤俭节约 孝亲敬老"的家风牌。村、支两委在村规民约中规定，婚宴每桌不能超过 350 元、随礼标准 300 元，婚宴庆典烟花不放、鞭炮少放，同时成立红白理事会，每个村、小组都建立"移风易俗 倡导文明新风"微信群，农村党员干部和群众共同参与、互相监督，违规大操大办的取消一切评先资格	湖南省澧县

二、强化宣传教育，引导婚礼新风尚

推动婚俗改革和引导婚礼新风尚，需要通过多渠道、全方位的宣传教育工作，引导公众树立健康、文明、节俭的婚礼观念，改变陈旧的婚俗，不仅可以提高公众对婚俗改革的认知度和支持度，还可以在全社会范围内形成积极向上的婚礼文化氛围，推动婚俗改革朝着更加健康、文明、节俭的方向发展。

（一）多渠道宣传，普及婚俗改革理念

利用传统媒体（如电视、广播、报纸）和新媒体（如网络、社交平台）等多种传播途径，广泛宣传婚俗改革的相关知识和理念。通过报道婚俗改革的实际案例，推广健康、文明、节俭的婚礼文化，引导社会形成新的婚礼风尚。同时，借助现代数字技术，打造互动性强的宣传平台，使婚俗改革的理念更加生动、接地气，激发公众的关注和参与。

（二）公益与文化宣传，塑造婚礼新风尚

在公共场所（如公交车站、商场、广场等）发布公益广告，强调节俭办婚、绿色婚礼等婚俗改革的核心价值。结合文艺作品、文化活动等形式，传播婚俗改革的理念，塑造现代化、文明化的婚礼文化形象。此外，可以通过创作具有地方特色的文化活动或艺术作品，如婚礼主题的戏剧、音乐、书画等，展示新型婚礼文化，鼓励大众在婚礼中体现社会责任感和环保意识。

（三）教育引导，培育正确婚恋价值观

在学校、社区等场所开展婚姻家庭教育，尤其是针对青年群体，帮助他们树立正确的婚姻观念和婚恋价值观。通过课堂讲座、专题研讨、互动活动等形式，普及健康婚姻观、平等婚姻观、理性婚姻观等内容，帮助年轻人理解婚姻不仅是个人事务，更是社会责任与家庭责任的结合，培养他们从自身做起，践行婚礼简约、文明、健康的理念。

（四）示范活动，带动社会广泛参与

举办集体婚礼、绿色婚礼等示范活动，直接向公众展示新型婚礼文化和改革成效。通过这些活动，倡导婚礼简约、节俭、环保的理念，树立社会榜样，推动更多人模仿和参与。同时，可以组织一些婚礼文化节、婚庆展示会等活动，吸引更多的人关注婚俗改革的动向，促使社会各界形成共识，积极践行婚俗改革的精神。

关于各实验区"强化宣传教育，引导婚礼新风尚"的典型做法详见表5。

表5　婚俗改革实验区关于"强化宣传教育，引导婚礼新风尚"的典型做法

序号	典型做法	实验区
1	诗经村镇二十里铺村充分发挥《诗经》发祥地文化优势，建起村级婚俗改革主题游园，潜移默化地引导民众传承中华优秀传统文化，进行入户面对面宣传教育。 制订《市级领导为"零彩礼""低彩礼"新人颁发结婚证实施方案》，邀请市领导及市人大代表、政协委员、道德模范等具有影响力的先进人物每周及重要节日为"零彩礼""低彩礼"新人颁发结婚证	河北省河间市
2	组建文艺宣传队巡回演出，倡导文明新风。相继举办"百对新人集体婚礼""百对最美母女抵制彩礼美丽乡村行"等活动，树立"零彩礼"典型1000余例，在当地引起强烈反响。为鼓励先进、弘扬正气，区委、区政府对先进典型开展集中表彰，区领导和乡村干部进村入户对以零彩礼的方式结婚的青年开展授牌活动，提升获奖典型荣誉感和影响力，使文明乡风深入人心	河北省邯郸市肥乡区
3	下发《关于开展"倡树时代新风培育文明乡风"主题实践活动实施方案》，深入开展"评选九优、倡树五风"主题实践活动，组织开展"九个一批"评选，发挥典型示范作用。盐湖区委、区政府委托山西省蒲剧艺术院等专业团队打造新编移风易俗现代剧《红白喜事》，通过蒲剧这一运城特色剧种来宣传婚俗改革，进行巡演，引导和教育全区将婚俗改革工作推向深入	山西省运城市盐湖区
4	开展2022年永吉县"文明家庭"暨"最美家庭"创建活动，在全县评选出永吉县"最美家庭"100户，"文明家庭"20户，通过身边人、身边事、身边榜样来传承勤俭持家、弘扬向善向美家风家教	吉林省永吉县
5	大力开展红榜颂道德、"最美媳妇"、"移风易俗好青年"等活动，以点带面传承优秀"家"文化，汇聚"家和万事兴"的强大正能量	浙江省三门县
6	善用身边榜样，讴歌巾帼传力量，节日慰问困难母亲，激励村民崇尚先进、学习先进、争做先进。社会力量参与礼赞，优选本县10家爱心单位，以购物优惠、免费提供服务等方式，让"最美家庭"在收获荣誉的同时能收获礼遇，使有德者更有得	安徽省和县
7	组织开展以"我爱我家"为主题的家庭情景剧进社区巡演活动，组织文明婚俗专场演出260场次，引导群众树立起正确的婚姻家庭理念	山东省青岛市西海岸新区

序号	典型做法	实验区
8	多次开展"好家风、好家训"宣传活动，定期开展"好婆婆·好媳妇""婚俗新风最美家庭""新事新办好家庭"系列评选活动。开封市禹王台区开展多元化活动，打造婚俗文化品牌，制作了《婚姻是什么》宣传片。"燕双飞，娶新娘；尚节俭，莫铺张；重爱情，财看轻；婚喜事，勿攀比；少宴席，吃喜糖。"开封市禹王台区民政局总结出"结婚三字经"，张贴在办公大厅显眼位置，潜移默化地引导着婚姻风俗的改变	河南省开封市禹王台区、宁陵县
9	联合湖北广电，征集 20 对武昌新人爱情故事，拍摄现代婚恋观短视频，编排蕴含时代婚俗新风的小品、曲艺节目。拍摄发布婚恋微电影《神圣时刻》，引导年轻人树立正确的婚恋观和婚礼仪式观，为即将步入婚姻殿堂的新人导航	湖北省武汉市武昌区
10	党委、政府对践行喜庆新规的新人给予奖励，并纳入"文明家庭""移风易俗好青年"评选对象。镇主要负责人对不办婚礼的新人上门祝贺，形成了鼓励婚事新办的鲜明导向。立随礼新规，反攀比。倡导不收受或者不变相收受亲戚以外人员礼品礼金，亲戚少随礼或不随礼，亲属所送贵重奢华礼品，不在公众场所展示炫耀	湖南省澧县
11	前移婚姻家庭辅导"关口"，为 18.4 万名驻区高校大学生开展婚姻价值观教育、婚前辅导公开课，促进青年群体健康成长	山东省青岛市西海岸新区
12	结合改革实际，创作喜闻乐见的婚俗改革文艺节目，在群众家门口开展专题文艺巡演，寓教于乐，以婚俗改革为题材创作的柳琴戏《石榴花开》，深入村庄社区、集贸市场巡回演出，广受群众欢迎	山东省沂水县
13	用喜闻乐见的动画形式，制作小视频，通过在婚姻登记候登厅、城区政府门户网站、微信、抖音、微博等对外平台等途径播放，引导群众树立正确的婚恋观，理性地解决婚后家庭矛盾，降低婚后对婚姻的失望值，取得了良好的社会反响。 围绕婚姻彩礼、消费、婚闹等社会关注热点，通过问卷调查、电话回访等方式，对 2021 年在该区登记的 657 对新婚夫妇进行文明婚俗问卷调查。城中区实现婚俗领域社会风气动态监测，掌握第一手数据，树立婚俗风气方向标，引导适度消费、减少铺张浪费，为城中区婚俗改革工作提供数据支撑	广西壮族自治区柳州市城中区

序号	典型做法	实验区
14	开发婚俗文艺作品。调动民间艺术家力量,将婚事新办、家风家教等内容融入金钱板、小品等艺术形式中,通过编写、修改、排练、展示等加以优化,结合文化下乡活动进村(社)广泛传播	重庆市大足区
15	开展了"最美家庭""道德模范家庭""好婆婆""好媳妇"等评选活动。组建婚俗宣讲志愿服务队,采取"移动大讲堂""板凳会""大喇叭""圆桌会"等形式开展婚俗服务宣讲	宁夏回族自治区盐池县
16	开展全国首个以"送法进家庭家教伴成长"为主题的家庭教育宣传周活动,以社区、学校"六点半课堂"为载体,邀请知名家庭教育讲师开展"家风家教进社区(村)"公益讲座,组织开展"向党说句心里话"交流分享活动,开展"文化润疆我践行""最美家庭讲好新疆故事"等宣传宣讲活动30余场(次)	新疆维吾尔自治区乌鲁木齐市经济技术开发区(头屯河区)

三、加强阵地建设,积极推广文明婚礼

婚俗改革过程中重视婚姻登记中心的设施建设,对婚姻登记中心进行再"打造",提供更加良好的服务设施和人文环境。同时,政府鼓励人们推广文明婚礼,限制高价彩礼、大操大办等婚俗陋习,引导新人将文明节俭理念内化于心、外化于行,大幅提升乡村文明水平、社会和谐程度。

(一)加强婚姻登记中心的设施建设与服务水平提升

婚姻登记中心不仅是法律服务的窗口,也是婚俗改革的前沿阵地。政府应加强对婚姻登记中心的设施建设和环境优化,通过打造"公园式"等独特风格的婚姻登记场所,提供温馨、舒适的办证环境,让结婚登记成为一项庄重而神圣的仪式。同时,设计富有文化氛围的人文环境,让新人在办理结婚登记时,感受到社会对婚姻的尊重与重视,增强他们对文明婚礼的认同感,成为新人心中的"网红打卡地"。

(二)推动制度创新与服务升级

在婚姻登记和结婚仪式的服务过程中,应积极推动制度创新。例如,可以创设室内外多样化的颁证场所,为新人提供更富有仪式感的婚礼体验。同时,政府可以组织地方领导、人大代表、政协委员及社会名人等参

与结婚证颁发仪式，提升婚姻登记的文化价值与社会认同感，为婚姻文化自信提供优质载体，打造具有中国特色的婚礼文化符号。

（三）倡导简约婚礼，推动婚俗文明

婚礼形式应以简约、文明、环保为核心，减少传统婚礼中的过度铺张浪费，如锣鼓、鞭炮等传统项目的简化，降低高价彩礼和奢华嫁妆的要求，强调婚姻应基于爱情而非物质。在此基础上，鼓励新人把精力集中在婚礼仪式的精神意义上，而非物质形式上，从而内化节俭和文明的婚礼理念，推动婚俗陋习的改变。

（四）推广集体婚礼与创新婚礼形式

集体婚礼作为一种既节俭又富有社会意义的婚礼形式，不仅能减轻新人经济负担，还能增强社区认同感，强化社会共识，推动婚姻观念的转变。同时，应该推广个性化婚礼形式，尊重新人的个性需求，鼓励其发挥创意，设计符合现代审美与具有文化价值的婚礼仪式。例如，推出 DIY 婚礼元素、微电影式婚礼视频等创新形式，展现新时代婚礼的多元性和个性化，丰富婚礼文化，提升婚礼形式的多样性和时代感。

关于各实验区"加强阵地建设，积极推广文明婚礼"的典型做法详见表6。

表6　婚俗改革实验区关于"加强阵地建设，积极推广文明婚礼"的典型做法

序号	典型做法	实验区
1	将婚姻登记场所搬入诗经公园，设有颁证厅、喜事汇、幸福讲堂等功能区，室外设置露天喜事汇和网红打卡墙。公园内创设爱情微景观，广植合欢树、连理枝，遍插诗经及婚俗文化宣传牌，营造浓厚诗经与婚俗文化氛围。创新颁证仪式，拓展改革载体。将颁证仪式引入结婚登记流程，配备专职颁证员，使颁证仪式常态化	河北省河间市
2	乌兰哈达婚俗文化园建成后，将成为红山区婚俗改革的最为有力的平台。此外，57 个社区的新时代文明实践站以及星罗棋布的志愿者服务站点成为婚俗改革的新阵地	内蒙古自治区赤峰市红山区
3	将婚俗改革与内涵深厚的文化艺术相融合，青山区婚姻登记大厅与文化馆、美术馆一体而建，婚姻文化展馆、婚俗文化展区、有声书吧、文创体验区、爱的画廊面向公众开放，让老百姓充分感受婚姻文化与艺术相融合带来的感官体验	内蒙古自治区包头市青山区

序号	典型做法	实验区
4	以婚姻登记中心为枢纽，向乡镇、村社延伸，在乡镇建立婚姻服务站，在有条件的村庄建立婚姻服务室，已建成 28 个婚姻服务室。联合文广旅体局对旅游线路进行排摸，打造"山海情""情定琴江"特色婚礼旅行线路，与创建办、文明办推出文明城市 IP 形象"蟹小文、蟹小明"，对全县背街小巷、斑马线、小区外墙等进行精心改造，打造爱情斑马线、新风网红墙等特色小品，累计完成改造 600 多处。创新推出"婚姻+旅游"，为新人在景点门票和住宿上提供免费或优惠，并送上"心心相印证"，让喜事新办家庭感受到改革红利	浙江省三门县
5	"婚俗改革+旅游"。举办"山盟海誓·恋在武夷"主题文旅产品推广系列活动，开发婚俗改革旅游精品路线，设立"婚礼式颁证基地"打卡点；举行"山盟海誓 夷见钟情"集体颁证仪式	福建省武夷山市
6	建设矩阵式露天婚礼基地，依托金沙滩啤酒城、杨家山里红色教育基地、张家楼十里画廊、藏马山景区、生态观光园·香博园、城市阳台景区、西区办公中心市民广场等景点，推进区、镇街级集体婚礼场所建设，逐步打造形成覆盖全区的室内外集体婚礼场所矩阵网络	山东省青岛市西海岸新区
7	积极举办集体婚礼和青年相亲活动，引导广大青年树立勤劳致富的人生价值观，自觉形成要自立自强，不要高价彩礼、不要车、不要房的"一要三不要"新型婚恋观	河南省宁陵县
8	省市区三级政府共投入 4500 多万元，新建、改建、扩建 12 个婚姻登记服务场所；建成广州从化婚俗文化馆，丰富广州城市景观和婚姻家庭文化生活内涵。各部门投入 1000 多万元开展集体婚礼（颁证）、婚姻家庭辅导和家风家教建设等活动。 推动个性化婚俗文化项目建设。市文化广电旅游局、商务局等部门通过政策引导、培育、扶持等措施，组织推动与婚俗文化建设密切相关的文旅、康养、会展等企业累计投资 300 多亿元，将婚俗改革相关内容纳入品牌项目发展计划，创新发展"绿色健康+婚庆礼仪+旅游度假"的婚庆服务模式。市文化广电旅游局印发《广州婚庆旅游目的地建设工作方案》，推出了新婚游、锡婚游、瓷婚游、珍珠婚游、红宝石婚游、金婚游六类特色婚庆旅游主题线路，有力地推动了广州婚庆旅游目的地建设	广东省广州市

序号	典型做法	实验区
9	建立由区领导、社会知名人士、道德模范等组成的"颁证师"库，将每年"七夕节"确定为区长颁证日，为新人提供个性化颁证、集体颁证等服务	四川省成都市武侯区
10	将区马家庄子村"乌鲁木齐第一榆"文化广场设为新时代文明婚俗示范广场。 建立区道德模范、最美维泰人等"名人库"，设计文化内涵丰富的颁证词，常态化开展结婚登记颁证仪式	新疆维吾尔自治区乌鲁木齐市头屯河区
11	深入挖掘移风易俗阵地，按照国家 5A 级婚姻登记处标准，将区民政局婚姻登记处打造成全省首家婚俗文化展示馆、全省最大结婚颁证大厅，内部设施齐全，功能完备，亮点纷呈，是年轻人喜爱的网红打卡地	江苏南京市建邺区
12	济南市钢城区民政局婚姻登记处花海公园登记站是山东省首批、济南市首家设置在公园里的婚姻登记站。2023 年 5 月 20 日揭牌启用后，花海公园登记站已举办中式集体婚礼、颁证仪式、军人婚礼、婚俗文化展、婚姻家庭讲座、青年联谊等移风易俗活动 13 次，成为莱芜、新泰、沂源等地新人的甜蜜选择，共办理结婚登记 416 对，为 200 余名听众分享婚姻知识，倡树了新型婚俗观，引导广大家庭培育向上向善的家庭美德，促进婚姻幸福、社会和谐	山东省济南市钢城区
13	依托周村古商城古色古香的人文风光，将区婚姻登记服务中心整建制迁入周村古商城杨家大院内，办公区域占地面积 420 平方米，建筑面积 220 平方米，分设结婚登记室、颁证大厅、婚俗场景展示厅等区域，特设"同喜堂"主阵地，营造共享式观礼环境。设立国徽颁证台、国风观礼席以及网红"永恒·时间轴"打卡墙，一站式完成"三景连拍"，满足不同年龄段新人需求。通过老式藤椅、结婚喜盘、旧式电器的展示，推动"沉浸式"体验，为婚俗改革注入新动能。搬迁至今，已有 536 对新人在新阵地领证	山东省淄博市周村区

四、传承传统文化，培育新时代婚俗

婚俗不仅是一种仪式或习俗，更是中华民族优秀传统文化的重要体现，婚礼的行为规范、礼仪仪式等都代表着深厚的传统文化底蕴。各实验区坚持以社会主义核心价值观为引领，积极传承和发展中华优秀传统婚俗文化，努力增加婚俗文化产品和基本服务供给，为广大群众提供了高质量的精神营养。

一是弘扬传统美德。强调夫妻之间的相互尊重、信任、忠诚和互帮互助等传统美德，这些都是建设健康婚俗文化的基础。

二是传承礼仪文化。中华传统文化中有着丰富的婚俗礼仪，如拜堂、喝交杯酒、闹洞房等。通过传承和发扬这些传统礼仪，可以让人们在婚庆中更好地感受到中华文化的独特魅力。

三是挖掘历史文化。通过挖掘历史文化，了解不同时期、不同地域的婚俗文化，既可以让人们更好地了解和传承中华优秀传统文化，也可以为现代婚庆提供更多的文化内涵和创意灵感。

四是倡导简约婚礼。在传承传统文化的同时，也要倡导简约婚礼，避免过度浪费和炫耀。通过推广简约婚礼，可以让人们更加注重婚姻本身的内涵和意义，而不是形式上的炫耀和攀比。

五是加强家庭教育。在家庭教育中，加强对中华传统文化的教育和传承，可以让年青一代更好地了解和认同中华传统文化，从而更好地传承和发扬婚俗文化。

通过对传统婚俗的继承和发展，向人们强调夫妻之间的相互尊重、信任、忠诚和互帮互助，传递家庭和睦、亲情深厚、婚姻美满的价值观念。同时，推动了婚俗文化的创新和文化产业的发展，使婚礼更有仪式感，更能体现中国传统文化的内涵。

关于各实验区"传承传统文化，培育新时代婚俗"的典型做法详见表7。

表7　婚俗改革实验区关于"传承传统文化，培育新时代婚俗"的典型做法

序号	典型做法	实验区
1	将婚俗改革与民俗氛围浓厚的乡村建设相融合，在东达沟村打造民俗婚俗文化园，通过国家级非物质文化遗产面塑花馍、剪纸艺术讲述宣传独具地域特色的民俗婚俗文化故事	内蒙古自治区包头市青山区
2	推出《官宣书》，借鉴了中国古代传统的婚书形式，又写入了"风雨同舟、相濡以沫、责任担当、互敬互爱"的新时代婚姻理念，一方面给新人营造婚姻登记的仪式感，另一方面温馨提醒新人共同承担婚姻赋予的责任和义务	辽宁省沈阳市皇姑区
3	深入挖掘东北地区满族婚俗礼仪，开展以传统满族婚俗为主要内容的婚俗文化展。举办以满族婚俗传统为主要内容的民族婚俗文化展，聘请民俗传承人以剪纸作品体现满族婚俗礼仪的传承，宣传和弘扬传统民俗文化。聘请吉林省文史研究员尹郁山老师为永吉婚俗改革撰写6万字的《满族婚俗文化》指导手册，进一步挖掘、传承和弘扬满族婚姻家庭文化	吉林省永吉县

序号	典型做法	实验区
4	打造"和合"滨湖婚俗文化品牌。在婚姻登记场所建设"和合"文化墙,利用惠山泥人这一无锡名片,通过非物质文化遗产代表性传承人赵建高老师制作的传统婚俗泥塑作品《江南婚俗》,以及非物质文化遗产代表性传承人冯钻苏老师制作的作品《百年好合·红双喜》,充分展示"和谐合好""和解合镜""和睦合挥"的"和合"婚俗文化精神内核	江苏省无锡市滨湖区
5	打造10个具有三门鲜明辨识度的婚俗文化示范基地,已建成横渡的"十里红妆"、蛇蟠洞窟的"洞房"、浦坝港木杓的"风雨同舟"等婚俗示范基地。具有浓郁传统特色的流水席投入使用,受到宾客追捧,实现婚俗改革和企业盈利双赢	浙江省三门县
6	"婚俗改革+文化"。创新开发朱子婚礼中婚俗系列产品,挖掘婚俗产业经济,编排以南平市级非物质文化遗产民俗类项目"朱子婚礼"为基础的武夷特色婚俗礼仪。"婚俗改革+茶"。大力推动发展"喜"茶产业,以武夷岩茶为茶礼,融入现代婚礼之中,以茶代聘、以茶代礼。持续推广以"摆茶"习俗为重点的邻里矛盾纠纷调解习俗,倡导庄重简约的新式婚礼风尚,化解婚姻家庭纠纷,共建和谐武夷	福建省武夷山市
7	深入挖掘特色婚礼文化,采取申报非物质文化遗产等措施,对富有浓厚地方传统特色的优秀婚俗礼仪加以保护传承。发挥地方标志性文化"梁祝文化"在乡村振兴中凝聚人心、提升居民人文素养的支撑作用,打造"梁祝文化"婚俗文化基地	山东省青岛市西海岸新区
8	创新举办汉服国潮颁证仪式,城中区婚姻登记处工作人员身着汉服,为新人举行的汉服颁证仪式体验活动,让婚姻登记更具时代感和仪式感	广西壮族自治区柳州市城中区
9	传承优秀传统文化。大足《陪歌》具有鲜明的婚嫁文化特色,是婚俗文化中的非物质遗产。区民政局与区文旅委加强协作,取其精华、去其糟粕,将市级非物质遗产项目《陪歌》融入服务活动中,广泛调动群众参与推广、传承发扬	重庆市大足区
10	开展"有凤求凰"等婚俗文化展示活动,通过演绎《凤求凰引》原创古乐、表演《采薇》诗经古典舞蹈、邀请现场观众互动体验等方式宣扬优秀传统婚俗文化	四川省成都市武侯区

五、持续传承良好家风家教

良好的家风家教是中华传统文化的重要组成部分，也是培育文明向上的婚俗文化的基础。在持续传承良好家风家教方面，家庭是传递价值观和道德观念的重要渠道。

（一）弘扬传统美德与家庭价值观

婚俗文化的核心在于夫妻之间的相互尊重、信任、忠诚和互帮互助等传统美德。这些传统价值观是健康婚俗文化的基础，是婚姻稳定与家庭幸福的关键。通过弘扬这些美德，强调婚姻中的责任与义务，可以帮助新人树立正确的婚姻观念，增强社会责任感，从而在全社会推广健康、和谐的婚姻家庭文化。

（二）传承与创新婚俗礼仪

中华传统婚礼中有许多富有文化内涵的礼仪，如拜堂、喝交杯酒、闹洞房等。这些礼仪不仅具有浓厚的仪式感，还体现了中华文化中的礼节、尊重与美好祝愿。通过传承和创新这些传统婚俗礼仪，不仅可以让新人在婚礼中感受到文化的魅力，还可以增强婚礼的文化氛围和社会认同感，帮助人们更好地理解和传承中华优秀传统文化。

（三）挖掘历史文化，丰富婚俗的文化内涵

中国不同历史时期、不同地域的婚俗文化各具特色，具有丰富的历史价值和文化内涵。

通过挖掘这些历史文化，可以帮助人们更好地了解和认同传统婚俗的多样性和深远意义。同时，能为现代婚庆提供更多的创意灵感与文化背景，使婚礼不再是单纯的形式化庆典，而是承载着更深层次文化内涵的盛大仪式，推动婚俗文化的创新和发展。

（四）倡导简约婚礼与可持续婚俗

在传承和发扬传统婚俗的同时，要避免婚礼中的过度浪费和奢华炫耀，提倡简约、节俭的婚礼形式。简约婚礼注重婚姻本身的内涵与意义，强调情感的真挚和婚姻的责任，而非物质的奢华。通过推广简约婚礼，可以避免社会的攀比风气，推动社会风尚朝着健康、理性、节约的方向发展，同时可以减轻年青一代的经济压力，体现婚姻中的真实与真诚。

关于各实验区"持续传承良好家风家教"的典型做法详见表8。

表8 婚俗改革实验区关于"持续传承良好家风家教"的典型做法

序号	典型做法	实验区
1	通过提倡"不要房、不要车,自己家业自己创"的自强创业观,倡导"婚嫁从简、喜事新办"新理念来营造文明节俭婚俗新风;兴村镇大庄村充分发挥村级红白理事会职能作用,建起村级集中办婚事活动场所,宴请宾客不去饭店,酒席标准从简执行	河北省河间市
2	全县各地根据实际情况制定随礼上限标准,大堰垱镇九旺村通过村规民约规定随礼金额上限300元的标准,有效减轻群众经济负担	湖南省澧县
3	针对婚俗改革中婚姻家庭辅导服务短板、天价彩礼等庸俗文化、大操大办婚俗礼仪、良好家风家训亟待传承等问题,建立婚姻家庭"辅导阵地"、红白理事"一线阵地"、乡贤能人"说法阵地"、周秦文化"家风阵地",使阵地建设、改革效能和服务群众水平有效提升	陕西省宝鸡市金台区
4	开展"万户家庭讲家风故事"音视频征集活动,引导居民讲述自身及身边优秀家庭的家风传承故事,用身边人、身边事、身边榜样来净化社会风气、感化邻里、和睦家庭,营造健康向上的社会氛围	湖北省武汉市武昌区
5	举办"家风文化论坛",开展"专家论家风"活动,开展"好家风好家训"寻访活动,建设"家风银行",存储评选展示优秀家风,共征集整理好家风家训1800余条。组织家训楹联书写、方言说唱、故事巡讲、微情景剧表演等文艺活动,传播宣扬优秀家风,推出《清风传家》《穿越时空的家书》《守艺一生 廉心如匠》等"清廉家风"文化作品	四川省成都市武侯区
6	红白理事会对2021年新婚家庭进行备案并全程监督操办婚嫁喜庆事宜,严格控制婚庆嫁娶类型、规模、标准,简化流程,摒弃攀比铺张陋习,拒绝"高价彩礼",减轻"人情负担"	宁夏回族自治区盐池县
7	以"梦·家·路"为主题,广场内道路两侧展示具有少数民族风情又体现不同时期家风家教及婚恋观的代表物品,打造家训长廊,新人沿着孩提时期、青年时期携手走到千年古榆的婚恋时期,在庄重和热烈的仪式中,创建好家庭、实施好家教、传承好家风	新疆维吾尔自治区乌鲁木齐市经济技术开发区(头屯河区)

六、加强婚姻家庭服务体系建设

加强婚姻家庭服务体系的建设，是推动婚俗改革的重要举措，旨在提高婚姻家庭的稳定性与幸福感，促进社会的和谐与稳定。通过完善服务体系，可以更好地支持婚姻家庭中的个体需求，解决社会中的婚恋问题，为社会注入积极的文化力量。有效推动婚姻家庭服务体系的完善与发展，不仅能够提升婚姻家庭的稳定性和幸福感，还能够为社会带来更多的正能量，推动婚俗文化改革与创新，促进社会整体的和谐与进步。

（一）加强婚姻家庭教育

婚姻家庭教育是提升婚姻质量和家庭稳定性的基础。通过开展形式多样的婚姻家庭教育活动，可以帮助人们加深对婚姻家庭的认识和理解，尤其是培养健康的婚姻观和家庭观。加强婚前教育、夫妻关系辅导和家庭沟通技巧培训，帮助家庭成员建立良好的沟通机制，减少冲突，增进理解，进一步促进家庭和谐稳定。

（二）增设婚姻家庭咨询机构

在婚姻登记机关、社区以及各类社会服务机构设立婚姻家庭咨询机构，能够为有需要的群众提供专业的婚姻家庭咨询服务。这些咨询机构可以帮助解决婚姻家庭中的常见问题，如沟通障碍、婚姻危机、亲子教育等，及时提供心理疏导和法律支持，避免婚姻家庭矛盾的激化，提升婚姻家庭的整体幸福感和稳定性。

（三）加强婚姻家庭服务队伍建设

建立一支专业的婚姻家庭服务队伍，强化服务人员的专业知识和实践能力，能够提供更高质量的服务。这支队伍不仅包括婚姻咨询师、心理辅导师和家庭教育专家，还可以结合社会工作者、律师等多学科人才，为婚姻家庭提供全方位、个性化的服务。通过培训和建设，提高服务队伍的业务水平和服务质量，确保每个家庭成员都能够获得及时、有效的帮助。

(四) 引导社会力量提供多元服务

社会力量的参与对于推动婚俗改革和婚姻家庭服务的多样化至关重要。通过鼓励企业和社会资源的参与，可以形成多元化的婚庆服务体系，如提供文明、健康、环保的婚庆服务，推动婚礼形式的创新，减少浪费和攀比现象。企业可以通过提供绿色婚礼、环保婚庆等新型服务，融入社会责任与文化传播，形成共治、共管的绿色婚庆生态。同时，政府可以加强对婚庆行业的引导和扶持，建立行业标准和服务规范，使社会力量能够更好地推动婚俗改革，实现婚俗文化的健康发展。

关于各实验区"加强婚姻家庭服务体系建设"的典型做法详见表9。

表9 婚俗改革实验区关于"加强婚姻家庭服务体系建设"的典型做法

序号	典型做法	实验区
1	组建了颁证师队伍、婚姻家庭辅导专家队伍、离婚调解员队伍、婚姻家庭服务志愿者队伍、婚介志愿队伍、婚姻登记员队伍等六大队伍推动婚俗改革的顺利进行	河北省邯郸市肥乡区
2	在牡丹社区建立婚姻家庭文化基地，引进沈阳施宇心港心理咨询有限公司常年入驻，为社区群众疏导化解婚姻家庭矛盾，解救破损婚姻家庭，对于不可调节的婚姻家庭，也对夫妻双方进行和平离婚调解	辽宁省沈阳市皇姑区
3	将践行文明向上的婚俗文化、传承良好家风家训纳入党员干部年度绩效考核，作为选拔任用、表彰惩处的重要依据之一。建立多部门共建共享的婚姻家庭辅导服务阵地，设立区婚姻家庭调解工作室、妇女援助窗口、家庭暴力投诉受理点、"白玉兰"离婚劝和工作室、村居"妇女之家"等服务窗口，形成区婚姻家庭纠纷预防化解三级阵地	上海市奉贤区
4	开展多场中外婚姻文化交流活动，其中"情满建邺"婚姻课堂首创双沙盘心理辅导和情绪安抚相结合的模式，成为工作的新亮点，启用双语辅导员为中外夫妻开展全英文沟通辅导的模式，成为工作的新特色，有力地提升了中外家庭的和谐文明度	江苏省南京市建邺区
5	以"永吉模式"持续推进婚姻辅导。发放《恋爱择偶婚姻心理指导手册》4326册，利用"永吉县民政局婚姻登记处"公众号持续播放婚姻家庭系列讲座，帮助婚姻当事人学习婚姻生活技能，教育引导其正确处理爱情、婚姻与责任问题	吉林省永吉县

序号	典型做法	实验区
6	组建"幸福婚姻""春晓公益家庭教育"微信群,定期总结不足,分享经验,制作《婚姻调解工具图》,进行个性化调解,总结"分流、倾听、判断、劝和、回访"五步工作法,推动离婚调解工作制度化、规范化。大力开展婚姻指导服务,新增扫码答题新婚指导服务,开发手机 App 软件,实行婚前当事人自愿参加测试,网上设置30道题,帮助新人在答题中感悟婚姻家庭蕴含的责任和担当,尽快完成角色转变。……组建离婚调解员队伍。为守住婚姻家庭"最后一道防线",南岗区辟建了离婚调解室,邀请"全国三八红旗手"王春艳等21名社会工作者、婚姻家庭咨询师和专业律师等志愿者,组成"婚姻郎中"队伍,免费为婚姻当事人提供婚姻家庭咨询辅导和离婚调解服务,以情感人、以理服人,把脉"幸福家庭",化解家庭矛盾,开出家庭和谐"处方"	黑龙江省哈尔滨市南岗区
7	构建独具滨湖特色的"四专"家事审判工作机制。滨湖法院研究制订《关于全面构建家事审判"四专"机制的实施方案》,完善"群力"化解模式、"临场"调查模式、"圆桌"审判模式、"亲情"调解模式等多项工作举措,探索家事案件判后司法延伸服务等内容	江苏省无锡市滨湖区
8	开辟阳光心理驿站,设置情绪宣泄室、心理辅导室、音乐放松室,以柔性引导与专家介入等多元化方式化解家庭纠纷,尽可能减少离婚登记人数	浙江省三门县
9	建立爱心箱。与安徽省慈善总会联动,设立慈善募捐箱,引导新人减少婚礼上的铺张浪费,用"爱心"为"爱情"添彩,引领慈善婚礼。实施"三师三助"服务,引进专业社会工作师、律师、心理咨询师"三师"队伍进入婚姻登记处"坐诊",开展社工自助、心理援助、法律匡助"三助"专业服务,为家庭和谐、社会稳定发挥了积极有效的作用	安徽省合肥市包河区
10	打造全市婚俗改革 App,设立全市未婚男女数据库,建立网上相亲平台。各乡镇(街道)做好辖区内婚俗喜庆事宜摸底工作	江西省贵溪市

序号	典型做法	实验区
11	沂水县充分发挥婚庆公司专业优势，鼓励他们当好婚嫁新风倡导者，推出简约不失品质、性价比高的婚礼套餐、婚宴套餐、婚车套餐等，优化婚礼流程，摒弃陈规陋习，让婚礼更具中国味、文化味、仪式感。各乡镇（街道）组织规模较大、信誉良好的婚纱摄影、酒店喜铺、装修公司、家电、家具等婚庆商家成立喜事新办商家联盟，凡是按照婚俗改革倡导性标准喜事新办的家庭在会员商家消费的，可享受相应优惠政策，同时，乡镇（街道）移风易俗办公室还为新人统一发放纪念品。通过这种方式，新婚家庭享受了优质服务、减轻了经济负担，会员商家扩大了营业额、赢得了声誉，党委、政府推行了喜事新办、宣传了移风易俗，实现了"三方共赢"	山东省沂水县
12	试点形成《基层婚姻登记处开展"婚姻家庭辅导"社会工作服务项目实施指引（试行）》，为全省基层婚姻登记处开展社会工作服务项目提供了参考	湖北省武汉市武昌区
13	建成从化区"天人山水"婚庆产业园、"万花园"婚庆产业园、"客天下"旅游度假区、北部流溪温泉旅游度假婚庆产业园，持续扩大婚俗文化建设的聚集效应	广东省广州市
14	培育孵化婚姻家庭服务类社会组织，通过"婚俗改革+婚庆服务"的创新举措发挥社会组织的平台枢纽功能，以帮助新人降低结婚成本为出发点，从婚庆服务产品供给侧助力婚俗改革	海南省琼海市
15	在望江路街道共和路社区、玉林街道玉林东路社区等5个社区建设婚姻家庭辅导站，配置专职婚姻家庭辅导员，常态化开展婚姻家庭辅导服务。开发"天府有囍"微信小程序，开通婚姻家庭支持热线，搭建婚姻家庭辅导线上服务平台，提供线上婚姻家庭辅导"云服务"。 创立"天府有囍"武侯婚俗改革品牌，推进"婚俗改革治理体系和治理能力现代化"创新实践工作。积极鼓励社会力量参与改革，在公益创投大赛中专门设置婚俗改革相关项目，每个项目提供5万~10万元资金支持，激发社会组织动能，引导社会力量共同参与婚俗改革	四川省成都市武侯区
16	安徽省已实现县级以上婚姻登记机关婚姻家庭辅导室设置全覆盖，在乡镇延伸设立婚姻家庭辅导站点72个，建立了一支由627名律师、心理咨询师和社会工作者等参与的婚姻家庭辅导服务队伍	安徽省

第三节　婚俗改革试点实验成效

婚俗改革试点有针对性地进行专项整治、文化传承、制度创新与服务提升，力求实现婚俗的理性化、现代化和文明化。试点实验通过落实具体政策措施，逐步遏制传统婚俗中的不良现象，推动形成符合时代需求的婚俗形式，倡导婚姻家庭中的平等、和谐与责任感。这一过程关注制度的创新，重视社会观念的引导与价值观的重塑，形成以家庭为核心、文化为纽带、责任为基石的婚俗新风。婚俗改革试点实验取得了显著成效，推动了婚俗观念的现代化和社会风气的积极变化，为推动全社会婚俗改革奠定了坚实的基础，推动了文明婚俗的全面普及。

一、深化专项整治，有效遏制高价彩礼与大操大办等婚俗陋习

（一）强化政策引导，立规制约

各地通过制定和推广婚俗整治相关政策，将婚俗改革的要求纳入村民公约或居民公约。通过法定和自律的双重手段，明确规定婚礼彩礼、宴席标准和婚宴费用等，逐步打破了传统的陋习。例如，河南省宁陵县通过建立移风易俗馆及移风易俗宴会大厅，实施婚宴每桌开销不得超过300元、订婚彩礼不得超过3万元等具体标准，成功推动了节俭婚礼的实施。通过政策和文化的引导，社会对奢华婚礼的认同逐渐淡化，反而更加推崇简单而富有意义的婚礼形式。

（二）结合村民自治，激励社会参与

许多地方将婚俗整治与乡村治理紧密结合，积极推动村民自我管理、互相监督。例如，河北省邯郸市肥乡区通过制定村规民约，明确对婚礼的具体操办要求，包括喜酒桌数、用车数量、婚礼天数等，从源头上限制了婚礼过度消费，成功将婚礼开支平均压缩至2万~3万元，下降幅度高达76%~84%，大大遏制了盲目攀比、大操大办及天价彩礼现象。这种村民自治的形式，不仅提高了村民的参与感和责任感，也形成了有效的社会监督机制，确保婚俗改革的顺利推进。

（三）引导社会风尚，提升乡村文明水平

随着高价彩礼和大操大办现象的有效遏制，乡村婚俗发生了显著变

化。社会风气的转变，反映出一种新的价值观的崛起。例如，河北省河间市实施"零彩礼""低彩礼"政策，通过为符合条件的新人颁发结婚证来鼓励节俭婚俗，从作为实验区开展婚俗改革到 2021 年，共办理结婚登记 5947 对，其中"零彩礼"结婚占比 7.7%，低彩礼占比 85.8%，勤俭节约成为新风尚，河间经验渐成新品牌，每桩婚事花费比从前平均减少 18%，有效促进了农村婚俗风气的好转。通过整治，不仅经济负担得以减轻，村民的婚姻观念也趋于理性和健康。

二、传承中华优秀传统婚俗文化，推动婚俗新风向上向善

（一）展示与弘扬多元化的传统婚俗文化

部分实验区通过建设文化场所和举办文化活动，展示和弘扬传统婚俗文化，推动中华优秀传统婚俗文化的传承与发展。例如，四川省成都市武侯区在社区内建设了以多民族婚俗文化为主题的微型博物馆，展示和弘扬中华优秀传统婚俗文化。这种形式不仅丰富了社区文化生活，也为居民提供了深入了解多元文化的机会，增强了社群的文化认同感。通过这种展示形式，居民可以更好地理解婚俗文化的深层意义，学习和传承传统婚俗礼仪，营造婚俗新风向上向善的氛围。这种文化认同的构建为婚俗改革提供了重要的文化支撑。

（二）挖掘与推广民族特色婚俗文化

在一些民族地区，地方特色的婚俗文化得到了重点挖掘和推广，以此促进婚俗改革并增强民族文化自信。例如，吉林省永吉县打造了金家乡伊勒门村"满族婚俗文化试点村"，并建设了民族文化博物馆，开展传统满族婚俗文化展。这些活动通过展示满族传统婚俗和聘请民俗传承人制作满族婚俗剪纸画等方式，帮助当地居民深入了解和感受传统婚俗的魅力。此外，永吉县还邀请文史专家编写《满族婚俗文化》指导手册，以此为工具，传播满族婚俗文化知识，促进了当地婚俗改革和文化认同。通过这种方式，民族特色婚俗文化不仅得到了有效传承，还为当地居民提供了现代社会婚俗改革的文化依据，推动了婚俗新风的形成。

（三）创新婚俗文化展示形式

部分实验区通过创新的婚俗文化展示形式，满足群众日益增长的精神文化需求。例如，新疆维吾尔自治区乌鲁木齐市头屯河区将"乌鲁木齐第

一榆"文化广场建设为新时代文明婚俗示范广场。广场以"梦·家·路"为主题，展示了具有少数民族风情的婚俗代表物品，吸引了大量青年和新人前来祈福许愿。不仅展示了少数民族丰富多彩的婚俗文化，而且进一步推动了婚俗文化在当代社会的再创造和再传播。

三、推进结婚证颁发服务与集体婚礼等制度创新，提倡简约适度的婚俗礼仪

（一）创新结婚证颁发服务，增进文化认同

在结婚证颁发服务的创新方面，各实验区积极推动多样化的结婚证颁发场所和形式的设计。各实验区积极推动结婚颁证服务创新，创设室内室外颁证场所，建立地方领导、人大代表、政协委员、社会名人颁证制度，为增强文化自信提供了优质载体。如山西省运城市盐湖区邀请金婚老人、人大代表、政府负责人为特邀颁证员，在特殊日子举办集体颁证仪式，让结婚承诺、颁证仪式成为群众喜闻乐见的新风尚，增强了新人对婚姻的责任感。这种结合地方特色和时代特征的婚礼方式，不仅提升了婚礼的庄重感，还彰显了传统文化在现代社会中的生命力，增强了民众对本土文化的自豪感和认同感。

（二）集体婚礼仪式，营造社会文化氛围

集体婚礼作为一种创新的婚礼形式，在许多地方获得了广泛推广。福建省武夷山市在五夫镇朱子广场、武夷宫三清殿和具有浪漫爱情传说的玉女峰脚下设立"婚礼式户外颁证基地"，举行"山盟海誓　夷见钟情"集体颁证仪式，打造了具有本地特色的婚姻文化传播平台。各地普遍定期组织举办集体婚礼，专门设置室外集体婚礼基地，在重要时间节点，针对不同群体组织集体婚礼，起到了很好的示范引领作用，深受新婚当事人欢迎。如江苏省南京市建邺区举办的有20对参与新冠疫情防控的新人参加的"情满建邺·到此莫愁"传统集体婚礼、山东省青岛市黄岛区（西海岸新区）依托露天婚礼基地举办的新时代文明实践集体婚礼、内蒙古自治区包头市青山区一年一届的"鹿城最美集体婚礼"等。湖南省澧县对参加集体婚礼后不再办婚宴和不要彩礼的新人，由县政府给予一定的奖励，并以新人名义将奖金捐献给属地公益事业。这种简约婚礼的推行，不仅减轻了新人的经济负担，也为社会树立了正确的价值观，引导新人从婚礼的仪式层

面来理解婚姻的本质——责任、承诺与爱。这不仅是一个仪式上的创新，更是对社会风气的一种引领，推动了婚俗礼仪的健康发展。

四、深入开展婚姻家庭辅导服务，建立婚姻家庭服务长效机制

（一）婚姻家庭辅导服务的多样化形式

各地通过创新的服务方式，为新婚夫妇提供心理辅导和婚姻家庭支持，帮助他们树立健康的婚姻观和家庭观。例如，江苏省东台市依托婚姻登记中心开展各类心理讲座和团体辅导活动。通过这种形式，成功为1665对新婚夫妇提供了婚前辅导，并为248对出现问题的夫妻提供了个案服务，效率高达90%以上。这种形式不仅为新婚夫妇提供了情感支持，还提升了他们对婚姻责任的认知水平，提高了其维系婚姻的能力。辽宁省沈阳市皇姑区将婚姻家庭辅导工作前置，通过建立个案档案和一对一、全程跟踪等方式，提前介入婚姻家庭问题的解决。通过这种个性化的辅导方法，能够根据每对夫妻的具体问题提供针对性建议，帮助他们及时化解矛盾，提升婚姻稳定性。

（二）加强基层婚姻家庭服务队伍建设

基层婚姻家庭服务队伍的建设是推动婚姻家庭服务长效机制的关键之一。海南省琼海市通过组建婚姻家庭指导员队伍，深入基层开展婚俗改革宣传和婚姻家庭矛盾调解工作。通过壮大服务队伍，优化服务流程，逐步建立起一支能够有效应对各种婚姻家庭问题的专业团队。此举不仅扩大了婚姻家庭辅导服务的覆盖面，还增强了婚姻家庭服务的本地化与个性化。婚姻家庭指导员更了解当地的文化背景与风俗习惯，能够在处理婚姻矛盾时，结合地方特色提供合适的解决方案，从而更加贴近居民的需求。例如，广州市创立婚姻家庭辅导"三维平台"，不断丰富婚姻服务内涵，搭建婚姻家庭辅导队伍平台、线上线下融合平台和婚恋交友平台，形成多层次、广覆盖、便捷化的服务格局。全市组建专业服务队伍11支，培育辅导员50多人、志愿者300多人，近年来举行线上线下活动140多场次，服务1.5万多人次。成立婚姻家庭纠纷人民调解机构和婚姻家庭专家委员会，设置专兼职调解员1100多名，建设省级"舒心驿站"10个、心理咨询室30个，调解案件超2600件，有效排查化解群众婚姻家庭矛盾纠纷。通过多种活动帮助青年群体树立正确的婚恋观、家庭观，2023年以来服务群众

3 万多人次，牵手成功 1500 多对。

（三）科技手段推动婚姻家庭服务的普及与精准化

在现代科技的帮助下，婚姻家庭辅导服务逐渐实现了线上化和智能化。例如，黑龙江省哈尔滨市南岗区开发了手机 App，提供"婚前知识评估"服务。通过这个平台，新人可以在线进行婚前知识测试，了解婚姻生活中的责任与担当，帮助他们更好地完成角色转变，从而使其进入婚姻生活时更加理性和成熟。该 App 不仅提供了婚前知识的普及教育，还可以为夫妻提供个性化的情感辅导建议，提升了婚姻辅导服务的精准度和便利性。这种科技手段的应用不仅使婚姻辅导服务突破了地域限制，还提高了服务的效率和普及度。通过智能化工具，婚姻家庭辅导服务能够更精准地根据用户的需求提供个性化指导，帮助新人更好地应对婚姻生活中的挑战。

五、打造家庭家教家风品牌，深化文明新风建设

（一）广泛开展家风家训活动

部分实验区积极开展家风家训主题活动，通过家风教育的传承与实践，弘扬家庭美德，提升社会文明水平。例如，上海市奉贤区围绕"传承好家训、培育好家风、构建好家庭"的主题，在全区开展了 1000 多场家风家训家规主题活动。这些活动不仅传播了传统的家庭美德，还通过与社区、学校的合作，推动了"家庭美育"的落地实施，进一步加强了家庭成员之间的情感纽带，促进了邻里关系的和谐。这些活动通过身边的榜样力量，影响着更多家庭。家风家训的传承不仅局限于家庭内部，也通过广泛的社会参与，形成了强大的文化影响力，使家风成为整个社区乃至社会风尚的重要组成部分。

（二）常态化推进家庭道德建设

家庭家教家风建设已成为文明新风建设的重要组成部分，部分地区通过持续的评选活动激发家庭成员的道德自觉，推动社会风气的积极变化。例如，湖北省武汉市武昌区常态化开展"文明家庭"和"最美家庭"等评选活动，越来越多的家庭开始崇德向善、立德树人，家庭成员在日常生活中践行家庭美德，成为社会文明的传播者。评选活动不仅鼓励了家庭成员之间的互助与包容，还推动了良好社风的形成，使家庭成为社会和谐的基

础单位。树立榜样的示范效应激励了更多家庭在文明家庭建设中发挥积极作用，形成了全社会共同推动道德建设的良好氛围。

（三）家风家训的典型推广与文化建设

部分地方深入挖掘和整理具有地方特色的"红色家庭教育"事迹，推广典型家训家教模式，打造家风家训文化品牌。例如，陕西省宝鸡市金台区通过整理和推广"红色家庭教育"事迹，建立了多个家风家训馆，向广大群众展示了具有革命传统的家庭教育模式。这些家风家训馆的建立，使区内居民能够直接接触到这些典型案例，感受到革命家庭教育的精神力量，进而在日常生活中践行家风家训。安徽省合肥市包河区将婚俗改革要求纳入各类评选指标，推动了社会风气向上向善发展，进一步改善了家庭和社会的良好风貌。

第八章　新时代婚俗改革的发展趋势

新时代婚俗改革的发展趋势是社会变革与文化传承的具体体现，它既回应了现代社会在婚姻与家庭领域面临的挑战，又顺应了时代进步与价值观变化的要求。在全球化与信息化的背景下，婚俗改革不仅是对旧有习俗的纠偏，更是对婚姻家庭文化内涵的深刻再造。新时代婚俗改革的发展趋势，体现出婚姻观念的现代化、家庭关系的平等化，以及婚俗形式的简约化、环保化等特点，倡导婚姻家庭的核心价值更加注重亲密关系、责任担当与社会责任。婚俗改革受到政策导向、社会需求和文化认同等多重因素的影响，不仅需要法律、政策层面的保障，还需要通过社会文化的培育与传播，推动婚俗的深层次变革。

第一节　新时代婚俗改革面临的问题与原因剖析

2021 年至 2024 年，经过三年多的婚俗改革，各级实验区①结合本地实际，在开展婚姻家庭辅导、倡导简约适度婚俗礼仪、培育文明向上婚俗文化、传承良好家风家教，教育引导青年树立正确的婚恋观、家庭观，治理天价彩礼婚嫁陋习，构建新型婚育文化等方面探索创新，有针对性地开展工作，取得显著的成效。但婚俗改革是一项复杂的社会工程，改革的过程中必然会遇到许多困难和挑战，笔者通过对十多个婚俗改革实验区进行的问卷调查和深度访谈，将收集的问题进行分类归纳，总结出六个方面的挑战，并进行原因剖析，希望各实验区据此对症下药，寻找良策，持续深化婚俗改革。

---

① 2021 年民政部先后分两批确定 32 家全国婚俗改革实验区开展婚俗改革试点工作以来，各地在辖区内继续采用设立实验区（省级、市级实验区）方法，进一步推进婚俗改革。

一、新时代婚俗改革面临的问题

（一）部分地区婚俗改革组织领导力不足

组织领导力是推动婚俗改革进程的关键因素之一。在婚俗改革推进过程中，各婚俗实验区普遍建立了婚俗改革工作领导小组，形成了"党政主导、部门联合、区镇（街）共建"的工作格局，确保试点工作全面落实，但在实际操作中仍存在组织领导力不足的问题。

1. 设而不用

有的实验区成立婚俗改革领导小组后就"束之高阁"，没有定期部署工作、专题研究婚俗改革领域不同阶段面临的具体问题，工作缺乏积极性、主动性。随着婚俗改革实验区的工作向纵深发展，遇到的阻力和压力越来越大，部分实验区对婚俗改革的思想认识和政治站位不够高，缺乏使命感和紧迫感，造成婚俗改革的效果不明显，改革进度迟缓。据统计仅23个实验区按时完成了中期实验自评工作，主观能动性发挥不足。

2. 用而不强

强化组织领导，关键在坚持问题导向、目标导向、效果导向，压实工作责任。一些实验区的党委、政府领导协调机制未建立，影响了作用的发挥。成立婚俗改革工作专班，印发实施方案，明确工作任务，定期召开会议，对改革试点工作进行调度，这些工作没有落实到位、考核到位，因而没有形成齐抓共管的工作格局和推进工作的整体合力。

（二）一些地方部门协同亟待加强

婚俗属于社会文化的范畴，既涉及个体习惯的改变也涉及社会风俗的重塑，需要有效汇聚相关部门和单位的资源和力量，为开展婚俗改革工作提供有力的政策支持和措施保障。婚俗改革涉及多个部门和领域，需要各方的协同配合和合力推进，然而在实际工作中，一些部门和地区缺乏协同配合，导致婚俗改革的工作难以有效开展。

1. 部门之间缺乏协同

婚俗改革涉及多个部门，包括民政、文旅等，需要各部门协同配合推进。然而在实际工作中，不同部门在婚俗改革中的职责和任务划分不清，存在重复工作或者未覆盖到位的情况。应健全各级政府部门之间的沟通和协商机制，形成统一决策和行动的合力。

2. 政策制定缺乏协调

婚俗改革需要制定相关的政策，需要各部门在政策制定上进行协调。部分地区不同部门在婚俗改革中缺乏整体协调和统一规划，导致政策制定和执行存在片面性、局限性和冲突性，政策之间出现矛盾或空白。

3. 协调沟通机制不健全

在婚俗改革中，由于部门之间协调沟通机制不健全，出现了信息不对称、决策滞后等问题。应加强跨部门、跨层级的协调机制建设，确保政策和措施的落地实施。

4. 部门信息共享不畅

婚俗改革需要共享各种信息，然而在婚俗改革工作中，有些关键信息没有得到及时传递和分享，信息共享不足，导致出现信息孤岛现象，使决策制定和执行出现薄弱环节。应加强信息交流平台的建设，提高部门之间的信息共享和协同工作能力。

（三）有的地区缺乏群众认同和参与

婚俗改革改的是民生压力，革的是陈规陋习，这不仅是一个普遍性的问题，更是一个需要持续跟进的问题。婚俗改革需要群众的广泛参与，一旦群众对婚俗改革缺乏认同，就很难把存在的问题彻底解决。当前婚俗改革缺乏群众认同和参与的表现主要包括以下四个方面。

1. 群众知晓率低

婚俗改革的相关政策和措施有效的宣传和推广力度不够，导致群众对婚俗改革的了解和知晓率较低，无法有效参与婚俗改革工作。

2. 群众参与度不足

婚俗改革需要广大群众的积极参与和支持，然而在实际工作中，群众参与度不足，导致婚俗改革缺乏群众基础和推动力。

3. 群众认同感低

婚俗改革的目标是促进婚姻家庭的美好与和谐，然而一些群众对婚俗改革的认同感较低，认为改革后的婚俗不符合传统习俗和文化，导致婚俗改革难以推进。例如，一些地方农村"重男轻女""嫁女赔本"的思想至今依然严重；还有一些地方农村乡风长期不正、陈规旧俗至今沿袭。

4. 群众积极性不高

在一些经济欠发达的农村地区，受封建思想、受教育程度偏低以及交通不便、信息不畅等方面的影响，其婚姻观念大多相对落后，婚姻价值取向也存在一定的偏差。同时，婚俗改革工作中涉及群众的生活和利益，上述原因直接导致在婚俗改革工作中，农村群众在配合婚俗改革工作中积极性不高，工作推进比较困难。

（四）婚育文化公共服务产品创新不足

婚育文化是支配人们婚育行为的内生动力，是影响婚育行为的深层次、根本性因素。婚育文化公共服务在青年人树立"适龄婚育、优生优育、性别平等、责任共担、代际和谐"的婚育观念，重视养育等家庭价值理念，弘扬修身齐家、孝老爱亲、家庭和睦等中华传统美德等方面发挥着重要作用，但各实验区在提供婚育文化公共服务方面存在两个方面的不足。

1. 服务内容单一

目前的婚育文化公共服务内容主要集中在婚姻登记、婚前咨询、孕前检查等方面，缺乏针对不同个体需求的个性化服务，如婚姻中的沟通问题、家庭暴力、财产分配等。

2. 缺乏科技支持

目前的婚育文化公共服务缺乏先进科技的应用，如人工智能、大数据等技术还未应用于婚育文化公共服务中。上述现象提示应加强婚育文化公共服务的创新和研发，丰富服务内容、创新服务形式，引入先进技术，提高服务质量和效率，以满足人们日益增长的精神文化需求。

（五）婚姻家庭辅导服务质量良莠不齐

由于婚姻家庭辅导服务缺乏统一的标准和评估机制，服务质量参差不齐，难以完全保证服务的效果和质量。

1. 社会组织存在"有限"服务现象

婚姻家庭辅导服务大多由民政局和妇联购买的社会组织提供。一些社会组织因为经费缺乏、人员流失等问题，减少了服务人员和服务时间，有些只能提供工作日半天的服务，甚至每周只提供三个半天的服务。这样的婚姻家庭辅导服务往往形式大于内容，对婚姻当事人提供婚前辅导、情感辅导、婚姻危机调处、亲职教育、恋爱择偶指导等服务显得捉襟见肘。

2. 婚姻辅导服务内容和形式单调单一

服务内容缺乏针对不同个体需求的个性化服务，如婚姻中的沟通问题、家庭暴力、财产分配等。服务主要采用面谈的方式进行，缺乏创新的服务形式，如电话咨询、网络咨询、团体辅导等，不方便当事人获取服务，难以满足多样化需求。

3. 婚姻家庭辅导缺乏综合性服务

婚姻问题往往与个人成长背景、人格特点等有关，缺乏结合教育、心理治疗等多领域的服务，无法全面帮助当事人解决问题。

4. 婚前辅导教育服务平台建设不够完备

在农村地区搭建青年婚恋观家庭观教育平台、婚恋交友平台、婚姻服务平台任重道远。

（六）婚俗改革宣传力度尚待加强

婚俗改革需要加大宣传力度，创新宣传形式，丰富宣传内容，提高宣传的效果和影响力，营造浓厚的婚俗改革宣传氛围，推动婚俗改革工作取得实际成效。婚俗改革宣传氛围不够浓厚主要表现在五个方面。

1. 宣传力度不足

婚俗改革需要广泛的宣传和推广，让更多的人了解和认识婚俗改革的重要性、相关政策和措施等。然而，在实际工作中，宣传力度不足，导致公众对婚俗改革的了解和认知程度较低。

2. 宣传形式单一

目前的婚俗改革宣传主要采用宣传栏、宣传片、海报等传统方式，缺乏创新和多样化的宣传形式，难以吸引更多人的关注和参与。例如，向群众宣扬中华优秀传统婚俗文化、良好婚姻家庭文化、抵制婚俗不正之风，宣传《中华人民共和国民法典》等相关法律法规政策，倡导"零彩礼""婚事简办"等新理念的形式，仅停留在社区志愿者向居民们发放婚俗改革宣传折页，活动现场摆放宣传展板。这种宣传没有契合群众喜闻乐见的语言和方式，传播效果就会大打折扣。

3. 宣传内容单调

婚俗改革需要宣传的内容包括婚前检查、婚姻登记、婚事新办简办等，然而在实际宣传中，宣传内容较为单调，缺乏吸引力和感染力，无法引起公众的共鸣和关注。

4. 宣传范围不够宽广

婚俗改革的宣传范围还不够宽广，尚未覆盖到全社会的各个角落。目前，宣传主要集中在城市的部分地区，在农村和一些偏远地区，人们对婚俗改革的了解和认知程度还较低。

5. 宣传效果不佳

虽然有一些婚俗改革宣传活动，但是宣传效果不佳，公众对婚俗改革的认知和参与度仍然较低，需要增强宣传的效果和影响力。

二、新时代婚俗改革问题的原因剖析

(一) 部分地区缺乏组织领导力

1. 缺乏明确的组织架构

在婚俗改革中没有明确的组织架构，即缺乏统一的组织机构或领导团队来负责协调和推动工作，就容易导致工作零散、无序，无法形成有效的组织协同与合作。

2. 领导职责不清晰或行动不力

领导层面存在职责不清晰的情况，各级领导对改革的重要性、目标和任务认知不一致，或者领导层没有正确理解和支持婚俗改革，将无法形成有力的组织动力和统一行动，影响改革的进展与效果。

3. 缺乏组织文化和价值观的建设

组织领导机构缺乏相关的文化和价值观，例如缺乏创新、协作、开放等的文化氛围，缺乏以公正、透明、依法为基础的价值观，就难以调动婚俗改革推行者和参与者的积极性和创造力，限制了婚俗改革的发展和推进。

4. 缺乏领导层对改革的有效引导

领导层对改革的重视与支持不足，缺乏对改革过程中难题与挑战的解决方案和指导，这将导致改革过程缺乏动力和方向，难以取得实质性的成果。

(二) 部分地区部门协同亟待加强

1. 缺乏统筹规划和整体推进

婚俗改革需要有统一的规划和整体推进机制。如果缺乏相关措施和组织，各部门可能只是按部就班地开展工作，难以形成有效的合力，极大地限制了婚俗改革的整体效果。

2. 相关部门职责不清晰

婚俗改革涉及民政、文明办、司法、农业农村、妇女联合会等多个部门，需要这些部门共同参与，形成有效的工作机制。不同部门在婚俗改革中可能存在职责范围模糊、重复或相互之间缺乏衔接的情况。在这种情况下，难以保证部门之间的有效协作，影响了婚俗改革工作的顺利推进。

3. 缺乏信息共享和沟通机制

各部门之间缺乏有效的信息共享渠道和沟通机制，导致信息孤岛现象和信息不对称。这使协同合作变得困难，无法及时获取全面的信息或开展有针对性的合作行动。

4. 利益相关方存在分歧

婚俗改革牵涉各种利益相关方，如婚庆行业从业者、传统文化保护者等。不同利益相关方之间可能存在观念差异和利益冲突，导致难以达成共识，影响婚俗改革的推进。

（三）部分地区缺乏群众认同和参与

1. 缺乏宣传和教育

婚俗改革是一项新鲜事物，绝大多数人对它的意义和目的并不了解，也就无法形成群众的认同和参与。此外，有些人可能认为婚俗改革与自己的生活关系不大，因此缺乏关注和参与的热情。

2. 受到文化传统的影响

长期以来，婚俗在社会中扮演着重要的角色，具有浓厚的文化和情感意义。部分人对传统婚俗有深刻的认同，因此对改革引入新的婚俗方式产生抵触心理，导致其难以获得广泛的认同和支持。

3. 改革措施的不合理性

在推进婚俗改革时，如果相关政策和措施缺乏科学性、合理性或实用性，可能引发群众对改革的质疑和抵触。未能考虑不同地区、文化习俗和社会背景的多样性，容易导致改革缺乏认同感。

4. 缺乏实际效果

一些地方在婚俗改革方面可能只是形式主义，没有真正起到改善婚俗、提升婚姻质量的作用。这也会导致群众对婚俗改革失去信心和参与的积极性。另外，在一些地方，婚俗改革缺乏政府和社会的支持和鼓励，这也可能导致群众缺乏参与婚俗改革的动力。

5. 缺乏有效的沟通渠道

在婚俗改革过程中，政府和相关部门与民众之间的沟通渠道可能不畅通或缺乏有效互动。缺乏与公众沟通的平台和机制会导致信息传递不及时、不准确，难以提高群众对改革的理解和参与度。

（四）婚育文化公共服务产品创新不足

1. 缺乏需求调研和用户参与

婚育文化公共服务产品创新需要充分了解用户需求和痛点，以便提供符合用户需求的创新产品。然而，缺乏系统的需求调研和用户参与，导致创新产品的设计和开发与实际需求脱节。对用户真正需求的深入了解是创新的基础，但在婚育文化公共服务领域，由于用户需求的研究和调查不够深入，创新产品无法真正满足用户的期望和需求。

2. 缺乏创新思维

创新思维可以帮助生产者和提供者发现新的需求、机会和价值，从而协助创新产品和服务。婚育文化公共服务产品的创新需要具备创新思维，然而一些生产者和提供者恰恰缺乏这种思维，导致产品创新不足。

3. 缺乏技术支持

现代科技和信息技术的快速发展为婚育公共服务产品的创新提供了广阔的空间，但在实际应用中，由于技术应用的成本和风险较高，或者相关研发和推广工作尚不完善，技术创新的应用还相对较少。

4. 创新环境和机制不完善

婚育文化公共服务产品创新需要有良好的创新环境和机制，包括政策支持、资金投入和创新人才培养等。然而，在一些地区和社会环境中，缺乏创新环境和机制的支持（如政策支持），限制了创新产品的开发和推广，导致产品创新不足。

（五）婚姻家庭辅导服务质量不稳定

1. 服务机构不健全

一些地方的婚姻家庭辅导服务机构可能存在组织架构不完善、管理不规范等问题，导致服务质量不稳定。一些机构可能缺乏专业的辅导师资，无法提供全面、有效的服务。

2. 人员素质不高

一些从事婚姻家庭辅导工作的人员素质不高，缺乏相关专业知识和技能，难以提供专业、有效的辅导服务。一些辅导员可能缺乏适应婚俗改革的新知识和新技术，无法跟上时代的需求。

3. 缺乏监管和评估机制

一些地方对婚姻家庭辅导服务的监管和评估机制不健全，难以对服务机构和辅导员进行规范管理和监督。同时，缺乏监管机制可能导致辅导服务的质量参差不齐。

4. 社会观念和文化传统的负面影响

一些地方的社会观念和文化传统可能对婚姻家庭辅导服务产生一定的影响，再加上家庭状况的复杂性和隐私性，部分婚姻家庭辅导员可能无法充分了解到家庭的真实情况，导致对问题的分析和解决不够全面和准确。长此以往，辅导员对问题的认识和处理方式就会存在偏差，以致无法满足个体的实际需求。

5. 没有建立起长效婚姻家庭服务机制

目前，长效婚姻家庭服务机制建设面临三大挑战。首先，资源不足，尤其在资源分配不均衡的地区，导致服务机制建设进程缓慢。其次，机制设计和运行存在问题，如设计不完善、职责不明确、协同配合不到位，可能降低机制运行效率，影响服务实施和推进。最后，长效婚姻家庭服务机制的建设需要适应性强、针对性强的政策和制度支持。然而，在一些地区和社会环境中，相关的政策和制度存在滞后、不完善的情况。这可能导致长效婚姻家庭服务机制的建设受到限制和阻碍。

（六）婚俗改革宣传工作尚待加强

1. 受到文化传统和社会观念的影响

婚俗作为文化传统的一部分，受到社会观念和习俗的影响。某些传统的婚俗可能被视为重要的仪式和标志，难以改变。同时，社会对传统婚俗的认同也影响了婚俗改革宣传的氛围。

2. 宣传力度和资源投入不足

婚俗改革宣传需要充足的宣传力度和资源投入，包括宣传渠道、资金支持和人员配备等。如果这些方面的支持不足，就很难形成浓厚的宣传氛围，也很难使更多人主动参与和积极改变婚俗惯例。

3. 视频节目和网络影响

当代社会，大量的电视节目和网络内容对婚姻和婚俗有着广泛的覆盖和影响。然而，一些电视节目或者网络内容过于强调奢华、排场和铺张，导致传统婚俗观念的强化，阻碍了婚俗改革宣传氛围的形成。

4. 尚需加强教育和增强意识

婚俗改革需要倡导者在教育方面作出更大努力，提高公众对婚姻家庭、性别平等和尊重个人意愿的认知水平。只有通过加强教育和增强意识，才能形成浓厚的宣传氛围，并让更多人理解和支持婚俗改革。

第二节　应对新时代婚俗改革问题的思考与策略

移风易俗历来面临诸多阻力，仅依靠社会的自省、自觉和自治往往难以实现预期的改革效果，因此政府的干预显得尤为必要。然而，干预的尺度、方式及其所选择的政策工具是关键所在，尤其是如何协调不同政策工具的协同作用。通过对婚俗改革实验区的研究，笔者发现，只有通过基层政府与社会各界的积极合作，紧密衔接自愿性、混合性和强制性政策工具，婚姻法治与传统礼俗协同发展，才能各展其能，形成合力，推动婚俗改革的深刻变革。这种政策工具的融合与协同作用，是实现婚俗变革的核心动力。

一、搭建婚姻法治与传统礼俗协同发展的治理框架

（一）从礼俗社会到法治社会的转型

在传统村落环境中，人们彼此熟识、互相信任，而这种信任又深深根植于世代相传的礼节和风俗之中。以农业为基础的传统社会中，人们的社会交往是相对固定的，大多数人一生都在遵循礼俗，与熟悉且信任的个体交往。因此，传统的村落社会不依赖法律来规范行为，社会秩序更多是通过长期积淀的礼俗来维持。在这种熟人社会中，儒家思想的等级秩序和情感规范与自上而下的社会结构交织，形成了独特的"情、理、法"理念。礼俗的违反，可能意味着个体社会利益的彻底丧失，因此在这种社会中，法律的干预显得多余。

　　然而，随着社会发展和经济结构的变革，现代社会逐步演变为一个陌生人之间相互交往的环境。在此背景下，法律作为调节陌生人关系的工具，变得愈加必要。现代社会中的人际交往需要通过明确的规则和合同来保障，争议发生时，法律提供了中立的裁决机制。从全球历史发展的角度来看，许多国家和地区已经或正在经历由市场经济主导的发展阶段，而中国在选择市场经济发展道路的同时，也不可避免地与外部世界发生联系。长久以来的礼俗社会正在逐步融入更加条理化、界限分明、重视自由平等与个体尊严的法治社会中。

　　（二）礼俗在婚姻家庭中的作用

　　礼俗指的是在历史、文化、宗教及社会习惯的影响下，人们在社会交往过程中形成并共同遵守的行为规范。这些规范往往以维护社会和谐为目的，并且是人们在熟悉的环境中处理日常事务时的重要参考。礼俗和法律之间的区别在于：法律主要适用于陌生人之间的互动，而礼俗则更多地存在于熟人社会中，尤其是小范围的社区环境。

　　具体来说，传统礼俗的形成往往源于长期生活实践中的共同价值判断——善与恶、对与错、美与丑等，这些价值观念在某一地区的共同体中得到广泛认同，并在代际之间传承下来。在中国传统的政治体制下，国家的职能在县级以下的区域较为薄弱，乡村社会更多依赖自治体系，其中传统的礼俗成为调节人际关系、维护社会秩序的主要工具。在婚姻家庭领域，婚约的达成、婚礼的习俗、亲朋的礼仪以及夫妻、婆媳等关系的处理，均有着明确的礼俗规范。

　　通过对婚俗改革实验区的研究，笔者发现，传统婚俗在许多地区依然具有强大的影响力，民众对婚俗改革的认同感较低，参与积极性不足。这一现象的背后，一方面是因为传统婚俗已深深扎根于人们的生活习惯中，另一方面是因为许多人依然认为婚姻属于"家事"或"私事"，应当由家庭自主决定。即便在现代法治社会逐步建立的今天，婚姻家庭领域的"私法领域意思自治"依然是一项重要的民法原则，传统礼俗依旧在这一领域发挥着至关重要的作用。

　　（三）婚俗改革中法治与礼俗的协同发展

　　1. 发挥礼俗引导作用

　　自新中国成立以来，我国逐步完善了社会主义法律体系，包括宪法、婚姻法等法规的出台，法治建设稳步推进。然而，在乡村社会中，国家法律并不能完全覆盖和调控一切事务。乡村社会具有地域性差异和较强的自治特性，特别是随着现代化进程的加快和市场经济的渗透，乡村的多样性和自主性更加突出。在这种复杂的社会环境中，国家法律并非万能，且实施成本较高。相比之下，礼俗作为社会自我调节的工具，根植于民众的共同生活和文化中，能够低成本地引导社会行为并解决实际问题。

改革开放后，乡村社会的"熟人社会"逐渐被打破，人口流动增多，但入乡随俗的文化传统仍然广泛存在。随着家庭规模的缩小，家长权威的衰退，家族治理逐渐过渡到村民自治。在此背景下，礼俗依然以村规民约的形式，在基层社会治理中发挥重要作用。例如，在河南省宁陵县，移风易俗馆和移风易俗宴会大厅的设立，统一了婚事操办的标准，规范了婚礼宴席的费用，限制了彩礼金额，推动了文明婚俗的形成。同样，河北省邯郸市肥乡区通过村规民约，对婚事操办中的各项细节作出明确规定，成功降低了婚礼支出，减少了大操大办和盲目攀比现象，显著促进了婚俗的文明变革。这些做法经过长期实践，逐渐内化为人们的自觉行动，推动了婚俗的现代化。

2. 坚守与保障法律底线

在基层社会自治的过程中，法治起到了确保民主权利和制约过度自治的关键作用。民主意味着多数人的决策，但如果缺乏法治的规范，少数人的权益可能被多数人的决策侵犯，进而导致"民粹主义"的泛滥，甚至演变为对少数群体的"暴政"。近年来，恶俗婚闹的现象引起了广泛关注，尤其是"闹新娘"逐渐演变成"闹伴娘"，婚礼本应是喜庆的时刻，却被不当的娱乐化和恶俗行为扭曲。这种现象不仅违背了社会风俗，也凸显出传统习俗在走向现代化过程中缺乏必要的规制。

法治的核心任务之一是通过明确的规则来引导传统文化的转型。随着婚俗改革的推进，如何将法治与传统习俗相结合，避免恶俗行为的泛滥，成为一个亟待解决的问题。只有通过法律的引导，才能有效遏制那些婚庆恶俗，防止它们在乡村社会中蔓延。因此，在传统文化习俗的现代化进程中，法治建设不可或缺，尤其是在对婚俗的规范中，法律要起到保护作用。

3. 法治与礼俗协同发展

礼俗和法律之间有着深刻的联系，但它们的功能和作用各不相同。礼俗是社会长期演化的产物，在传统社会中发挥调节作用，促进人际关系的和谐；而法律则是在现代社会中保障权利、解决纠纷的重要工具。二者互为补充、相辅相成，尤其在婚俗改革中，礼俗和法治的结合尤为重要。

在婚俗改革过程中，礼俗常常发挥"先发机制"的作用，尤其在治理诸如天价彩礼、铺张浪费等问题时，礼俗的作用非常突出。许多地方通过村规民约引导新人树立节俭、文明的婚俗观念，强化社会的自我管理。而法律则在礼俗难以调节的领域起到保障作用，如当高额彩礼威胁到婚姻自由、恶俗婚闹侵犯个人尊严时，法律便可以介入，确保社会秩序和个人权益不受侵害。

礼俗和法治的有效结合，能够在更大范围内促进婚俗改革的顺利推进，降低改革的社会成本，提高改革的执行力。通过这种结合，能够确保传统文化习俗在现代化进程中不断调整、适应，并为社会带来更加理性、和谐的生活方式。因此，婚俗改革不仅要关注法律的完善，更要注重法律与礼俗的有机融合，形成一个综合性的治理框架，推动社会朝着更加文明和现代化的方向发展。

二、建立政府、社会、市场多元共治的机制

包括婚俗改革在内的移风易俗工作由来已久，政府在推进婚俗改革方面的探索也一直没有间断。然而，婚俗改革工作涉及因素复杂、治理逻辑多元，面临治理方式选择的诸多悖论和政策工具使用的多重矛盾，治理成效往往不尽如人意。究其原因，政府对婚俗的干预并非理所当然，而是进退两难：婚俗问题既已成为公共问题，及时回应便成为政府的职责，而且政府也确有能力依托其权威性和强制力来调控社会行为；但从当事人角度看，婚姻毕竟属于个人私事，政府不能用强硬的管制措施来完全代替当事人的意愿和选择。所以，政府在推行婚俗改革的过程中应当明晰治理边界，把握好政策干预的力度，同时充分发挥社会组织、相关企业的作用，建立政府、社会、市场多元共治的婚俗改革机制。

（一）发挥政府的主导作用，准确把握治理边界

婚俗问题首先被界定为私人事务，但由于其社会影响过于广泛且关系

到社会进步，单纯地依靠社会的自省、自觉、自治又无法实现预期的转变，依靠政府干预便具有了必要性，所以政府在婚俗改革中扮演着重要角色。

1. 摆明立场，把握方向，营造婚俗改革的浓厚氛围

当前，农村地区的婚丧嫁娶花费普遍呈逐年升高之势，很多家庭不堪重负，甚至因此债台高筑。几乎人人都反对甚至痛恨婚丧嫁娶中的陈规陋习，但几乎所有当事人又都被裹挟着，不得不照办。在这种情况下，政府要摆明立场和态度，旗帜鲜明反对天价彩礼等陈规陋习，坚持以社会主义核心价值观为引领，积极传承发展中华优秀传统婚俗文化，努力增加婚俗文化产品和基本服务供给，为广大群众提供高质量的精神营养。政府可以通过群众喜闻乐见的活动方式宣传喜事新办、婚事简办，营造浓厚的婚俗改革氛围，例如，山东省临沂市沂水县编排《乡村喜事》《喜事俭办树新风》《石榴花开》等小戏小剧，兰山区开展室外颁证，莒南县组织集体婚礼等。

2. 规划引领，把握边界，强化婚俗改革的顶层设计

由于婚俗问题的私人属性及公共问题的复杂性，政府在治理时也会出现失灵现象。因此，政府应在科学把握干预的边界和方式的基础上，制定明确的政策和措施。把遏制高额彩礼作为工作的主要突破口，紧紧围绕婚俗改革的目标和任务，以党委和政府的名义出台工作方案，紧扣主题，谋划工作。如广西壮族自治区柳州市将婚俗改革工作纳入2022年全市改革任务，通过出台《柳州市婚俗改革试点工作方案》明确了婚俗改革的13项任务，每项任务均明确了责任部门和具体措施。河南省开封市禹王台区研究出台了《婚俗改革三年行动计划》《开展婚俗改革助推移风易俗实施方案》等政策文件，取得较好效果。各地要搭建合作行动框架，坚持规划引领，针对不同层面、不同区域、不同习俗分级分层设计，把推进婚俗改革、深化文明乡风建设列入政府重要议事日程和重要工作日程。

3. 明确分工，统筹协调，完善婚俗改革的组织体系

各地要健全领导机制，明确责任分工，形成党委和政府领导，民政部门牵头，部门密切配合，乡镇（街道）、村（社区）抓落实的工作局面。如浙江省三门县成立了由县委书记、县长担任双组长的工作领导小组，副县长担任领导小组办公室主任，33个部门及所有乡镇（街道）为成员单

位，形成三级联动推进的工作格局。政府通过压实立体组织体系，着力解决陈规陋习"没人管"的问题；通过强化分级分层设计，着力解决标准趋同"欠规范"的问题；通过构建刚性链条机制，着力解决婚俗改革"持续性"的问题。

4. 搭建平台，整合资源，形成婚俗改革的强大合力

在婚俗改革过程中，政府协调、掌握和配置公共资源，是主导力量。同时，要发挥社会组织对婚俗改革的作用，积极为其提供支持保障。例如，辽宁省沈阳市皇姑区充分发挥情感咨询机构的专业优势，将婚姻家庭辅导前置到社区，建立个案档案，采用针对性、一对一、全程跟踪等方式解决婚姻家庭问题。上海市奉贤区围绕"传承好家训、培养好家风、构建好家庭"主题，在全区400多个"妇女之家"、"妇女微家"、"家中心"、各街镇儿童服务中心和儿童之家，广泛开展"以家风家训家规、晒家庭幸福生活、讲家庭和谐故事、展家庭文明风采、秀家庭未来梦想"主题活动1000多场次，将"家庭美育"落在日常。

（二）发挥自治组织的基础作用，激发基层社会治理活力

基层自治是指在地方政府的管理和服务中，基层自治组织通过自主决策、自主管理和自我服务，实现对自身事务的管理和发展的一种模式。基层自治是国家法定的、以村（居）民权利为本位的基本政治制度，是基层社会治理的根本目标和"源头活水"。基层既是产生利益冲突和社会矛盾的"源头"，也是协调利益关系和疏导社会矛盾的"茬口"。社会问题复杂多变，因此，依据宪法规定并顺应基层社会的现实要求，处理基层公共事务主要依赖基层自治，这是宪法的规定，也是基层社会的现实要求。

婚姻礼俗产生于基层社会，是基层自治的基本范畴，自治组织理应发挥基础作用。但是，在推进婚俗改革的过程中，基层社会自治也要有边界，一是必须在中国共产党的领导下，二是必须在法治框架内进行。在此基础上，基层自治组织应着力做好以下几个方面工作。

1. 提升基层自治水平

在党建引领下，厘清基层自治组织职责，推动自治组织职能归位。同时，构筑百姓议事会、乡贤参事会、阳光议事厅、社区论坛等群众议事平台，让老百姓参与婚俗改革事务的决策、管理和监督，推动协商民主；通过群众自我管理、自我教育、自我服务、自我提高，实现高质量、高水平的基层自治。

2. 重塑"法"的精神

法治建设并不在于创建"法条"，而在于引导全民自觉守法、遇事找法、解决问题靠法，推进正式法律和村规民约等"软法"成为群众心中至高无上的权威。政府充分利用各类法律援助资源，建立法律顾问制度，在制定村规民约或作出婚俗改革相关重大决策前实行"法律体检"，增强全民法治观念，引导群众依法推进婚俗改革。

3. 发挥德治引领作用

用崇德向善力量预防和化解婚俗过程中产生的社会矛盾。通过吸收社会贤达、德高望重的老人、口碑良好的企业家等人士组成道德评议团，以法律法规、社会公德和村规民约、社区公约、市民公约为准则，有效发挥道德评议和社会舆论的力量来革除婚俗陋习，褒扬真善美，促进文明和谐社会风尚的形成，激励人们向上向善。同时，通过建设婚姻文化礼堂、家庭美德讲堂、德孝主题公园、文化活动中心等设施丰富群众业余生活，引导和激发群众爱国爱家的道德情怀，将德治正气内化为自觉的行为规范，对自治和法治形成有力补充。

（三）合理利用市场机制，推动婚俗改革的多维度路径探索

婚俗改革是推动社会风气转变和文化进步的重要措施，市场在其中的作用不可忽视。通过合理利用市场机制，可以激发社会各方力量参与婚俗改革，推动婚俗的文明转型与规范化发展。

1. 推动婚庆行业的规范化与服务创新

婚庆行业是婚俗改革的关键环节，市场力量可以通过规范化服务和创新推动婚俗的转变。婚庆行业可以根据不同地区的文化特点与民众需求，设计符合现代婚俗观念的婚礼套餐，不仅可以帮助新人节约开支，还可以倡导文明节俭、绿色婚礼的理念。例如，推出简约型婚礼套餐，减少高额宴席、豪华场地等高消费项目，推动婚礼消费的理性化。市场监管和行业协会通过引导，遏制通过攀比和过度消费助长婚礼奢侈化的趋势。鼓励婚庆公司打造不同文化背景的婚礼主题，促进传统婚俗与现代婚俗的结合。比如，结合中华传统婚礼仪式与现代简约婚礼，推行"零彩礼"或"低彩礼"婚礼，进一步传承与创新婚俗文化。

2. 利用市场机制调节婚姻消费观念

市场不仅是服务提供者，还能通过消费文化的引导，改变人们的婚姻消费观念，促进婚俗改革的顺利推进。随着新媒体和数字化平台的兴起，婚礼消费市场逐步形成了网络化、平台化的消费生态。线上婚礼商品平台、婚庆直播等新兴消费方式，能通过定制化的婚礼消费方案，帮助新人树立理性婚礼消费观念，并通过大数据分析帮助新人选择性价比高的婚礼服务。另外，运用市场化手段，将公益与奖励机制结合，鼓励商家推出符合婚俗改革理念的优惠政策，如对"零彩礼"或"低彩礼"的婚礼优惠服务，给符合政策的新人提供奖励或折扣，激励更多家庭选择低碳、简约的婚庆方式。为此，越来越多的企业开始重视社会责任，通过宣传和推广"文明婚俗"的品牌价值来获得社会认可。例如，一些婚庆公司在广告和营销中强调环保、节俭等理念，鼓励消费者参与婚俗改革，形成企业社会责任与婚俗改革的良性互动。

3. 促进婚姻法律服务与市场需求的对接

随着婚姻家庭法律服务市场的发展，法律服务的市场化运作为婚俗改革提供了法律保障与服务支持。通过建立完善的婚姻法律咨询市场，律师、婚姻调解员等法律服务人员可以为新人提供婚前、婚中和婚后法律支持，帮助新人明确婚姻家庭中的权利与义务，规范婚礼仪式与婚后生活中的财产、责任等问题，避免不必要的法律纠纷，增强法律意识，推动婚俗改革朝着更加法治化的方向发展。法律服务机构还可以与婚俗改革相关的社会组织、婚庆行业合作，开展婚俗文化和婚姻法治的培训和宣传活动，帮助社会公众提升对婚姻法的认知水平，并树立符合社会主流价值观的婚俗观念。

（四）发挥社会组织的补充作用，形成多元共治的工作机制

社会组织在婚俗改革中的作用日益凸显，它们凭借自身的优势和影响力，能够有效推动移风易俗，带动社会婚俗朝着积极、健康的方向发展。通过政府、社会组织与公共力量的有机结合，可以形成多元共治的工作机制，共同推动婚俗的文明转型。

1. 发挥社会组织引导作用，推动婚礼仪式化与文明化

社会组织，特别是妇联、婚姻家庭协会等，通过策划有仪式感的婚礼活动，提升婚俗的庄重性和文明性，帮助新人树立正确的婚姻观。在传统

婚姻登记的基础上，社会组织可以与婚姻登记中心合作，邀请党政领导、人大代表、道德模范等社会名人，为新人举行庄重的"颁发结婚证"仪式。这不仅赋予婚礼更多的仪式感，也使其成为社会价值的体现，增进新人对婚姻责任的认识。妇联等社会组织可借助政府力量，每年举办"最美家庭"评选活动，激励家庭成员践行社会主义核心价值观，并通过张贴"最美新娘"光荣榜等形式，表彰那些践行文明婚俗、崇尚节俭、倡导绿色婚礼的优秀家庭，树立社会典范，倡导积极健康的婚俗风尚。

2. 社会组织提供志愿服务，营造婚俗改革的良好氛围

各类社会组织通过志愿服务，为适婚群体提供支持，推动移风易俗的社会氛围形成。社会组织可依托妇联、婚姻家庭协会等平台，为青年群体提供多元化的志愿服务，包括婚前心理辅导、恋爱关系咨询、婚后家庭生活指导等，帮助适婚群体树立健康的婚恋观，倡导理性婚礼消费与家庭责任感。定期在社区开展移风易俗的宣传活动，通过互动式讲座、演讲、展览等方式，普及婚姻法治知识、传统婚俗的创新实践等内容。借助社会影响力，帮助更多的群众理解和支持婚俗改革，提升婚俗的社会认同感。利用青年群体喜闻乐见的形式，如漫画、动画等，开展婚恋新风的宣传培训，激励适龄青年积极响应新的婚恋价值观，推动年轻人树立婚姻和家庭的正确观念，践行简朴、理性的婚俗。

3. 社会组织协同政府力量，共同推动婚俗改革

社会组织能够在政府的引导和支持下，在解决公共问题的同时填补政府工作中的空白区域。政府与社会组织建立有效的协调沟通机制，共同推动婚俗改革。社会组织和政府部门之间的紧密合作能够形成互补作用。社会组织可以帮助政府推广政策、普及改革理念，同时在政府尚未涉及的领域，如个性化婚恋服务、青少年婚姻家庭教育等方面进行深入拓展。通过婚姻家庭协会等平台，整合公益"红娘"、妇女干部、心理咨询师、婚恋婚庆服务机构等各方资源，为青年男女提供"一条龙"服务，涵盖从恋爱到结婚，再到婚后生活的各个环节，确保婚姻质量与家庭幸福感。这种跨部门、跨行业的协作形式，能够有效保证社会婚俗改革的落实，并为适婚群体提供全面的保障。

三、建立多种政策工具协同的婚俗培育路径

政策工具是政府在推动婚俗改革过程中采用的手段和策略，其核心是通过集体行动解决公共问题。从政策本意出发，政府推行婚俗改革的目标是解决困扰民众生活的实际问题，尽量避免对民众私生活的过度干预，保障其合法权益，满足其合理需求。因此，政策工具的选择应当以符合民众利益、易于接受并能有效调节社会规范为标准，确保婚俗改革能够顺利达到预期目标。

（一）多种政策工具的使用

根据政府干预的强度和社会自治的程度，政策工具可以分为强制性、自愿性和混合性三类。强制性政策工具通常是政府通过发布政策文件、制定规章制度以及实施惩罚措施来约束相关行为。婚俗改革中的强制性工具表现为政府发布规范性文件，规定婚俗改革要求，并对违反者进行惩戒。自愿性政策工具则主要依赖社会力量，如社区、家庭和志愿组织，通过自愿参与来实现改革目标。政府在此过程中发挥的是辅助和保障作用。混合性政策工具结合了强制性政策工具和自愿性政策工具的特点，既有强制手段，又有自愿参与的空间。在需要平衡政府干预和社会自治的情况下，混合性政策工具较为适用。

政府依据干预需求选择政策工具，若需要较强的政府干预，则倾向于使用强制性工具；若干预需求较低，则倾向于选择自愿性工具；在介于二者之间时，则采用混合性工具。无论是哪种工具，都有其独特的优势与局限性。因此，婚俗改革的复杂性要求多种政策工具的组合使用，以期实现协同效应，推动改革的进程和成效。

1. 强制性政策工具的使用

政府应将婚俗改革纳入社会治理和乡村振兴战略。在国家推动移风易俗政策的框架下，地方政府应出台具体的实施意见，并在市级和乡镇层面结合实际情况，形成适合当地的婚俗改革实施方案。政府还需建立大龄未婚青年的信息共享机制，确保"市—乡—村"三级联动，并通过定期统计"零彩礼"新人数量、公布相关名单、开展落后地区的批评等方式，推进改革。在一些具有广泛社会影响的问题上，如对攀比风气、低俗婚闹的治理，政府可以加大干预力度，运用强制性政策工具，通过规范化管理降低

不良影响，发挥政策的示范作用。

2. 自愿性与混合性政策工具的使用

在处理涉及个人意愿和私人事务的问题时，政府应更加注重社会自治的作用，适当减小干预力度，选择自愿性政策工具。例如，依托妇联和公益服务组织等社会力量，以柔性方式推动改革。这种方式能够更好地贴近民众实际需求，灵活应对社会变革的动态变化。而在一些涉及私人事务与公共利益交织的复杂问题上，政府则可选择混合性政策工具，以平衡自愿性与强制性之间的关系，既能给予民众一定的自主空间，又能确保改革目标的实现。

（二）政策工具的协同作用

各类政策工具各具特点，而政策问题对不同工具的适应性有限，意味着并非所有政策工具都能和谐共存，这也是政策协同面临的主要挑战。政策协同是一个复杂的系统工程，只有在一定的机制保障下，才能确保有效运行。具体来说，协同的成功依赖以下两个关键方面。

1. 目标一致性是政策协同的前提

政策目标的一致性意味着各级政府在纵向结构中应围绕统一目标开展工作，避免在实施过程中出现偏差，特别是在基层执行时。为了减少执行中的差异，必须通过凝聚社会共识、抑制内耗和减小偏差来确保政策目标的统一。在中央层面，推动移风易俗、破除传统陋习、树立文明新风是政策核心。中共中央、国务院在《关于实施乡村振兴战略的意见》中明确提出，要"焕发乡风文明新气象"，开展移风易俗行动，遏制大操大办、攀比陋习等不良现象。相关政策文件相继出台，进一步推动目标的落实。地方政府则根据中央政策的指导，结合本地实际，制订细化的实施方案，确保政策目标自上而下的传递与贯彻。例如，市级政府结合本地实际情况，制定婚事办理的参考标准，各村则根据市里政策和群众意见完善村规民约。这种逐层细化的政策体系有助于实现目标的一致性和执行力。

2. 主体协作性是政策协同的基础

政策主体之间的协作是横向结构中各相关部门能够围绕统一目标进行合作的基础。在实施婚俗改革过程中，必须避免政策执行的空当和推诿现象，形成多部门联动机制。《关于进一步推进移风易俗　建设文明乡风的指导意见》就是由多个中央部门联合发文，强调了各部门的协作。地方政府的文明办、民政、农业农村、妇联等部门要密切合作,形成协同工作格局,明确职责,互相配合,形成合力。同时,社会公益组织也应与政府合作,开展相亲活动、婚前辅导等服务,帮助适婚青年建立健康的婚姻关系。在这个过程中,婚俗作为一个相对独立的社会系统,需要多个主体协作共同推动其向良性发展转变。社会习俗的稳定性体现了系统的平衡,而不良习俗则是系统失衡的表现。因此,婚俗改革是一个从无序走向有序的过程,也是一项需要多方协作的复杂任务,必须依靠多种政策工具的协调配合,才能推动改革并实现社会文明的进步。

第三节　新时代婚俗改革发展的趋势

婚俗改革是一项广泛、复杂且长期的系统工程,涉及社会、文化、法律等多个层面。为确保改革的顺利进行,必须依法规范、科学合理,并与社会发展的需求相适应。改革的核心目标是促进婚姻家庭关系的稳定,提升社会文明水平。因此,必须采取切实有效的措施,稳步推进新时代婚俗改革。结合实验区三年多的实践经验,针对现存的挑战和问题,笔者认为新时代婚俗改革工作应该从服务新时代国家人口发展战略、培育新时代婚俗的滋养性环境、培养新时代婚俗的前瞻性认知、在社会生态系统中推进婚俗改革四个方面进一步深化。

一、服务新时代国家人口发展战略

"十四五"时期,我国人口发展进入新阶段,总人口增速明显放缓,生育水平持续走低,老龄化程度加深,劳动年龄人口开始减少,社会家庭功能出现弱化,人口安全问题凸显,人口发展进入关键转折期。鼓励生育健康婴儿、提倡"二孩"政策,以逐步调整人口年龄结构和性别比例,促进人口平衡发展,降低老龄化对经济社会的影响,成为我国新时代人口发展战略的重要内容。2021年6月26日,中共中央、国务院公布《关于优化生育政策促进人口长期均衡发展的决定》,提出了"立足新发展阶段、贯彻新发展理念、构建新发展格局,实施积极应对人口老龄化国家战略",坚持以人民为中心、以均衡为主线、以改革为动力,以法治为保障,实施三孩生育政策及配套支持措施,深化服务管理制度改革,一体考虑婚嫁、生育、养育、教育问题，在制度上、政策上给予家庭生育更多保障，提升家庭发展能力，释放生育潜能，推动实现适度生育水平，促进人口长期均衡发展的总体目标。

党中央、国务院在实施乡村振兴战略、优化生育政策促进人口长期均衡发展、新时代加强和改进思想政治工作等重大决策部署中，都将婚俗改革工作作为重要内容纳入总体部署。但是作为生育主力军的年轻人，随着经济、社会的发展和变化，婚恋观、子女观发生了巨大的转变。他们更看重个人的自由和平等，婚姻不再是必然的选择，晚婚甚至不结婚成为更多人的选择。他们更看重个人的职业发展和经济独立，生育子女的迫切性和意愿降低，更多的年轻人选择推迟生育或者不生育，这对我国人口发展产生了重大影响。

新时代的婚俗改革主动适应新形势新要求，聚焦"不想生、不敢生"难题，引导群众与时俱进地认识国情国策，打破过时固化观念，树立"适龄婚育、生殖健康、优生优育、性别平等、责任共担、代际和谐"等现代婚育观念。同时抵制天价彩礼、大操大办等婚嫁陋习，重塑多子女家庭养育文化，淡化教育焦虑，弘扬"孝""和"家庭价值观，以促进家庭健康发展。此外，倡导政府、企事业单位及全社会普遍尊重和支持生育。作为婚俗改革的主责部门，民政部门应积极服务新时代国家人口发展战略，在引导正确婚恋观方面发挥积极作用。

（一）引导正确的婚恋观，培育个人与国家"共命运"的观念

正确的婚恋观应基于平等、尊重、互爱与互信的原则之上，不应该将婚姻和家庭视为纯粹的私人领域，而应将其视为与社会和国家紧密相连的重要组成部分。培育个人与国家共命运的观念有助于个人树立正确的婚恋观，因为个人与国家之间的共同利益和价值观可以促进个人与国家的共同发展。要引导和教育青年人认识到自己的责任和使命，积极投身国家和社会的发展，为实现中华民族伟大复兴而努力奋斗。

（二）传承与创新并举，倡导文明节俭时尚婚礼

一是既要保护和传承传统婚俗礼仪精髓，又要鼓励具有强烈时代气息的现代礼仪创新，不断赋予婚礼仪式时代内涵，推动传统文明和现代文明的融合发展。向社会大力推广简约婚礼仪式，组织举办集体婚礼、纪念婚礼、慈善婚礼等特色突出、文明节俭的现代婚礼。二是充分发挥婚庆行业协会引领作用，建立健全对天价彩礼、铺张浪费、低俗婚闹、随礼攀比等不正之风整治的长效机制，健全行业监督和协调机制，助力脱贫攻坚，营造良好社会风气。

（三）完善社会保障体系，为婚姻家庭提供全方位的保障

一是完善保障婚姻家庭的法律政策。政府部门出台相关政策，切实降低家庭的生育、养育、教育等成本。完善婚姻登记制度，加强婚姻登记管理，确保婚姻登记的公正性、合法性，保护妇女在婚姻中的合法权益，化解婚姻家庭纠纷，提升家庭幸福感，加强家庭教育，促进社会和谐稳定。二是注重家庭支持与权益保护。加大对家庭经济困难、失业等问题的援助力度，保障婚姻家庭的生活需求。推进健康教育和家庭医疗保健，加强家庭成员健康和家庭计划生育知识的宣传和普及，提供全面的家庭医疗保健服务。三是鼓励公平分配财产与债务。推动建立公平的家庭财产和债务分配制度，保护婚姻关系中的各方合法权益。

（四）开展婚恋辅导服务，支持年轻人建立幸福婚姻家庭

一是开展婚前辅导，帮助当事人做好进入婚姻状态的准备，努力从源头上减少婚姻家庭纠纷的产生。二是开展婚姻家庭辅导，提供婚内心理调适服务，帮助夫妻学习增进婚姻幸福、化解婚姻危机的技巧，改善婚姻家庭关系。三是开展离婚疏导，提供专业的、人性化的咨询和服务，化解矛盾纠纷，促进婚姻家庭稳定。

（五）规范婚介服务市场，搭建年轻人组建婚姻家庭鹊桥

由于种种原因，婚介行业尚未出台行业管理办法，导致婚介市场乱象丛生。因此，民政部门在监管婚介行业方面，要加强婚介行业正确引导，健全婚介服务管理机制。一是加强行政指导。民政部门与相关部门一起利用市场巡察机制，加强对婚介商家的行政指导，推行婚介服务合同示范文本，规范网络婚介服务，公示婚介服务企业信息，有效压缩"黑婚介"的生存空间。二是充分发挥婚介行业协会引领作用。加强行业协会自身建设，健全行业监督和协调机制，引导婚介行业诚信、自觉经营，主动杜绝夸大宣传、虚假宣传行为发生。三是为公益婚介提供支持。利用婚姻登记系统平台，为公益婚介提供支持，婚协、婚介公司等不同主体不断探索主动牵线搭桥，多组织让青年群体放心的相亲交友活动，减轻青年人的婚恋负担。

二、培育新时代婚俗的滋养性环境

新时代婚俗的滋养性环境是促进新时代的婚俗文化发展、提供必要的资源和支持，并营造积极向上的社会文化氛围的基础。这种环境可以为新时代的婚俗文化提供良好的发展基础和社会支持，促进婚俗文化的创新和发展，适应时代的需求和人们的文化价值观念。培育新时代婚俗的滋养性环境需要从社会文化、婚姻家庭、教育宣传、城乡社区、国际交流等多个方面入手，营造良好的社会环境和文化氛围，为新时代的婚俗文化提供充足的养分和良好的生长环境。

（一）社会文化的滋养

营造积极向上、开放包容的社会文化氛围，尊重多元化的婚姻家庭形式和婚姻文化，鼓励和支持个性化的婚礼形式，促进婚俗文化的创新和发展。培育新时代婚俗改革的社会文化的滋养环境需要社会各界共同努力，营造积极向上、开放包容的社会文化氛围，为婚俗文化提供良好的发展基础和社会支持，推动婚俗文化朝着更加现代化、文明化的方向发展。第一，尊重多元化的婚姻家庭形式和婚姻文化。社会应该尊重不同的婚姻家庭形式和婚姻文化，鼓励和支持个性化的婚礼形式，促进婚俗文化的创新和发展。第二，倡导健康的婚恋观念，强调婚姻的稳定和幸福，鼓励夫妻之间的互相尊重和关爱，从而为婚俗文化提供更好的发展基础。第三，弘扬优秀的传统文化，继承和发扬中华优秀传统婚俗文化，推动婚俗文化朝着更加文明化、现代化的方向发展。第四，通过媒体宣传现代化的婚恋观念和婚俗文化，引导人们逐渐转变传统的婚恋观念，接受新的婚俗文化，推动婚俗文化朝着更加现代化、文明化的方向发展。第五，促进社会各界对婚俗改革达成共识，通过各种途径，让更多的人认识到婚俗改革的重要性，理解并支持婚俗改革，营造良好的社会氛围。

（二）婚姻家庭的滋养

要构建和谐、稳定、健康的婚姻家庭关系，加强家庭成员之间的沟通和理解，提倡家庭成员之间的互相尊重和关爱，为婚俗文化提供坚实的基础。培育新时代婚俗改革中的婚姻家庭的滋养环境需要从家庭责任意识、家庭民主、优秀传统婚俗文化、家庭教育和婚姻家庭服务等方面入手，营造良好的家庭环境和社会氛围，为婚俗文化的创新和发展提供更好的社会环境。第一，强化家庭成员对家庭的责任意识，让家庭成员更加重视家庭的幸福和稳定，从而为婚俗文化的创新和发展提供更好的基础。第二，在家庭中推进民主，加强家庭成员之间的平等和尊重，鼓励家庭成员之间的沟通和理解，从而为婚俗文化的创新和发展提供更好的社会环境。第三，弘扬优秀传统婚俗文化，继承和发扬中华优秀传统婚俗文化，推动婚俗文化朝着更加文明化、现代化的方向发展。第四，加强家庭教育，通过家庭教育的手段，引导人们逐渐转变传统的婚恋观念，接受新的婚俗文化，推动婚俗文化朝着更加现代化、文明化的方向发展。第五，提供多样化的婚姻家庭服务，包括婚姻咨询、家庭咨询、法律服务等，为夫妻和家庭提供更好的支持和帮助，从而为婚俗文化的创新和发展提供更好的社会环境。

（三）教育宣传的滋养

通过学校教育、社会教育、家庭教育等多种渠道，宣传现代化的婚恋观念和婚俗文化，引导人们逐渐转变传统的婚恋观念，接受新的婚俗文化，推动婚俗文化朝着更加现代化、文明化的方向发展。第一，加大婚俗改革的宣传力度，提高公众对婚俗改革的认知度和接受度。可以通过各种媒体渠道，如电视、广播、报纸、网络等，广泛宣传婚俗改革的意义和目标，使人们了解婚俗改革对社会和个人的重要性。第二，在学校教育中加强婚恋教育，让学生了解现代婚姻家庭的价值和责任，培养健康的婚姻家庭观念。可以开设相关的课程和活动，如婚姻家庭伦理、婚姻法、家庭理财等，帮助学生更好地理解和经营婚姻家庭。第三，推广现代婚恋观念，倡导健康、文明、简约的婚礼仪式和婚姻家庭生活方式。可以通过开展公益活动、发放宣传资料等方式，宣传现代婚恋观念，引导公众摒弃大操大办、铺张浪费等旧俗陋习，培育文明向上的婚俗文化。第四，家长应该重视孩子的婚恋教育，从小培养孩子正确的婚姻观念和家庭责任感。可以通过家庭聚会、家庭谈话等方式，向孩子传递正确的婚姻观念和婚俗文化，使孩子了解和接受现代婚恋观念和婚俗文化。

（四）城乡社区的滋养

营造良好的社区文化氛围，推动社区婚姻家庭服务的完善和提升，提供多样化的婚姻家庭服务和支持，为新时代的婚俗文化提供良好的社会环境。第一，推动社区婚俗文化传承与创新，保护和传承传统婚俗文化中的优秀元素，如婚礼仪式、婚庆习俗等。可以通过举办社区婚礼、婚庆活动等方式，传承和创新婚俗文化，使更多人了解和喜爱传统文化中的婚俗元素。第二，加强社区婚姻家庭建设，提高居民的婚姻家庭生活质量。可以建立社区婚姻家庭服务中心，提供婚姻家庭咨询、婚姻家庭纠纷调解等服务，帮助居民解决婚姻家庭问题，提高婚姻家庭生活质量。第三，倡导文明节俭的婚礼观念，鼓励简朴办婚礼，避免铺张浪费。可以通过社区宣传、居民公约等方式，引导居民树立文明节俭的婚礼观念，推广简单而有意义的婚礼方式，减少浪费和奢侈现象。第四，加强社区婚姻家庭辅导，建立社区婚姻家庭辅导室、婚姻调解工作室等机构，为有婚姻家庭问题的人提供帮助和支持，促进家庭和谐。

（五）国际交流滋养

加强与其他国家和地区的婚俗文化交流与合作，借鉴和吸收其他国家和地区的优秀婚俗文化，为新时代的婚俗文化提供更广阔的视野、思路和发展空间。第一，借鉴国际先进婚俗文化，引进优秀的婚俗理念和婚庆形式。组织国际婚姻文化交流活动，参与国际婚俗展览，与国际婚俗专家进行交流，了解不同国家的婚俗文化和理念，从中汲取有益的元素，为我国的婚俗改革提供参考和借鉴。第二，加强国际婚姻家庭领域的合作与交流，促进婚姻家庭领域的共同发展。与国际婚姻家庭协会、国际婚庆组织等机构进行合作，共同举办国际婚庆交流活动，推动国际婚姻家庭文化交流与合作。第三，推广国际化的婚礼仪式和婚庆活动，提高国内婚俗的文化品质。引进国际先进的婚庆理念和婚庆形式，如海外婚礼、海外婚庆旅游等，为国内的婚俗改革提供新的思路和灵感，推动国内婚俗文化朝着更高品质的方向发展。第四，加强跨文化交流，促进不同文化之间的婚姻家庭文化交流与融合。组织跨文化的婚姻家庭文化交流活动，参与国际婚姻家庭文化节，了解不同国家的婚俗文化和理念，促进不同文化之间的交流与融合，为我国的婚俗改革提供更广阔的视野和思路。

三、培养新时代婚俗的前瞻性认知

前瞻性认知是指对未来的预测和预见，是基于当前知识和经验，对未来可能出现的情况进行推断和预判的一种认知方式。前瞻性认知可以帮助人们更好地规划和准备未来，提高应对能力和决策效果。在新时代，婚俗改革需要前瞻性认知的支持，帮助我们预见未来婚俗的发展趋势和变化，发现和解决婚俗改革中可能出现的风险和问题，为婚俗改革的顺利实施提供保障。培养新时代婚俗的前瞻性认知需要从以下几个方面入手。

（一）了解社会发展和文化变迁的趋势

随着社会发展和文化变迁，敏锐地捕捉到婚俗文化的变化和趋势，从而及时调整和更新婚俗文化的内容和形式。第一，关注社会新闻和政策变化，了解社会结构和人们生活方式的变化，以及这些变化对婚俗文化的影响。第二，参与社会活动和文化活动，与不同领域和文化背景的人交流，了解不同文化的交融和变化。第三，研究婚俗文化的历史和演变，了解婚俗文化的发展趋势和变化，以及这些变化的原因和影响。第四，关注婚恋市场的变化，了解年轻人的婚恋观念和需求，以及这些需求对婚俗文化的影响。第五，参与婚恋组织和活动，了解婚恋市场的发展趋势和变化，以及这些变化对婚俗文化的影响。通过以上方式，可以了解社会发展和文化变迁的趋势，从而敏锐地捕捉到婚俗文化的变化和趋势，及时调整和更新婚俗文化的内容和形式。同时，可以为婚俗改革的实施提供参考和支持，推动婚俗文化的创新和发展。

（二）强化婚恋观念的更新和教育宣传

加强对现代化婚恋观念的宣传和教育，引导人们逐渐转变传统婚恋观念，接受现代化的婚恋观念，推动婚俗朝着更加现代化、文明化的方向发展。第一，媒体宣传。通过电视、网络、报纸等媒体，宣传现代化的婚恋观念和婚俗文化，引导公众逐渐转变传统婚恋观念，接受现代化的婚恋观念。第二，教育培训。通过学校、社会机构等途径，开展婚恋教育课程和培训活动，提高人们对现代化婚恋观念的认识和理解。第三，社会活动。组织各类婚恋主题活动，如婚礼仪式、婚恋文化节等，通过实践参与的方式，让人们切身感受现代化婚恋观念和婚俗文化的魅力。第四，家庭教育。家庭是孩子接受婚恋教育的重要场所，家长应该注重培养孩子的独立性和自主性，引导孩子树立正确的婚恋观念。通过以上方式，可以加强对现代化婚恋观念的宣传和教育，引导人们逐渐转变传统婚恋观念，接受现代化的婚恋观念，推动婚俗朝着更加现代化、文明化的方向发展。同时，可以为年青一代提供更健康、更平等的婚恋环境，促进社会的和谐与进步。

（三）推动婚姻家庭制度的改革和完善

推动婚姻家庭制度的改革和完善是社会发展的重要内容，需要政府、社会和个人的共同努力。通过推动对婚姻家庭制度的宣传和教育、促进婚姻家庭制度的创新和发展、强化对婚姻家庭制度的监管和管理，以及促进婚姻家庭制度的多元化发展等措施，可以更好地实现这一目标，为社会发展提供更好的保障。第一，加强对婚姻家庭制度的宣传和教育。政府和社会应该加强对婚姻家庭制度的宣传和教育，让人们更加了解婚姻家庭制度的重要性和意义。同时，应该加强对婚姻家庭制度的法律法规的宣传和教育，让人们更加了解婚姻家庭制度的相关法律法规。第二，推动婚姻家庭制度的创新和发展。政府和社会应该推动婚姻家庭制度的创新和发展，探索更加适合当代社会的婚姻家庭制度模式。例如，可以推广家庭友好型婚姻制度，让婚姻家庭制度更加符合当代社会的需求。第三，加强对婚姻家庭制度的监管和管理。政府和社会应该加强对婚姻家庭制度的监管和管理，确保婚姻家庭制度及其相关法律法规得到公正、合法、有效的实施。第四，推动婚姻家庭制度的多元化发展。让不同地区、不同文化背景的人们都能够享受到婚姻家庭制度的益处。婚姻家庭制度的多元化需要法律明确和完善相关规章制度。尤其是在离婚、财产分割以及子女抚养方面，法律的健全与实施将会为其多元化发展提供更好的保障。

（四）促进婚俗文化的多元化和国际化

尊重不同的婚姻家庭形式和婚姻文化，鼓励和支持各类个性化、多元化的婚礼形式，可以推动婚俗文化的创新和发展，同时加强与其他国家和地区的婚俗文化交流与合作，借鉴和吸收其他国家和地区的优秀婚俗文化。第一，加强交流和互动。举办国际性的婚俗文化展览、研讨会等活动，邀请不同国家和地区的专家学者、从业人员和爱好者分享各自的经验和见解。通过交流和互动，可以增进对不同婚俗文化的了解和尊重。第二，引入多元元素。在传统婚俗的基础上，适度引入其他国家和地区的婚俗元素，例如婚礼仪式的形式、服饰、音乐等方面。这样可以为新人提供更多选择，丰富婚礼的内容和形式，同时有助于推动跨文化认知和交流。第三，制定相关政策。政府可以制定支持多元化和国际化婚俗文化发展的相关政策，包括资金扶持、场地资源的开放和管理等。政策的出台能够为推动婚俗文化多元化和国际化提供保障和支持。第四，保护和传承。加强对传统婚俗文化的保护和传承工作，将其列入非物质文化遗产名录，同时强化相关研究和培训工作。另外，鼓励创新和改革，使婚俗文化能够与时俱进，在尊重传统的基础上注入现代元素。

（五）强化婚俗法治建设促进社会共治

完善相关法律法规的建设，对不良的婚俗行为进行约束和规范，保障婚俗改革工作的顺利开展。第一，加强立法。制定和完善涉及婚俗的相关法律法规，明确规定婚俗的内容、形式、程序等方面，以便对不合法、不合规的婚俗进行监督和管理。第二，强化司法。加大婚姻家庭领域的司法执法力度，依法对违规婚俗进行处罚，督促婚礼从业人员和个人参与者遵守法规，保护公众利益和社会秩序，加强对婚姻家庭的监管，及时发现和解决婚姻家庭问题，保障婚姻家庭的和谐稳定。第三，增强法治意识。开展婚姻家庭法治宣传教育，提高公众对婚姻家庭法律法规的认识和了解，促进公众对婚姻家庭法治的认同和遵守。第四，促进社会共治。促进社会组织和公共机构的参与，鼓励各方力量积极参与婚姻制度和婚俗习惯的监督和管理，形成全社会共同建设法治化婚俗的良好氛围，保障婚姻家庭的稳定与和谐，维护社会公正和稳定。

四、在社会生态系统中推进婚俗改革

婚俗文化不是个体的行为模式，而是集体的观念折射与集体参与和选择的结果。进行婚俗改革，如果只是着眼于改变个体的观念和行为，结果必然是缘木求鱼。只有将婚俗的发展与变革置身于社会生态系统，多角度、全方位地协同推进，才能保证其改革目标的实现。

依据社会生态系统理论，婚俗改革社会生态系统（详见图2）包括三个子系统：微观系统、中观系统、宏观系统。改革的过程要各个系统相结合，不能只着力于个体的层面，要重点促进各个系统的相互作用来推进观念更新、行为改变。

婚俗改革的微观系统指处在社会生态环境中的与婚俗改革有关的个人（个人既是生物意义上的，也是心理意义上的社会系统）。这里的个人主要指婚姻关系的主体。婚俗改革的中观系统，是指与婚姻关系主体相关的小规模群体，如家庭、学校、社区及工作单位等。中观系统是婚姻关系主体生活和工作的场域，如果说微观系统是影响婚俗改革的直接子系统，那么

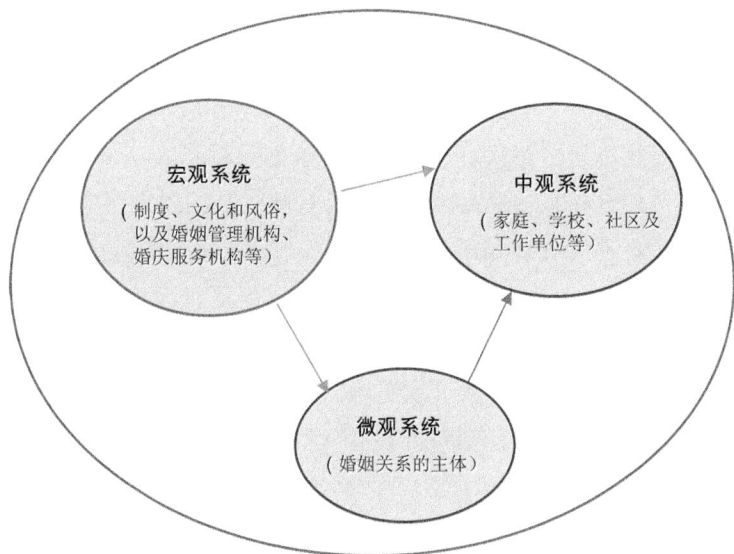

图2　婚俗改革社会生态系统

中观系统就是影响婚俗改革的间接子系统。婚俗改革的宏观系统，则是指比家庭、学校、社区、工作单位更大的社会系统，包括制度、文化和风俗以及婚姻管理机构、婚庆服务机构等。宏观系统实际上建筑于意识形态之中，是广阔的社会环境蓝图。这个子系统是婚俗改革的发起者、推动者和引导者。

（一）把握不同系统新时代婚俗改革方向

婚俗改革社会生态的子系统之间，存在相互作用力，婚姻关系主体（个体）的行为、观念与环境相互联系，相互制约又相互影响。因此，改革的过程不能偏重一侧，要在微观系统、中观系统和宏观系统中同时推进，才能保证改革的成功。新时代婚俗改革确定了通过推进移风易俗，不断加强公民道德建设，树立良好社会风尚，最终达到促进婚姻幸福、家庭和谐的目标。保障婚俗改革的成功，首先需要我们把握正确方向，然后配套适宜的改革路径，才能实现既定目标。

一是把握微观系统视角婚俗改革的方向。增强婚姻关系主体的社会责任感，将个人情感需要的满足和婚姻社会责任的履行完美地结合，推动现代婚姻真正走向高层次的文明婚姻，使其成为每一个婚姻关系主体的追求目标。

二是把握中观系统视角婚俗改革的方向。开展对天价彩礼、铺张浪费、低俗婚闹、随礼攀比等不正之风的整治，摒弃不良恶俗陋习，积极推行简约、高雅、文明、健康的婚礼仪式，营造"勤俭节约、婚礼简办、健康向上"的婚俗新风，推进社会风气好转。倡导科学文明婚俗新风，加强以父慈子孝、夫妻和睦、兄友弟恭、长幼有序为基础的家风建设。

三是把握宏观系统视角婚俗改革的方向。培育人文精神和道德规范，充分发挥其在凝聚人心、引导群众、淳化民风中的重要作用，积极培育和践行社会主义核心价值观，大力推进婚姻领域移风易俗，传承发展中华优秀婚姻家庭文化，倡导全社会形成正确的婚姻家庭价值取向，遏制不正之风，不断提升全社会文明程度和改善群众精神面貌，为实现中华民族伟大复兴的中国梦贡献力量。

（二）多维度建构新时代婚俗改革的路径

婚俗改革的路径不能单一地从微观系统、中观系统、宏观系统这三个层次进行割裂式的建构，而应遵循婚俗改革的发展特征、时代背景和婚姻本质属性进行积极探索，从政策支持体系、党政和社会力量良性互动、个体和家庭有机融合三个维度建构支持系统，建设中国特色的文明、节俭、绿色、充实、和谐的婚姻习俗。

一是宏观系统强化政策支持体系，营造婚俗改革社会环境氛围。政策支持体系从宏观层面影响中观系统，最终作用于微观系统中的婚姻关系主体本身。党和政府应以革除陈规陋习、弘扬公序良俗为导向，从源头上整治不良习俗，从宏观层面强化婚俗改革支持体系，营造婚俗改革的社会环境。一方面，要科学建构婚俗改革政策支持的系统性；另一方面，要营造人人置身其中的婚俗改革环境氛围。

二是宏观系统与中观系统良性互动，党政与社会力量协同推进婚俗改革。婚俗改革不能仅发生于一个生态环境中，必须同等重视各种环境之间的关系。婚俗改革的支持系统应该重视党组织、政府部门与社区、社会力量以及婚俗文化的正向作用和互动关系，突破各子系统的边界，全面联动各种支持力量，宏观系统与中观系统良性互动，共同推进婚俗改革。

三是微观系统和中观系统有机融合，培育个体新时代婚姻家庭价值观念。这更接近婚姻关系主体所处的环境，以及婚姻关系主体积极参与的环境，对个体将有更加显著的影响。家庭是婚姻关系主体生命成长的第一场域，直接影响个体的自我意识养成以及价值判断。学校、社区和工作单位作为婚姻关系主体学习和社会化的重要场域，与家庭一起构成了婚姻关系主体的支持系统，实现微观系统与中观系统有机融合，共同培育婚姻关系主体的新时代婚姻家庭价值观念。

婚俗改革的社会生态系统是一个复杂的社会生态系统，需要各方面的合作和共同努力，包括政府、社会组织、家庭和社区、教育机构等。政府可以通过制定相关政策和法规，推动婚俗改革的实施；社会组织可以开展婚姻家庭辅导、倡导简约适度的婚俗礼仪，推动婚俗改革；家庭和社区可以通过教育和引导改变陈规陋习，推广积极婚育观念；教育机构可以在学生中倡导健康的婚姻观念和行为方式。因此，只有从多个方面进行改变和推进，才能实现婚俗改革的全面推进和社会环境的改善。

婚俗改革不可能一蹴而就，需要久久为功、化风成俗，要做到顶层设计和基层探索相结合，阶段性目标与长远目标相结合，全面推进与分类施策相结合，扬弃传统婚俗与不断创新相结合，不搞"一刀切"和"运动式"治理。要根据各地不同的情况，实事求是，从实际出发，坚持问题导向，找准问题症结，充分发挥基层首创精神，进行不同区域差别化探索，善于从群众的操心事、烦心事、揪心事中寻找改革的切入点，推动婚俗改革同"国家人口战略""文明家庭""乡村振兴""新时代文明实践活动"等工作结合起来，大力推进婚姻领域移风易俗，加快形成文明婚嫁新风，推进婚俗改革走深走实，提升全社会文明程度和改善群众精神面貌，合力推动中华民族伟大复兴。

第三部分

中华婚俗文化的
发展与未来

第九章 传统婚俗的现代转型与观念变迁

第一节 传统婚俗的现代转型

从一定意义上说，中国传统文化的转型是一个持续的课题。只要社会不断发展，中国传统文化的转型过程就会一直持续下去。当下，站在 21 世纪的时代高度，我们理应以历史与现实、当今与未来、中国与世界的宽广视野来审视和评估中国传统婚俗文化的价值。传统婚俗作为社会文化的重要组成部分，承载着丰富的历史内涵与社会价值。它不仅是婚姻仪式的表现形式，更是一个社会群体历史、文化和价值观的象征。随着社会的发展，特别是在全球化背景下，传统婚俗在保留其核心价值的同时，必须适应新的社会环境与文化语境。传统婚俗的保留与适应并不是对过往习俗的机械复制，而是对其核心内涵的传承与再造。通过在现代语境中重新定义这些习俗的形式和功能，展现其文化的韧性与生命力。这一转型过程不仅反映了现代社会对历史文化的敬畏，也体现了传统婚俗文化在全球化背景下的动态传承与持续演变。

一、传统婚俗的保留与适应

传统婚俗在现代转型中的保留与适应体现了文化在时代变迁中的延续性与灵活性。这种转型不仅是对历史文化遗产的尊重，也是对现代社会需求的回应。具体而言，传统婚俗的保留体现在文化和关键仪式、符号的传承上，而适应则表现在形式的简化与功能的再定义中。传统婚俗的保留与适应是一个复杂而动态的过程，涉及文化传承、社会变迁和个体选择等多个层面。在全球化与现代化的背景下，传统婚俗既要坚守其文化根基，又必须灵活适应新的社会环境。

（一）婚嫁礼仪文化可持续性传承

婚嫁礼仪文化作为社会文化传承的重要组成部分，具有显著的可持续性。这种可持续性体现在对历史传统的延续、对现代需求的适应以及对社会文化功能的强化之中，在社会文化传承的进程中展现出强大的生命力与适应力，为文化的可持续发展提供了深厚的根基。

1. 对历史传统的延续是婚嫁礼仪文化可持续性的关键表现

婚嫁礼仪作为代代相传的文化形式，其基本内涵尽管在历史进程中有所调整，但许多核心仪式（如迎亲、拜天地、敬茶等）仍在当今社会婚礼中得到保留。这些礼仪不仅承载了深厚的历史记忆，体现了对祖先的敬仰和家族纽带的尊重，还赋予婚礼以传统文化的神圣感，使其在时间流逝中具有强大的文化韧性。

2. 对现代需求的适应使婚嫁礼仪文化在变迁中依然保持其活力

随着社会的不断发展，婚嫁礼仪在形式和内容上进行了适度创新，以满足现代社会的个性化需求和适应多元化文化背景。例如，婚礼的简化、环保婚礼的兴起以及新式婚礼的融合等现象，既体现了现代人对传统礼仪的继承，也反映了婚嫁文化对时代变化的灵活适应。这种适应性赋予了婚嫁礼仪文化更广泛的接受度和传承可能。

3. 婚嫁礼仪的社会文化功能进一步巩固了其可持续性

作为构建家庭关系和强化文化认同的重要方式，婚嫁礼仪通过仪式化的形式有效地传递了社会价值观、伦理规范和家庭责任。它不仅在巩固家庭纽带、促进代际交流中发挥作用，还通过象征性的礼仪强化了个体与集体、个人与社会的关系，维系了社会的稳定与和谐。这种功能性使婚嫁礼仪在现代社会的转型中得以持续传承。

（二）传统婚礼服饰不断融合现代时尚元素

传统婚礼服饰在当代社会中不断融入现代时尚元素，形成了一种既保留文化传承又体现个性表达的动态发展过程。传统婚礼服饰在现代时尚元素的融合下呈现出动态的演进过程，不仅是文化传承与时尚创新的结合，也是全球化进程中传统与现代相互作用的结果。通过不断吸收现代时尚元素，传统婚礼服饰在保留其文化内涵的同时，展现了现代社会中新人对个性表达与文化认同的双重需求，推动了婚礼服饰文化的可持续发展与创新。

1. 传统婚礼服饰的文化内涵在现代时尚元素的融入下得以传承与再造

传统婚礼服饰，如中式婚礼中的凤冠霞帔、龙凤褂和西式婚礼中的白纱礼服，承载着深厚的文化象征意义。这些服饰通过其特有的设计元素，如中式服饰中的龙凤纹样、西式婚纱中的白色纯洁象征，体现了对历史、文化和婚礼仪式神圣性的尊重。然而，随着现代时尚理念的介入，传统婚礼服饰的剪裁、面料、色彩搭配等方面被赋予了更多的创新性与个性化设计，从而使传统文化与时尚潮流相互交融，既保持了传统礼仪的庄重性，又彰显了现代新人的个性表达。

2. 现代时尚元素的融合使传统婚礼服饰更加多样化与灵活化

在全球化背景下，婚礼服饰的设计不再局限于传统的文化框架，更多地受到全球时尚潮流的多元化影响。例如，设计师们通过在传统服饰中引入现代面料、简约设计以及国际流行色彩，使婚礼服饰更具时尚感与现代感。中西方婚礼服饰的融合趋势也日益明显，新娘们可以在婚礼中选择将中式服饰与西式礼服相结合的形式，展现出跨文化的审美融合。这种创新使婚礼服饰在形式和风格上呈现出多样化趋势，既满足了新人个性化的需求，也丰富了传统婚礼服饰的表现形式。

3. 科技与设计理念的进步为婚礼服饰注入了新的生命力

现代科技的应用使婚礼服饰的制作过程更加精致与高效，例如，3D打印技术、环保材料的运用以及智能服饰的引入，不仅提升了婚礼服饰的功能性和舒适度，也使设计过程更加精确与个性化。通过对科技与时尚的融合，传统婚礼服饰的传承不再是单向的文化继承，而是在时尚的流变中焕发出新的生机。

（三）传统婚宴习俗在保留与适应中变化

传统婚宴习俗作为婚礼仪式的重要组成部分，这一文化现象不仅反映了传统礼俗的坚韧生命力，也体现了婚宴文化在面对社会、经济和文化变迁时的灵活转型与创新。

1. 传统婚宴习俗的文化符号与仪式性保留是其变迁中的重要特点

传统婚宴中的许多核心习俗，如"敬酒"、"圆桌宴席"和"宴会致辞"，承载了深厚的文化象征意义，传递了家庭联结、亲朋祝福与婚姻庆祝的情感。特别是在一些地域文化中，婚宴的菜品选择、摆桌礼仪和流程安排依然严格遵循传统惯例，象征性地表达对祖先、亲友及社会关系的尊重。这种礼仪性与象征性功能的保留，使婚宴文化在现代社会依然具有凝聚家庭与社区、维护文化认同的作用。

2. 婚宴形式的现代适应与创新体现了传统婚宴习俗的灵活性与现代性

随着时代的发展，婚宴习俗在形式、内容和流程上逐步向多样化与个性化转型。现代婚宴不仅在地点选择上不再局限于传统的家庭或宴会厅，更多地出现在户外、酒店、度假胜地等场所，还在菜品的呈现上融入了更多国际化和个性化的元素，如自助餐、主题餐饮和创新菜式。婚宴的排场和规模也趋向于简化与精致化，尤其是在大城市中，环保婚宴、轻奢婚宴等形式受到青睐，反映了婚宴习俗在新时代下的消费理性化与多元化需求。

3. 婚宴礼仪与文化内涵的更新进一步推动了传统婚宴习俗的变革

在现代婚宴中，虽然保留了敬酒、致感谢词等礼仪环节，但仪式的形式更加自由化与个性化。许多新人选择在婚宴中加入属于自己的创意表达，如定制的音乐、视频播放、个性化的婚礼致辞等。这种创新并未削弱婚宴的文化内涵，反而使婚宴成为新人个性表达、文化融合与社会互动的平台。同时，现代婚宴的参与方式也有所变化，线上直播、线上祝福等数字化元素的引入不仅使婚宴更加开放和包容，也反映了传统婚宴习俗对现代科技的适应。

4. 婚宴的社会功能在现代社会中得以拓展与调整

传统婚宴不仅是家族的象征，也是社区关系的重要纽带，具有巩固社会关系和传递文化价值的功能。在现代社会中，婚宴的社会功能逐渐朝着个人社交与家庭情感表达方向转变。婚宴成为新人与亲朋好友交流情感、分享喜悦的重要场合，强化了个人与社会、家庭与社区之间的情感联结。这种功能的转型使婚宴在保持传统文化价值的同时，更加贴近现代社会的情感诉求与交往方式。

二、现代元素的融入与创新

现代元素的融入与创新不仅是对传统文化的延续与拓展，更是对当代社会多元文化和个性化需求的积极回应，体现在婚礼形式、科技应用和环保理念等多个层面，推动了婚俗文化在新时代的多样化发展。

（一）婚礼形式的多样化和个性化

婚礼形式的多样化和个性化是当代婚俗文化变革中的显著趋势，反映了个体自我表达需求与社会文化多元发展的深度互动。随着社会经济的转型和文化观念的更新，婚礼形式逐渐打破了传统的单一模式，展现出丰富的多样性和高度的个性化特征。这种变化不仅体现了婚礼作为社会仪式的文化包容性和开放性，也凸显了个体在婚姻仪式中的主导地位和个性化需求的满足。

1. 婚礼形式的多样化是现代婚俗文化适应多元化社会背景的直接体现

传统婚礼形式以固定的礼仪结构和程序为基础，强调婚姻的宗族性、社会性和规范性。然而，随着社会结构的变迁和个性化观念的兴起，现代婚礼形式逐渐从统一的模式中解放出来，发展出多种具有文化、地域和宗教差异的形式。例如，地域性婚礼形式（如藏族、维吾尔族等少数民族婚礼）保留了本民族特有的婚俗仪式和文化符号，而都市婚礼则更多地融入了现代都市文化的元素。此外，国际化进程中跨文化婚礼形式的兴起，也使中西方婚礼形式的相互融合成为新的趋势。这些婚礼形式的多样化，使婚俗文化能够适应不同文化背景、价值体系与社会阶层的需求，从而具有更大的包容性与灵活性。

2. 婚礼的个性化发展是婚俗形式多样化的核心内容之一

在传统婚礼中，婚礼的设计和安排往往以家庭和宗族的意愿为主，强调礼仪的庄重性与统一性。而在现代社会中，婚礼逐渐成为新人表达自我个性、情感和生活方式的场域。个性化婚礼形式的兴起，标志着婚礼从一种集体性的社会仪式转变为个体情感表达的独特载体。例如，主题婚礼、目的地婚礼和户外婚礼等形式，均反映了新人在婚礼设计中的自主选择与个性化需求。主题婚礼根据新人的兴趣爱好和文化背景设计独特的婚礼场景和仪式流程，创造出专属的婚礼体验；目的地婚礼打破了传统婚礼的地理限制，将婚礼与旅行相结合，为新人提供了更为独特的纪念意义与体验；户外婚礼则利用自然环境营造一种更为自由、轻松和个性化的婚礼氛围。这些形式的创新与个性化，不仅满足了新人对婚礼的美学期待与情感需求，也体现了婚俗形式对个体多样化选择的尊重与包容。

（二）科技在婚礼中的广泛应用

科技在当代婚礼中的广泛应用，不仅深刻改变了婚礼的呈现形式和组织方式，也对婚俗文化的传承与创新产生了重要影响。随着信息技术的飞速发展，婚礼这一传统社会仪式在数字化时代得到了新的诠释，科技的介入为婚礼的筹备、执行和传播提供了前所未有的便利与多样化选择，推动了婚礼体验的个性化、多样化和现代化。

1. 数字化技术的应用改变了婚礼的筹备流程与体验方式

婚礼策划平台、电子邀请函、在线婚礼直播等数字工具的兴起，使婚礼的筹备与执行更加高效和便捷。通过婚礼策划平台，新人可以在网上完成从场地选择、婚礼主题设计到预算管理的所有筹备工作，实现全流程的数字化管理。例如，许多平台提供个性化的婚礼策划服务，允许新人定制婚礼场景、主题颜色、宾客座位安排等，这种个性化的在线婚礼策划极大地提高了婚礼筹备的灵活性和效率。电子邀请函逐渐取代传统的纸质邀请函，既节约了成本，又提升了互动性和可分享性，宾客可以通过电子设备快速回复并确认出席。在线婚礼直播则利用互联网技术，使远在异地的亲友通过线上平台同步观看婚礼仪式，突破了空间上的距离限制。这种技术的应用，不仅增强了婚礼的参与性与共享性，也使婚礼成为一种跨时空的社会仪式。

2. 虚拟现实（VR）与增强现实（AR）技术的引入为婚礼体验带来了全新的视觉和互动方式

通过VR技术，新人可以在虚拟环境中提前体验婚礼场景，进行虚拟婚礼彩排或选择婚礼场地。例如，使用VR头戴式显示设备，新人能够沉浸式地感受婚礼当天的布置、灯光、音效等细节，从而进行更加精准的筹备与调整，不仅为婚礼提供了高度个性化的设计选择，还提升了婚礼的整体体验感。AR技术目前已被广泛应用于婚礼摄影和场景布置中，通过AR应用程序，宾客可以使用手机或平板设备，实时观看婚礼场景中的虚拟元素和动态效果，如在照片中添加动态滤镜或特效，进一步增强了婚礼的视觉效果和互动性。这些技术的应用，使婚礼不再局限于物理空间和现实条件，而是拓展到了虚拟与现实结合的多维度体验中。

3. 社交媒体和短视频平台的广泛使用极大地扩大了婚礼的传播范围和影响力

在社交媒体时代，婚礼已不再是一个仅限于亲友圈的私密仪式，而是通过短视频、照片、直播等形式，成为一种可以被广泛分享与传播的公共文化事件。新人可以在婚礼前后通过社交媒体平台发布婚礼预告、现场照片和视频剪辑，实时与外界互动，分享婚礼的美好瞬间。这种广泛的传播不仅提升了婚礼的社会参与度，也使婚礼成为一种跨越时空、突破地域限制的公众活动。此外，社交媒体还为婚礼提供了更多的个性化表达方式，新人可以根据自身喜好选择不同的滤镜、特效和背景音乐，制作独具特色的婚礼视频。通过这些数字工具，婚礼得以更加便捷地与外界互动和共享，扩大与拓宽了婚礼的文化影响力与传播途径。

4. 人工智能（AI）和大数据技术在婚礼中的应用逐渐普及，为婚礼的个性化服务和数据分析提供了新的可能性

例如，AI 技术可以根据新人的喜好和需求，自动生成婚礼策划方案，并在婚礼过程中通过语音识别或图像处理技术提供智能服务，如自动拍摄重要瞬间或根据现场情况调节灯光与音效。大数据技术则通过对婚礼消费、婚礼偏好和婚礼市场的分析，为新人提供更具针对性的婚礼设计和服务建议。例如，通过分析新人在婚礼平台上的搜索与浏览行为，平台可以推送最符合新人需求的婚礼产品和服务，促进与提升婚礼的个性化与精准度。这种技术的应用，不仅提升了婚礼策划的效率与体验，也使婚礼成为一个更加智能化与数据驱动的过程。

（三）环保和可持续性理念成为日益突出特征

环保和可持续性理念在婚俗文化中的日益凸显，反映了全球范围内可持续发展思潮对传统社会仪式的深刻影响。随着人们环境保护意识的增强，婚礼这一传统礼仪活动在筹备、执行与传播等环节中，逐渐融入了环保与可持续性的元素。这种转变不仅体现了对自然资源的节约和环境负担的减轻，也使婚礼文化在现代社会中得到创新发展。

1. 婚礼筹备过程中环保理念的体现已成为日益显著的趋势

在婚礼的规划与实施中，新人和婚礼策划者越发注重减少对环境的负面影响，选择更具可持续性的方案。例如，越来越多的新人选择电子请柬取代传统纸质请柬，既减少了纸张浪费，也降低了碳排放量。此外，婚礼场地的选择也趋向于户外或自然环境中的生态场所，以减少能源消耗和人为建筑对环境的侵蚀。婚宴方面，许多婚礼逐步采用本地采购的食材，减少食品的运输成本和碳足迹，同时倡导节约用餐，避免浪费。这些筹备环节中的环保理念不仅推动了婚礼形式的多样化，还将可持续性融入婚嫁文

化的日常实践中。

2. 婚礼装饰与用品的可持续选择同样成为环保婚礼的重要组成部分

在婚礼的装饰与布置中，环保材料的使用正逐渐取代一次性、不可降解的装饰品。例如，手工制作的再生材料装饰品、可循环利用的婚礼花艺设计等，既为婚礼增添了独特的个性化风格，也减轻了环境负担。婚纱的选择也开始注重可持续性，许多新人选择租赁婚纱或穿着由环保材料制成的婚礼服饰，以减少过度消费和资源浪费。此外，可降解或可回收的婚礼礼品和纪念品的选择，进一步展现了环保意识在婚礼文化中的渗透。这些环保选择不仅改变了传统婚礼的外在表现形式，也彰显了新人对可持续生活方式的认同与追求。

3. 婚礼传播方式的绿色转变使婚礼文化在数字化时代得以进一步环保化

与以往通过纸质媒介和大规模印刷品进行婚礼传播不同，现代婚礼更多地依赖社交媒体、电子通信和数字化平台，实现了无纸化的全面推广与互动。例如，婚礼视频直播、电子相册分享和在线祝福留言等方式，不仅节约了资源，还大大提升了婚礼的参与度和共享性。通过这些绿色传播方式，婚礼的社会影响面得以扩大，而对环境的负面影响却显著降低。这一传播方式的绿色转变，不仅满足了现代人对婚礼实时互动和广泛分享的需求，也为婚礼文化注入了科技与环保的双重创新动力。

4. 婚礼文化中的可持续性理念还体现在婚礼旅游与蜜月安排中

随着可持续旅游概念的普及，越来越多的新人选择低碳、环保的蜜月旅行方式。例如，选择本地或邻近地区的旅游景点，既减少了碳排放，也有助于促进地方经济的可持续发展。同时，生态旅游和文化保护类的旅游项目，正在成为新人蜜月的热门选择。这类旅游不仅倡导与自然和谐共处的生活方式，也推动了文化遗产的保护与传承，使蜜月旅行成为一种兼具环保与文化价值的独特体验。

三、地域特色的保护与传播

地域婚俗文化作为地方文化的象征，承载了深厚的历史积淀和社会价值，在全球化和现代化的背景下，地域特色的保护与传播成为关键议题。在当代文化趋同化的趋势中，地域婚俗面临着逐渐消失或被边缘化的风险。因此，如何在现代语境下保护和传播地域婚俗，成为婚俗文化研究中的重要方向。

（一）非物质文化遗产保护政策为地域婚俗文化的延续提供了重要支撑

婚俗文化作为非物质文化遗产的重要组成部分，承载着特定地域的历史记忆与文化认同，体现了地方群体的社会结构、伦理观念和美学价值。随着全球化进程的加快，传统婚俗文化面临着现代化、城市化的挑战，非物质文化遗产保护政策在这一背景下，扮演着至关重要的角色，确保了地域婚俗文化的传承与创新。

1. 非物质文化遗产保护政策通过法律和制度化框架为婚俗文化的延续提供了制度保障

各国政府在文化遗产保护的政策中，通过立法、设立专门机构和制定保护规划，将婚俗文化纳入法定保护范围。例如，中国政府通过将地域婚俗列入非物质文化遗产名录，推动了对地方婚俗传统的官方保护和文化复兴。这种政策措施不仅有助于提高社会对地域婚俗的认知，还通过资金和技术支持，促进地方婚俗的传承活动，如婚礼仪式的复原、传统服饰的重新设计和婚俗相关节庆活动的推广。

2. 非物质文化遗产保护政策在传承人培养和社区参与方面发挥了关键作用

婚俗文化的延续依赖掌握传统技艺、仪式和知识的传承人，因此保护政策通常通过传承人制度来保障这些文化的代际传承。例如，一些地方政府通过设立"婚俗文化传承人"制度，认定并扶持具备特殊技能和知识的民间艺人或文化学者，使其能够在社区和文化场所中持续开展传承活动。这不仅提高了婚俗文化的社会地位，也增强了文化传承者的责任感和使命感。同时，非物质文化遗产保护政策鼓励社区的广泛参与，通过社区教育、公众活动和文化节庆等形式，使婚俗文化融入日常生活，从而提升公众对婚俗文化的认知和参与度。这种社会层面的参与，不仅有助于文化的活态传承，还为婚俗文化提供了现代适应性，增强了其在快速变迁社会中的生命力。

3. 非物质文化遗产保护政策推动了婚俗文化的数字化和现代传播手段的应用，为其适应现代社会的传播环境提供了新的可能性

随着信息技术的迅猛发展，数字技术成为保护和传播非物质文化遗产

的重要工具。政府和相关文化组织通过数字化记录、电子档案建立、影视作品和新媒体平台的传播，促进婚俗文化的多渠道传播。例如，通过婚俗仪式的影像记录与传播，相关的歌舞、礼仪和服饰等文化要素得以永久保存，并为大众所知晓。婚俗文化的数字化传播还增强了其在年青一代中的吸引力，使其不再仅限于特定场合的展示，而成为日常文化消费的一部分。非物质文化遗产保护政策通过鼓励和支持数字化手段的应用，使婚俗文化的传播范围大幅扩大，并在全球范围内展现了地域婚俗的独特魅力。

4. 非物质文化遗产保护政策促进了婚俗文化的跨文化传播与互动

各国文化遗产保护政策在全球化背景下，通过跨国文化交流与合作，为地域婚俗文化的延续注入了新的动力。国际文化节、非物质文化遗产博览会和跨国文化项目的开展，为婚俗文化提供了与其他文化进行对话和互动的平台。例如，中国的传统婚礼仪式通过国际展览和文化节，得以向世界展示，不仅提高了其国际知名度，也推动了与其他文化形式的相互借鉴与融合。这种跨文化的传播互动，不仅丰富了婚俗文化的内涵，还促使其在全球化背景下实现了多样化的发展。

（二）现代传播媒介的广泛应用为地域婚俗的传播提供了新的平台和途径

作为传统文化的重要组成部分，婚俗不仅承载着地域社会的历史记忆与价值观念，还在现代社会中继续发挥着文化认同和社会凝聚的重要功能。然而，在全球化和现代化进程的冲击下，地域婚俗的传承面临着文化同质化、城市化和年青一代参与度下降等诸多挑战。现代传播媒介的出现与普及，不仅为婚俗文化的保护与延续注入了新动力，还使其在多元化的社会背景下得到创新发展和广泛传播。

1. 现代传播媒介在婚俗文化的可视化呈现中发挥了重要作用

多媒体技术、视频平台和数字影像的应用，使婚俗文化的视觉表达更加直观、生动。通过影像记录和数字化存档，婚俗仪式、传统服饰、礼仪程序和庆典氛围得到全方位保存和传播。新兴社交平台，如抖音、快手等，已成为地域婚俗文化展示的主要阵地，通过短视频、直播和互动交流的形式，婚俗文化能够更广泛地触达受众，尤其是年青一代。例如，许多传统婚礼的核心仪式，如迎亲、敬茶和拜堂，通过视频直播或短视频分享，不仅吸引了数以万计的观看者，还使这些文化活动获得了即时反馈和互动。这种可视化呈现不仅有助于婚俗文化的生动再现，还增强了公众的文化认同感和参与意愿。

2. 现代传播媒介为婚俗文化的跨地域传播提供了全新的平台

传统婚俗往往具有较强的地域性和封闭性，而现代传播媒介的跨地域特性打破了这种局限，使婚俗文化可以在不同的地理空间和文化环境中传播和交流。例如，通过社交媒体和网络论坛的跨地域讨论与分享，来自不同地方的婚俗文化得以相互展示、理解和借鉴。婚俗文化的跨地域传播不仅加深了人们对他者文化的理解，还促进了文化的互融与创新。此外，一些在线婚礼博览会和虚拟婚礼展示活动，通过网络平台实现了全球同步传播，使地域婚俗文化在国际舞台上得到展示。这种跨地域的传播形式，不仅提升了婚俗文化的国际影响力，还推动了其在全球化进程中的多样化发展。

3. 现代传播媒介增强了婚俗文化的互动性和参与性

传统婚俗的传播方式往往依赖口耳相传和现场体验，传播速度相对缓慢且受众有限。而现代传播媒介通过互动式传播手段，如网络直播、在线评论和社交媒体的实时交流，使婚俗文化的参与形式更加多样化和开放化。例如，通过线上婚俗讲座、婚礼文化互动体验平台等，使受众不仅可以了解婚俗文化的多样性，还可以参与文化讨论、问答和互动体验。这种互动性和参与性的提升，不仅促进了公众对婚俗文化的兴趣和认同，还推动了其在当代社会的活态传承，使其不仅是传统文化的符号和象征，更是现代人日常生活中可参与的文化活动。

4. 现代传播媒介促进了婚俗文化的数字化保存和知识生产

通过数字技术的介入，婚俗文化的元素和内涵得到系统化的整理和分类，使其成为可以进行学术研究和文化创新的对象。例如，婚俗仪式的历史发展、地方变迁和文化意涵，通过数据库、数字档案馆和在线文献库的建设，可以更加系统地被记录和分析。研究者和文化工作者通过这些数字资源，不仅可以进行深度的学术探讨，还可以将婚俗文化作为创意产业的资源进行开发，如通过影视作品、文创产品和在线课程等形式实现文化的转化和再生。

（三）地域婚俗与文化旅游结合为婚俗文化的保护与传播注入了新的动力

地域婚俗与文化旅游的结合成为传统文化保护与现代产业发展的交汇

点。作为一种深嵌于特定地域社会中的非物质文化遗产,婚俗文化不仅承载着历史和文化记忆,也在文化旅游的语境下获得了新的生命力。地域婚俗与旅游产业相结合的"文化+旅游"模式,既实现了地域婚俗文化的传承,又有效提高了其经济和社会价值。文化旅游不仅为婚俗文化提供了经济支持和传播平台,还通过文化创新、国际推广和公众参与等多种途径,推动了婚俗文化在现代社会中的适应与发展。

1. 文化旅游的发展为地域婚俗提供了可持续的经济支持

文化旅游在现代化经济体系中日益占据重要地位,其经济效益为传统文化的保护和复兴提供了强有力的支持。地域婚俗作为文化旅游的重要组成部分,通过婚礼仪式、婚俗体验等形式嵌入旅游项目,不仅丰富了旅游产品的内容,还为婚俗文化的保存提供了经济驱动力。例如,许多地方通过"婚俗文化节""婚俗博物馆"等旅游项目,将传统婚俗仪式转化为可供游客参与的体验式文化活动,从而吸引大量游客。这种经济模式为婚俗文化的传承人提供了稳定的收入来源,保障了传统技艺的延续与发展。更为重要的是,旅游业的繁荣为地方政府和企业投入婚俗文化保护提供了更多的经济资源,促使其进一步加大对婚俗文化的保护与创新力度。

2. 地域婚俗与文化旅游的结合为婚俗文化的传播拓宽了渠道

文化旅游不仅带动了地方婚俗文化的传播,还通过跨地域的文化交流与互动,扩大了婚俗文化的影响范围。现代旅游者不再是被动的文化接受者,而成为婚俗文化的传播者。例如,在一些旅游景区,婚俗文化通过婚礼仪式的再现、婚俗表演和婚礼民俗体验等形式吸引游客参与。游客在参与婚俗活动的过程中,不仅加深了对当地文化的理解,还通过社交媒体、旅游博客等现代传播手段将婚俗文化传播至更广泛的受众群体。这种旅游中的文化传播形式,不仅提升了婚俗文化的国际影响力,还促进了不同地域文化之间的相互借鉴与融合。

3. 文化旅游促进了婚俗文化的创新与现代化转型

地域婚俗的保护不仅是对传统的保存,更是对其适应现代社会需求的创新性转化。文化旅游作为一种现代产业模式,要求传统文化元素能够适应当代游客的审美和消费需求。在这一背景下,地域婚俗通过创造性转化实现了现代化与活态化。例如,一些地方政府和文化机构将传统婚俗仪式与现代婚礼相结合,设计出符合现代审美和婚礼需求的旅游项目,使传统婚俗成为现代婚礼的一部分。这种现代化的创新不仅延续了婚俗文化的核心价值，还增强了其在年青一代中的吸引力，促使其在新的社会环境中获得广泛的认同与传承。

4. 文化旅游为地域婚俗的多元文化展示与国际推广提供了平台

在全球化背景下，文化旅游已不仅限于国内市场，其跨国界的传播特性为地域婚俗文化的国际展示提供了契机。许多地方通过国际文化旅游节、婚俗文化展览等形式，将地方婚俗文化推向国际市场。例如，一些地方通过与国际旅游组织的合作，举办跨国婚俗文化节，使传统婚俗文化得以在全球范围内传播与展示。这种国际推广的形式，不仅提高了婚俗文化的知名度，还为其吸引了来自世界各地的关注者和研究者，促进了文化的多元化展示与国际化传播。

5. 文化旅游增强了公众对婚俗文化保护的意识

文化旅游通过直观的体验和互动，激发了公众对地域婚俗文化的兴趣和认同，增强了社会对婚俗文化保护的意识。例如，通过婚俗文化节和婚俗体验活动，游客不仅可以亲身感受到婚俗文化的独特魅力，还可以了解其背后的文化历史和社会意义。这种沉浸式的文化体验方式，有助于提高公众对婚俗文化的关注度，并激发其主动参与文化保护的热情。同时，文化旅游的传播效应促使地方政府和企业更加重视婚俗文化的保护与利用，形成了文化保护与旅游发展的良性循环。

第二节　现代婚俗观念变迁

现代婚俗观念的变迁反映了社会、经济、文化和科技等多方面的深刻变化。随着全球化进程的加快和信息时代的到来，传统婚俗受到各种新观念和生活方式的影响，逐渐发生显著转变。现代婚俗观念的变迁不仅是对传统的挑战，更是对个体自由、平等和多样性的认可。这一过程体现了社会的进步与发展，也为未来婚姻形式的演变提供了广阔的可能性。

一、婚姻观念的变化

现代婚俗观念的变迁深刻反映了婚姻观念的变化，这一变化过程受到社会经济发展、文化多元化以及个体价值观变迁等多重因素的影响。传统婚姻观念往往以家庭为核心，强调婚姻的经济合作、家族延续和社会责任，婚姻被视为一种稳固的社会制度，其功能更多地体现在维系家族和社会结构的层面。然而，随着现代社会的转型，婚姻观念逐渐发生了深刻变化。

（一）个性化观念与自我实现在现代婚姻观念中日益凸显

在现代社会的变迁过程中，个性化观念与自我实现逐渐成为婚姻观念中的核心价值。这一转变与社会结构的变动、经济独立性的增强以及多元文化的传播密切相关。在传统婚姻观念中，婚姻更多地被视为家庭责任的承担和社会规范的履行，夫妻关系需要符合特定的社会角色和群体期待。然而，随着个性化观念理念的深入传播，现代婚姻逐渐从集体导向转向个体导向，自我实现的需求在婚姻关系中日益凸显。这种转变不仅改变了人们对婚姻的理解，也深刻影响了婚姻制度、亲密关系的形式与稳定性。

1. 个性化观念的兴起促使婚姻更加注重个人需求与情感体验

传统婚姻强调家庭责任和社会规范，而现代婚姻则更加关注个体的情感满足和心理需求。在个性化观念导向的婚姻观念中，婚姻不再仅仅是社会义务的体现，而是实现个人幸福和满足的重要途径。婚姻双方在选择婚姻对象时，更加看重彼此的情感契合、价值观一致和个人成长空间。这种情感导向的婚姻模式使婚姻不再是单纯的社会契约，而是成为个体自我实现的重要领域。婚姻质量的评价也从"是否符合社会期望"转向"是否带来情感支持和满足"。

2. 自我实现的需求推动了婚姻关系的平等化与个性化

在现代婚姻中，双方关系的平等与相互支持成为重要特征。伴侣之间的关系不仅是责任的分担，更是个人价值的体现和自我实现的共同支持。在这一过程中，传统性别分工模式逐渐淡化，取而代之的是更加灵活和个性化的关系安排。伴侣双方在职业发展、个人兴趣、家庭事务等方面寻求平衡与共识，使婚姻成为双方共同成长的平台。这种关系的个性化和平等化，不仅增加了婚姻关系的多样性，也使婚姻能够更好地适应当代社会的多元化需求。

3. 个性化观念与自我实现的价值观促进婚姻稳定性与形式多样化

在传统社会中，婚姻的稳定性依赖社会规范和家庭结构的支持，而在现代社会中，婚姻的维系更多地依赖个体的情感满足和关系的质量。这一变化使婚姻的稳定性与个体在关系中的成长需求紧密相关。当婚姻关系无法满足个体的自我实现需求时，离婚或分手被视为合理的选择，这使现代社会中婚姻的稳定性在一定程度上有所降低。然而，这种变化也促使人们更加重视婚姻关系中的沟通、理解和共同成长，从而提升了婚姻的质量。此外，个性化观念的普及促使人们对婚姻和亲密关系的看法多样化。新的关系模式，如伴侣婚、无子婚和开放式婚姻，逐渐受到社会认可，反映了人们对自我实现和个性表达的多元化需求。这些模式鼓励个体成长，促进社会对亲密关系的多样性的理解。

4. 个性化观念与自我实现的追求对婚姻制度和家庭结构产生了深远影响

现代婚姻中，婚姻双方在职业发展、学业进步和兴趣培养等方面的自我实现需求，使家庭结构和生活方式更加灵活多变。在这种背景下，晚婚、不婚和无子女家庭逐渐成为社会中的普遍现象，婚姻不再是个体生活中必然的阶段，而是个人选择的结果。这种婚姻观念的转变反映了人们对自我实现的重视，也促使社会制度和政策逐渐调整，以适应个体多元化的婚姻需求和生活方式。

5. 个性化观念与自我实现的观念改变了婚姻的社会功能与文化意义

婚姻不再主要承担社会再生产和维系家庭纽带的功能，而是成为实现个人幸福、提升生活质量的重要途径。在这一过程中，婚姻的文化意义也发生了转变：从集体认同的象征转向个人价值的表达。这种变化不仅反映了社会价值观的变迁，也表明个体在社会生活中的地位得到了显著提升。

（二）性别平等观念的普及改变了传统婚姻中性别角色的分工模式

性别平等观念的普及对传统婚姻中性别角色的分工模式产生了深刻的影响，这一变化不仅反映了社会结构和文化价值观的转型，也标志着婚姻制度适应现代社会性别平等诉求的调整。在传统婚姻模式中，性别角色分工通常呈现出显著的性别化特征，男性主要承担经济支持的责任，而女性则负责家庭事务和子女养育。然而，随着性别平等理念的推广，婚姻中的性别分工模式逐渐发生变化，传统的性别分工逐步解构，取而代之的是更加灵活和平等的关系模式。

1. 性别平等观念削弱了传统性别分工的刚性框架

在过去的婚姻模式中，性别分工往往是固定的，男性在外工作养家，女性则在家庭内部承担照顾子女和家务的责任。这种模式建立在性别刻板印象和社会文化期望的基础上，强化了性别差异的固有观念。然而，性别平等观念的普及促使越来越多的人质疑这种二元性别角色划分的合理性。在现代婚姻中，婚姻双方更加倾向于根据个人能力、兴趣和实际需求来分担家庭责任，而非依赖性别分工的传统模式。例如，女性进入职场并实现经济独立的比例不断上升，男性则逐渐更多地参与家务和子女抚养的事务。这种灵活的分工方式不仅提高了婚姻生活的质量，还促使性别平等理念在日常生活中得到实践。

2. 性别平等观念推动了婚姻关系的对等化

在传统的婚姻模式中，性别分工的背后隐含着权力不对等的关系结构，男性由于经济上的主导地位而在婚姻中占据主导权，女性则由于经济依附性而在婚姻中处于从属地位。然而，性别平等观念的普及促使婚姻关系逐渐朝着对等化方向发展。经济独立性和社会地位的提升使女性在婚姻关系中拥有更多的话语权和决策权，婚姻双方在家庭事务、经济决策和子女教育等方面的权力分配更加均衡。这种对等化的关系模式不仅改变了传统婚姻中的权力结构，还为婚姻关系的稳定和幸福感提供了新的基础。

3. 性别平等观念带动了婚姻角色的多样化

传统的性别角色分工模式不仅对男性和女性在婚姻中的行为设定了严格的规范，还限制了双方的自我实现空间。在性别平等观念的影响下，婚姻中的性别角色变得更加多元化和个性化。婚姻双方可以根据个人兴趣和职业规划灵活调整各自的角色定位，而不再受制于性别的束缚。例如，现代婚姻中越来越多的女性在职业发展中扮演重要角色，而男性则可以选择成为全职父亲或在家庭事务中承担更多责任。这种多样化的角色安排拓展了个体在婚姻中的自我实现空间，为婚姻关系的健康发展创造了更加包容和开放的环境。

4. 性别平等观念促进了婚姻文化的转型与社会政策的调整

随着性别平等观念的普及，传统的婚姻文化逐渐发生变化。社会不再单纯以家庭责任和性别角色的履行为衡量婚姻成功与否的标准，而是更加关注婚姻双方在情感、事业和家庭中的共同成长与发展。这种文化转型促使社会政策逐步调整，以支持婚姻中的性别平等。例如，许多国家和地区已经通过立法保障婚姻双方在工作场所和家庭中的平等待遇，包括推行男女共享的育儿假制度、促进工作场所的性别平等。这些政策调整为婚姻中的性别平等提供了制度支持，推动婚姻制度朝着更加多元、包容和公平的方向发展。

5. 性别平等观念改变了婚姻中的亲密关系和权力动态

传统婚姻中的性别分工往往导致权力不对等的关系结构，男性的经济主导地位使其在家庭中享有更多的决策权，而女性则在家庭事务上承担更多的责任。然而，性别平等观念的普及使婚姻双方更加注重权力的平等分配和共同决策。在这一背景下，伴侣之间的亲密关系更加注重合作、沟通和相互支持，这不仅有助于增强婚姻的稳定性，还提升了婚姻的情感质量和幸福感。

（三）婚姻契约化趋势与家庭功能弱化进一步推动了婚俗观念的现代转型

在当代社会的变迁中，婚姻契约化趋势与家庭功能的弱化相互交织，进一步推动了婚俗观念的现代转型。随着社会结构、经济发展及文化价值观的变革，传统婚俗的固有形式正经历着深刻的重塑。这一过程不仅反映了个体对婚姻关系的重新认识，也揭示了家庭在社会中的角色发生的显著变化。

1. 婚姻契约化趋势使婚姻关系的性质和形式发生了深刻变化

传统婚姻多被视为一种基于情感和社会责任的结合，其核心在于家庭的长久稳定与子女的抚养。而在现代社会中，婚姻逐渐被视为一种法律契约，强调个人的选择和权利。伴随着契约意识的增强，婚姻关系开始更加注重个人的意愿、经济利益以及双方的权利义务。这一转变使婚姻不仅是情感的联结，更是双方在法律和经济层面上的合作关系，致使人们对婚姻的期待与评价标准发生了根本改变。契约化的婚姻使双方在婚姻中需要承担更明确的责任和义务，同时使婚姻的解约与再选择变得更加普遍。

2. 家庭功能的弱化促使婚俗观念向个体化与灵活化发展

传统家庭通常承担着社会教育、道德传承和情感支持等多重功能，家庭成员间的关系被视为不可或缺的社会支持系统。然而，随着家庭功能的弱化，特别是单亲家庭、重组家庭及无子女家庭等新型家庭形式的崛起，家庭的功能日渐分散，个体在家庭中的角色变得更加多元和流动。这一现象促使人们重新审视婚姻的意义，不再单纯依赖婚姻来满足家庭功能的需求，而是将婚姻视为实现自我价值和情感满足的重要途径。在此背景下，现代婚俗逐渐向更加灵活的形式发展，个体选择权的扩大使传统婚俗对家庭责任的期望逐渐弱化。

3. 婚姻契约化与家庭功能的弱化相互作用，推动了社会对婚姻观念的多元化理解

现代社会中的婚姻不再是单一的规范，而是多种婚俗并存的状态。契约化的婚姻模式为婚姻关系的多样性提供了一定的法律和制度支持，使某些非传统婚姻形式（如协议婚姻、同居伴侣关系等）在特定法律框架下得到认可。这种多元化的婚姻观念不仅反映了人们对婚姻选择自由的重视，也体现了对个体幸福和自我实现的追求。随着社会对多元婚姻观念的逐渐接受，传统的婚俗观念面临着越来越大的挑战和变革。

4. 社会经济因素的变化与现代婚俗转型密切相关

现代社会中，经济独立性增强和生活成本的上升使个体在婚姻选择上更加谨慎。婚姻不再被视为获得经济安全的必然手段，而是更多地被视为个人生活质量和情感满足的实现方式。在这种背景下，婚俗观念的转型不仅体现在婚姻契约的形式变化，还体现在个体对婚姻的态度上。从传统的"为了家庭而婚"转变为"为了自我而婚"，使现代人更加强调个人的幸福感与生活质量。

5. 现代婚俗观念的转型在社会文化层面具有重要意义

婚姻契约化和家庭功能的弱化，不仅改变了婚姻的形式与内容，也促进了社会文化认知的变迁。传统婚俗中的忠诚、奉献和责任等价值观正在被以个人幸福、选择自由和自我实现为核心的新观念替代。这种文化层面的转变促使社会对婚姻和家庭的理解更加多元，个体的权利与尊严得到进一步强化，婚姻的社会功能也在不断重构。

二、婚礼消费的理性化与多样化

现代婚俗观念的变迁在婚礼消费的理性化与多样化方面得到了充分体现。这一现象的出现受到社会经济发展、消费观念转变以及婚礼市场多元化供给的多重驱动，标志着婚俗文化在经济行为和消费决策上的显著变化。

（一）婚礼消费的理性化

随着社会经济的发展与人们观念的转变，婚礼消费逐渐呈现出理性化的趋势。这一现象反映了现代人在婚礼消费过程中，不仅关注婚礼的仪式性和

象征性意义，更注重经济合理性、实际需求与价值回报之间的平衡。

1. 婚礼消费的理性化体现为消费观念的转变

传统婚礼消费往往带有较强的象征意义，婚礼规模和奢华程度被视为家庭经济实力和社会地位的象征，许多人倾向于在婚礼上投入大量资金以显示排场。然而，现代社会中，越来越多的人开始反思这种"面子文化"主导下的消费方式，逐渐形成了更加务实的消费观念。婚礼不再被简单地等同于高昂的支出，而是更注重与自身实际需求相匹配的消费决策。消费者开始理性规划婚礼预算，避免过度消费和盲目攀比，注重在经济能力范围内追求婚礼的情感价值与纪念意义。

2. 婚礼消费的理性化表现为消费行为的理性规划与资源的合理分配

随着理性消费意识的增强，现代婚礼消费更加注重细致的预算管理与资源配置。一方面，消费者会在婚礼前进行充分的市场调研和对比选择，确保所购买的服务和产品物有所值。另一方面，婚礼的各项开支，如场地、餐饮、服装、摄影等，都会在预算框架内被合理分配，避免不必要的浪费。例如，有些新人会选择精简婚礼规模，将更多的资金用于蜜月旅行或未来的生活规划中，以实现更为长远的消费效益。这种理性化的消费规划不仅节约了资金，还提升了婚礼消费的总体满意度。

3. 婚礼消费的理性化体现在个性化需求与经济合理性的平衡上

婚礼作为一种重要的人生仪式，个性化的需求不可忽视。然而，理性的婚礼消费并不意味着一味节俭，而是追求个性化与经济性的双重平衡。在婚礼策划中，消费者会根据自身的偏好和经济能力，选择符合其个性表达又不超出预算的婚礼方案。例如，简约风格的婚礼、户外小型婚礼或旅行婚礼等新兴形式，既满足了个性化的需求，又能够有效控制成本。这种消费理性化的趋势使婚礼不再是奢华与繁复的代名词，而是更多地体现了新人对生活方式的自主选择和对婚姻本质的深刻理解。

4. 婚礼消费理性化的趋势受到社会价值观念的影响

随着环境保护和可持续发展理念深入人心，越来越多的新人在婚礼筹备过程中考虑绿色环保因素，选择简约、环保的婚礼形式。例如，减少一次性物品的使用、选择本地采购的花卉和食品，甚至采用虚拟婚礼邀请函等，都是理性化消费在婚礼中的具体表现。这种变化不仅符合经济上的理性规划，也反映了现代人对社会责任感的认同与践行，进一步推动了婚礼消费观念的健康发展。

（二）婚礼消费的多样化

随着社会经济的发展与文化观念的转变，婚礼消费呈现出日益多样化的趋势。这一现象不仅反映了人们对婚礼个性化需求的日益增长，也体现了婚礼作为一种重要的社会仪式，其功能和形式的多元演变。

1. 婚礼消费形式的多元化

传统的婚礼形式通常受到地域文化和宗教习俗的影响，具有较强的规范性。然而，随着全球化的推进与文化交流的加深，不同文化背景下的婚礼形式逐渐融入现代婚礼之中，使婚礼形式呈现出多样化特征。从豪华的酒店婚礼、浪漫的海岛婚礼到简约的草坪婚礼、私密的旅行婚礼，婚礼的举办方式已经超越了传统模式的限制，变得更加多元、灵活。这种形式的多样化使婚礼不仅是仪式的象征，更成为个性表达和文化认同的载体。

2. 婚礼消费内容的多样化

随着人们生活水平的提高与个性化需求的增强，婚礼的消费内容已不再局限于传统的餐饮、服饰和场地布置等基本项目，而是逐渐扩展至一系列富有创意和个性化的服务和产品。例如，婚礼定制策划、婚纱摄影、特色婚礼视频制作、专属的婚礼歌曲创作、个性化的婚礼伴手礼定制等服务，已成为婚礼消费中的重要组成部分。此外，不同文化和风格的婚礼主题设计也日益受到人们的青睐，从而进一步丰富了婚礼消费的内涵。

3. 婚礼消费的多层次性

现代婚礼的消费不再是固定的高昂开支，而是呈现出多层次、多样化的选择空间。无论是高端奢华的婚礼，还是精致简约的经济型婚礼，都有相应的市场需求和服务提供。不同的预算水平对应不同的婚礼消费方案，使婚礼消费能够覆盖各个经济阶层的人群。这种多层次的消费模式不仅适应了不同群体的经济能力，也反映了现代婚礼对个性化需求的包容性和适应性。

4. 婚礼消费的文化融合和跨文化元素应用

随着跨国婚姻的增加和多元文化的影响，婚礼中融入不同文化元素的现象日益普遍。例如，东西方婚礼文化的结合、宗教与世俗礼仪的融合，以及传统与现代元素的搭配，都在婚礼中得到了体现。这种文化融合不仅丰富了婚礼的表现形式，也反映了现代社会对多元文化的接受与尊重。

5. 婚礼消费的多样化推动相关产业的创新与发展

婚礼产业链的延伸和多样化需求的出现，促使婚礼策划公司、婚纱摄影机构、花艺设计师、音乐制作人等相关从业人员不断创新服务内容和提升服务品质。同时，婚礼消费的多样化还带动了旅游业、酒店业、时尚业等相关行业的发展，使婚礼经济逐渐成为一个多元化、跨行业的综合性消费市场。

（三）互联网与电商平台的参与为婚礼消费的理性化与多样化提供了有力支持

作为信息传播与商业交易的核心媒介，互联网与电商平台通过多种方式影响和重塑了婚礼消费的结构与模式，极大地促进了婚礼消费的合理化与个性化发展。

1. 互联网为婚礼消费信息获取的便捷性与透明性提供了支持

传统婚礼消费通常受到信息不对称和渠道有限的制约，消费者在筹备婚礼时往往难以全面了解市场上的服务与产品，容易导致盲目消费和不合理支出。然而，互联网的普及使消费者能够通过在线搜索、社交媒体、婚礼网站等多种途径获取婚礼相关的海量信息，包括场地、婚纱、花艺、摄影等方面的产品和服务报价、用户评价以及个性化策划案例。信息透明化提升了消费者在婚礼筹备过程中的自主性与决策能力，促进了婚礼消费的理性化。例如，在线婚礼预算工具和价格对比网站使新人能够根据自身需求和预算进行合理选择，避免了因信息不对称带来的过度消费与资源浪费。

2. 电商平台推动了婚礼消费决策的理性化

在传统的婚礼市场中，消费者往往依赖线下渠道完成婚礼用品的购买，选项有限且价格不透明。电商平台的崛起改变了这一状况，通过提供丰富多样的婚礼产品与服务，电商平台使消费者能够更加灵活地选择和组合婚礼需求。例如，消费者可以通过电商平台比较不同品牌的婚纱、戒指、婚礼装饰等产品的价格和质量，从而作出更加符合自身需求的消费决策。此外，电商平台上的用户评论与反馈系统也为消费者提供了重要的参考依据，帮助其在消费过程中避免盲目攀比与非理性消费。这种基于数据与反馈的决策方式，有助于消费者在婚礼消费中实现理性规划与支出控制。

3. 互联网与电商平台丰富了婚礼市场的供给，推动了婚礼消费的多样化

传统婚礼市场的产品与服务通常受到地域和文化的限制，选择余地较小，难以满足个性化、多元化的婚礼需求。互联网与电商平台的全球化特性打破了地域限制，为消费者提供了多样化的婚礼产品与服务选择。通过跨地域的在线购买与定制服务，新人能够从全球范围内获取符合自身审美与文化偏好的婚礼用品与策划服务。例如，定制化的婚纱、个性化的婚礼请柬、主题婚礼装饰等产品，均可以通过电商平台实现全球采购与配送。这种丰富的市场供给满足了新人对婚礼多样化的需求，为婚礼策划提供了更加广阔的创意空间。

4. 互联网技术的创新推动了婚礼服务模式的转型，进一步促进了婚礼消费的多样化与理性化

随着电子商务技术的进步，许多婚礼服务开始向线上转移，形成了线上线下融合的服务模式。例如，虚拟婚礼策划、在线婚礼直播、婚礼 VR 体验等新型服务形式，正在改变传统婚礼的组织与呈现方式。在线婚礼策划平台通过 AI 技术与数据分析，为新人提供智能化的婚礼方案推荐，使婚礼策划更加精准和个性化。此外，互联网技术还促进了简约婚礼、环保婚礼等新兴婚礼形式的普及，这些形式节省了婚礼开支，符合可持续发展的理念，进一步促进了婚礼消费的理性化和多样化。

5. 电商平台的便捷支付与物流系统为婚礼消费的理性化与多样化提供了技术支持

在线支付与物流配送的高效化使新人能够轻松购买到所需的婚礼用品，极大地提高了婚礼筹备的便利性与效率。消费者无须花费大量时间和精力在实体店中挑选商品，而是可以通过电商平台进行一站式采购。这种便捷化的购物方式不仅降低了婚礼筹备的时间成本，也为个性化、多样化的婚礼消费提供了技术保障。

第十章　全球化背景下的中华婚俗文化传播与发展

罗素在说到西方文化的发展时曾写道："不同文化的接触曾是人类进步的路标。希腊曾经向埃及学习，罗马曾经向希腊学习，阿拉伯人曾经向罗马帝国学习，中世纪的欧洲曾经向阿拉伯人学习，文艺复兴时期的欧洲曾向拜占庭学习……"① 到了 18 世纪，西方又曾吸收过印度文化和中国文化。近代中国文化又在与西方文化的冲突下，不断地兼收并蓄，更新自己的文化。显然，正是不同文化之间的交流和互相影响构成了当今人类社会的文化宝库。

全球化作为一种经济、文化和社会现象，正在广泛地影响着世界各个国家和地区的发展与变迁。婚俗文化作为中华传统文化的重要组成部分，在全球化背景下经历了显著的变迁与发展。一方面，全球化促使中西方文化交流与融合，中国的婚礼形式、婚庆产业和婚礼观念都受到了西方文化的影响，呈现出多样化与现代化的趋势。另一方面，全球化带来了文化同质化的风险，部分传统婚礼仪式和习俗面临被淡化甚至遗忘的危机。在这一背景下，探讨全球化对中华婚俗文化的影响，不仅有助于理解文化变迁的内在逻辑和外部动力，也为保护与传承中华婚俗文化提供了新的视角。

第一节　全球化对中华婚俗文化的影响

一、全球化对中华婚俗文化的积极影响

2013 年 3 月，国家主席习近平在莫斯科国际关系学院发表演讲时提出人类命运共同体这一理念："这个世界，各国相互联系、相互依存的程度

---

① 罗素．一个自由人的崇拜 [M]．胡品清，译．长春：时代文艺出版社，1988：8.

空前加深，人类生活在同一个地球村里，生活在历史和现实交汇的同一个时空里，越来越成为你中有我、我中有你的命运共同体。"① 2019 年 6 月，在出席圣彼得堡国际经济论坛时，习近平曾指出，全球化是历史大势，中国是全球化最坚定的倡导者和维护者之一。② 全球化作为一种多维度的社会经济现象，正在深刻影响各国文化的发展与演变。中华婚俗文化，也在全球化进程中发生了显著变化。全球化不仅为中华婚俗文化带来了多元化的表现形式，还通过文化互动与融合，促进了婚俗文化的现代化和产业化。通过文化融合与观念开放，全球化使中华婚俗文化的婚礼形式从单一走向多样，丰富了婚礼的表现形式，增强了文化的包容性与创新性。

（一）婚礼形式的多样化

全球化进程中的文化交流与融合为中华婚俗文化的现代化发展提供了重要契机，婚礼形式的多样化正是全球化对中华婚俗文化积极影响的典型体现之一。传统的中华婚俗文化以礼仪繁复、讲究仪式感的婚礼流程为主，如"三书六礼"、迎亲仪式、婚宴等，这些习俗在历史上承载着重要的社会伦理与家庭文化。然而，随着全球化的推进，西方婚礼文化中的元素逐渐被中国社会接受和融入，使婚礼形式展现出更加多元化的特征。

1. 西式婚礼元素的引入为中国的婚礼仪式增添了新的表达方式

例如，白色婚纱、婚戒交换、教堂婚礼等西方婚礼习俗逐渐被中国新婚群体青睐。这种中西结合的婚礼形式不仅满足了当代年轻人对浪漫与时尚的追求，还打破了传统婚礼形式的单一性，为婚礼文化注入了新的活力。

2. 文化融合带来的婚礼个性化进一步促进了婚礼形式的多样化

全球化背景下，伴随着文化观念的开放与个体意识的增强，新人们愈加注重婚礼的个性化表达，传统婚礼与现代元素的结合成为一种趋势。例如，越来越多的新人选择结合自身文化背景与个人喜好，设计兼具中式传统与西式现代风格的婚礼，使婚礼不仅承载着文化传承的功能，还成为个体情感表达与个性展示的平台。

---

① 国际纵横谈｜构建人类命运共同体，世界这样看［EB/OL］．（2023-04-10）［2024-11-16］．https：//www.moj.gov.cn/gwxw/ttxw/202304/t20230410_476036.html.

② 习近平出席第二十三届圣彼得堡国际经济论坛全会并致辞：强调携手开辟崭新的可持续发展之路 共同创造更加繁荣美好的世界［EB/OL］．（2019-06-08）［2024-11-16］．http：//cpc.people.com.cn/GB/n1/2019/0608/c64094-31125372.html.

3. 全球化加速了婚庆产业的国际化，推动了婚礼形式的专业化和多样化发展

婚庆策划公司通过吸收全球化婚礼元素，为新人提供多种风格选择，涵盖中式、欧式、田园式等不同主题的婚礼设计。这种多样化选择不仅满足了不同文化背景和审美偏好的需求，也提升了婚礼仪式的艺术性与参与感。

（二）文化交流与创新

全球化进程中，文化的跨境流动和多维度交流为中华婚俗文化带来了创新发展的契机。全球化不仅促使中国与世界各国的文化互动更加频繁，还为中华婚俗文化提供了吸收外来文化元素的机会，使其在继承传统的基础上焕发出新的生机与活力。文化交流与创新不仅为中华婚俗文化带来了多元化发展，还促进了其在全球范围内的传播与创新，使其在全球文化舞台上占据一席之地。通过吸收外来文化精华并与本土传统相结合，中华婚俗文化焕发出新的生命力，在全球化进程中实现了现代化转型与创新性发展。

1. 全球化推动了中西婚俗文化的深度交流与融合

在跨文化交流的背景下，中华婚俗文化与西方婚俗文化的互动频繁。西方婚礼仪式中的某些元素，如婚纱礼服、戒指交换、婚礼誓言等，被中国婚礼吸纳，逐渐成为中国婚俗中的常见部分。这种文化的双向流动不仅丰富了中国婚礼的形式和内容，还为传统婚俗注入了现代元素，使其更符合当代社会的审美需求与价值观念。

2. 全球化带来了婚俗文化的创新与变革

传统婚俗文化在全球化背景下逐步与现代社会的多元化需求相结合，通过对婚礼仪式、流程设计和婚庆形式的改进，呈现出与时俱进的特点。例如，传统的中式婚礼融合了现代科技手段，通过直播平台进行婚礼直播，亲朋好友能够在线上参与婚礼庆典。此外，主题婚礼、个性化定制婚礼等新兴形式的出现，也在很大程度上打破了传统婚礼的固有模式，展现出创新与多样化的特征。

3. 全球化为中华婚俗文化的国际传播创造了广阔空间

在文化交流与创新的过程中，中华婚俗文化不仅被动接受外来文化的

影响，还通过电影、电视剧、国际婚庆活动等方式向世界展示自身的独特魅力。例如，传统中式婚礼、汉服婚礼等形式逐渐为国际社会所熟知，成为文化软实力的一部分。这种双向的文化传播与创新，既丰富了中华婚俗文化的表现形式，也增强了中华文化的国际影响力与竞争力。

（三）婚俗产业的发展

全球化进程中的经济一体化和文化互动不仅促使各国传统文化发生深刻变化，还为相关产业的发展提供了广阔空间。中华婚俗文化产业在全球化背景下，借助国际市场的拓展与文化的跨境传播，呈现出高度现代化和多元化的发展态势。婚俗产业发展不仅提升了中华婚俗文化的市场化水平，还通过国际化拓展与产业链延伸，为婚俗文化的现代化转型提供了重要支撑。婚庆产业在全球化进程中的繁荣发展，彰显了中华婚俗文化的创新力和适应性，也为传统文化的传承与发展开辟了新的路径。

1. 全球化促进了婚俗产业的市场化与专业化

伴随着全球经济一体化程度的加深，中国婚庆市场迅速扩展，并日益融入国际婚庆服务产业链中。婚礼策划、婚纱摄影、婚礼场地租赁、婚宴设计等一系列相关服务逐渐标准化、产业化，形成了覆盖广泛的婚庆产业生态。国际先进的婚庆服务理念与管理模式进入中国市场，推动了婚俗产业的专业化发展，使中国婚庆行业能够提供更加个性化、多元化的服务，以满足不同层次消费者的需求。

2. 全球化为婚俗产业的产业链延伸与升级提供了契机

全球化促进了产业之间的协同与融合，婚庆产业通过与旅游、文化、科技等产业的结合，逐步形成了以婚礼为中心的综合性产业链。例如，目的地婚礼作为全球化背景下的新兴趋势，融合了旅游与婚礼策划，带动了婚俗文化的国际推广。同时，婚礼直播、3D虚拟婚礼等新兴技术的应用，进一步提升了婚礼体验的科技含量，推动了婚庆产业的升级转型。

3. 全球化促进了婚俗产业的国际化拓展

通过国际文化交流与传播，中华婚俗文化中的传统婚礼元素得以走向国际市场，成为婚俗产业输出的重要内容。汉服婚礼、传统中式婚礼仪式等独具特色的婚礼形式，逐渐受到国际新人群体的青睐，推动了婚俗产业在全球范围内的传播与发展。这不仅提升了中华婚俗文化的国际影响力，也为中国婚庆企业开拓国际市场提供了机遇。

二、全球化对中华婚俗文化的挑战与冲击

全球化进程加速了各国文化的交融与碰撞，中华婚俗文化在这一背景下面临诸多挑战与冲击。诸如传统婚俗的弱化、文化同质化的风险，年青一代文化认同的变化等。这种冲击不仅体现在形式的变化，还包括婚礼背后深层次的文化价值观的转型。全球化背景下，如何在接受文化多样性的同时保护和传承中华婚俗文化，成为一个亟待解决的文化课题。

（一）传统婚俗的弱化

全球化进程中的跨文化交流和西方文化的广泛传播，对中华传统婚俗文化带来了显著挑战与冲击，其中最为突出的表现是传统婚俗的弱化。这一现象不仅体现在仪式内容的简化与象征意义的削弱，还反映出社会观念与价值取向的变迁。

1. 全球化加速了西方婚礼模式的渗透，对传统婚俗仪式的完整性和文化传承性造成冲击

近年来，受西方婚礼文化的影响，越来越多的中国新人倾向于采用简化的仪式形式，如在户外草坪、酒店宴会厅举办以交换婚戒、宣读誓词为主的婚礼仪式，而非传统的"六礼""三书"及庙堂祭祀等。传统婚礼中蕴含的伦理教育与家族认同功能因此被削弱，使婚礼的文化内涵逐渐淡化，转而成为一种注重个人体验与情感表达的仪式。

2. 全球化带来的婚礼消费观念的变迁进一步弱化了传统婚俗的影响力

伴随经济全球化和消费主义的兴起，婚礼作为人生大事逐渐演变为展示财富和社会地位的消费活动，婚礼的豪华程度和个性化成为衡量婚礼成功的标准。在这一过程中，传统婚礼所强调的简朴、节俭等价值观逐步被边缘化，婚俗文化的传统伦理和社会功能被商业化和物质化倾向取代。

3. 全球化的文化多元化和观念开放性使传统婚俗的规范性受到削弱

在多元文化的冲击下，现代社会的个体价值观呈现出多样性和个性化的发展趋势，年轻人越发强调婚礼的个人选择和自由表达，而不再完全遵循传统婚俗的礼仪规范和程序。这种趋势使传统婚俗中的文化符号和仪式细节逐渐丧失原有的意义，成为仅具形式感的象征。

（二）文化同质化的风险

全球化在促进文化交流的同时，也带来了文化同质化的风险，中华婚俗文化在此过程中受到明显冲击。文化同质化是指各国文化在全球化的影响下趋于相似，独特的民族文化逐渐被全球主流文化同化或取代。全球化带来的文化同质化风险，正在削弱中华婚俗文化的独特性与多样性，影响婚礼形式的多样化，对中华婚俗背后的深层次文化内涵构成了挑战。

1. 全球化推动了西方婚俗文化的广泛传播，使以西式婚礼为代表的婚礼形式逐渐成为全球通用的婚礼模板

中华婚俗文化受此影响，传统的中式婚礼形式在现代社会中逐渐被边缘化。西式婚纱、教堂婚礼、戒指交换等仪式元素频繁出现在中国婚礼中，而传统婚俗中的文化符号和礼仪程序逐渐淡出公众视野。

2. 文化消费的全球化进一步加剧了婚俗文化的同质化趋势

随着国际消费观念的渗透，婚庆产业的商业化程度不断提升。婚礼策划、婚纱摄影等行业趋向标准化和模式化，使婚礼仪式越来越成为消费产品，而非文化表达的载体。传统中式婚礼中的仪式感和文化价值逐渐被削弱，婚礼的文化属性被过度商业化取代，导致中华婚俗文化在多元文化中的独特性逐渐淡化。

3. 全球化下的文化价值观趋同对中华婚俗文化的传承构成威胁

现代婚礼越来越强调个性化和时尚化，传统婚俗中承载的伦理教化、家族认同等文化价值逐渐弱化，年青一代更倾向于接受以西方为主导的婚礼价值观念，从而导致中华婚俗文化的代际传承面临困境。

（三）年青一代文化认同的变化

全球化进程中的文化交流与信息传播的加速，显著影响了年青一代对中华婚俗文化的认同，导致其文化认同发生深刻变化。全球化对年青一代文化认同的冲击不仅体现在婚俗形式的选择上，还涉及文化价值观和认同感的深层次转变。如何在保持文化开放性的同时，增强年青一代对中华婚俗文化的认同，成为文化传承与创新的重要课题。

1. 全球化推动的价值观念变迁使年青一代在婚俗文化中的角色发生转变

受西方个性化观念和消费主义思潮的影响，现代年轻人对婚姻和婚礼的理解愈加注重个人情感与自我表达，而传统婚俗中强调的家族责任、集体认同和礼仪规范则逐渐被弱化。这种观念的转变影响了婚俗仪式的实践，导致年青一代对中华传统婚俗文化的认同感降低。

2. 跨文化影响下的文化消费加剧了年青一代对西方婚礼形式的偏好，弱化了他们与中华婚俗的情感联结

在全球化的推动下，西式婚纱、教堂婚礼等外来婚俗形式成为中国年轻人心目中浪漫与现代化的象征，而中式婚礼的传统元素则逐渐被视为过时与复杂。这种文化消费导向进一步削弱了中华婚俗文化的吸引力，使年青一代更倾向于选择简单、时尚的西式婚礼形式，从而淡化了他们对传统婚礼仪式的文化归属感。

3. 文化多样化与文化混杂现象使年青一代的婚俗选择更加多元化，但也带来了对传统文化认同的模糊化

在多元文化的冲击下，婚礼仪式形式呈现出多元化和个性化的特征，传统婚俗的文化象征性逐渐被削弱，婚礼中的文化内涵与伦理价值愈加淡化。年青一代虽有选择中西婚俗元素融合的自由，但传统文化认同的深度和广度在全球化的影响下明显降低。

三、中华婚俗文化在全球化中的适应与保护

在全球化进程中，中华婚俗文化既面临挑战，也展现出较强的适应与保护能力。文化融合成为中华婚俗文化适应全球化的主要方式之一，婚俗产业的兴起和商业化运作为婚俗文化的保护提供了新的途径，国家政策的支持和非物质文化遗产的保护工作为中华婚俗文化的延续提供了制度保障。通过多种方式积极适应以及创新性保护措施，确保中华婚俗文化在全球化进程中其文化核心得到传承与发扬。

（一）文化融合与创新

在全球化背景下，只有在保留传统的基础上进行适当的现代化改造，才能使这一珍贵的文化遗产在全球性浪潮中得到传承与发展。文化融合与创新作为中华婚俗文化应对全球化挑战的双重策略，不仅有效促进了文化

的适应性与现代化发展，还在保护与传承中实现了文化的创造性转化与创新性发展。

1. 文化融合要求在全球化进程中，积极吸收外来文化的有益元素，同时保持中华婚俗文化的核心价值观和独特性

中华婚俗文化中，诸如"六礼"中的纳采、纳吉、亲迎等仪式，承载着对家庭、社会责任和人际关系的高度重视。这些价值观不仅具有文化意义，而且具有跨文化的普适性。在全球化背景下，可以通过将这些传统婚俗与现代婚礼形式结合，创新婚礼的表现方式。例如，将西式婚礼中的婚纱、教堂仪式等现代元素与中华传统婚俗中的敬茶、拜堂等仪式相融合，不仅满足了年青一代对婚礼个性化与时尚化的需求，还保持了中华文化的内在核心。这种融合策略使婚礼形式更加多样化，既能体现全球化的开放性，又保留了中华文化的独特性和延续性。

2. 文化创新强调对中华婚俗文化进行现代化改造，以适应当代社会的审美和价值观变化

文化创新并非对传统的全盘否定，而是在保留其精髓的基础上，进行适应现代生活方式的再创造。例如，通过数字化手段将传统婚礼文化推广到全球，利用新媒体和社交平台展示中华婚俗的美学与内涵，吸引更多年青一代对传统婚礼形式的关注与兴趣。通过文创产品、影视作品等文化媒介，将婚俗文化的核心理念融入现代文化创作中，从而使其在全球范围内获得更广泛的传播和认同。通过提供定制化婚礼服务和主题婚礼策划，推动婚俗产业商业化，增强传统婚俗的吸引力与市场竞争力。

（二）文化保护与传承

文化保护与传承既是对中华文化根基的坚守，也是对文化多样性的重要贡献。通过系统化、现代化的措施，中华婚俗文化能够在全球化的语境中得到延续与弘扬。中华婚俗文化的保护与传承需要多层次、多渠道的措施支持。通过非物质文化遗产保护政策的落实、学术研究与教育的推广、数字化技术的应用以及社区文化活动的推动，中华婚俗文化在全球化背景下将能够有效适应新时代的需求，实现其文化价值的传承与创新。

1. 非物质文化遗产的保护是文化传承的重要基础

中华婚俗文化作为非物质文化遗产，应受到国家和社会各界的高度重视。政府层面应进一步加强对婚俗文化的立法保护，将其纳入文化遗产保

护体系，确保婚俗文化的合法性和持续性。相关政策应着重于支持地方文化传承活动，如开展婚俗文化研究、保护重要文化遗址、鼓励婚俗相关的民俗活动等。通过建立专门的档案馆和博物馆等文化载体，可以集中收藏、展示与婚俗相关的历史文献、物品和影像资料，从而为后代提供学习和传承的基础。

2. 学术研究与教育推广是推动中华婚俗文化传承的重要途径

高等院校和研究机构应加大对婚俗文化的研究力度，推动相关文化的深入挖掘与理论化总结。特别是通过跨学科的研究方法，将婚俗文化与社会学、人类学、文化产业等领域结合，进一步探讨其在现代社会的意义和应用。此外，婚俗文化的传承也离不开教育的推广。应将婚俗文化纳入学校教育体系，尤其是在基础教育和高等教育阶段，通过教材、课程和课外活动，使年青一代深入了解并认同中华婚俗文化的价值。文化传承的根本在人的认同感，因此加强青少年的文化自信是传承婚俗文化的重要措施。

3. 数字化和媒体传播手段为文化保护提供了新的契机

随着数字技术的发展，中华婚俗文化可以通过数字化的形式进行系统记录和传播。数字化档案、虚拟展览、在线课程等形式，不仅可以为国内外的学者和公众提供便捷的学习资源，还可以通过网络扩大中华婚俗文化的全球影响力。同时，借助新媒体和社交平台，可以通过短视频、图文和直播等方式，向全球范围内的观众展示婚俗文化的丰富内涵。例如，通过婚礼场景的再现、婚俗仪式的解析等内容，使更多的受众了解这一传统文化的魅力，并促进跨文化交流与理解。

4. 社区文化活动和民间传承在中华婚俗文化保护中发挥着不可或缺的作用

婚俗文化的生命力根植于民间，社区是传承和实践这一文化的重要载体。地方社区应定期举办与婚俗相关的节庆和活动，如传统婚礼仪式的展示、婚俗知识讲座、文化体验项目等，通过让民众参与其中，增强文化的活力与认同感。此外，鼓励民间艺人、传承人积极参与婚俗文化的推广与传播，利用口述历史、家庭传承等方式，确保婚俗文化在日常生活中的延续。

（三）构建文化自信

中华婚俗文化作为中华传统文化的重要载体，不仅承载着独特的历史记忆与社会价值观，也体现了民族身份的认同和文化自信的表达。构建中华婚俗文化的文化自信，是在全球文化交流与碰撞中实现文化保护与适应的关键环节。文化自信的构建不仅是对自身文化的深刻认同，也是中华婚俗文化在全球化语境下实现创新发展的根本动力。

1. 中华婚俗文化的内在价值认同是文化自信的基础

中华婚俗文化蕴含着丰富的伦理观念、社会规范和美学精神，如"六礼"体现的尊重、礼节与和谐的理念，以及传统婚礼仪式中对家庭观念、孝道伦理和社会责任的传承。这些文化内涵不仅具有时代适应性，也具备跨文化的普适价值。在全球化的多元文化互动中，需通过深入的研究与诠释，使中华婚俗文化的价值观被广泛理解和认同。学术界应在理论研究中突出婚俗文化的独特价值与普适意义，通过跨文化对话和国际学术交流，推动全球对中华婚俗文化的理解和接纳，进而增强国内外对其内在价值的认同感。

2. 中华婚俗文化的积极推广是构建文化自信的重要手段

文化自信不仅仰赖于内部的认同，还需通过对外的积极传播来强化。在全球化背景下，可借助现代传播技术与国际文化交流平台，向全球展示中华婚俗文化的多样性与独特性。例如，通过国际文化节、海外华人社群活动以及跨国婚礼仪式的展示，使中华婚俗文化在更广泛的社会层面得到传播与理解。利用影视作品、文学创作和新媒体内容，通过富有创意和吸引力的表达方式，呈现婚俗文化的美学价值与伦理精神，从而增强其在国际语境中的影响力与吸引力。这种多维度的推广措施有助于构建中华婚俗文化的国际认同感，也为国内外文化交流提供了新的发展空间。

3. 婚俗文化的创新性发展是构建文化自信的动力源泉

文化自信的建立，不仅在于对传统的守护，更在于通过创新使其适应新时代的社会需求与文化语境。中华婚俗文化需要在保持核心价值观的基础上，探索现代化的表达方式。例如，结合现代婚礼策划中的审美趋势，将传统婚礼元素融入其中，形成具有中西合璧的特色的婚礼仪式，以满足现代年轻人对多样化婚俗的需求。这种以创新驱动的传承方式，不仅有助于增强中华婚俗文化的生命力，也有助于在全球化背景下展现其与时俱进的适应能力，从而丰富文化自信的现代内涵。

4. 文化政策的支持与引导在文化自信构建中具有重要作用

国家应通过制定系统化的文化保护政策，推动中华婚俗文化的传承与发展。政策措施不仅要强调文化的保护与研究，还应注重对文化自信的培育。例如，通过教育体系的建设，将婚俗文化纳入国民教育内容，培养年青一代对自身文化的认同与尊重；通过非物质文化遗产的保护机制，为婚俗文化的传承人提供支持与激励，从而确保这一传统文化在新生代中的延续。只有在多方面政策的引导和社会力量的支持下，中华婚俗文化的自信才能在全球化背景下得到稳固发展。

第二节　海外华人对中华婚俗文化的影响

海外华人群体广泛分布于全球各大洲，主要集中在北美、欧洲、东南亚、澳大利亚及新西兰等国家和地区。自 19 世纪以来，华人通过移民、劳工输出和国际贸易逐渐在这些地区建立了较为稳定的社群。随着世代更替，华人群体在海外逐渐扎根，但仍保持着对中华文化的认同和传承。作为中华文化的承载者，海外华人群体在异国他乡通过家庭、社区和文化组织等途径，积极传承和弘扬中国传统文化。无论是节庆活动、语言教育，还是婚俗、礼仪等生活方式，海外华人都在异地延续着中华文化的精髓。在宗族、庙宇和华人社团的推动下，传统文化的元素依然生动地存在于他们的日常生活中，成为联结不同世代和族群的纽带。

一、婚俗文化在海外华人社区的延续和演变

在海外华人社区，婚俗文化作为中华传统文化的重要组成部分，经历了传承与演变的双重过程。早期的华人移民较为严格地遵循中华传统婚礼的礼仪和习俗，重视纳彩、亲迎、拜堂等程序，这些习俗不仅是婚礼仪式的核心，也是家族和社区文化认同的重要表现。然而，随着时间的推移，华人移民逐渐融入当地社会，婚俗文化也开始受到多元文化的影响并发生了变化。

当代海外华人婚俗既保留了传统的文化内涵，又融入了所在国的文化元素。例如，越来越多的华人家庭选择结合中式和西式的婚礼仪式，既保留了拜天地等传统环节，又引入了西式婚礼中的教堂仪式和宴会形式。此

外，随着跨文化婚姻的增多，婚俗文化呈现出更为多元的特征。尽管如此，中华婚俗文化的核心价值观，诸如家庭观念、尊老爱幼的伦理道德，依然在海外华人社区中得到传承并具有重要影响。通过社区活动、文化节庆和婚礼仪式，海外华人不仅在家庭层面延续了中华婚俗的传统，还通过各种社群组织和平台将这一文化传播到更广泛的国际环境中。

二、跨文化婚姻对婚俗文化的影响

跨文化婚姻对婚俗文化的影响是双重的：一方面，促进了文化的融合与创新，增强了婚礼形式的表现力；另一方面，带来了传统价值观的弱化和婚俗传承的挑战。海外华人跨文化婚姻对中华传统婚俗文化的传承与发展产生了深远的影响。跨文化婚姻不仅促进不同文化之间的融合与妥协，也带来了婚俗习惯的变迁与创新。这一现象对中华婚俗文化的适应能力提出了挑战，同时也为其提供了新的发展契机。

（一）跨文化婚姻中的文化妥协与融合

在跨文化婚姻中，婚礼仪式往往成为文化妥协与融合的象征性场景。婚姻双方来自不同的文化背景，需要在婚礼筹备和仪式中兼顾双方的文化习俗和社会期待。这种文化妥协通常表现为传统婚俗的简化与调整，以适应现代社会的生活节奏和多元文化环境。例如，中华婚礼中的烦琐礼仪（如纳采、亲迎和拜堂等），在跨文化婚姻中常被简化或象征性地保留，更多注重婚礼仪式的象征意义，而非严格按照传统程序进行。

1. 传统婚礼习俗的适应与简化

在跨文化婚姻中，传统婚俗的适应与简化成为一种趋势。跨文化婚姻中的婚礼仪式在保留核心文化元素的基础上，往往适应当地文化的需求。例如，在欧美社会的婚礼上，尽管有些华人家庭会保留敬茶、拜父母等传统礼仪，但形式上可能更加简化，以适应西式婚礼的程序和氛围。这种简化使婚俗更加现代化，促进了婚礼仪式的全球适应性。然而，婚礼程序的简化也可能导致部分传统文化内涵的流失，尤其是其中包含的伦理道德与价值观。

2. 多文化婚礼仪式的形式创新

跨文化婚姻为婚俗文化带来了形式上的创新。由于不同文化的融合，婚礼仪式变得更加多元化。婚礼策划中常常结合中式和西式元素，例如在婚礼宴会上既有传统的中式敬酒仪式，也有西式的交换戒指和婚礼誓词。通过这样的融合，跨文化婚礼不仅成为文化交流的象征，也增强了婚俗文化在全球化语境下的包容性与创新性。这种多元文化的婚礼形式创新，体现了文化间的共存与尊重，丰富了婚礼的表现形式，使其更加符合现代社会的需求与期望。

（二）跨文化婚姻对婚俗传承的挑战

在跨文化婚姻促进文化融合的同时，传统价值观在跨文化婚姻中容易受到弱化，也对传统婚俗的传承提出了严峻挑战。在中华婚俗文化中，礼教和孝道是核心伦理观念，体现了对长辈的尊重、家庭的延续和家族的责任感。然而，在跨文化婚姻中，由于西方社会强调个人主义和独立性，孝道等传统价值观常常无法得到完全的实践和传承。这种价值观的淡化，反映了跨文化婚姻对婚俗核心理念的冲击与转变。

1. 传统价值观的弱化

礼教和孝道作为中华婚俗文化中的核心伦理规范，在跨文化婚姻中面临弱化的风险。跨文化婚姻双方来自不同的文化背景，对家庭、婚姻责任的认知存在差异。在西方文化中，婚姻更多被视为个人选择的结果，婚礼仪式强调的是新人的情感表达与个人愿望，而传统婚俗中的礼教和孝道则可能被淡化甚至忽视。特别是在后代的教育中，这种传统价值观的传承会更加困难，跨文化婚姻中的子女往往处于多重文化身份认同的矛盾中，可能会对中华传统婚俗及其伦理规范产生认知上的疏离感。

2. 新一代对婚俗文化的认知与认同危机

由于受到多种文化的影响，跨文化婚姻家庭的子女在婚俗文化上的认知存在混杂性。他们既受到中华文化的影响，又接受西方文化的熏陶，可能难以对某一种文化产生强烈的认同感。此外，现代社会的生活方式和价值观念的变化，使新一代对传统婚俗的认同感有所降低，认为婚俗文化过时或与现代生活格格不入。这种认知与认同危机不仅影响婚俗文化的传承，也对其在全球化语境下的适应能力提出了更高的要求。

三、海外华人对中华婚俗文化的反向影响

随着海外华人群体的不断壮大及其在国际社会中的影响力日益提升，华人社区对中华婚俗文化产生了显著的反向影响。这种反向影响不仅体现

在对现代婚俗的创新上，还通过海外婚礼市场的繁荣对中国婚庆产业形成了反哺作用，推动了中华婚俗文化在全球范围内的传播与发展。这种反向影响是跨文化交流的结果，也是全球化背景下中华文化的主动适应与发展。

（一）海外华人对现代婚俗的创新贡献

1. 婚礼形式的多样化

海外华人婚俗在长期的文化交流与融合中，形成了结合现代审美与国际婚礼风格的多样化婚礼形式。例如，传统中式婚礼的元素与西式婚礼的现代化、个性化特点相结合，使婚礼仪式既保留了中式的红色喜庆主题和敬茶礼等传统环节，又融入了西式的白色婚纱、教堂仪式和舞会等元素。这种多样化的婚礼形式不仅适应了当代华人群体的审美需求，也丰富了婚礼的文化表现力。这种创新在一定程度上挑战了传统婚俗的单一性，反映了华人群体对文化认同的现代化表达和对婚礼形式的创造性诠释。

2. 将中华婚俗文化推向全球舞台

通过文化创新，海外华人将中华婚俗文化推向了全球舞台。海外华人婚礼不仅是一种私人庆典，更是中华文化的重要展示平台。诸如龙凤呈祥、红盖头等象征性元素的应用，在海外婚礼中得到了延续和创新，使中华婚俗文化在全球化背景下得到广泛传播。特别是在社交媒体和国际婚庆博览会等平台上，海外华人婚俗文化的展示提高了全球对中国婚俗的认知度，吸引了非华裔群体的兴趣与参与。这种文化创新促进了中国婚俗的国际化传播和形象的多元化，使其成为一种全球性的文化现象。

（二）通过海外婚礼市场对国内婚俗的反哺

1. 海外华人婚礼模式的回流与影响

海外华人婚礼的创新模式反向传入中国，对国内的婚俗形式产生了显著影响。例如，在海外婚礼中广泛流行的户外婚礼、草坪婚礼和目的地婚礼等形式，已经逐渐被国内婚庆市场接受和采用。这些婚礼模式不仅在形式上更加开放和多样，还在理念上更加注重个性化和私密性，从而迎合了中国年青一代对婚礼形式和仪式感的现代化需求。此外，海外华人婚礼的回流影响还体现在婚礼策划和服务的专业化上，促进了中国婚庆行业对服务质量和客户体验的重视与提升。

2. 海外华人婚俗文化对中国婚庆产业的推动

海外华人婚俗文化对中国婚庆产业的发展起到了积极的推动作用。作为全球化的产物，海外华人婚俗文化的回流为中国婚庆市场带来了新的灵感和商业模式。例如，海外婚礼的多元化策划和个性化定制服务模式，直接推动了国内婚庆市场对定制化服务和创意策划的需求增长。此外，海外华人对传统婚俗元素的创新运用，也激发了国内婚庆企业对传统元素的现代化解读与商业化推广。通过这种反哺，海外华人不仅成为中国婚庆市场的消费群体，也成为推动产业创新与发展的重要力量。

四、海外华人社区在婚俗文化保护中的作用

全球化进程中的跨文化融合与迁移为海外华人社区带来了婚俗文化保护与传播的双重任务。面对不同文化背景下的挑战，海外华人社区不仅在宗教、社团、文化节庆等活动中努力延续婚俗传统，还在婚礼仪式中展现了强烈的文化认同。然而，伴随着海外华裔新一代对婚俗文化认同感的弱化，文化教育与传承中的困境也愈加突出。为应对这些挑战，海外华人社区逐渐通过创新的文化传承模式，如在线平台和跨国文化交流，探讨新的传承路径。

（一）海外华人对婚俗文化的保护和传播

1. 通过宗教、社团、文化节庆等活动延续婚俗传统

海外华人社区在延续婚俗传统方面发挥了重要作用，尤其通过宗教组织、华人社团及文化节庆等活动为婚俗文化的保存提供了有力支持。在宗教活动中，传统的婚礼仪式往往与信仰紧密结合，基于宗教礼仪的婚俗传承成为一种文化与信仰并存的方式。例如，许多海外的华人教会保留了中式婚礼的部分传统仪式，如祭祖、拜堂等，这不仅延续了中华婚俗文化的精神内涵，也为华人社区提供了文化认同的载体。此外，华人社团和文化节庆也为婚俗文化的延续提供了集体认同的平台。在海外华人社区中，通过社团组织的文化活动或婚礼展示，传统婚俗得以在社区范围内广泛传播与再现。例如，每年农历新年或其他重要节庆期间，婚俗文化通常会通过婚礼秀、婚俗展示等形式进行展示，这不仅增强了社区内部的文化认同感，也向当地社会展示了中华文化的独特魅力。

2. 海外华人婚礼仪式中的文化认同

海外华人婚礼仪式中的文化认同表现为对中华文化的敬重与传承。即使身处异国他乡，许多华人家庭仍然选择在婚礼仪式中保留传统婚俗元素，如敬茶仪式、交换红绳等象征性环节。这些婚礼元素象征着对祖籍国文化的尊重与认同，成为华人个体及家庭与社区紧密联系的纽带。婚礼中的这些传统文化符号不仅传递了婚姻中的伦理价值观，也为后代提供了文化认同的具体示范。在婚礼仪式中，海外华人往往面临西方婚俗与中华婚俗的融合与碰撞。通过对传统婚俗的坚持与创新，华人家庭在婚礼仪式中表现出文化认同的动态化特点，既表达了对中华文化的情感归属，也在多元文化环境中展示了中华婚俗文化的现代化适应性。

（二）文化教育与传承中的挑战与对策

1. 华裔新一代的婚俗文化认同与教育困境

随着华裔新一代逐渐成长，婚俗文化的认同与传承面临着严峻的挑战。作为移民第二代或第三代，许多华裔年轻人对祖籍国的婚俗传统缺乏足够的了解与情感联系，文化认同感相对较弱。在成长过程中，他们接受了不同的文化教育，对婚姻和婚俗的理解更多倾向于现代西方婚礼的个人主义和简化仪式，而传统婚俗中蕴含的集体主义、孝道及家庭责任感等理念难以被完全接受与认同。语言障碍和文化隔阂也加剧了这一困难。由于文化环境的变化，许多华裔新一代无法流利使用中文，这使他们难以通过祖辈的讲述或典籍阅读来深入理解和接受中华婚俗文化。这一代华裔在全球化背景下，处于多元文化认同的夹缝中，婚俗文化的传承因此面临更为复杂的挑战。

2. 文化传承模式的创新

为应对华裔新一代在婚俗文化传承中的困难，海外华人社区逐步探索并创新了多种文化传承模式，其中以在线平台和跨国文化交流最为典型。随着互联网技术的发展，许多华人社区通过在线平台传播中华婚俗文化。例如，通过婚礼视频、直播以及在线课程等形式，海外华人社区为年青一代提供了更为便捷和现代化的文化教育方式。这些在线平台不仅为婚俗文化的保护提供了数字化存档，也通过社交媒体加强了文化传播的互动性与全球性，使华裔青年在任何地方都能够接触到中华婚俗文化。

华人社区与中国文化机构或婚庆行业的合作，通过定期组织跨国婚俗文化交流活动，如婚礼策划展览、文化交流营等，拉近了华裔新一代与传统婚俗文化之间的距离。这种跨国文化互动加强了年青一代对祖国文化的认同感，为婚俗文化的保护提供了更加多元的传承路径。

第三节　中华婚俗文化的国际传播

随着全球化进程的加快，中国与世界各国的文化交流日益频繁，中华婚俗文化的国际传播也成为跨文化传播中不可忽视的重要组成部分。婚俗文化不仅展现了中国人对婚姻、家庭的理解与期许，更是中国文化软实力的重要载体。通过婚俗文化的传播，海外受众能够更直观地感受中国文化的精髓，从而深化对中国传统价值观的认知与理解。然而，国际传播过程中，文化差异、语言隔阂以及跨文化适应性等挑战对婚俗文化的传播效果提出了考验。

一、中华婚俗文化国际传播的背景与重要性

（一）中华婚俗文化国际传播的背景

1. 全球化和信息化的快速发展为文化传播提供了前所未有的条件

随着国际交往的日益频繁，尤其是经济全球化和科技进步带动下，世界各国的文化交流日趋密切。中国作为世界第二大经济体和重要的文化大国，其文化产品、思想观念及社会价值也在国际舞台上得到了更广泛的关注和传播。尤其是在"一带一路"倡议的推动下，中国与世界各国在经济、文化等方面的互动加深，中华婚俗文化作为中华传统文化的重要组成部分，借助文化交流的契机，逐渐走上了国际舞台，吸引了越来越多外国民众的关注与兴趣。

2. 文化认同和民族自信心的提升是中华婚俗文化国际传播的重要动因

近年来，随着中国综合国力的提升和民族复兴的呼声日益强烈，文化自信成为国家发展的重要战略之一。在这一背景下，中华传统文化的复兴和弘扬成为国家文化战略的核心内容。婚俗文化作为中华传统文化的代表性元素之一，承载着中华民族的历史记忆与文化基因，通过国际传播，能够增进世界对中华传统文化的认知与尊重，强化中国人民的民族自信心和文化认同感。尤其是在国外华人社区的文化活动中，中华婚俗文化的传承

与再创造展现了其独特的文化魅力，并在一定程度上推动了跨文化的互动和融合。

3. 现代传媒技术的发展为中华婚俗文化的国际传播提供了广阔的平台

在当今信息时代，电视、电影、互联网以及社交媒体等多元化传播渠道极大地拓展了文化传播的边界。中国的婚礼影视作品、婚礼文化活动以及通过社交媒体传播的婚礼经验，不仅使外国民众更加直观地了解了中国婚俗的传统与现代变迁，也让中华婚俗文化逐步成为全球婚礼文化的一个重要参考和借鉴对象。通过数字技术和平台化传播，中华婚俗文化得以在全球范围内迅速传播，尤其在年青一代中产生了广泛的文化影响。

（二）中华婚俗文化国际传播的重要性

1. 中华婚俗文化的国际传播有助于加深世界对中华传统文化的认知与理解

婚俗作为文化传统的核心组成部分，往往承载着一个民族的价值观、审美观和社会规范。向世界展示中国婚礼的仪式、习俗及其背后的象征意义，不仅能够让外国人更加直观地感受中国文化的独特魅力，还能加深他们对中国历史、哲学、道德观念等层面的理解。例如，中国婚礼中的"纳采""合卺"等仪式，体现了中华文化中的礼仪精神、家族观念和社会责任。这些传统婚俗在国际舞台上的传播，不仅有助于打破文化隔阂，促进中外文化的相互理解，还能够消除误解与偏见，为国际社会提供更加全面和多元的中国文化图景。

2. 中华婚俗文化的国际传播能够提升中国的文化软实力

在当今国际关系中，文化已经成为国家软实力的重要组成部分。中华婚俗文化以其深厚的历史底蕴和独特的文化内涵，成为中国文化对外传播的重要载体。通过海外文化活动、跨国婚礼庆典等形式，中华婚俗文化能够有效地增强中国文化的全球影响力，提升国家的文化认同感和凝聚力。例如，在一些国际婚礼中融入中国传统元素，如中国式婚礼的礼服、茶道仪式等，既能提升婚礼的独特性和文化深度，也有助于推广中国的传统美学和人文精神。这种文化交流不仅能够提升中国的国际形象，还为世界各国民众提供了不同于西方主流婚俗的文化视角，促进了多元文化的共融。

3. 中华婚俗文化的国际传播有利于促进全球文化多样性的保护和传承

在全球化背景下，西方文化的广泛传播往往导致了其他文化传统的逐渐弱化。中华婚俗文化的传播，不仅能够保护和传承中国独特的婚俗习惯，也为全球文化多样性的维护作出了贡献。在不同文化背景下展示中华婚俗的独特性和传统价值，能够推动全球文化的互鉴互融，为全球文化生态提供新的思想和实践路径。因此，中华婚俗文化的国际传播不仅是对中华文化的弘扬，也是对全球文化多样性的尊重和推动。

二、中华婚俗文化的传播途径

（一）官方外交与文化推广活动

中华婚俗文化的国际传播，首先依赖国家层面的官方外交与文化推广活动。在中国与各国的双边关系中，文化外交已成为加强国际关系、增进彼此理解的重要手段。通过中国驻外使领馆、文化和旅游部等机构的积极推动，婚俗文化成为中国文化展示的重要组成部分。各类文化节、博览会等活动，为中华婚俗文化提供了广泛的展示平台。例如，中国文化节中的婚礼仪式展示、婚俗展览等活动，帮助海外受众更直观地接触和理解中国的婚俗传统与礼仪。这类活动不仅能够促进中国文化的输出，还能够通过官方渠道增强中国在国际文化领域的影响力，提升国家形象与文化认同。

（二）民间组织和华人社区的推动

民间组织和华人社区也是中华婚俗文化传播的重要力量。海外华人社区通过自身的文化活动、宗教组织、社团和华人媒体，积极传播和维护着中国传统的婚礼习俗。在海外，华人婚礼通常保持了较为传统的中国元素，如敬茶仪式、婚宴中的传统礼仪等，这些婚俗在华人社区内外形成了一定的文化影响力。同时，华人社团通过举办文化活动、参与社区互动，向主流社会展示了中华婚俗文化的独特魅力。此外，华人媒体通过报纸、杂志、广播及网络等多元化的传播渠道，进一步扩大了中华婚俗文化的受众范围。这种自下而上的文化传播，增强了中华婚俗文化的海外影响力。

（三）数字媒体与影视作品的传播

随着全球化时代的到来，数字媒体与影视作品成为中华婚俗文化传播的重要途径。电影、电视剧、纪录片等影视作品中，婚礼作为重要情节之一，频繁展示中华婚俗文化，向全球观众传递了中国式婚礼的独特韵味与文化内涵。例如，一些具有重大国际影响力的影视作品，通过婚礼场景展现了中国的婚礼服饰、礼仪、象征意义等文化细节，不仅引起了国际观众的好奇与关注，也使中华婚俗文化通过艺术形式得到了广泛传播。与此同时，社交媒体平台为婚俗文化的全球传播提供了新的契机。通过社交媒体上的短视频、图片分享及相关话题的讨论，中华婚俗文化得以快速传播至全球各地的受众，尤其吸引了年青一代的关注和互动。

（四）跨国婚庆产业的互动与合作

随着中外文化交流的日益频繁，跨国婚庆产业的互动与合作为中华婚俗文化的传播提供了新的契机。现代婚庆产业涵盖了婚礼策划、婚礼用品、婚纱摄影等多个领域，中外婚礼策划公司之间的合作日益密切。在这一过程中，中国传统婚礼元素逐渐融入国际婚礼市场，许多外国新人在婚礼中选择中国元素，如中式婚服、龙凤呈祥等寓意美好的婚礼象征。这种跨文化的互动，不仅促进了中华婚俗文化在全球范围内的传播与接受，也推动了婚庆产业的创新与发展。此外，跨国婚礼旅游的兴起，使外国新人选择在中国举办婚礼的现象逐渐增多，这不仅加深了外国人对中国婚俗的体验与理解，也进一步提升了中华婚俗文化的国际影响力。

三、传播过程中的挑战与应对策略

（一）文化差异与误读的挑战与应对

在中华婚俗文化的国际传播过程中，文化差异往往导致对婚俗符号的误解与异化。婚俗文化中的礼仪、象征符号和行为规范深受中国历史、社会结构及伦理观念的影响，这些元素在全球化语境中容易被误读。例如，中国传统婚礼中的"红色"象征着吉祥与幸福，但在某些西方国家可能被视为具有警示或危险的色彩。类似的文化符号因语境不同而被赋予不同的解读，容易导致跨文化传播中的信息失真或异化。此外，某些婚俗习惯可能在其他文化背景下被视为不合时宜或不可理解的行为。这种文化误读不仅影响了中华婚俗文化的传播效果，还可能导致文化冲突与误解。因此，在国际传播中，必须注重文化符号的解释与说明，以避免不必要的误解。

为解决文化差异导致的误读问题，可以增加文化背景的解释、设计更具包容性的传播内容，并引入文化对话与交流机制。例如，在婚俗文化的传播过程中，可以通过详细的文字或视频讲解，解释各个婚俗礼仪的文化内涵与象征意义，帮助海外观众更好地理解其中的文化背景。此外，跨文化的研讨会、文化交流项目可以促进双方文化间的对话，减少误解与异化。

（二）语言与文化解码障碍的挑战与应对

语言障碍是跨文化传播中的主要挑战之一，尤其是在传播涉及文化精细内涵的中国婚俗文化时。婚俗文化中包含了大量的文化意象与象征性语言，这些内容在语言翻译的过程中往往失去其原有的韵味与深刻含义，导致文化的"失真"现象。除了语言翻译问题，不同文化的受众在解码婚俗文化内容时，也可能因为文化背景的差异而难以理解其中的象征意义。文化解码的障碍进一步加剧了传播的困难，影响了婚俗文化在国际上的接受度。

为克服语言与文化解码的障碍，可以采取本地化的传播策略，通过多语种翻译和文化适应性改编，增强文化内容的可理解性与吸引力。例如，在婚俗文化的传播过程中，可以针对不同语言群体进行本地化翻译，确保翻译不仅传达文字意义，还保留文化内涵。同时，适当的文化改编，例如，在婚俗展示中加入符合当地文化背景的解释性内容，能够消除文化隔阂，促进观众对中华婚俗文化的理解与接受。

（三）海外华裔新生代文化认同的挑战与应对

海外华裔，尤其是新生代，在多元文化环境中成长，他们的文化认同较为复杂。在全球化语境下，华裔新生代容易受到所在国主流文化的影响，与祖国文化逐渐疏离。对中华婚俗文化的认知与认同，他们可能表现出淡漠或不理解的态度。这一现象对中华婚俗文化的传承与传播构成了挑战，由于海外华裔是该文化在国际社会中的重要传播者和继承者，如果他们对中华婚俗文化失去认同感，势必影响其在海外的延续与传播。

针对海外华裔新生代的文化认同问题，可以通过加强文化教育、举办富有吸引力的文化活动以及构建多元文化认同平台等方式，激发其对中国婚俗文化的兴趣与认同感。例如，在华裔新生代较为集中的地区，可以通过中文学校、文化社团等渠道开展与婚俗文化相关的教育活动，使其了解并体验婚俗文化中的仪式与意义。此外，通过数字媒体、影视作品等现代化的方式，结合当代年轻人喜好的表达形式，可以增强华裔新生代对婚俗文化的亲近感，激发其文化认同。

四、中华婚俗文化国际传播的未来展望

展望未来，中华婚俗文化的国际传播不仅要适应当代国际文化交流的

新趋势，还需不断创新传播形式与内容，力求在跨文化语境中实现有效传播与深度影响。以下是未来中华婚俗文化国际传播的重要发展方向。

（一）跨文化对话与融合

未来中华婚俗文化的国际传播将更多依赖跨文化对话与融合的方式。在跨文化传播过程中，不仅要传播中华婚俗文化的符号与仪式，还应注重其背后的伦理观念与价值体系的解读与诠释。通过建立跨文化的对话机制，促进中华婚俗文化与其他文化体系之间的互相理解与融合，既能够消解文化传播中的误解与冲突，也有助于增强中华婚俗文化在国际社会中的包容性与吸引力。这种以文化交流与合作为基础的传播方式，有助于建立一种平等、尊重的国际文化交流模式，为中华婚俗文化在全球范围内的长远发展奠定坚实的基础。

（二）数字化传播的深化与创新

随着全球数字化进程的加快，数字化传播将成为未来中华婚俗文化国际传播的重要途径。依托数字技术的发展，中华婚俗文化可以通过短视频、虚拟现实（VR）体验、互动式多媒体内容等形式，向全球受众提供更为生动、直观的文化体验。数字化传播不仅突破了传统媒体的时间与空间限制，还能够通过社交媒体平台实现文化内容的快速扩散与精准传播。未来，可以利用大数据与人工智能（AI）技术，根据不同国家和地区受众的文化偏好，制定个性化的传播策略，增强文化内容的针对性与吸引力。这种数字化的传播方式将有助于中华婚俗文化在全球范围内的广泛传播与深入认知。

（三）文化品牌的构建与推广

中华婚俗文化的国际传播不仅是单纯的文化交流过程，更是文化品牌的打造与推广过程。未来，应通过塑造独具特色的文化品牌，提升中华婚俗文化的国际竞争力与影响力。这种文化品牌化的推广策略，不仅有助于增强中华婚俗文化的辨识度与美誉度，也能够将其转化为具有商业价值的文化产品，实现文化与经济的双重效益。通过整合国内外资源，组织跨国婚庆展览、婚俗主题游等活动，不仅能够增强海外受众对中华婚俗文化的兴趣，还能够借助国际市场的反馈，不断优化与创新传播内容。

（四）与国际婚庆产业的深度合作

未来，中华婚俗文化可以通过与国际婚庆产业的深度合作，进一步扩大其国际影响力。婚庆产业作为一个跨国界、跨文化的产业领域，为中华婚俗文化的传播提供了广阔的舞台。通过与国际婚礼策划公司、婚礼服务平台的合作，可以在婚礼策划、婚礼服饰、婚庆用品等方面，将中国传统婚俗元素与现代婚礼趋势相结合，打造出具有中国文化特色的婚庆服务品牌。这种跨产业的合作不仅能够增强中华婚俗文化在国际婚庆市场的竞争力，还能够为其提供稳定的市场基础与传播渠道。

（五）加强学术研究与政策支持

未来中华婚俗文化的国际传播离不开学术界的深入研究与政府的政策支持。学术界应进一步加强对中华婚俗文化跨文化传播模式、策略及效果的研究，为文化传播提供理论支持与实证依据。同时，政府应在政策上提供更多支持与保障，例如设立专项文化基金、制定文化交流政策、支持民间组织与学术机构的跨文化交流项目等。这种学术研究与政策支持相结合的方式，将为中华婚俗文化的国际传播提供更加科学与系统的指导。

在全球文化交流日益频繁的新时代，中华婚俗文化的国际传播不仅是中国文化"走出去"的重要组成部分，更是促进中外文化相互理解与共存的重要桥梁。通过不断探索与创新，中华婚俗文化必将在国际舞台上焕发出更强的生命力与吸引力。

第四节　中外婚俗文化的交流与融合

在全球化进程加快和跨文化交流日益频繁的背景下，中外婚俗文化的交流与融合成为当代文化交往中的重要议题。婚俗文化是一个国家或民族文化的重要象征，承载着深厚的历史传统与社会价值观。中西方婚俗在仪式、象征符号、伦理观念等方面存在显著差异，但随着跨国婚姻的增加和全球化背景下的文化互动，这些差异逐渐成为交流与融合的契机。在这一过程中，文化的包容性与适应性得到体现，融合后的婚礼形式与习俗既保留了各自文化的核心要素，又通过创新的方式形成了新的文化表达，为全球文化多样性贡献了独特的案例。

一、中外婚俗文化交流与融合的背景与意义

(一) 中外婚俗文化交流与融合的背景

在全球化背景下，文化交流日益频繁，各国与民族之间的互动呈现出广泛的互鉴趋势。全球化推动了经济、技术和信息的快速流通，促进了不同文化的跨国传播与相互碰撞。中外婚俗的相互渗透，除了在婚礼仪式和形式上的借鉴与融合，还涉及婚姻观念、家庭结构及性别角色的深刻变革。在这一过程中，各国文化通过相互影响与借鉴，实现了多样性和共生性的发展。作为文化的重要组成部分，婚俗因其与伦理观念、社会规范以及价值体系的紧密联系，成为文化交流中最具代表性和传播力的领域之一。

随着全球化进程的深入，跨国婚姻日益成为中外婚俗文化交流的重要载体。特别是在经济全球化和人员流动日益频繁的背景下，跨文化婚姻的增多促使不同文化的婚俗不断交融。无论是中西婚礼仪式的相互渗透，还是婚姻观念上的互相借鉴，都在一定程度上推动了婚俗的创新与融合。同时，在移民、留学以及国际旅游等因素的推动下，婚俗文化的交流范围不断扩大，全球各地的文化差异逐渐缩小。通过互联网和现代传媒的普及，跨文化婚俗的传播变得更加便捷，传统婚俗不仅得以保留其本土特色，还在不断适应时代变迁，融入了更加多元化的全球文化元素。因此，婚俗文化的交流与融合，既是全球化背景下的文化现象，也成为社会发展和文化变迁的重要组成部分。婚俗作为社会文化体系中的核心元素，其变化与发展，深刻反映了全球化背景下文化互动与社会变革的趋势。

(二) 中外婚俗文化交流与融合的意义

1. 中外婚俗的文化交流与融合推动了各国婚俗文化的创新与发展

通过婚俗的交流，传统文化得以保留和传承的同时，又能吸收外来文化的元素，促进了文化的创新与多元化发展。这种融合体现了全球文化互动的深度与广度，反映了全球化语境下文化间相互影响、碰撞与创新的趋势。

2. 中外婚俗的文化交流与融合具有重要的社会功能

婚礼作为社会仪式，不仅是个人生命的重要节点，也是社会认同、家族传承和群体凝聚的象征。随着跨国婚姻的增多，不同的婚俗文化在家庭

和社会中相互渗透，促使人们在婚姻观念、性别角色和家庭结构等方面进行深刻反思与重构。通过跨文化婚俗的相互借鉴与融合，传统的婚姻模式得到扩展与创新，更多元的婚姻形式和家庭结构被社会接受，从而推动了社会包容性和开放性的提升。这种文化互鉴不仅促使社会更加多样化，还推动了社会道德和伦理观念的现代化进程。

3. 中外婚俗文化的交流与融合在促进国际理解与和平方面发挥重要作用

通过对不同文化婚俗的学习与交流，各国人民能够更好地理解彼此的历史、信仰和社会结构，减少文化冲突与误解，增进跨文化的友谊与合作。在这一过程中，婚俗不仅作为文化传递的媒介，还成为全球文化共识和人类共同价值的体现，推动了全球文化的共同进步。

二、中外婚俗文化的异同

（一）婚礼仪式的差异

1. 中国传统婚礼：多样化仪式与象征意义

中国传统婚礼仪式具有深厚的历史文化底蕴，其多样化的形式和丰富的象征意义反映了中国社会对婚姻、家庭及伦理道德的高度重视。典型的中国婚礼仪式包括敬茶、拜天地、跨火盆等，每一个环节都蕴含着特定的文化象征和社会功能。例如，敬茶仪式不仅体现了新人对长辈的尊敬与孝道，还象征着新家庭的建立及家庭成员之间的和谐关系；而拜天地则是新人对天地自然和祖先的敬畏与感恩，反映了中国人对天地万物的崇敬。这些婚礼仪式不仅是一种庆祝活动，更是一种道德规范的体现，具有传承家庭伦理、凝聚亲情和强化社会责任的作用。整体而言，中国传统婚礼通过仪式的繁复与象征性的仪轨，将婚姻视为一个家庭的延续和社会责任的承接。

2. 西方婚礼仪式：简约而充满宗教色彩

相较于中国传统婚礼的多样化仪式，西方婚礼则更简约而充满宗教色彩，其核心仪式通常是在教堂中举行，由牧师或神职人员主持，主要包括婚戒交换、誓言宣读和新人亲吻等环节。婚戒交换是西方婚礼的核心仪式之一，戒指作为永恒与忠诚的象征，体现了夫妻之间的相互承诺和对婚姻的永恒忠诚。而誓言宣读则是新人在众人见证下许下对彼此的承诺，具有强烈的个人责任感和宗教意义。此外，西方婚礼常伴随婚礼蛋糕的切割、舞会等社交环节，突出婚姻的庆祝性与社交功能。整体而言，西方婚礼简洁庄重，强调个人自由、平等与对上帝的敬畏，展现了西方社会对个人主义与宗教信仰的重视。

3. 婚礼仪式背后的文化价值观差异

中国传统婚礼和西方婚礼的差异不仅体现在仪式的具体表现形式上，更深层次地反映了二者背后不同的文化价值观。中国传统婚礼强调家族关系和社会责任，婚姻被视为家庭的延续和社会结构的一部分，突出了集体主义、家族纽带和伦理责任的重要性。仪式中的每一个环节都旨在强化家庭与社会的凝聚力，体现了中国文化中对家庭和谐与伦理道德的高度重视。

与中国传统婚礼相比，西方婚礼则更多地反映了个人主义和宗教信仰在西方文化中的核心地位。婚姻被视为个人之间的契约关系，婚礼强调的是个人的自由选择和对彼此的忠诚，体现了对个体权利、平等关系以及个人责任的重视。宗教信仰在西方婚礼中占据重要地位，婚礼通常是在上帝见证下举行，体现了宗教在个人生活和社会规范中的重要作用。这种文化价值观的差异不仅影响着婚礼的形式，也深刻影响了两种文化中对婚姻关系、家庭结构和社会责任的认知与理解。

（二）文化符号的差异

1. 中华婚俗文化中的象征性符号

中华婚俗文化中的象征性符号具有深厚的历史积淀和文化内涵，展现了中国人对婚姻、家庭、生命和社会秩序的独特理解。红色是中国婚礼中最具代表性的颜色，象征着喜庆、繁荣和吉祥。红色在婚礼中的广泛使用，包括新娘的婚服、婚房的装饰以及婚礼的请柬，都表达了对新人婚姻幸福、家庭美满的美好祝愿。龙凤则是另一重要的象征性符号，龙象征男性的权威和力量，凤象征女性的美丽与柔和，龙凤呈祥的组合代表了婚姻中的阴阳和谐与男女互补，象征着婚姻中的和谐共处与家族繁衍。双喜字和莲子、红枣等象征性食物也在中国婚礼中被广泛运用，承载着对繁衍后代、家庭和睦以及长寿富贵的朴素期许。这些符号不仅具象化了婚礼中的庆祝氛围，还在仪式中强化了传统价值观，反映了中国文化中对家族延续和社会稳定的高度重视。

2. 西方婚礼中的象征性符号

西方婚礼中的象征性符号多围绕纯洁、爱情与美德展开。白色在西方婚礼中占据核心地位，特别是在婚纱的选择上，白色象征着纯洁、忠诚和无瑕的爱情。自1840年英国维多利亚女王穿着白色婚纱结婚后，白色逐渐成为西方婚礼的标准色调，体现了婚姻中对纯洁爱情的向往与坚守。玫瑰花作为爱情的象征在西方婚礼中也十分常见，尤其是红玫瑰，象征着热烈、忠诚的爱情。玫瑰花环、捧花以及婚礼现场的花卉布置不仅烘托了浪漫的婚礼氛围，也表达了对婚姻中真挚情感的期待与祝福。戒指作为永恒的象征在西方婚礼中占据重要地位，不仅代表夫妻之间的忠诚与承诺，还通过其圆形无端的设计，象征着婚姻的永恒不朽。

3. 不同符号体系的文化内涵及社会功能对比

通过对比可以看出，中外婚俗文化中的象征性符号体系反映了两种不同文化中婚姻的核心价值观及其在社会中的功能。中国婚俗中的红色、龙凤等符号更加强调家族延续、社会秩序和集体责任，展现了中国文化中婚姻作为家庭和社会基础的功能性角色。这些符号在婚礼中表达对新人的祝福，传递了家族和谐与社会繁荣的集体愿望，体现了中国传统文化中的家族主义与伦理观念。西方婚俗中的白色、玫瑰花和婚戒等符号则更多地反映了西方文化对个人主义、浪漫爱情和宗教信仰的重视。白色的纯洁象征反映了个人道德的高尚，玫瑰花的爱情象征则表达了婚姻中两人之间情感的独特性，而戒指的永恒象征体现了对个人承诺与忠诚的崇高价值。这些符号强调婚姻中个人感情的核心地位，突出婚姻作为私人契约的性质。

总体而言，中国婚俗符号体系更注重社会功能和家族延续，而西方婚俗符号体系则突出个人价值与情感表达。这一差异不仅反映了两种文化中婚姻的不同定位，也展现了其背后深刻的社会结构与文化价值观。

三、交流中的挑战与冲突

（一）文化误读与偏见

1. 对传统婚俗的误解

在跨文化交流过程中，文化误读与偏见常常导致对传统婚俗的误解。这种误解不仅限于形式上的差异，更可能源自深层次的文化价值观和社会认知的偏差。例如，在中国传统婚礼中，某些仪式包含明显的象征色彩和习俗性意义，如迎亲时的燃放鞭炮、跨火盆等仪式，可能被外来文化误读为"迷信"或"非理性"行为。这种异化解读往往忽视了这些习俗背后的深厚文化底蕴与社会功能，从而将其片面化甚至妖魔化。类似的现象在西方婚俗中也有体现，例如，许多中国人认为西方婚礼过于简化，缺乏庄重和传统的仪式感，特别是与中国婚礼中隆重、繁复的习俗相比，西方婚礼显得随意或轻松。这种误读不仅消解了婚俗文化的原始意义，也在一定程度上造成了文化理解的阻隔和冲突。

2. 跨文化传播中容易引发的误读与文化冲突

跨文化传播中对婚俗的误读主要源自不同文化背景下的世界观、价值观和行为规范的差异。例如，西方社会的个人主义倾向与东方社会的家族主义观念在婚俗解读上形成鲜明对比。这种差异容易导致对对方文化的误解，进而引发文化冲突。尤其是在文化传播迅速、信息碎片化的全球化背景下，特定文化中的婚俗元素极易被其他文化选择性地理解或简化地呈现，忽视了其复杂的文化语境与社会意义。这种简化不仅带来刻板印象和偏见，也增加了跨文化婚姻和交流中的不和谐因素，导致误解甚至抵触情绪的产生。

3. 应对文化误读的策略与方法

针对文化误读带来的冲突，需要采取有效的策略来减少跨文化交流中的误解和偏见。首先，增加跨文化教育和理解是减少文化误读的关键。通过文化导览、婚俗体验活动和专题讲座等方式，增进对不同文化婚俗的深入理解，有助于提升人们对异文化背景中婚俗符号和仪式的认知水平，减少文化偏见的滋生。其次，建立多元包容的文化交流平台能有效促进跨文化理解。通过媒体、社交平台、文化交流论坛等途径展示婚俗的多样性和内在意义，有助于消解大众对他者文化的刻板印象，营造尊重和包容的文化氛围。最后，培养批判性思维是应对文化误读的重要手段。通过跨文化培训和教育，提升人们对文化符号和传统习俗的多维度认知能力，使其能够客观分析不同文化中的象征意义，避免简单化和片面化的文化解读。这种批判性思维不仅促进了跨文化交往中的理性判断，还帮助个体在文化差异中达成共识，进而提升跨文化交流的深度与质量。

（二）跨文化婚姻中的文化适应

1. 跨文化婚姻中的婚俗选择与折中

跨文化婚姻中的婚俗选择与折中是文化适应过程中的关键挑战之一。随着全球化的推进，跨文化婚姻现象愈加普遍，不同文化背景的夫妻往往在婚礼筹备过程中面临各自文化婚俗的冲突与融合。这种跨文化互动中，双方需要在各自文化的婚俗传统、家庭期待和个人意愿之间作出选择与妥协。

在跨文化婚姻中，婚俗的选择往往涉及双方文化中深层次的象征性仪式和价值观念。例如，西方婚礼中象征纯洁与忠诚的白色婚纱，与中国婚礼中象征喜庆与繁荣的红色嫁衣形成了鲜明的文化对立。在此情境下，跨文化婚姻的新人可能不得不在婚礼仪式和象征符号上寻求折中方案，如采用融合多种元素的婚礼形式，或分别举行符合各自文化传统的婚礼仪式。

然而，婚俗的选择不仅是仪式的整合，更涉及文化认同和个人价值观的平衡。婚姻中的双方如何在尊重和融入对方文化的同时保持对自身文化传统的忠诚，这一过程需要不断调整和协商，进而形成一个新的婚俗实践框架。这种婚俗折中背后的文化适应过程是跨文化婚姻中的核心挑战。

2. 中外婚俗融合过程中可能产生的价值冲突

在中外婚俗融合的过程中，由于文化背景、社会结构以及伦理观念的差异，可能产生一系列的价值冲突。婚俗不仅是一个具体的仪式或庆典，它深刻植根于各国的历史传统、家庭结构和社会规范中。因此，当不同文化的婚俗进行融合时，常常会暴露出二者在价值观上的显著差异。

第一，婚姻的社会功能和个人意义在中西方存在显著差异。在中国传统文化中，婚姻常被视为家族延续的工具，强调的是家庭、集体和社会责任。父母的意见、家族的期望对婚姻的选择和维持起着决定性作用。与此不同，西方国家的婚姻观念更加强调个人自由和情感选择，婚姻被看作两个人基于爱情自愿结合的结果。在跨文化婚姻中，特别是中西方结合的婚姻里，双方对婚姻的意义、婚后责任及家庭角色的认知差异，往往会导致对婚姻形式、仪式安排及家庭决策的不同理解，从而产生矛盾和冲突。中国一方可能更倾向于传统的婚礼仪式，注重家庭成员的参与和文化符号的体现，而西方一方则可能更注重简洁、自由和个性化的婚礼表达方式。

第二，性别角色的认知差异也是中外婚俗融合中的一大冲突点。在中国传统婚俗中，性别角色相对固定，男性往往承担家庭的经济责任，女性则更多地扮演家庭主妇和母亲的角色。而西方社会则强调性别平等，女性在婚姻中的地位与男性基本平等，且女性有更多的选择空间。中西婚俗融合过程中，双方在性别角色的定位和期望上可能会产生冲突，特别是在婚礼筹备和家庭责任分配方面，可能会因文化差异而产生误解和摩擦。

3. 双方文化适应与婚俗选择的过程

跨文化婚姻中的文化适应与婚俗选择是一个动态、持续的过程。双方在婚姻中对彼此文化的适应不仅体现在婚礼筹备阶段，还延续到婚后的家庭生活中。这一过程通常伴随着文化的交互与互补，需要婚姻双方在文化传承与适应中找到平衡点。

首先，文化认知与开放态度是文化适应的前提。在婚礼筹备和婚姻生活中，双方需要对彼此文化中的婚俗及其背后的象征意义有充分的理解和尊重。通过积极的跨文化沟通，婚姻双方能够意识到彼此文化差异的重要性，并尝试通过开放的态度找到文化融合的路径。

其次，文化融合中的妥协与创新是跨文化婚姻婚俗选择中的重要策略。婚姻双方可以在保留各自文化核心婚俗元素的同时，融入对方文化的象征符号与仪式。例如，一些跨文化婚礼选择结合东西方婚礼元素，既遵循西方的誓言仪式，也加入中国的敬茶仪式，以实现文化的平衡与融合。

最后，家庭与社会压力的调和也是文化适应中的关键挑战。跨文化婚姻中的文化选择不仅涉及个人，还会受到双方家庭与社会文化规范的影响。婚姻双方需要在家庭期望与个人文化偏好之间寻求平衡，通过有效的沟通与协商，减少婚俗选择中的家庭冲突，确保婚姻的文化融合顺利进行。

跨文化婚姻中的婚俗选择与文化适应是一个复杂且动态的过程，需要双方在理解与尊重彼此文化的基础上进行妥协与创新，以应对价值冲突并实现文化融合。这不仅是婚礼仪式层面的挑战，也是婚姻长期和谐发展的重要基础。

四、交流中的融合与创新

随着国际交往的加深，越来越多的中西婚俗元素相互渗透，形成了独特的婚礼风格和习俗。文化融合体现在婚礼仪式和形式的创新以及对婚姻观念的反思与重塑上。这种文化的交融与创新，不仅丰富了婚俗文化，也为新人提供了更多的选择和表达自我的机会，体现了婚俗文化在全球化背景下的动态发展。

（一）融合中的婚礼形式创新

1. 中西方婚礼形式结合的趋势

近年来，中西方婚礼形式的结合逐渐成为一种显著的文化现象。这一趋势不仅反映了全球化背景下文化交流的深化，也体现了年青一代对婚礼个性化和多样化的追求。许多新人选择在婚礼仪式中同时融入中国传统元素与西方现代风格，形成独特的婚礼体验。例如，在某些婚礼中，迎亲仪式与西式誓言交换相结合，既保留了传统文化的精髓，又满足了个性化表达的需求；不仅丰富了婚礼形式，也展示了文化融合的可能性。

2. 如何将中国婚俗与西方婚俗融合

首先，在婚礼策划过程中，策划者需深入了解中西方婚礼的核心元素与文化内涵，明确各自的重点与特色。例如，中国婚礼重视家庭、仪式感和象征意义，而西方婚礼则强调个性、浪漫与自我表达。通过对这些文化特征的分析，婚礼策划者可以在设计婚礼流程时，选择适当的元素进行有机结合。其次，场地布置、服装选择和婚礼主题的设计需要体现这种融合。例如，在场地布置上，可以将中式的红色和西式的白色相结合，创造出和谐美观的视觉效果。最后，婚礼中的音乐、餐饮以及互动环节可通过中西结合的方式，增强宾客的参与感与文化体验。

3. 融合婚礼形式对文化交流的推动作用

融合婚礼形式不仅是个人情感的体现，更是文化交流的重要载体。通过中西婚礼形式的结合，参与者不仅体验到不同文化背景下的婚礼习俗，也促进了对彼此文化的理解与认同。这种文化交流在增强社会凝聚力的同时，促进了多元文化的共生与发展。例如，参与中西合璧婚礼的宾客往往会在亲身体验中，增进对对方文化的尊重与欣赏，进而推动不同文化之间的对话与融合，在更广泛的社会层面上推动文化的交流与互动。

（二）婚俗文化在海外的传播与本地化

1. 中华婚俗文化在海外的传播与影响

中华婚俗文化在海外的传播，主要受益于移民潮与全球化的加速。随着大量华人移民的涌入，传统的中国婚礼习俗逐渐在海外华人社区中扎根，形成了以家庭和社区为中心的婚礼模式。这些传统习俗，如敬茶、凤冠霞帔及红色装饰等，不仅保留了文化的独特性，也在新的社会环境中获得了新的意义。例如，在美国的华人婚礼中，许多年轻人选择将传统元素与西方婚礼形式相结合，创造出具有文化标识的婚礼仪式。这种文化传播的过程不仅强化了华人社区的文化认同，也使当地社会对中国文化产生了更深的理解与尊重。此外，中华婚俗文化的传播还通过媒体、文化活动和社交平台等途径，扩大其影响力，使更多非华裔群体对中国婚礼习俗产生了兴趣，推动了文化的多元交融。

2. 西方婚俗文化在中国的传播与影响

与中华婚俗文化的传播相对，西方婚俗文化在中国的影响同样显著。伴随着经济全球化和西方文化的输入，尤其是通过互联网和影视作品的传播，西式婚礼逐渐被中国年青一代接受和喜爱。西方婚礼强调的个性化、浪漫及自由选择，使越来越多的中国新人在婚礼策划中融入西方元素，如婚纱、誓言交换、婚礼蛋糕等。这一现象不仅改变了传统婚礼的形式，还影响了婚姻观念的转变，特别是在对爱情与家庭关系的理解上，促使年轻人更加强调个人情感的表达与自我价值的实现。此外，西方婚俗的传播也促进中国婚礼行业的专业化发展，催生了婚礼策划、摄影及相关服务行业的蓬勃发展，为经济增长注入了新的活力。

五、未来展望

黑格尔曾对文化发展的规律进行过精辟的总结："这种传统并不是一尊不动的石像，而是生命洋溢的，有如一道洪流，离开它的源头愈远，它就膨胀得愈大。"[①] 未来，中外婚俗文化的交流与融合将随着全球化进程的加快，展现出日益显著的趋势。婚俗文化的相互影响将更加深入，文化认同与多元共存将成为主流，中外婚俗文化的交流与融合将为未来的社会发展提供新的视角与动力，推动人类文化的多元化进程。

---

① 黑格尔. 哲学史讲演录：第一卷［M］. 贺麟，王太庆，译. 北京：商务印书馆，1959：8.

（一）推动中外婚俗文化的深度对话

1. 在婚俗文化领域开展更多跨文化交流与研究

随着全球化进程的不断深化，文化交流与互动越发成为当今社会的重要特征。在这一背景下，婚俗文化作为人类社会的重要组成部分，承载着丰富的历史、传统及价值观。因此，在婚俗文化领域开展更多的跨文化交流与研究，具有重要的学术价值和实践意义。

（1）跨文化研究能够揭示不同文化背景下婚俗的多样性和共通性。通过比较研究不同国家和地区的婚礼习俗，学者们可以深入探讨文化、宗教、历史及社会经济因素对婚俗的影响。这种研究有助于丰富婚俗文化的理论框架，为文化研究提供新的视角。例如，通过对中西婚俗的比较分析，可以揭示传统婚礼仪式在现代社会中经历的变革，以及这些变革如何反映出社会价值观的变化。

（2）跨文化交流能够促进文化的相互理解与尊重。在全球化背景下，越来越多的跨国婚姻和文化交融现象显现，通过文化交流活动，如国际婚俗展览、研讨会及工作坊，可以为不同文化背景的人们提供一个互动平台。在这样的交流中，参与者不仅能够分享各自的婚俗文化，还能够增进对他者文化的理解，消除偏见与误解，推动文化的和谐共生。

（3）鼓励多方参与跨文化交流与研究。学术界应鼓励多方参与，包括政府机构、民间组织及文化产业界，共同推动婚俗文化的跨文化交流与研究。通过建立跨国合作网络，促进信息共享与资源整合，可以有效提升婚俗文化研究的影响力和实用性。在婚俗文化领域开展更多的跨文化交流与研究能够丰富文化理论，增进文化理解，推动文化的创新与发展。这一过程需要学术界与社会各界的共同努力，以实现文化的深度对话与和谐共生。

2. 利用新媒体平台推动中外婚俗文化的全球传播

在信息技术迅猛发展的时代背景下，新媒体平台作为文化传播的重要载体，正在改变传统婚俗文化的传播方式。利用新媒体平台推动中外婚俗文化的全球传播，有助于文化的多样性和丰富性展示，为跨文化理解和交流提供了前所未有的机遇。

（1）新媒体平台的互动性与即时性显著提高了婚俗文化传播的效率。社交媒体、视频分享网站及在线社区等新兴媒体，能够迅速将婚俗文化的丰富内容传播至全球各地。通过这些平台，不同文化背景的人们可以实时分享与交流各自的婚俗实践。例如，婚礼直播、短视频分享和在线婚礼策划等形式，展示了不同国家的婚俗特色，促进了文化间的互动与学习。这种即时的文化分享，打破了时空限制，使受众能够更直接地体验和理解他者文化。

（2）新媒体平台为婚俗文化的传播提供了多样化的表达方式。传统的婚俗传播往往依赖文字、图像或音频等单一媒介，而新媒体的多元化特性允许出现更为丰富的表现形式。例如，通过短视频、直播和互动游戏等新颖方式，可以更生动地展现婚礼仪式、习俗及其背后的文化内涵。这种多样化的表达方式能够增强受众的参与感和体验感，激发他们对婚俗文化的兴趣，进而促进文化的传播与认同。

（3）新媒体平台为文化的再创造与创新提供了可能。用户生成内容（UGC）① 的兴起，使普通民众也能够参与婚俗文化的传播。通过社交媒体，用户可以分享个人婚礼的照片、视频及故事，进而影响他人的婚俗观念与实践。这种自下而上的传播方式，使婚俗文化在全球范围内得以不断演变和发展，形成新的文化趋势。同时，新媒体平台的算法推荐机制，有助于将相关文化内容推送给感兴趣的受众，从而实现更为精准的文化传播。

（4）建立跨文化交流的机制与平台推动中外婚俗文化的全球传播。政府、学术界和文化机构应共同努力，利用新媒体平台开展国际合作与交流活动。例如，举办线上婚俗文化展览、研讨会及互动活动，以促进不同文化间的对话与理解。这种跨界合作不仅能提升文化传播的广度和深度，还能为中外婚俗文化的相互学习与借鉴提供机遇。

（二）通过政策支持与产业合作促进中外婚俗文化的进一步融合

在中外婚俗文化的交融与互动日益显著的背景下，通过政策支持与产业合作促进中外婚俗文化的进一步融合，成为推动文化交流与发展的重要途径。构建良好的政策环境与产业生态，可以为中外婚俗文化的交流与融合注入新的活力，不仅有助于丰富各国的婚俗文化内涵，也为全球文化的多样性与可持续发展提供了坚实的基础。

---

① 用户生成内容（User Generated Content，简称 UGC），互联网术语，即用户原创内容。

（1）政策支持是促进中外婚俗文化融合的基础。各国政府应制定相关政策，以鼓励和支持婚俗文化的研究、保护和传播。例如，可以设立专项基金，资助中外文化交流活动，鼓励学术机构和文化团体开展婚俗文化的比较研究与交流项目。此外，政府还应加强对婚俗文化遗产的保护，制定相应的法律法规，以确保传统婚俗文化在现代化进程中的延续与发展。通过政策的引导，可以为中外婚俗文化的交流与融合创造良好的环境。

（2）产业合作是推动文化融合的重要动力。婚礼产业作为一个综合性产业，涵盖了婚礼策划、婚纱摄影、珠宝首饰、婚庆服务等多个领域，具备良好的产业基础与发展潜力。通过中外产业合作，可以实现资源共享与优势互补。例如，国内婚庆公司可以与国外婚庆服务商建立合作关系，开展跨国婚礼策划与服务，从而将外国婚俗元素融入本土婚礼，丰富婚礼形式与内容。同时，借助新媒体平台，双方可以共同开展线上婚礼展览与推广活动，促进文化的传播与认同。

（3）跨文化交流活动的组织与实施是文化融合的重要途径。通过举办中外婚俗文化节、主题论坛、研讨会等活动，可以为中外文化的交流搭建平台。在这些活动中，不同文化背景的学者、从业者和普通民众可以分享各自的婚俗实践与文化内涵，增进彼此的理解与尊重。这种面对面的交流，不仅有助于提高公众对婚俗文化的认知，也能够激发文化的创新与发展。

（4）注重文化的多样性与包容性是文化融合的保障。在促进文化交流的过程中，必须尊重各自文化的独特性与传统，避免文化同质化的倾向。各国应鼓励婚俗文化的多元表达，倡导文化间的对话与互动，以实现真正意义上的文化融合。在这一过程中，政策支持与产业合作应相辅相成，共同推动中外婚俗文化的繁荣与发展。

（三）创新婚俗文化传播模式

1. 数字技术在跨文化婚俗传播中的应用

数字技术在各个领域的应用不断深化，尤其在文化传播方面展现出巨大的潜力，婚俗文化的传播方式也在不断演变。虚拟婚礼体验、线上婚俗展览等创新模式，影响着婚俗文化传播的发展前景。

（1）数字技术与婚俗文化传播的结合。数字技术的引入为婚俗文化的传播提供了新的方式和手段。传统的婚俗文化传播往往依赖面对面的交流与实地体验，这在一定程度上限制了文化的传播范围和影响力。随着互联网和虚拟现实（VR）技术的普及，数字技术为跨文化婚俗传播提供了新的可能性。通过虚拟婚礼体验和线上婚俗展览等创新模式，婚俗文化得以跨越地理空间和文化的界限，实现更为广泛的传播。

（2）虚拟婚礼体验的应用。虚拟婚礼体验是一种利用虚拟现实（VR）和增强现实（AR）技术，对传统婚礼场景进行数字化重建的创新方式。通过这种体验，参与者无论身在何处，都可以身临其境地感受不同文化背景下的婚礼仪式与习俗。例如，用户可以通过 VR 设备参与中国传统婚礼的各个环节，如迎亲、拜堂等，体验其中的文化内涵和仪式氛围。此外，虚拟婚礼体验还可以结合多媒体元素，如音频、视频和互动环节，使参与者能够更深入地理解和感受不同文化的婚俗特点。

（3）线上婚俗展览的创新。线上婚俗展览作为数字技术在婚俗文化传播中的另一重要应用，利用互联网平台展示各国婚俗文化的多样性与独特性。通过图文、视频、音频等多媒体形式，线上展览能够全面呈现不同文化背景下的婚礼习俗、服饰、道具以及相关仪式。这种展览不仅可以吸引更多观众的参与，还能够通过互动功能增强观众的参与感和互动体验。

2. 提高文化传播的精准性与互动性

传统的婚俗文化传播模式往往存在信息传递不够精准、互动性不足等问题。适应当代社会对文化交流的需求，创新传播模式，可以提高婚俗文化传播的精准性与互动性，促进婚俗文化的有效传播。

（1）提升精准性的策略。精准性是婚俗文化传播的核心要素。婚俗文化的内涵丰富多样，涵盖了地域、民族、宗教等多种因素。在传播过程中，确保信息的准确传递对于维护文化的真实性和完整性至关重要。由于不同文化背景下的婚俗表现形式存在显著差异，传播过程中若未能准确把握这些差异，可能导致文化误读或误解。为了提高婚俗文化传播的精准性，一是可以利用大数据分析技术，针对不同受众群体的文化背景、兴趣爱好等进行精准定位，以便制作更具针对性的传播内容；二是可以通过图文、视频、音频等多媒体形式，丰富信息的表现手法，使受众能够从多个角度理解与体验婚俗文化。

（2）增强互动性的策略。互动性是现代传播模式的重要特征。通过加强受众与文化内容之间的互动，可以提升受众的参与感和沉浸感，从而提高文化传播的效果。在婚俗文化传播中，互动性不仅能够促进受众的参与，还能加深他们对文化的理解和认同。为了提升婚俗文化传播的互动性，可以采取以下措施：第一，利用社交媒体平台。借助社交媒体（如微博、微信、QQ等），建立婚俗文化的传播社区，鼓励用户分享个人的婚礼故事、习俗体验和文化见解。这种用户生成内容的方式能够促进文化传播的广泛性与参与性。第二，设计在线互动活动。组织线上互动活动，如婚俗知识竞赛、虚拟婚礼直播、文化讨论会等，吸引用户积极参与。通过实时交流，受众不仅可以获得信息，还可以与其他参与者进行互动，增加文化交流的深度。第三，构建沉浸式体验。利用虚拟现实和增强现实技术，为受众提供沉浸式的婚俗文化体验。比如，设计一个虚拟婚礼环境，使用户能够在其中参与具体的婚礼仪式，从而加深对不同文化婚俗的理解和体验。

中外婚俗文化的交流与融合是一个动态且复杂的过程，反映了全球化背景下文化互动的深刻内涵。在这一过程中，传统婚俗不仅作为文化身份的象征而存在，更在相互影响与借鉴中不断演变。通过对中外婚俗的比较分析，我们可以看到，文化的交融不仅体现在仪式形式的改变和元素的互补中，更在于价值观和社会习俗的相互渗透。现代科技尤其是互联网的普及为婚俗文化的交流提供了前所未有的便利。在社交媒体和在线平台的助推下，全球范围内的婚俗信息得以迅速传播，促进了不同文化之间的理解与尊重。这种文化的相互影响不仅丰富了各自的婚俗表现形式，也推动了对多元文化的认同与包容。

参 考 文 献

［1］习近平．习近平谈治国理政：第一卷［M］．北京：外文出版社，2014．

［2］习近平．习近平谈治国理政：第二卷［M］．北京：外文出版社，2017．

［3］费孝通．乡土中国［M］．北京：人民出版社，2008．

［4］薛学共．四书五经：礼记［M］．乌鲁木齐：新疆人民出版社，2002．

［5］马福云，王云斌．民政工作百年变革研究［M］．北京：光明日报出版社，2023．

［6］徐珂．清稗类钞选［M］．北京：书目文献出版社，1982．

［7］昭梿．啸亭杂录［M］．北京：中华书局，1980．

［8］张佳生．中国满族通论［M］．沈阳：辽宁民族出版社，2005．

［9］陈顾远．中国婚姻史［M］．长沙：岳麓书社，1998．

［10］高兵．周代婚姻形态研究［M］．成都：巴蜀书社，2007．

［11］岳庆平．中国民国习俗史［M］．北京：人民出版社，2005．

［12］吴存浩．中国民俗通志：婚嫁志［M］．济南：山东教育出版社，2005．

［13］张邦炜．宋代婚姻家庭史论［M］．北京：人民出版社，2003．

［14］李金河．魏晋隋唐婚姻形态研究［M］．济南：齐鲁书社，2005．

［15］朱勇．中国民法近代化研究［M］．北京：中国政法大学出版社，2006．

［16］许莉．中华民国民法：亲属研究［M］．北京：法律出版社，2009．

［17］梁凤荣．中国传统民法理念与规范［M］．郑州：郑州大学出版社，2003．

［18］金眉．中国亲属法的近现代转型：从《大清民律草案·亲属编》

到《中华人民共和国婚姻法》［M］.北京：法律出版社，2010.

［19］瞿同祖.中国法律与中国社会［M］.北京：中华书局，2003.

［20］徐朝阳.中国亲属法溯源［M］.北京：商务印书馆，1930.

［21］叶孝信.中国法制史［M］.北京：北京大学出版社，1989.

［22］刘素萍.婚姻法学参考资料［M］.北京：中国人民大学出版社，1989.

［23］法学教材编辑部《婚姻法教程》编写组.婚姻立法资料选编［M］.北京：法律出版社，1983.

［24］胡朴安.中华全国风俗志［M］.石家庄：河北人民出版社，1986.

［25］张亮采.中国风俗史［M］.上海：上海文艺出版社，1988.

［26］孙晓.中国婚姻小史［M］.北京：光明日报出版社，1988.

［27］王歌雅.中国近代的婚姻立法与婚俗改革［M］.北京：法律出版社，2011.

［28］张树栋，李秀领.中国婚姻家庭的嬗变［M］.杭州：浙江人民出版社，1990.

［29］肖爱树.20世纪中国婚姻制度研究［M］.北京：知识产权出版社，2005.

［30］罗苏文.女性与近代中国社会［M］.上海：上海人民出版社，1996.

［31］王政，陈雁.百年中国女权思潮研究［M］.上海：复旦大学出版社，2005.

［32］肖巍.女性主义伦理学［M］.成都：四川人民出版社，2000.

［33］史凤仪.中国古代婚姻与家庭［M］.武汉：湖北人民出版社，1987.

［34］矫有田.图说老婚俗［M］.济南：济南出版社，2016.

［35］易叡.中国各朝代婚礼文化［M］.长春：吉林大学出版社，2017.

［36］于晓辉，王云斌.新时代婚俗改革理论研究与实践探索［M］.北京：线装书局，2024.

［37］王云斌.福祉与共融：社会福利与社区发展新视角［M］.北京：

中国农业影音出版社，2024.

　　［38］北京市地方志编纂委员会．北京志·政务卷·民政志［M］．北京：北京出版社，2003.

　　［39］赵莲．当代中国婚俗改革历程的回顾与展望［J］．社会福利（理论版），2020（11）：3-8.

　　［40］刘星雨，苍铭．《滇省夷人图说》中的婚俗图像解析［J］．广西民族研究，2016（4）：81-87.

　　［41］岳珑，秦方．论陕甘宁边区婚俗改革与妇女地位的转变［J］．西北大学学报（哲学社会科学版），2004（1）：79-83.

　　［42］王晓玫，赵莲，王云斌，等．我国新时代婚俗改革研究：以三门县民政局婚俗改革实践为例［J］．社会福利（理论版），2021（6）：45-53.

　　［43］桂榕．回族婚俗变迁的人类学研究：以云南纳古为个案［J］．学术探索，2009（5）：51-56.

　　［44］张海云，冯学红．青海农区藏人婚俗文化变迁调查：以贵德县昨那等四个藏族村落为例［J］．宁夏大学学报（人文社会科学版），2007（5）：164-168.

　　［45］杨庆毓，李光明．中华优秀传统伦理文化与培育社会主义核心价值观研究［J］．云南民族大学学报（哲学社会科学版），2015，32（6）：149-154.

　　［46］冯琳，袁同凯．凉山彝族婚俗的当代变迁与社会适应：以身价钱与婚姻缔结为例［J］．民族研究，2019（6）：61-73，140-141.

　　［47］刘彦．国家与地方视野下的破姓开亲与婚俗改革：以清代清水江下游锦屏九寨苗白、彦洞讨论为中心［J］．云南社会科学，2015（1）：98-104.

　　［48］黄瑜．王朝"礼法"与村寨"婚俗"：以清代都柳江流域"破姓开亲"为中心［J］．中央民族大学学报（哲学社会科学版），2022，49（4）：166-176.

　　［49］许哲娜．试论南京国民政府时期天津婚俗改良与社会变迁［J］．民国档案，2014（3）：70-77.

　　［50］何欣．优化婚姻登记服务　深入推进婚俗改革：全国婚姻管理

工作示范培训班观察［J］. 中国民政，2023（9）：35-37.

［51］李雪. 改革融入生活细微处：记河北省河间市婚俗改革［J］. 中国民政，2023（7）：45-46.

［52］王春城. 乡村婚俗改革合力的形成：政府干预边界与政策工具协同：基于一个全国婚俗改革实验区的案例研究［J］. 学术交流，2022（11）：139-150+192.

［53］薛卓文，刘新灵，赵晗宇，等. 乡村振兴战略背景下婚俗改革实验区现状及推行前景探析：以宝鸡市金台区为例［J］. 农村经济与科技，2022，33（15）：175-178.

［54］刘倩. 可沟通礼仪：彩礼婚俗在传播中的话语构建：基于对河北 D 村的调研［J］. 中国青年研究，2024（10）：76-82+101.

［55］张翠真. 唐代婚俗视野下的爱情诗［J］. 盐城工学院学报（社会科学版），2024，37（1）：57-63.

［56］李宪亮，高振平. 谈婚论嫁说"六礼"［J］. 宁夏社会科学，2010（3）：149-153.

［57］王淳. 秦国早期婚姻习俗及其对后世政治势力和政治变革的影响［J］. 南都学坛，2008，28（6）：31-34.

［58］冯勤. 论全球化时代中国传统文化的困境与重构［J］. 西南民族大学学报（人文社会科学版），2006（12）：157-160.

［59］蔡拓，孙祺. 建构主义视角下的文化全球化：兼论中国传统文化的作用［J］. 南开学报（哲学社会科学版），2009（6）：79-85.

［60］郭洪水. 全球化进程中的"文化殖民"与中国传统文化在全球化时代的命运［J］. 西北农林科技大学学报（社会科学版），2004（1）：122-126.

［61］孙玉荣. 论少数民族文化对唐代婚俗的影响［J］. 河南科技大学学报（社会科学版），2015，33（5）：21-25.

［62］段塔丽. 唐代婚俗"绕车三匝"漫议［J］. 中国典籍与文化，2001（3）：114-117.

［63］江林.《太平广记》中所见唐代婚礼、婚俗略考［J］. 湖南大学学报（社会科学版），2002（4）：20-22.

［64］葛兰言，卢梦雅，蒯佳. 中国上古婚俗考［J］. 文化遗产，2020

（1）：74-84.

［65］瞿明安.中国传说时代的婚姻礼俗［J］.学术界，2020（8）：153-161.

［66］张承宗，孙立.魏晋南北朝婚俗初探［J］.浙江学刊，1995（6）：102-104.

［67］薛瑞泽.魏晋南北朝的财婚问题［J］.文史哲，2000（6）：72-76.

［68］金璞.略论元代蒙古族婚俗特点及与汉族的相互影响［J］.各界·科技与教育，2009（12）：78+86.

［69］刘中平.满族婚俗考述［J］.社会科学辑刊，2010（4）：199-203.

［70］朱曼.论明代凤冠霞帔的定制与婚俗文化影响力［J］.美术教育研究，2013（9）：44-45.

［71］孙华.清朝婚嫁礼仪的文化特质探微［J］.兰台世界，2014（1）：153-154.

［72］任远山.民国婚俗的文化解读［J］.赤峰学院学报（哲学社会科学版），2013，34（3）：179-181.

［73］盖志芳.民国婚俗变革研究［J］.江汉论坛，2014（10）：94-97.

［74］庄媛.中国传统文化与全球化思想的矛盾性［J］.安顺学院学报，2016，18（3）：125-126.

［75］钟书林，魏耕原.从敦煌写本《障车文》看唐代的婚姻礼俗［J］.求索，2009（8）：213-215+227.

［76］刘丽.文化全球化与中国传统文化的自我定位［J］.重庆广播电视大学学报，2009，21（2）：33-35.

［77］曹伶俐.全球化背景下中国传统文化的继承与发展研究［J］.才智，2015（6）：278.

［78］朱红霞.新中国成立六十年来的婚姻法学研究［J］.学术交流，2010（3）：49-52.

［79］王云斌.社会生态系统理论视角下新时代婚俗改革方向和路径研究［J］.社会福利，2024（8）：3-10.

[80] 杨逸."复礼"抑或"从俗"：论宋代家礼中的婚礼 [J]. 民俗研究，2016（2）：51-58+159.

[81] 王艳. 20 世纪 90 年代以来宋代婚俗研究综述 [J]. 民俗研究，2005（1）：154-162.

[82] 黄甲.《初、二刻拍案惊奇》与明代婚俗文化 [J]. 黑龙江史志，2013（21）：192+194.

[83] 邵凤丽，萧放."以礼节俗"：清代知识精英的婚俗移易实践 [J]. 广西民族大学学报（哲学社会科学版），2022，44（6）：108-119.

[84] 王麦巧. 由《史记》透视西汉的婚俗文化 [J]. 唐都学刊，2012，28（3）：18-22.

[85] 李慧波. 新中国十七年（1949-1966）北京市婚姻文化嬗变研究 [D]. 北京：首都师范大学，2012（12）.

[86] 武婷婷. 宋辽夏金婚服与婚俗特征浅论 [D]. 包头：包头师范学院，2013.

[87] 张晶. 北宋中上层妇女的婚姻与生育模式研究 [D]. 重庆：西南大学，2012.

[88] 王利娥. 全球化背景下中国传统文化面临的挑战及其振兴 [D]. 北京：北京交通大学，2006.

[89] 殷冰瑶. 探究中国历代婚服上的民族元素 [D]. 吉林：东北师范大学，2011.

[90] 汤诗艺. 北京婚姻文化嬗变研究（1966-1976）[C] //婚姻·家庭·性别研究：第三辑. 北京：社会科学文献出版社，2013：229-272.

[91] 民政部关于开展婚俗改革试点工作的指导意见：民发 [2020] 62 号 [Z]. 2020-5-20.

后 记

1993 年，我毕业后进入民政部管理干部学院，开始了教师生涯，科研方向就是婚姻法。2004 年调入民政部培训中心，研究婚姻登记工作。2010 年转入《社会福利》创办理论刊，2017 年再次重返校园，进入北京社会管理职业学院（现民政职业大学），从事婚姻服务与传媒艺术学院教学工作，继续婚姻方面的研究，并将课题扩展到婚俗文化、婚庆策划与婚俗改革等领域。在此期间，我主编了教材及个人作品《目的地婚礼策划》《新时代婚俗改革理论研究与实践探索》；参与并主持的"新时代婚俗改革研究""新时代青年婚恋观现状分析及深层逻辑研究""新时代婚俗改革面临的挑战和应对策略研究""新时代中华优秀婚嫁礼仪文化的传承与发展研究"等省部级课题，先后荣获 2020 年、2023 年民政部政策理论研究二等奖、2024 年民政部政策理论研究三等奖。

在婚俗文化和婚俗改革领域，经历数年的研究和积累，我开始萌发了撰写《传承与发展：婚嫁礼仪文化与婚俗改革研究》的想法，于是开始收集、整理资料，撰写大纲，开始了近一年的写作，今天终于全部完成了书稿，心中既倍感欣慰又充满期待。

这本书不仅是对传统婚俗文化的深刻反思，更是对新时代婚俗改革的一次积极探索。在这本书中，我力求通过细致的历史回溯，探讨中华优秀婚嫁礼仪文化的起源、演变与价值，并结合当代社会的变革，分析当前婚俗改革的现状、挑战与前景。

在写作过程中，我不断从各个角度进行思考：婚姻作为家庭的基础，婚俗不仅承载着个人与家庭的情感需求，更与社会伦理、文化认同、历史传承息息相关。然而，随着现代化进程的加快，传统婚俗面临着前所未有的冲击。如何在尊重传统的基础上推动婚俗的创新与发展，既符合社会需求，又能保护文化根脉，成为我在书中不断探讨的课题。

本书不仅梳理了中华婚俗文化的历史脉络，还结合新时代的文化多元性与价值观变化及新时代婚俗改革成果，提出了一些切实可行的婚俗改革建议。随着中国在全球舞台上的崛起，越来越多的外国人开始接触和认同中华传统文化，而中华婚俗文化作为中华传统文化的重要组成部分，也逐渐受到关注。在这一背景下，如何使中华婚俗文化在全球范围内得到更好的理解与传承，也成了我在书中特别关注的议题。期望全球化背景下的中华婚俗文化不断传播与发展，走向世界，成为世界文化宝库中的一部分。

这一年的写作，虽然充满挑战，但也让我深入思考了婚俗文化在现代社会中的意义和作用。随着书稿的完成，回望过去的辛勤付出，我心中充满了深深的满足与感激。在此，首先，我要感谢这些年与我共同进行课题研究的伙伴：王晓玫、章林、赵莲、杨欣萌等老师，他们独到的见解和创新的研究思路为我提供了宝贵的启发；感谢民政部社会事务司王金华司长和曹洪峰处长提供的全国婚俗改革的经验资料，对本书的实践研究给予了重要支持。其次，我要感谢孟子涵博士和王斯琪女士在资料收集和整理工作中给予的无私帮助。最后，我特别要感谢我的爱人，在这一年里承担了所有家务，给予我充分的时间与空间专注于写作，正是因为有了她的支持与理解，我才能够顺利完成这项工作。

本书的完成并不意味着研究的结束，相反，它只是一个新的起点。中华婚嫁礼仪文化需要我们每一代人不断地传承和创新，只有这样，它才能在现代社会中焕发出新的活力与光彩。我希望这本书能为相关领域的研究提供一些有价值的参考，也希望它能引起更多人对中华优秀婚嫁礼仪文化的关注和思考。未来，我希望通过这本书，能够让更多人了解和珍惜我们共同的文化遗产，同时也为新时代的婚俗改革提供一些有益的思考和借鉴。

王云斌

2024 年 11 月 27 日